A. T. Mann: Astrologie und Heilkunst

A. T. Mann

Astrologie und Heilkunst

Aquamarin Verlag

Englische Originalausgabe bei
Unwin Hyman Limited
15-17 Broadwick Street, London W1V 1FP

Deutsche Übersetzung von Karl-Friedrich Hörner

Titelbild: Judith Hildebrandt

Layout: Annette Wagner

1. Auflage 1991

Voglherd 1 · D- 8018 Grafing

Herstellung: P & P Lichtsatz GmbH, Grafing

ISBN 3-922936-95-4

Inhalt

(In Gedenken an meine lieben Heiler-Freunde,)
John Da Monte, Rosemary Russel und David Tansley

Vorwort

Die Tradition von Astrologie und Heilkunst reicht fast so weit zurück wie die Existenz der Astrologie selbst. Alle Völker der alten Zeit brachten Veränderungen ihres Gesundheitszustandes mit dem Wirken von Planeten und den Göttern in Verbindung, die sie bewegten. Jedes Zeitalter vertrat die Grundgedanken der Astrologie in der Form, die den vorherrschenden Glaubensüberzeugungen entsprach. So birgt die Astrologie die Weisheit der Vergangenheit, in einer Symbolsprache verschlüsselt, die bis heute sehr verbreitet ist.

Alle Autoren von Büchern über die praktische Anwendung der Astrologie stehen vor dem Dilemma, auf seiten des Lesers keinerlei astrologisches Wissen voraussetzen zu dürfen, und müssen entscheiden, ob sie im Interesse der Anfänger auf diesem Gebiet der kosmischen Kunst und Wissenschaft die ganze astrologische Hintergrundinformation kurz zusammengefaßt wiedergeben sollten. Gleichzeitig aber ist ein Buch wie dieses auch für erfahrene Astrologen bestimmt. Um beiden Teilen gerecht zu werden – denn dieses Buch ist für jeden, der sich dafür interessiert, sein Verständnis vom Befinden des Menschen auf immer höhere und wichtigere Ebenen auszuweiten –, wird der größte Teil des Grundwissens über Aufbau und Praxis der Geburtsastrologie weitgehend vereinfacht. Es wäre hilfreich – wenn solche Hintergrundinformation für ein tieferes, umfassenderes Verständnis der Astrologie verlangt wird –, daß der Leser mein früheres Buch *Lebens*Zeit-Astrologie* (Basel: Sphinx 1987) konsultiert, das mein einzigartiges System für die Gestaltung des Lebensprozesses, von der Empfängnis bis zum Tode, mit Hilfe einer Zeitskala höchster Einfachheit darstellt.
Das vorliegende Buch ist so aufgebaut, daß die Tabellen – unver-

zichtbar für praktizierende Astrologen und Therapeuten, die die hier dargestellten Gedanken ausschöpfen wollen – in den verschiedenen Teilen des Anhangs untergebracht sind. Dort befinden sich Tabellen zur Bestimmung der Bedeutung von Planeten in den Zeichen des Tierkreises; ein Index von mehr als tausend medizinischen und psychologischen Zuständen und ihren astrologischen Entsprechungen; die Technik der Lebens*Zeit-Astrologie, mit deren Hilfe man die Einwirkung der Planeten, der Zeichen-Häuserspitzen im Horoskop datieren kann; eine Technik zur Bestimmung oder Berichtigung fehlerhafter oder unbekannter Geburtsdaten sowie eine Liste mit Anschriften, bei denen Sie Computer-Horoskope erhalten können – für jene, denen ihr vollständiges Geburtshoroskop nicht bekannt ist. Man hofft, daß der Text selbst für Studierende aller Grade ebenso wie für die erfahrenen Praktiker der Astrologie leicht zu verstehen sein wird.

Kapitel 1

Die moderne Krise der Gesundheit

Es ist offensichtlich, daß die derzeitige Einstellung zu Gesundheit und Heilung äußerst unverantwortlich ist und daher zu einer Gefahr für die Bevölkerung der Erde wird. Statt einer weltweit zunehmenden Gesundheit ist eine alarmierende Verschlechterung in jedem Bereich zu beobachten. Die modernen Plagen in Gestalt streßbedingter Krankheiten wie Geschwüre, Kolitis, Bluthochdruck, Krebs und Herzerkrankungen nehmen überhand, und selbst sie verblassen noch angesichts des Schreckgespenstes mit dem Namen Aids.

Die Ursache der ›Heimsuchung durch Pestilenz‹, deren Zeugen und Opfer wir werden, liegt tief in der modernen Gesellschaft, und nichts ist symbolischer für den Niedergang der modernen Welt als ihre Medizin. Die Ärzte, deren Verantwortung es obliegt, uns zu heilen, sind weitgehend verantwortlich für den massiven Verfall der Volksgesundheit. Es gibt eine Reihe von Gründen, warum die Ärzte und unsere Haltung zu ihnen ein Problem darstellen. Wie Richard Grossinger in seinem brillanten Werk *Wege des Heilens* [1] zeigte, hat die westliche Medizin sich mit den organischen Ursachen der Krankheit befaßt. Die Pathologie der Krankheit zeigt sich anhand einer Reihe bestimmter Phasen der Verschlechterung im Zustand eines durchschnittlich kranken Individuums; Heilung erreicht man auf einem Wege, auf dem Ärzte fähig sein sollten, die bestimmte, identifizierte Krankheit zu heilen. Isolierte Heilungen fallen nicht ins Gewicht, und man akzeptiert nur generalisierte Wege, die für die Mehrheit gangbar sind.

Ein Individuum, das unter einem Magengeschwür leidet, erwartet von seinem Arzt eine Diagnose, die ihm sagt, was ihm fehlt, und eine Verordnung, die die Symptome zum Verschwinden bringt. Wenn dies gelingt, ist der Arzt den Erwartungen des Patienten gerecht geworden, und der Patient ist glücklich. Psychotherapeuten aber wissen, daß Magengeschwüre ihre Ursache in einer Unfähigkeit haben, Gefühlen Ausdruck zu verleihen. Der Magen ist das Organ, das von Natur aus mit den Gefühlen zusammenhängt, die wir – wie unsere Nahrung – verdauen und verarbeiten. Wenn starke Emotionen keinen Ausdruck in der äußeren Welt finden können, brechen sie im Körperinneren hervor, besonders im Magen. Je dramatischer das ungeäußerte Gefühlsleben ist, desto größer wird auch das Durcheinander im Innern, und desto stärker manifestieren sich die Symptome als Geschwür. In sehr realem Sinne sind Symptome eine wesentliche Kommunikation vom Körper zu einem Denken, das nicht willens ist, darauf anzusprechen. Ganz gleich, wie wirkungsvoll das verabreichte Medikament ist: sein einziger Zweck besteht darin, die Symptome auszuschalten. Die emotionalen Ursachen des Geschwürs werden nicht angesprochen, deshalb werden sie auch nicht verändert oder ausgeschaltet. Der Organismus als Ganzes wird leiden, doch das Körperbewußtsein – unfähig, eine Störung des emotionellen Gleichgewichts am natürlichsten Ort auszudrücken – findet irgendwo tiefer im Innern des Organismus einen Ort, wo es sich Ausdruck verleihen kann. Das ursprünglich geringere, aber weit verbreitete Problem ungeäußerter Gefühle kann die Funktion wichtigerer Organe stören und sogar den ganzen Organismus beeinträchtigen. Diese Extremsituation führt letztlich zu chronischer Krankheit, einem Zustand, der in vielen von uns mehr oder weniger ausgeprägt besteht. Wir haben gelernt, unsere natürliche Verbindung zu unterdrücken, unsere Verbundenheit mit der Erde, mit unserem inneren Wesen und den zentralen Kräften, die Leben und Tod betreffen.

Das Paradoxon im Kern dieses Punktes ist, daß die wissenschaftliche Revolution die Illusion erschuf, daß Chemie und Technik allein Krankheit auszuschalten vermöchten, während sie in Wirklichkeit *oft Krankheit erzeugen.* Die meisten Medikamente können – und sollen – nicht das eigentliche Wesen des Individuums beeinflussen. Deshalb ist es selten, daß es einem Kranken aufgrund medikamentöser Behandlung besser geht. (Wenn Patienten sich besser fühlen, ist es ihr eigener Körper, der sie heilt, nicht die Medikamente.) Die Ursache bleibt so stark wie zuvor, aber der Körper hat immens viel Energie aufgewendet, um mit den Medikamenten fertigzuwerden, die man ihm in den Weg gestellt hat. Wenn Störungen des Gleichgewichts nicht an ihrem natürlichen Ort Ausdruck finden können, erzeugen sie an einer anderen Stelle einen Aufstand, mit der Folge, daß weitere Symptome hervorkommen, die unnatürliche Ausdrucksweisen der Grundproblematik sind. Wenn der Zustand sich weiter verschlimmert, besteht der letzte Schritt darin, das störende Organ von einem Chirurgen entfernen zu lassen. Wird der Teil des Magens, der von dem Geschwür befallen ist, herausgeschnitten, so kann das Geschwür nicht wiederkehren – wie logisch! Wie wir in unserer Umgebung beobachten können, hilft die Entfernung von Organen nur den Bankkonten der Chirurgen.

Die erschreckende Unterwanderung der westlichen Gesellschaft durch Arzneidrogen ist vergleichbar der Vergiftung der Umwelt durch Schädlingsbekämpfungsmittel. In beiden Fällen hält man chemische Mittel für notwendig, aber die Nebenwirkungen werden unterschätzt; und man setzt sie weiterhin ein, selbst nachdem das wahre Ausmaß ihrer schädlichen Wirkungen auf die Umgebung und die Nahrungskette bekannt wurde. Das ökologische Problem ist die Rückwirkung des Pestizid-Gebrauchs und Verseuchung durch industrielle Abfälle, da eben auch die moderne Krankheit sich vor allem bei den Menschen manifestiert, die Lebensmittelzusatzstoffe und ärztlich verordnete Drogen konsumieren. Während Medikamente zweifellos auch Leben retten können, ist doch nicht von der Hand zu weisen, daß wir in den meisten Fällen eher an der Akkumulation von Nebenwirkungen (der Heilmittel) als an der eigentlichen Krankheit sterben. Krebs-Patienten sterben oft an der chemotherapeutischen Behandlung. »Die globale Medizin stellt uns letztlich vor das gleiche ökologische Probleme wie die globale Landwirtschaft (mit ihren Schädlingsbekämpfungsmitteln) und die globale Erdöl-Wirtschaft.« [2]

Derzeit bieten alternative Heilweisen einen neuen Weg, Krankheit zu verstehen und zu behandeln. Die Betonung verlagert sich von der Ausschaltung von Symptomen mit Arzneiverordnungen und Chirurgie zu einer ganzheitlichen Behandlung, die persönliche, emotionelle, mentale, Umwelt- und sogar spirituelle Faktoren umfaßt. Notwendig ist eine *menschliche Ökologie,* die mit der unverzichtbaren planetaren Ökologie einhergeht.

Es ist klar: Wahre Heilung bedeutet, daß das Körperbewußtsein sich selbst heilt. Ärzte, Heilmethoden, Diät, Körperübungen und andere Therapien mögen den Heilungsprozeß einleiten, unterstützen oder ihm die Richtung geben, aber die letzte Instanz ist eben das Körperbewußtsein selbst. Der Körper weiß, was er benötigt, und ist imstande, die meisten Störungen seines Gleichgewichts – soweit nicht zu massive Degenerationen vorliegen – zu korrigieren, wenn er nur unter optimalen Bedingungen frei arbeiten kann. Wie Krebsheilungen mit Hilfe von Visualisierungs-Techniken bewiesen haben, kann das Körperbewußtsein sogar extreme Störungen des Gleichgewichts umkehren. Das große Dilemma ist nur, daß wir uns selbst die schlimmsten Feinde sind und den natürlichen Heilprozeß behindern.

Alternative Therapie und komplementäre Medizin

Was ist die Alternative zum medizinischen Establishment? In jüngster Zeit wurden Heilmethoden wiederentdeckt, die seit vielen Jahrhunderten existierten, und neue Therapien wurden entwickelt.

Die Akupunktur ist ein dramatisches Beispiel, zu den anderen gehören Homöopathie, Ernährungskunde, Osteopathie, Chiropraktik, Radionik, Psychotherapie, viele Arten der Körperarbeit, Massage und Kräuterheilkunde. Diese Heilweisen unterscheiden sich von der traditionellen Medizin durch ihren Anspruch, »holistisch« (ganzheitlich) zu sein, was bedeutet, daß die ganze Person als Teil des Problems und der Heilung betrachtet wird. Aber wie funktionieren holistische Therapien?

Ein Homöopath betrachtet beispielsweise viel mehr als nur die augenfälligen Symptome eines neuen Patienten. Es ist notwendig, die ganze medizinische und psychologische Vorgeschichte sowie die derzeitige Symptomatologie sehr detailliert zu kennen. Das Mittel wird so gewählt, daß es so weit wie möglich das ganze Spektrum der Symptome widerspiegelt. In der Homöopathie werden sowohl die Ursachen als auch die Symptome behandelt. Hinter der Notwendigkeit des Wiederaufbaues des ganzen »Gesundheitsbildes« steht der Gedanke, daß homöopathische Heilmittel Verhaltensmuster übertragen, die die Lebensqualität verändern und damit die Störungen des Gleichgewichts eliminieren oder korrigieren, die zur Krankheit geführt haben. Bis das Gleichgewicht wiederhergestellt ist, ist der Versuch zwecklos, Symptome zu beseitigen, da sie beim nächsten Mal nur stärker wiederkehren würden. Allmählich wird die Heilung herbeigeführt, begleitet von einer entsprechenden Veränderung im allgemeinen Lebens- und Gewohnheitsmuster. Die Homöopathie ist ein echtes Beispiel für holistische Heilkunst.

Selbst wenn das primäre Ziel der Therapie darin besteht, den Patienten durch Beseitigung vorliegender Symptome zu heilen, ist die Therapie nicht wirklich holistisch. Holistisches Heilen ist viel mehr, als irgendeine Therapie bieten kann – es ist eine Lebenseinstellung.

Ist es wahr, daß alternative Medizin überlegen ist? Mit welchem Grund kann man annehmen, daß man sich – einfach, indem man sich einer Akupressur- oder Reflexzonen-Behandlung unterzieht oder indem man pflanzliche oder homöopathische Medikamente einnimmt – einer umfassenderen Vollkommenheit von Körper-Seele-Geist nähert? [3] Es gibt keinen Grund, und doch ist diese Annahme bei den Freunden ganzheitlicher Gesundheit sehr verbreitet. Hierbei handelt es sich um eine Verwechslung von Heilmethode und Lebenseinstellung. Anstelle der Zersplitterung in eine Myriade von Spezialisierungen und Einzelheiten, die einander nicht überschneiden – wie wir sie in der herkömmlichen, allopathischen Medizin vorfinden –, geht die Bewegung, die sich als ergänzende Medizin bezeichnet, von der Annahme aus, daß wahre Heilung nur im gesamten Organismus stattfindet – doch der Weg dorthin ist oft alles andere als ganzheitlich. Er ist keine Selbstverständlichkeit.

Bei der Begegnung mit der Welt der alternativen Therapien ist es oft schwierig, die geeignete Methode zu finden, mit der man anfängt. Ärzte geben kaum Empfehlungen, was vor allem auf wirtschaftliche Gründe zurückzuführen ist. Die zufällige Information, die über alternative Therapien zur Verfügung steht, ist widersprüchlich, weil jede behauptet, holistisch zu sein und alle Leiden heilen zu können. Man steht vor der Notwendigkeit zu versuchen, eine geeignete alternative Therapie ohne Hilfe zu finden.

Typischerweise suchen wir nach einer persönlichen Empfehlung, etwa den Akupunkteur, der unsere Schwester letztes Jahr mit Erfolg behandelte. Wenn wir den Akupunkteur dann aufsuchen, wird die Behandlung ein holistischer Versuch sein, Muster zu korrigieren, die schon tief eingefahren sind. Das Problem ist nur: Obwohl die Akupunktur zwar eine holistische Therapie ist, ist sie vielleicht nicht die einzige oder die beste Therapie für jede Krankheit. Wenn unsere Wirbelsäule aufgrund einer Fehlhaltung, wegen athletischer Überlastungen oder frühen Gleichgewichtsstörungen nicht die richtige Krümmung aufweist, mag die Akupunktur ihren Schmerz lindern oder anfangen, die Körperstruktur zu korrigieren, aber Körperarbeit wie Chiropraktik wird mit größerer Wahrscheinlichkeit korrekt und wirkungsvoll sein.

Viele Menschen werden zu Therapien geführt, die nicht zu ihnen passen, weil sie keine klare Ausrichtung haben. Hier ist ein Modell vonnöten, um die effektivsten Therapien für jedes Individuum auszuwählen. Die Astrologie bietet einen Weg zur Bestimmung, welche Therapie oder Kombination von Therapien am geeignetsten ist.

Viele Therapien enthalten das holistische Prinzip als Mittelpunkt ihrer Methodik – darunter Akupunktur, Homöopathie, Osteopathie, Chiropraktik, Augendiagnose, Biofeedback, Phytotherapie und zahlreiche Formen der Körperarbeit wie Feldenkrais, Rolfing, Polarity, Reflexzonentherapie und biodynamische Massage. Sie sind eine kleine Auswahl der bekannteren Alternativen. Bei einem so weiten Spektrum von verfügbaren alternativen Therapien, die alle holistisch sind, entsteht verständlicherweise Verwirrung unter jenen, die neu in diesem Bereich sind und eine Antwort auf die Frage suchen, welche Methode für sie die beste ist.

Die Variationen unter den Therapien sind mannigfaltig. Manche können eine Heilung nach nur zwei Sitzungen anbieten, während andere eine jahrelange Behandlung erfordern. Es gibt Therapien, die in ihrer Wirkung und Tiefe mächtig sind – etwa Rolfing – und recht rasche Änderungen von Gewohnheiten und Haltung bieten, während eine Vitamin-Behandlung eine sehr allmähliche Veränderung im Laufe der Jahre bringt. Unterschiedliche Therapien sind geeignet für unterschiedliche Menschen, und das Maß der annehmbaren und erträglichen Veränderung variiert enorm. Die Auswahl ist geradezu beängstigend.

Eine ähnlich reiche Vielfalt gibt es bei den Psychotherapien, von denen die meisten behaupten, für jedermann geeignet zu sein – was es dem Hilfe suchenden Individuum gleichermaßen erschwert, zu entscheiden, wo es anfangen soll. Das Ergebnis solcher Vielfalt von Alternativen ähnelt auffallend der Schwierigkeit, den geeigneten Spezialisten in der traditionellen Medizin zu finden.

Der Begriff ›ergänzende Medizin‹ statt ›alternative Therapie‹ bürgert sich ein, aber es besteht auch ein klarer Unterschied in der

Bedeutung. Ergänzende Medizin schließt jene Praktiker ein, die versuchen, ihren Ansatz mit der Schulmedizin und dem ärztlichen Beruf zu integrieren, während alternative Therapie viele Behandler umfaßt, deren Vorstellungen und Techniken deutlich anders sind und die in der Regel nicht die Billigung von Ärzten genießen und es vorziehen, überhaupt eine ganz andere Richtung zu verfolgen. Therapien müssen mit einigen der effektiven Elemente der traditionellen Medizin und auch mit einander zusammenarbeiten, damit ein effektiver Heilungsprozeß eingeleitet werden kann; deshalb umfaßt die einzig mögliche Integration sowohl die ergänzende Medizin als auch die alternative Therapie.

Die meisten Menschen, die alternative Therapie oder ergänzende Medizin in Anspruch nehmen, tun dies, weil traditionelle Techniken versagt haben. Das Grundproblem besteht darin, daß die Schulmedizin Symptome behandelt – und manchmal auch heilt –, aber keine Veränderungen in den Verhaltensmustern erzeugt oder fördert, die die Symptome überhaupt erst herbeigeführt haben. Angesichts der Komplexität unserer modernen Welt ist auch der Zustand unserer Gesundheit sehr kompliziert, wobei die Etiketten und Begriffe, die über Generationen hinweg gebraucht worden sind, ungenau und irreführend werden. Es wird zunehmend schwieriger, modernen Krankheiten bestimmte Namen zu geben. Das Problem wird lebhaft illustriert durch die Suche nach den Ursachen von undefinierbaren leichten Infektionen, Krebs, Leukämie, Aids und den zahlreichen Grippen, die unsere Gesellschaft durchseuchen. Die modernen Krankheiten werden nicht von Käfern verursacht, die uns infizieren, sondern sind stattdessen das Resultat kumulativer Einflüsse, die von Lebensmittelzusatzstoffen, Schädlingsbekämpfungsmitteln, den raffinierten Nahrungsmitteln, Umweltgiften, Antibiotika und einer Vielzahl anderer Einflüsse herrühren. In Beantwortung der Probleme, die durch solche sich wandelnden Zustände verursacht werden, sehen die neuen holistischen Therapien ihr Hauptziel in der Einführung einer Veränderung, die vom Individuum selbst bestimmt wird – im Gegensatz zu Veränderungen, die durch einen Arzt oktroyiert werden. Die Devise lautet: integrativ statt interventiv.

Astrologie und Heilkunst

Die Astrologie ist ein sehr brauchbares Modell für das menschliche Leben in der Zeit und wurde zu diesem Zweck seit Tausenden von Jahren genutzt. Zur gegenwärtigen Zeit unterzieht sich die Astrologie einem profunden Wandel, nicht zuletzt im medizinischen Bereich. Die hervortretende Verbindung zwischen Astrologie und Biologie bietet Wege für die Astrologie, ihren Mechanismus der Zeitzyklen mit Gesundheit, Heilen und dem ökologischen Prozeß zu integrieren. Dieses Buch wird die Auswirkungen dieser Ideen auf die traditionelle medizinische Astrologie erarbeiten und wird auch einige wenige einzigartige Anwendungen von Astrologie und Heilkunst präsentieren. Die folgenden Abschnitte zeigen das Spektrum der Themen und Ansätze, die in *Astrologie und Heilkunst* zu behandeln sein werden.

Jedes Zeichen des Tierkreises wird mit Körperteilen, inneren Organen oder Organsystemen, psychologischen Mechanismen und Stufen des Lebens assoziiert. Die verschiedenen Typen der Therapie können ebenfalls den Zeichen des Tierkreises zugeordnet werden.

Kapitel 5 gilt dem Rad der Therapien, in dem jede Therapie durch das Zeichen kategorisiert wird, dessen Wirken es am vollkommensten widerspiegelt. Mit Hilfe des Wissens darüber, welcher Planet für einen bestimmten Typ von Blockade verantwortlich ist, kann man recht einfach bestimmen, welche Therapien vermutlich wirkungsvoll sein werden, weil sie unter dem Zeichen zu erkennen sind, das der Planet regiert.

Spannungen können aufkommen unter der Wirkung der Planeten Mars, Uranus oder Pluto, um nur einige zu nennen. Wenn sie aktiv sind, bringen sie das Körperteil, in dem sie regieren, in den Vordergrund und rufen Symptome hervor. Leiden des Magens, besonders Geschwüre und Krebs, sind Krankheiten mit emotionellem Zusammenhang. Sie werden angezeigt von dem Zeichen Krebs, das den Magen regiert, und haben ihren Ursprung in der Struktur des Zuhauses und Familiensystems, das sich im Magen widerspiegelt. Buchstäblich alle Magenbeschwerden stehen in Zusammenhang mit den Zuständen im Familiensystem. Die Therapien, die sich auf das Zeichen Krebs beziehen, sind Psychotherapie, Familientherapie und die Bach-Blütentherapie. Jedes Zeichen hat Therapien, die für seine Einflüsse geeignet sind. Das Rad der Therapien hilft zu einem Verständnis über das Zusammenwirken von Therapien, um den Weg zu vollkommener Gesundheit zu bereiten.

*Lebens*Zeit-Astrologie* (1987) beschreibt mein einzigartiges astrologisches Modell des Lebensprozesses in der Zeit von der Empfängnis bis zum Tode in der Projektion auf den Umkreis des Horoskopes. Das Werk schildert eine direkte Methode zur Bestimmung der Datierung von Planeten und Zuordnung zu den Zeiten im Leben, in denen sie aktiv sind, darüber hinaus die generelle Ausrichtung dieses revolutionären, neuen astrologischen Systems, das zum ersten Mal Astrologie, Mathematik und Mechanik der biologischen Zeit, moderne Gedanken der Biologie und Genetik sowie das höhere Bewußtsein der transpersonalen Psychologie vereint. In der Praxis ist Lebens*Zeit-Astrologie ein großartiges Werkzeug, weil der ganze Lebensprozeß leicht am Horoskop-Rad abgelesen werden kann; das beschwerliche Datieren von Ereignissen – wie in der traditionellen Astrologie – ist überflüssig geworden.

Die Lebens*Zeit-Astrologie teilt das ganze Leben von der Empfängnis bis zum Eintritt in die Transzendenz in vier Oktaven ein, ein multidimensionales Modell des Lebens in der Zeit. Mit Hilfe dieses

Modells ist leicht zu erkennen, wie Krankheit entsteht, welche Therapien für bestimmte Probleme zu wählen sind und auch, wie Heilungen eintreten.

Viele zeitgenössische Therapien werden vorgestellt, astrologisch bewertet, ihre Anwendbarkeit anhand von Beispielhoroskopen demonstriert. Während es wohl einst zutreffend war, daß jede Person auf einc bestimmte Therapie ansprach, die bei ihr am effektivsten wirkte, ist die moderne Welt so komplex, daß wir eine Progression von Therapien durch unser ganzes Leben brauchen, die sich je nach Zeit und Umständen recht dramatisch wandeln mag. Die Anforderungen jedes Stadiums unserer Entwicklung können durch geeignete Therapien ergänzt werden. Während der Prozeß der Selbstentdeckung durch Versuch und Irrtum lang und beschwerlich sein mag, ist es nicht notwendig, die Auswahl von alternativen Therapien dem Zufall zu überlassen.

Die Idee des ›offenen Vertrauens‹ in der Therapie und seine Bedeutung für den Heilungsprozeß soll dargestellt werden. Typischerweise besteht eine enge Vertrautheit zwischen Therapeut und Klient; sie gewährleistet, daß Informationen aus einer therapeutischen Sitzung nicht außerhalb der beiden Teilnehmer weitergegeben wird. Diese Praxis geht auf die Freudsche Therapeut/Patient-Beziehung zurück und ist heute ein überholter Weg des Zugangs zur Therapie. Die Begrenzung von Information und Gefühlen, die während der Therapie frei werden, ist oft nicht nur kontraproduktiv, sondern fördert noch Probleme, die ans Tageslicht gebracht werden müssen. Offenes Vertrauen ist ein neues Konzept, um die Themen der psychotherapeutischen oder medizinischen Therapie ans Tageslicht und allen Therapeuten zur Kenntnis zu bringen, die mit einem Individuum arbeiten. Das ist wesentlich für die Verhütung eines weit verbreiteten Phänomens: Der Akupunkteur bemüht sich jeden Dienstagmorgen darum, eine Person zu energetisieren, und dann strengt sich der Psychotherapeut jeden Dienstagnachmittag an, sie zu beruhigen. Für eine Integration der Therapien muß eine

Bereitschaft auf seiten der Therapeuten und Klienten bestehen, das therapeutische Modell auszudehnen, um alle Therapeuten einzubeziehen. Selbst die Familie des Klienten muß ermutigt werden, ihr Gewahrsein von den Problemen des Systems und für Wege zu erweitern, auf denen die Probleme bewältigt werden.

Eine Reihe von astrologischen Diagnosen wird Horoskope eines weiteren Spektrums von Menschen illustrieren, die Störungen oder Krankheiten haben, aber auch solcher, die an Krebs, Leukämie, Aids, Geschlechtskrankheiten und Magersucht leiden. Der ganze Mechanismus der Geburt wird als ein entscheidender und weit unterschätzter Faktor für die folgende mentale, emotionelle und körperliche Gesundheit vorgestellt.

Die moderne Heilkunst der vom Verfasser entwickelten Astro* Radionik wird beschrieben, mit deren Hilfe ein Individuum durch das Energiemuster des Horoskops auf die Ferne zu diagnostizieren und zu behandeln ist. Die Mechanismen und Philosophie dieser subtilen Heilkunst werden eine neue Sicht der Anatomie und Gesundheit ermöglichen.

Astrologisch-medizinische Literatur

Viele Bücher bieten Information und Techniken medizinischer Astrologie, und *Astrologie und Heilkunst* soll kein Ersatz für diese Texte sein, sondern einen umfassenderen Zusammenhang bieten, in dem jene Information zu gebrauchen ist. Eine kurzer Überblick über einige der wichtigeren Quellen wird eine Vorstellung von der Vielfalt und Breite der in diesem Bereich bereits geleisteten Arbeit vermitteln. Die meisten Werke sind wertvolle Quellen und bieten Grundinformation, die über den Zweck dieses Buches hinausgehen. Wie Sie sehen werden, gehen die Autoren von den unterschiedlichsten Ansätzen aus.

The Astrological Judgement of Diseases (»Die astrologische Beurteilung von Krankheiten«, London 1655) des großen Astrologen und Kräuterkundigen Nicholas Culpeper ist ein Klassiker, der von Generationen von Ärzten als Lehrbuch verwendet wurde. Culpeper kombinierte ein profundes Wissen der Pflanzen *(Culpeper's Herbal,* 1649) mit einem Verständnis der griechischen Medizin von Galen, und seine Bücher zielen auf die Vorwarnung von Krankheit aus Geburtshoroskopen und die Heilmethoden für bereits erkrankte Menschen ab. Culpepers Werk ist wertvoll wegen der Prinzipien seiner Arbeit und seiner astrologischen Klassifizierung von Heilpflanzen.

Die *Encyclopedia of Medical Astrology* (New York 1933) von Dr. H. L. Cornell ist altmodisch und unglaublich gewunden, aber ihre nahezu tausend Seiten sind ein wertvoller Leitfaden für den Beginn einer Beschäftigung mit der medizinischen Astrologie. Sie birgt viel wertvolle Information, die Darstellung der Beziehungen zwischen Krankheiten und den Wirbelsäulenpunkten aus der Chiropraktik ist einzigartig.

Astrology, Nutrition and Health (Massachusetts 1977) von Robert Jansky ist informativ, wenn auch kurz, und konzentriert sich auf die Zusammenhänge zwischen Ernährung und Astrologie aufgrund der Zuständigkeit, die Vitaminen und Mineralen nachgesagt werden. Die Fallbeispiele werden unter rein medizinischem Gesichtspunkt behandelt, und das Studium der Sexualität und Gewalt basiert auf den Mitte-Punkten, einem sehr sorgfältig ausgearbeiteten System für die Analyse. Jansky hat eine Reihe solcher Bücher über medizinische Astrologie geschrieben.

Bei weitem die beste und erschöpfendste Studie über medizinische Astrologie ist *The American Book of Nutrition and Medical Astrology* (San Diego 1982), in dem Eileen Nauman ihre ›Medi-Scan-Technik‹ vorstellt, einen Fragebogen, der die systematische Erfassung des Gesundheitszustandes eines Menschen aus astrologischer Sicht erlaubt. Die sehr informativen Abschnitte über die astrologischen und medizinischen Funktionen von Vitaminen, Mineralen, Kräutern und Zellsalzen sind glänzend. Der einzige Schwachpunkt ist, daß Nauman die »uranischen Planeten« gebraucht, die aufgrund mathematischer Berechnungen vorhergesagt, aber niemals als physisch existent gefunden wurden. [4] Die »uranische Astrologie« ist oft sehr akkurat, aber ihre Planeten werden aufgrund ihrer hypothetischen Natur nicht von allen Astrologen akzeptiert. Das Buch ist ein Meilenstein in der medizinischen Astrologie und wird als Maßstab Bestand haben. Die geschilderten Fallbeispiele sind klar und gebrauchen traditionelle Techniken der Geburtsastrologie und Transite.

Die zahlreiche Bände umfassende *Münchner Rhythmenlehre* ist ausführlich in ihrer Integration von Astrologie und Homöopathie, aber das gesamte System oder die Interpretation ist recht unhandlich und weitschweifig; es läßt dem Studierenden mehr unbeantwortete Fragen als gesunde Prinzipien für die Praxis.

Der beste Text, der die Kluft zwischen nataler, medizinischer und psychologischer Astrologie überbrückt, ist Reinhold Ebertins *Kombination der Gestirneinflüsse,* abgekürzt KGE. Dieses Werk ist das Handbuch der Kosmobiologie, einer integrierten Studie der Astrologie und Biologie. Ebertin listet Entsprechungen auf, so daß Astrologen lernen, die Information aus dem Horoskop zur intelligenten und nützlichen Anwendung des Kosmogramms in der Behandlung von Krankheit anzuwenden, die von mentalen Vorbehalten, Ängsten oder Aggressionen gefärbt ist. [5] Ebertin zeigt, daß das Horoskop große potentielle Vorteile für den Psychotherapeuten oder Homöopathen, aber auch für den Arzt birgt. Kosmobiologen werden angeregt, ihre Klienten zu behandlen wie Ärzte ihre Patienten, indem sie ihnen das Problem offen und ohne mögliche Ursachen oder Lösungen präsentieren. Klare Information ist zwar wesentlich, doch die Art des Umgangs mit dem Patienten läßt noch etwas zu wünschen übrig.

Krankheiten sagen viel über eine Person aus, und ihre Ursachen hängen in jedem Falle eher mit dem ganzen Organismus als mit einem isolierten Geschehen zusammen. In diesem Modell ist Krankheit von Gesundheit nicht zu trennen, sie stellt die essentielle Kommunikation zwischen einem Individuum und seiner Welt dar. Ebertin untersuchte besonders detailliert den Weg von Krankheitsbehaftungen und –dispositionen durch Familien und Erblinien, und sein Sohn, Baldur Ebertin, ein praktizierender Psychotherapeut, hat das brillante Werk fortgeführt.

Die Tragweite der KGE und die hinter ihr stehende Intelligenz sind ein großer Beitrag. Ebertin legte größten Wert auf die Beziehung der Planeten untereinander und nahm damit die Bedeutung der Planeten in Zeichen oder Häusern ein wenig von ihrem Podest. Die KGE besteht aus den achtundsiebzig möglichen Kombinationen von Planeten miteinander, d.h. Sonne/Mond, Sonne/Merkur, Sonne/Venus usw. bis AC/MC. Jede Kombination nimmt zwei gegenüberliegende Seiten (Abb. 1) ein und enthält ihr Grundprinzip, psychologische (positiv, negativ und neutral), biologische und soziologische Entsprechungen und wahrscheinliche (Ereignis-) Manifestationen. Auf der gegenüberliegenden Seite wird das Planeten-Paar mit allen anderen Planeten verglichen, so daß insgesamt über tausend solcher Bilder vorliegen. Die biologischen und psychologischen Qualitäten jeder Planeten-Kombination sind als korrespondierende Aspekte voneinander und biologische Ebenen zugleich zu betrachten. Eine Trennung zwischen beiden anzudeuten, ist nicht nur künstlich, sondern irreführend.

Seit den fünfziger Jahren wurde es Mode, Psychologie und Astrologie miteinander in Beziehung zu bringen, und in der Tat glauben viele leidenschaftlich daran, daß die Kombination Astrologie-Psychologie allen anderen Zweigen der Astrologie übergeordnet und vorzuziehen sei. Sie denken, medizinische Astrologie oder prognostische Astrologie seien kontraproduktiv und schädlich für Gesundheit und Wohlbefinden. Der psychologische Standpunkt ist klar markiert durch die folgenden Annahmen:

♄/♅

0866 **Saturn / Uranus**

Prinzip:

Erregung und Hemmung, Spannung.

Psychologische Entsprechung:

+ Jeder Lage gewachsen sein, Kraft zum Durchhalten, Ausdauer, Unermüdlichkeit, Willenskraft, Entschlossenheit.
– Ungewöhnliche seelische Spannungen, Reizbarkeit, seelische Konflikte, Auflehnung, Freiheitsdrang, herausforderndes Verhalten, Gewalttätigkeit.
K Eigenwilligkeit, Zähigkeit, Hartnäckigkeit, starke seelische Spannungen.

Biologische Entsprechung:

Rhythmushemmungen, Herzblock, Cheyne-Stockes' Atmen. – Arhythmien. – Gliederverlust durch plötzliche Erkrankung (nur in diesem Sinne eine chronische Erkrankung), Operationen, bei denen etwas weggenommen wird. (Darmresektion, Milzexstirpation, Amputation usw.)

Soziologische Entsprechung:

Gewaltmenschen. (101)

Auslösungsmöglichkeiten:

+ Durch Überwindung von Schwierigkeiten noch stärker werden, schwere aber erfolgreiche Lebenskämpfe, um eine gefährliche Lage zu überwinden. (Operation).
– Sich gegen Bevormundung und Freiheitsbeschränkung wehren, Beunruhigung der Umwelt, Streit, Trennung, Gewaltanwendung, Eingriffe in das Schicksal, Freiheitsbeschränkung.

Abb.1 Eine Doppelseite aus Ebertins *Kombination der Gestirneinflüsse*

♄/♅

Den Körper schweren Kraftproben aussetzen, Widerstandskraft, Auflehnung, Unbeugsamkeit. – Trennung. – Krankheit durch Überanstrengung. ☉ 0867

Starke seelische Spannungen, Depressionen, Unbeständigkeit. – Sich von seelischem Druck plötzlich befreien wollen, Trennung von weiblichen Personen. ☽ 0868

An die Nervenkraft hohe Anforderungen stellen, sich nichts gefallen lassen, Widerstand organisieren, sich trennen. – Notwendige Veränderungen. ☿ 0869

Spannungen im Liebesleben, die oft zur Trennung führen. ♀ 0870

Gewalttätigkeit, außergewöhnliche Energie nicht immer richtig einsetzen, sich abplagen. – Gewaltsame Lösung von Spannungen, zum Entscheidungskampf herausfordern. – Verletzung, Unfall, Freiheitsberaubung. ♂ 0871

Sich in jede Lage hineinfinden, glückliche Lösung von Spannungen. – Plötzliche Wendung, in Schwierigkeiten hineingeraten. – Verluste, Gebäudeschaden, Motordefekt. ♃ 0872

Seelischen Spannungen nicht gewachsen sein, aus Schwäche heraus falsch oder böswillig sein. – Sich ins Unvermeidliche fügen, Widerstand aufgeben, erlahmende Kräfte, Trennung, Trauerfall. ♆ 0873

Gewalttätigkeit, Brutalität. – Mit außergewöhnlicher Anstrengung eine schwierige Lage überwinden wollen. – Auflehnung gegen das Schicksal, Schädigung durch höhere Gewalt. ♇ 0874

Sich in eine Gemeinschaft nicht einordnen können, herausforderndes Verhalten. – Gemeinsamer Widerstand, Trennung. ☊ 0875

In schwierige Verhältnisse hineingestellt sein, allein dastehen. – Schwierigkeiten durch andere, seelisches Leid mit anderen erleben, Trauerfall. **A** 0876

Höchste Anforderungen an die eigene Kraft stellen, Auflehnung, Herausforderung. – Sich trennen. **M** 0877

1. Die Welt der Psyche ist zentraler Aspekt des Seins, und aus der Psyche kommen äußere Geschehnisse hervor; deshalb ist Psychologie wichtiger als die mundanen Realitäten der Welt.
2. Da das Ziel des Lebens darin besteht, ›freien Willen‹ auszuüben, wird jegliche Voraussage solche Handlungsfreiheit behindern oder ausschalten, indem sie entweder verhindert, daß natürliche Ereignisse geschehen, oder daß das Geschick eines Individuums durch die Macht der Suggestion beeinflußt wird, die der Voraussage selbst innewohnt.
3. Das Gefühlsleben ist der wichtigste Aspekt des Seins, und die Psychologie ist die Wissenschaft von der Welt der Gefühle.
4. Der Prozeß der Psychotherapie ist subjektiv, persönlich, evokativ, zwangsläufig zufällig und nicht vereinbar mit der Struktur der Astrologie. Astrologie strebt danach, Muster zu identifizieren, während die Psychologie sich mit dem Sein bescheidet.

Es mag den Anschein haben, daß Psychologie und Astrologie im Konflikt miteinander stehen, aber es gibt viele Brücken, die sie verbinden. Mehr und mehr Psychotherapeuten gebrauchen astrologisches Material als Grundlage für ihre Arbeit in einem Versuch, die Basis der Psychologie zu entdecken, wenn die persönliche Forschungsarbeit keine klare Richtung ergibt.

Der Grund, warum Ebertins Werk so wertvoll ist, liegt darin, daß er die psychologischen und biologischen Prinzipien als integrale Komponenten aller Planeten-Kombinationen zeigt. Obwohl es viel mehr Bücher über psychologische Astrologie als über medizinische Astrologie gibt, wäre es wertvoll, einige der einflußreicheren zu nennen:

Dane Rudhyar war der erste wichtige psychologische Astrologe, wie sein Klassiker *Astrologie der Persönlichkeit* (München [4]1988) zeigt. Er verband Tiefenpsychologie mit der Idee des Holismus und entwickelte eine symbolische Astrologie der Zyklen. Rudhyar erforschte und änderte die Unterscheidung zwischen guten und schlechten Aspekten und fühlte, daß alle Vielfalt der Ereignisse konstruktiv interpretiert werden sollte. Er integrierte viele verschiedene Gedanken unter dem Dach der Astrologie. In *Astrology and the Modern Psyche* (Reno 1976) analysierte er die Horoskope und psychologischen Lehren von Freud, Jung, Adler, Assagioli und anderen als deren psychologische Vorstellungen.

Stephen Arroyo erregte Aufmerksamkeit mit seinem Werk *Astrologie, Psychologie und die vier Elemente* (München [5]1988), das einen energetischen Zugang bot, der an den Jungschen Libido-Begriff erinnerte. Arroyo führte mit seinen direkten Bemerkungen über Beratung, die Ausbildung und Fortbildung von astrologischen Beratern sowie mit seinem Versuch, eine anekdotische Sprache zur Integration von moderner Psychologie und Astrologie zu erschaffen, eine neue Einstellung in die Astrologie ein.

Liz Greenes *Kosmos und Seele. Wege zur Partnerschaft* (Frankfurt [2]1983) präsentierte astrologische Konzepte innerhalb eines jungianischen Rahmens psychologischer Typen, in bezug auf die Elemente, den Kontrast und die Übereinstimmung von innerem und äußerem Selbst mit Hilfe von Analysen der Zyklen der äußeren Planeten, Saturn und Uranus.

Greene gebraucht Astrologie ausschließlich als Beratungswerkzeug, obwohl sie sie in ihrer psychoanalytischen Praxis nicht offen anwendet. Sie spricht sich gegen Voraussagen aus und rät zur Freiheit des selbstauferlegten Verzichts. 1986 sagte sie öffentlich, daß alle Astrologen als Therapeuten ausgebildet und selbst einer Therapie unterzogen werden sollten. Ihre Haltung hat die Entschlossenheit der psychologischen Astrologen erhärtet und die Konfrontation zwischen Psychologie und herkömmlicher Astrologie erzwungen.

So vertraten die humanistischen Astrologen ihre Sache. Zur Zeit müssen Astrologen zwischen traditioneller und psychologischer Richtung wählen, dabei fällt die medizinische Astrologie weitgehend unter den Tisch. Die moderne Astrologie braucht Heilung in sich selbst so nötig, wie sie zur *Heilung* als Beschreibung ihrer integrierten Funktion zurückfinden muß.

Die traditionelle astrologische Ansicht ist ansprechend und kann genau sein, aber ein vereinter Zugang, wie ihn dieses Buch vorstellt, wird die doppelte Funktion erfüllen, die Psychologie wieder mit der Biologie zu verbinden, sowie eine strukturelle Basis für Astrologie auf allen Daseinsebenen zu schaffen.

Kapitel 2

Astrologie als Heilkunst

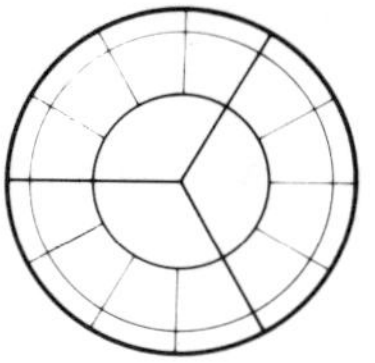

Die Planeten

Planeten, Zeichen, Häuser und Aspekte bilden die Elemente der medizinischen Astrologie. Die Planeten beziehen sich auf körperliche Mechanismen und Funktionen. Diese Zusammenhänge ließen sich etwa folgendermaßen darstellen:

Sonne	Gesundheit, Vitalität, Herz, Kreislauf, der Körper, die Zelle
Mond	Fruchtbarkeit, Körpersäfte, Blutserum, Lymphe, Verdauung
Merkur	Nervensystem, die Sinne, Sprech- und Hörorgane
Venus	Drüsenerzeugnisse, Hormone, Nieren, Venen
Mars	Energie, Körpertemperatur, Muskeln, Geschlechtsorgane
Jupiter	Ernährung, Organsysteme, Blut, Leber, Galle
Saturn	Skelettsystem, Vererbung, Steinbildung, Alter
Uranus	Körperrhythmen, Puls, Atmung, Peristaltik, Synapsen
Neptun	Solarplexus, Aura, Lähmung, Drogen
Pluto	Regeneration, Immunsystem, Miasmen, Genetik, Stoffwechsel

AC Geburt, körperliche Erscheinung, die Umgebung
MC Gehirnfunktion, Ichbewußtheit

Die Bedeutung der Planeten erstreckt sich jedoch noch auf weitere Funktionen. Das sich ausbreitende Psychologie stützt sich auf die Planeten-Typologie der Antike, auf die Entsprechung von Planeten mit allgemeinen psychologischen Typen: saturnisch, jovial (lat. Jovis = Jupiter), mondsüchtig, martialisch, venusisch, merkurisch und sonnig. Alle diese Wörter sind als Charakterisierungen gewisser Menschen oder Verhaltensweisen in die Alltagssprache eingegangen.

Die Theorie der himmlischen Einflüsse

Das von Rodney Collin entwickelte Modell der kosmischen Ordnung umfaßt eine Verbindung zwischen den Planeten und den endokrinen Drüsen, deren Hormone alle körperliche Aktivität regulieren. Mit der Vorstellung vom »Mikrokosmos Mensch« sah er die Planeten auf einer – analog ihrer Reihenfolge im Raum – auch im menschlichen Körper von der Sonne nach außen gehenden Spirale angeordnet. Abbildung 2 zeigt, wie die Planeten von der Sonne/

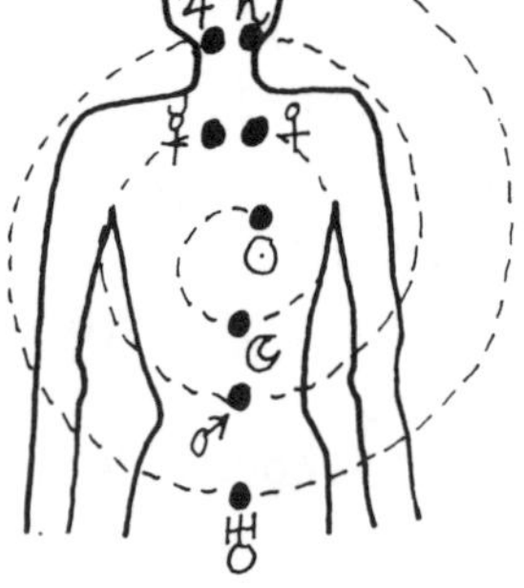

Abb. 2: Die vom Herzen ausgehende Spirale der Drüsen

Thymusdrüse auf einer sich nach außen öffnenden Spirale angeordnet sind. Das Faszinierende an dieser Betrachtungsweise ist, daß die Planetenzyklen dem Zeitpunkt (ab der Zeugung gerechnet) entsprechen, an dem die jeweiligen Planeten zur maximalen Aktivität gelangen. Das Horoskop zeigt, wo die Planetenpositionen sich im logarithmisch-biologischen Alterskreis bemerkbar machen. Die Reihenfolge ist ein wichtiges Modell zum tieferen Verständnis der Verbindung zwischen Biologie und Astrologie. Die Entwicklungsphasen des Lebens passen in die drei Oktaven und bringen Klarheit in den Lebensprozeß.

> Wenn man die Himmmelskörper und die menschlichen Funktionen dergestalt synchronisiert und nach ihrer Frequenz im Kreis anordnet, kommt eine weitere merkwürdige Parallele zum Vorschein. Die ersten beiden Funktionen, die Erschaffung der physischen Gestalt und die unwillkürliche Bewegung, die bereits vor der Geburt ihren Anfang nehmen, benötigen keine Luft. Erst am dritten Meilenstein, bei der Geburt, tritt die Luft wie ein Schock hinzu. Es folgen zwei weitere Funktionen, die willkürliche Bewegung und die Macht des Denkens. Dann, am sechsten Meilenstein, kommt es zu einem weiteren Schock, die volle emotionale Auswirkung der Licht-getragenen Eindrücke führt zu den weiteren Funktionen von Reife und zu der potentiellen Funktion des Bewußtseins.[1]

Jede Drüse kontrolliert viele Nerven-Geflechte, die drei Oktaven oder Dimensionen zugeordnet werden können, den drei Hauptsystemen des Körpers: dem zerebrospinalen Nervensystem (Bewußtsein), dem sympathischen Nervensystem (unbewußtes Wirken) und dem parasympathischen Nervensystem (instinkthafte Kontrolle). Die Drüsen sind zeitlebens aktiv, aber ihre Aktivität konzentriert sich zu bestimmten Zeiten, wenn ihre Funktion in den

Vordergrund rückt. Die Positionen und die relative Stärke der Planeten zur Zeit der Geburt bestimmen den individuellen »Typus«. Collin verglich diesen Prozeß einer Kombination mit den sich wie bei einem kompliziert gesicherten Safe drehenden Rädern, mit denen bei der Geburt eine bestimmte Codenummer eingestellt wird. Wann immer in der Folge eine der Nummern aktiviert ist, wird das betreffende Drüsensystem in seiner Aktivität angeregt oder gebremst. Die Entfaltung des endokrinen Drüsensystems in Kreisrichtung ist recht präzise.

Tabelle 1 Drüsen-Ausschüttungs-Zyklen

Planet	Drüse	Aktivierungszeit
Mond	Pankreas	58 Tage nach der Zeugung
Merkur	Schilddrüse	130 Tage nach der Zeugung
Sonne	Thymus	80 Tage nach der Geburt
Venus	Nebenschilddrüse	10 Monate alt
Mars	Nebennieren	2 Jahre 1 Monat
Jupiter	Hypophysen-Hinterlappen	12 Jahre 6 Monate
Saturn	Hypophysen-Vorderlappen	29 Jahre 6 Monate
Uranus	Gonaden	84 Jahre
Neptun	Epiphyse	165 Jahre
Pluto	?	270 Jahre

Der *Mond-Zyklus* aktiviert das Pankreas achtundfünfzig Tage nach der Zeugung (Tabelle 1). Das Pankreas wiederum aktiviert das für die Immunabwehr des Menschen verantwortliche Lymphsystem sowie die Verdauung je nach der Emotionslage, die wiederum den Wasserhaushalt beeinflußt. Der Mond symbolisiert die Gefühle, die aus der Mutter-Beziehung entspringen, Qualitäten, die von der Mutter und ihren Vorfahren ererbt sind, Gewohnheitsmuster, Familiensysteme, Körpersäfte und Abfallstoffe, sowie für das Wasser, das einen so großen Bestandteil des Körpers ausmacht. Der Mond wird aufgrund seiner Verbindung zu dem von ihm regierten Zeichen Krebs mit Magen und Brust assoziiert.

Der *Merkur-Zyklus* kontrolliert nach einhundertdreißig Tagen die Tätigkeit der Schilddrüse. Diese reguliert die Verbrennung und Körpertemperatur entsprechend der ersten unwillkürlichen Bewegung und der individuellen Blutzirkulation. Merkur steht für Kommunikation, Intellekt und Verstand und wirkt natürlich über das Nervensystem und die chemische Nachrichtenübermittlung. Das Atmungssystem ist durch seine Verbindung mit den Lungen und die Zuordnung zum Zeichen Zwillinge ebenfalls merkurisch.

Der *Sonne-Zyklus* aktiviert dreihundertfünfundsechzig Tage nach der Zeugung, fünfundachtzig Tage nach der Geburt, die Thymusdrüse, die das Wachstum in Bewegung setzt und den Blick für das Licht und dessen Wahrnehmung öffnet. Die Sonne steht für Lebenskraft, Vitalität, Bewußtsein und Krankheitsabwehr und zeigt auch Qualitäten, Stärken und Schwächen, die vom Vater und den Vorfahren der väterlichen Seite ererbt sind.

Der *Venus-Zyklus* macht sich zehneinhalb Monate nach der Geburt bemerkbar und wirkt auf die Nebenschilddrüsen, die vermittelnde und stabilisierende Mechanismen regieren sowie den Muskeltonus und die Nervenbildung fördern. Venus steht für den dem Organismus innewohnenden Sinn für Harmonie, seine Fähigkeit, das Gleichgewicht zu wahren, sowie für seine äußere Erscheinung, besonders das Haar.

Der *Mars-Zyklus* aktiviert fünfundzwanzig Monate nach der Geburt Mark und Rinde der Nebennieren, die die Sensitivität steigern und das »Kampf-und-Flucht-Hormon« (Adrenalin) produzieren. Mars steht für körperliche Aktivität und Bewegung, das Muskelsystem und besonders die roten Blutkörperchen, die den Körper mit Energie versorgen.

Der *Jupiter-Zyklus* tritt im Alter von zwölfeinhalb Jahren – am Höhepunkt des körperlichen Wachstums – zum Vorschein und kontrolliert über den hinteren Teil der Hypophyse die unwillkürlichen Muskeln und das Ernährungsmuster des Körpers. Jupiter regiert Wachstum im allgemeinen, die Verteilung von Fett, die Leber und das arterielle System.

Der *Saturn-Zyklus* zeigt im Alter von neunundzwanzigeinhalb Jahren das Ende des Wachstums an, die Kristallisation des Skelettsystems und die Zunahme des abstrakten Denkens. Bis zu diesem Zeitpunkt sind die Grenzen des physischen und des Mentalkörpers festgelegt, und es ist wichtig, die Kontrolle über den mental-physischen Körper zu etablieren. Saturn steht für die Großeltern, besonders für jene, von denen Erbmuster übernommen wurden, sowie für die Beziehung der Mineralien zum Körper und dessen Funktionen. Diese Eigenschaften beeinflussen die Reaktion auf das Altern des Körpers.

Diese ersten sieben Planeten, die Planeten der klassischen Antike, sind die einzigen, deren Zyklen innerhalb der Lebensspanne eines Menschen ablaufen. Die äußeren Planeten haben wesentlich längere Umlaufzeiten und regieren infolgedessen die kollektiven, Generations- und zivilisatorischen Qualitäten, die im Individuum vertreten sind. In der medizinischen Astrologie entsprechen die äußeren Planeten den *Miasmen,* die Hahnemann definierte, den Erbkrankheiten, die wir alle in uns tragen und die durch die Ereignisse in unserem Leben aktiviert werden oder nicht. Diese Miasmen sind in der Regel in unserem individuellen Gesundheitsmuster latent vorhanden und werden genetisch von unseren Eltern und Vorfahren weitergetragen.

Der *Uranus-Zyklus* von vierundachtzig Jahren bezieht sich auf die Gonaden, die – moduliert von der venusischen Nebenschilddrüse und den marsischen Nebennieren – die Sexualität regulieren. Uranus repräsentiert häufig die Ausdrucksformen von Energie, die auf das Individuum einwirken, zum Beispiel Unfälle und chirurgische Eingriffe, die extreme und plötzliche Veränderungen der körperlichen Rhythmen darstellen.

Der *Neptun-Zyklus* von einhundertfünfundsechzig Jahren bezieht sich auf die Epiphyse, das »dritte Auge« der östlichen Mystik, das die außersinnliche Wahrnehmung, Sensitivität und das psychische Gleichgewicht beherrscht, aber auch die Reaktion auf Drogen und Medikamente. Neptun ist das imaginäre Leben, Phantasie, Visualisierung und die Fähigkeit des Körpers, Toxine zu assimilieren oder Narkotika zu vertragen.

Mit dem *Pluto-Zyklus* von zweihundertfünfundsechzig Jahren wird keine Drüse assoziiert, obgleich er das ganze Immunsystem anspricht. Pluto steht in Verbindung mit Anomalien von Zellwachstum und Ausscheidungsfunktionen.

Die Drüsen arbeiten zur Regulation von physischem, Emotional- und Mental-Körper zusammen. Gesundheit ist häufig die Synchronisierung der inneren Aktivität der Körperdrüsen und ihrer äußeren Form in der Welt. Die relative Stärke der Drüsen spiegelt die astrologische Position der jeweiligen Planeten im Horoskop wider.

Die Planeten sind Archetypen und Unterpersönlichkeiten auf psychologischer Ebene, sowohl die Rollen im Leben außerhalb als auch die Verhaltensweisen in unserem Innern, Drüsen und Organsysteme auf der physischen Ebene, Chakren auf den psychospirituellen Ebenen und Verhaltensweisen auf der emotionellen Ebene. Ihre Interaktion über geometrische Aspekt-Verbindungen im Zentrum des Horoskops ist das Geflecht von Beziehungen, durch das unsere Lebensenergie fließt oder blockiert ist. Die reine Energie der Empfängnis wird in höhere und immer höhere Formen kanalisiert und geleitet, während wir einen Körper aufbauen; weiter geht sie im familiären Rahmen in die Verhaltensweisen ein und wird in der Reifezeit in der äußeren Welt erprobt. So ist es möglich, genau zu beobachten, wo, wann und wie Energie auf das Individuum zurückfallen kann – was oft die primäre Krankheitsursache ist. Krankheit läßt sich aus dem Horoskop diagnostizieren, und so steht die Datierung von Krankheitsausbruch und Krankheitsauflösung im Mittelpunkt der astrologischen Heilkunst.

Die vier Elemente

Die Elemente Feuer, Erde, Luft und Wasser sind Metaphern für die Funktionsweisen des Individuums. Feuer ist Energie, der Geistkörper und die psychische Funktion Intuition; Erde ist Substanz, der physische Körper und die Sinnes-Funktion; Luft ist menschlicher Geist, Kommunikation, der Mentalkörper und die Funktion Denken; Wasser ist Emotion, der Emotionalkörper und die Funktion Fühlen. Jeder Mensch umfaßt diese vier Seinsebenen, und Krankheit kann sich auf jeder oder allen dieser Ebenen manifestieren.

Manche Leiden sind beispielsweise emotionell verursacht, etwa die Depression. Andere sind mental verursacht, etwa die sogenannten psychosomatischen Krankheiten oder Kummer, Ängstlichkeit und Neurosen. Wieder andere sind offenbar physisch, wie zum Beispiel Unfälle, Muskelzerrungen und funktionelle Probleme. Die Grundkategorie sind jedoch die energetischen oder spirituellen Probleme, die den anderen zugrundeliegen und einen Energiemangel erzeugen. Weiterhin gibt es in der Astrologie zehn »Planeten«, und man kann leicht feststellen, welcher und wieviele Planeten in jedem der vier Elemente vertreten sind. Manchmal befinden sich in den Zeichen eines Elements überhaupt keine Planeten; dann ist die von diesem Element getragene Funktion mangelhaft und verlangt nach Kompensation.

Die Zeichen des Tierkreises

Die Tierkreiszeichen repräsentieren Teile des Körpers, konditionierende Qualitäten, durch die die Planeten wirken, die Jahreszeiten und die zwölf Phasen des archetypischen Entfaltungsprozesses in der Natur. Obwohl viele Astrologen das Hauptgewicht auf das »Sonnen-Zeichen« legen – das Zeichen, in dem sich zum Zeitpunkt der Geburt die Sonne aufhielt –, berücksichtigt die medizinische Astrologie den Planeten-Einfluß in allen Zeichen, in denen Planeten vorhanden sind, wobei die Stärke solcher Einflüsse naturgemäß unterschiedlich ist. Die Zeichen geben die Teile des Körpers an, in denen sich Funktionsstörungen wahrscheinlich manifestieren werden. Wie schon Samuel Hahnemann, der Begründer der Homöopathie, bemerkte, sind viele Krankheiten oder Gebrechen jahreszeitlicher oder periodischer Natur. Dies mag darauf hindeuten, daß sie mit der Sonne zusammenhängen und ihrem Lauf durch die Folge der Zeichen, wobei sie die Teile des Körpers der Reihe nach aktiviert.

Es ist auch wichtig zu erkennen, daß die Zeichen des Tierkreises nicht isoliert stehen, sondern mit ihrem jeweiligen Gegenüber aufs engste verbunden sind. Die Funktionen der Kehle (Stier) stehen in einer Wechselbeziehung zu denen der Sexualorgane (Skorpion), wie die Kastraten bezeugen können. Alle Zeichen wirken ständig in Verbindung mit ihrem Gegenüber. Wird das eine Zeichen aktiviert, empfängt das gegenüberliegende stets eine gleich starke, gegensätzliche Reaktion, obwohl diese oft verinnerlicht wird. Zum Beispiel verursacht die Belastung, mit einer väterlichen Steinbock-Außenwelt umzugehen, eine Spannung, die sich im Körperinneren als Krebs-Magenreizung oder -Geschwür niederschlägt. Manchmal bringen gegenüberliegende Zeichen ganz ähnliche Wirkungen hervor. Sowohl Zwillinge (Lunge und Arme) als auch das Gegenüber, Schütze (Ischias und Oberschenkel), neigen zur Förderung von Lungenbeschwerden, Atemproblemen und gebrochenen Gliedern. Löwe steht für das Herz, Wassermann für das Kreislaufsystem, und Spannungen aus selbstbewußten Löwe-Tendenzen können Herzbeschwerden und Kreislauffunktionsstörungen verursachen. Mit am offensichtlichsten, wenn auch kaum erkannt, ist die mentale Belastung des Widders, die entsteht, wenn Waage-Beziehungen nicht so gut funktionieren wie erwartet. Die ganze Praxis der Reflexzonentherapie oder der Metamorphose-Technik behandelt mit Hilfe der Fußmassage als Stimulationsmethode nicht nur den Verdauungstrakt von Jungfrau, sondern den ganzen Organismus. Jedes Paar hat seine einzigartige Dynamik im Mechanismus der Gegensatzpaare.

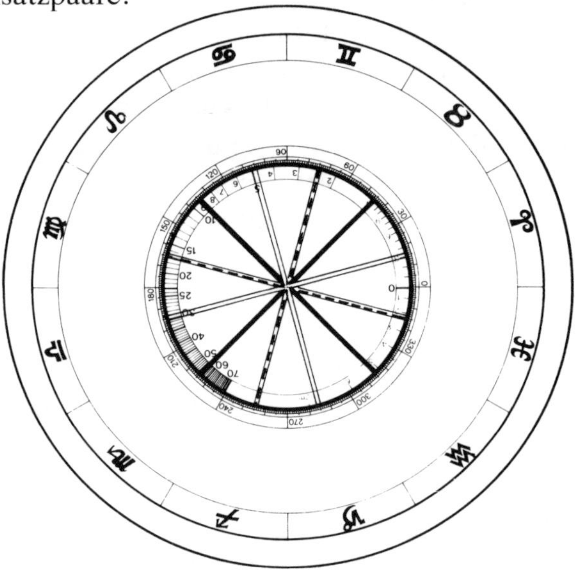

Abb.3: Die drei Kreuze

Über die Verbindungen zwischen gegenüberliegenden Zeichen des Tierkreises hinaus spielen in der medizinischen Astrologie auch die *Kreuze* oder Vierheiten (Abb. 3) eine Rolle. Es gibt das fixe Kreuz (Stier, Löwe, Skorpion und Wassermann), das kardinale Kreuz (Widder, Krebs, Waage und Steinbock) und das bewegliche Kreuz (Zwillinge, Jungfrau, Schütze und Fische). Durch die Feststellung, welches Kreuz in einer Krisenzeit besonders aktiviert ist, gelangt der medizinische Astrologe bei der Entdeckung der Ursache vieler chronischer Beschwerden weiter. Gewöhnlich ist das Kreuz mit der größten Zahl von Planeten mit der größten Wahrscheinlichkeit betroffen, aber man muß auf jeden Fall das ganze Horoskop in Betracht ziehen. Bei der Untersuchung, welches

Kreuz das stärkste ist, müssen auch die Positionen von AC und MC berücksichtigt werden.

Zu jedem Zeichen des Tierkreises gehört ein Zellsalz, das seinen Mechanismus unterstützt, und oft läßt sich die Gesundheit durch korrekte Verabreichung des betreffenden Zellsalzes wiederherstellen. Diese Zusammenhänge sind der folgenden Tabelle zu entnehmen. (Die Daten bei jedem Zeichen sind näherungsweise angegeben.)

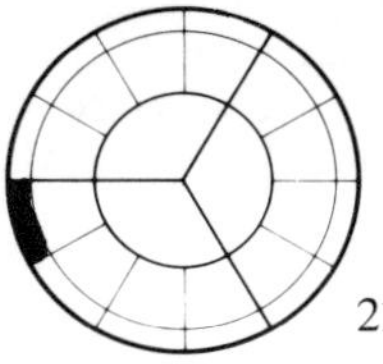

Widder – kardinales Feuer-Zeichen 21. März bis 21. April

Kalium phosphoricum und Natrium phosphoricum

Widder regiert den Kopf, den Schädel und besonders das Gehirn, die motorischen Nervenzentren des Gehirns, die alle mentale und physische Aktivität steuern. Widder-Leiden sind Kopfschmerzen, Neuralgien, Gehirnblutungen, mentale Schwäche und Epilepsie. Widder steht Waage gegenüber.

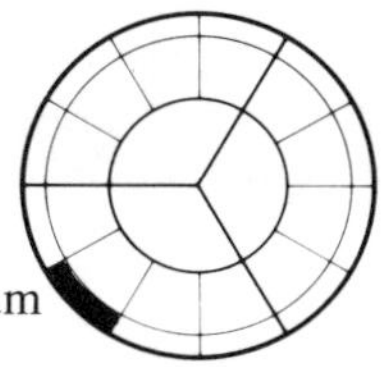

Stier – fixes Erde-Zeichen 21. April bis 21. Mai

Natrium sulfuricum und Calcium sulfuricum

Stier regiert die Ohren, Nase und Hals, die Lymphdrüsen, Mandeln und Kehlkopf, das Kleinhirn und die Schilddrüse in Verbindung mit Merkur und bestimmt die Nahrungsaufnahme und Ausscheidung. Stier-Leiden sind entzündete Mandeln oder Polypen, Kropf, Diphtherie, Krupp-Husten, Halsschmerzen oder Zahnprobleme. Stier steht Skorpion gegenüber.

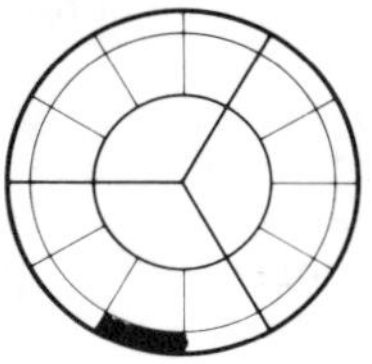

Zwillinge – bewegliches Luft-Zeichen 21. Mai bis 21. Juni

Kalium chloratum und Silicea

Zwillinge regiert die Arme, Hände, Lungen und Schultern und das Zentralnervensystem, während es auch die Herrschaft über die Atemfunktion innehat. Zwillinge-Leiden sind Bronchitis, Tuberkulose, nervöse Störungen, Brustfellentzündung und andere Lungenprobleme. Zwillinge steht Schütze gegenüber.

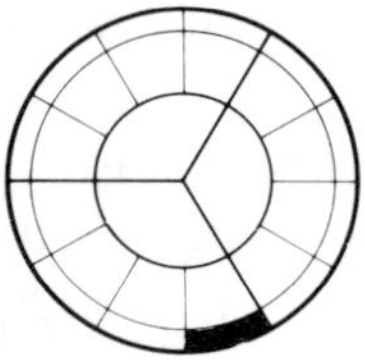

Krebs – kardinales Wasser-Zeichen 21. Juni bis 21. Juli

Calcium fluoratum und Calcium phosphoricum

Krebs regiert den Magen, Brüste, Brustbein, Zwerchfell und auch die Häute von Gehirn, Lunge und Herzbeutel, er fördert und erhält den Körper. Krebs-Leiden sind Verdauungsstörungen, Geschwüre, Magenbeschwerden, Verdauungsbeschwerden, Meningitis, Wassersucht und Störungen der Lymphdrüsen. Krebs steht Steinbock gegenüber.

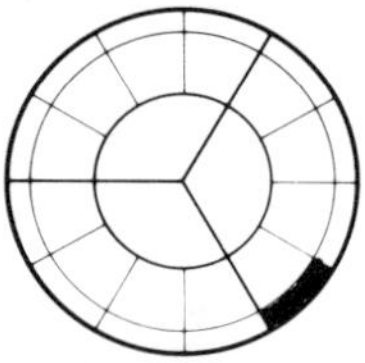

Löwe – fixes Feuer-Zeichen 21. Juli bis 22. August

Magnesium phosphoricum und Natrium muriaticum

Löwe regiert das Herz, die Brustwirbelsäule, die Hohlvenen und die Herzkranzarterien, darüber hinaus das vitale und Kreislauf-System. Löwe-Leiden sind Herzerkrankungen, Arteriosklerose und Rückenschmerzen. Löwe steht Wassermann gegenüber.

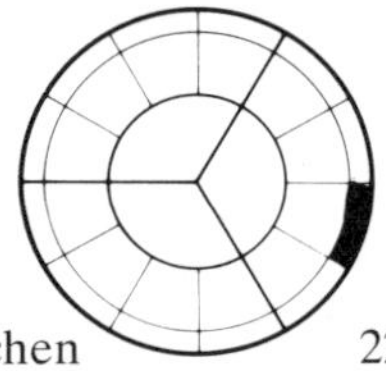

Jungfrau – bewegliches Erde-Zeichen 22. August bis 21. September

Kalium sulfuricum und Ferrum phosphoricum

Jungfrau regiert die Bauchregion, die Verdauungssäfte, die Milz, den Darmtrakt und den Zwölffingerdarm, die unteren Lappen der Leber; ihre Funktion ist verdauend und aufnehmend. Jungfrau-Leiden sind Bauchfellentzündung, schlechte/Unter-Ernährung, Diabetes oder Hypoglykämie, Dickdarmentzündung, Divertikulitis, Koliken oder unregelmäßige Stuhlentleerung. Jungfrau steht Fische gegenüber.

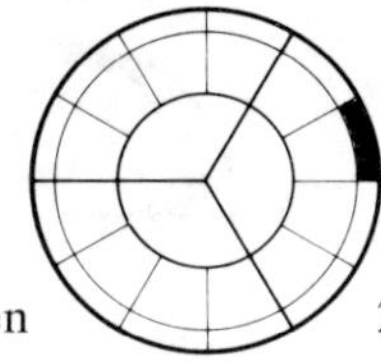

Waage – kardinales Luft-Zeichen 21. September bis 21. Oktober

Natrium phosphoricum und Kalium phosphoricum

Waage regiert die Nieren, die Nebennieren, die Lendenwirbelsäule und als Schwerpunkt des Körpers ist es regulierend und ausgleichend. Waage-Leiden sind in erster Linie Funktionsstörungen der Niere bei der Ausscheidung von Giftstoffen, Nierenentzündungen, Nephritis, Kreuzschmerzen, Ödeme, Hautausschläge oder Ekzeme, Störungen des Blutbildes, Azidose oder Bright-Krankheit. Waage steht Widder gegenüber.

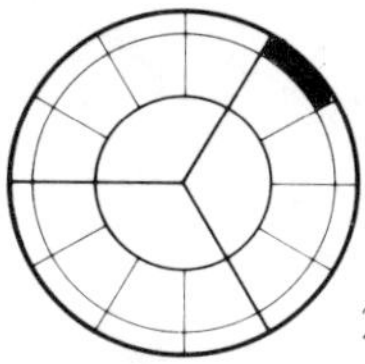

Skorpion – fixes Wasser-Zeichen 21. Oktober bis 21. November

Calcium sulfuricum und Natrium sulfuricum

Skorpion regiert die Blase, Harnröhre, Geschlechtsorgane, Mastdarm und absteigenden Dickdarm, das Sigmoid und die Prostata; seine Funktionen sind ausscheidend und fortzeugend. Skorpion-Leiden sind Prostata-Vergrößerungen, alle Beschwerden, die von einer Funktionsstörung des Dickdarms herrühren, Geschlechtskrankheiten, Blaseninfektionen, Erkrankungen der Gebärmutter, des Gebärmutterhalses, Menstruationsprobleme, Verstopfung, Hämorrhoiden, Blasenentzündung, Brüche oder Unfruchtbarkeit. Skorpion steht Stier gegenüber, und hier sind oft Nasenkatarrhe, Halsinfektionen, Polypen oder Mandelentzündungen angezeigt.

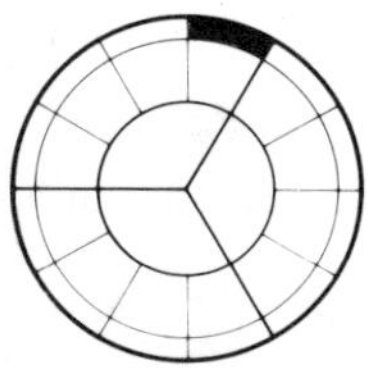

Schütze – bewegliches Feuer-Zeichen 21. Nov. bis 21. Dez.

Silicea und Kalium chloratum

Schütze regiert die Oberschenkel, Hüften, Oberschenkelknochen, Steiß- und Kreuzbeinregion, Ischiasnerven, Gesäßmuskeln und die große Wadenvene, das Zeichen ist fortbewegend und stützend. Schütze-Leiden sind Hüfterkrankungen, Fortbewegungsprobleme, Ischiasbeschwerden, Rheumatismus, Rückenschmerzen, Gicht, Lähmung, Becken-Brüche, Spasmen und Krämpfe. Schütze steht Zwillinge gegenüber und daher in Verbindung mit der Ausatmung von Luft – wie Zwillinge mit der Einatmung.

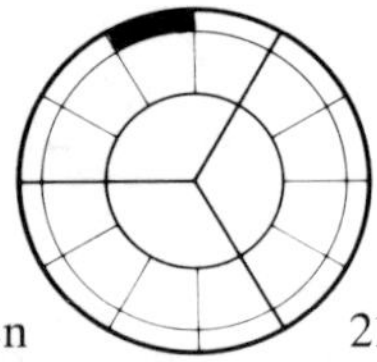

Steinbock – kardinales Erde-Zeichen 21. Dezember bis 21. Januar

Calcium phosphoricum und Calcium fluoratum

Steinbock regiert die Knie, Haut, Skelett und die Gallenblase, seine Funktion ist schützend und strukturierend. Steinbock-Leiden sind Rheumatismus, Arthritis, Knochenbrüche, Ekzeme und anderen Hauterkrankungen, zum Teil verursacht durch die Reflexwirkung des Krebs-Magens. Steinbock steht Krebs gegenüber.

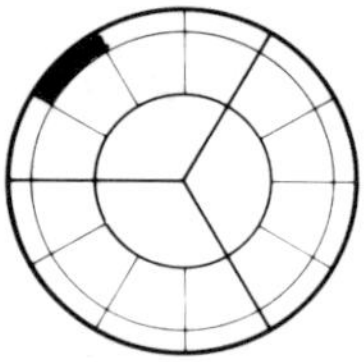

Wassermann – fixes Luft-Zeichen 21. Januar bis 21. Februar

Natrium muriaticum und Magnesium phosphoricum

Wassermann regiert die Knöchel, Schienbein, Wadenbein, Achilles-Sehne und das Kreislaufsystem, das den Körper mit Sauerstoff versorgt. Zu den Wassermann-Leiden gehören Krampfadern, Knöchel-Verstauchungen, Wassersucht, Blutvergiftung, Krämpfe, Koordinations- und Durchblutungs-Störungen. Wassermann steht Löwe gegenüber.

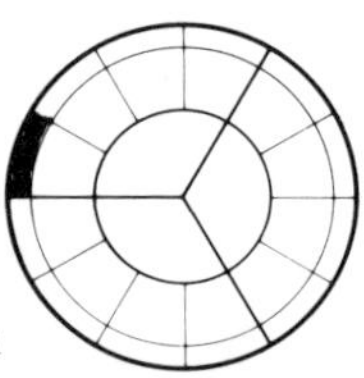

Fische – bewegliches Wasser-Zeichen 21. Februar bis 21. März

Ferrum phosphoricum und Kalium sulfuricum

Fische regiert die Füße und Zehen, das Lymphdrüsensystem und daher das Immunsystem und wirkt unterscheidend und kristallisierend. Zu den Fische-Leiden gehören Vergiftung, Drogen-Überdosierung, Reaktionen auf Arzneimittel, Schleimhauterkrankungen, Katarrhe, Drüsenschwellungen, schlechte Durchblutung, Lungenentzündung, entstellte Füße, entzündete Fußballen und Plattfüße. Fische steht Jungfrau gegenüber.

Häuser

Die Häuser beschreiben die Folge der Entwicklungsstufen im Leben von der Zeugung bis zu Alter und Tod. Sie sind die Zeitphasen, die unserem Leben und unserer Wirklichkeit Struktur geben. In der traditionellen medizinischen Astrologie bestimmen sie, wie sich Beschwerden manifestieren, aber dieser Gegenstand ist Hauptthema von Kapitel 4 (Lebens*Zeit-Astrologie) und wird dort eingehender besprochen werden.

Aspekte des Lebens

Aspekte (Abb. 4) sind die geometrischen Verbindungen, die das »Geflecht der Beziehungen« ergeben, durch das Planeten miteinander verbunden sind und durch das Ereignisse sich zu verschiedenen Zeiten des Lebens verknüpfen; sie beschreiben das innere dynamische und energetische Wirken des Lebensprozesses.

Die Aspekte ergeben sich durch Teilung des 360-Grad-Kreises durch Eins, Zwei, Drei, Vier, Sechs, Acht und Zwölf. Die resultierenden Aspektwinkel bergen ein Spektrum von Werten, die sie den Planeten mitteilen, die durch die betreffende geometrische Verbindung verknüpft sind. Wenn die Winkel-Beziehungen durch Zwei (180°), Vier (90°) oder Acht (45°) teilbar sind, werden sie als schwierig und spannungserzeugend eingeschätzt, während die Aspekte, die sich durch die Teilung des Kreises durch Drei (120°), Sechs (60°) oder Zwölf (30°) ergeben, als harmonisch und stabilisierend gelten. Die Qualität des Aspektes der Einheit, die Konjunktion bei 0°, ist abhängig von der Wesensart der beiden betroffenen Planeten. Der 150°-Aspekt, der Quinkunx, ist in der medizinischen Astrologie von besonderer Bedeutung als ein Aspekt, der Frustration oder chronische Dilemmata anzeigt. In der medi-

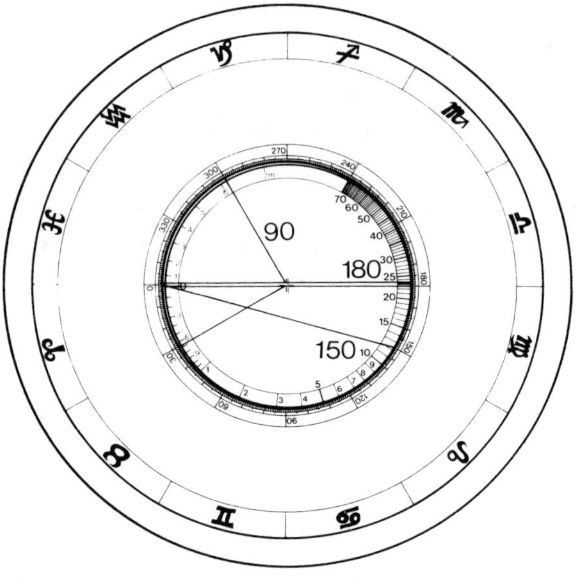

Abb. 4: Harte Aspekte im Zusammenhang der medizinischen Astrologie

zinischen Astrologie gelten die *harten* Aspekte 0°, 45°, 90°, 135°, 150° und 180° als Konstellationen, die Krankheit und radikales Ungleichgewicht hervorrufen. Die Anwesenheit solcher Aspekte ist typisch, wenn auf irgendeiner Ebene Blockaden vorliegen. Sie sind schwierig, zentral und oft schmerzlich, aber zugleich bieten sie den Schlüssel zu Wachstum und höherer Entwicklung. Krankheit zeigt gewöhnlich Phasen im Leben an, in denen drastische Veränderungen notwendig sind, denen man jedoch Widerstand leistet. Die Energie im Leben eines Menschen fließt durch die Aspektlinien im Horoskop. Sie fließt leicht in Sextil- und Trigon-Aspekten und unter erschwerten Bedingungen durch die harten Aspekte (siehe Abb. 5).

Weil jede Komponente des astrologischen Horoskops einen Teil vom Gesamtbild eines individuellen Lebens in der Zeit bietet, ist

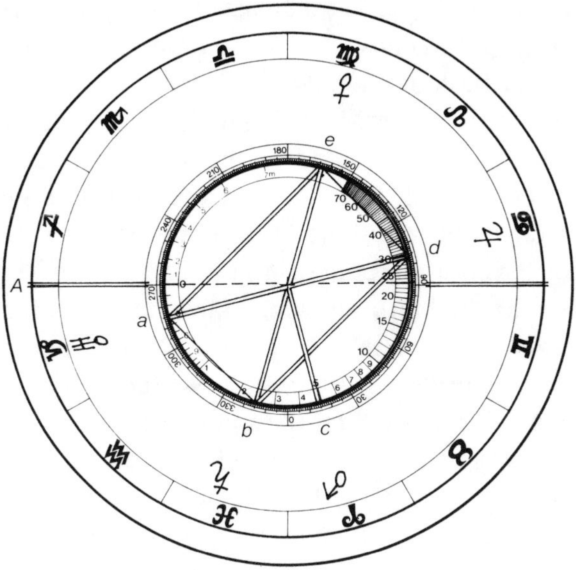

Abb. 5: Energiefluß durch astrologische Aspekte

es sehr brauchbar als Modell zu Wertung und Nutzung der verschiedenen Therapien. Das Horoskop zeigt, welche Planeten (und ihre entsprechenden Drüsen und Organsysteme) dominant, schwach oder vom Ganzen isoliert sind. Diese Information ermöglicht uns zu bestimmen, welche Teile des psychophysischen Organismus zeitlebens am wahrscheinlichsten von Erkrankung betroffen sind. Die von Planeten – besonders von den ›bösartigen‹ Planeten – aktivierten Zeichen offenbaren die krankheitsanfälligsten Körperteile, die Aspekte bestimmen das Ausmaß oder die Schwere des Leidens und den Grad der Belastung des Individuums, und die Häuser geben die Zeit in den Entwicklungsphasen des Lebens an, zu der die Aktivierung stattfinden wird.

Astrologische Heilweisen stützen sich auf die Astrologie als ein Ordnungssystem zum Verständnis, Gebrauch und zur Integration alternativer Therapien. Das astrologische Horoskop ist ein symbolisches Muster in der Zeit, das die ganze Person beschreibt entsprechend der Ideen der *Lebens*Zeit-Astrologie*[2] – einem System, das das Konzept der biologischen Zeit auf den Lebensprozeß bezieht und ein revolutionär neues Modell bietet, mit dessen Hilfe das Horoskop auf physischer, emotionaler, mentaler und auf spirituellen Ebenen zu verstehen ist. Der Lebensprozeß aus der Sicht des Horoskopes ist ein unverzichtbares Ordnungsmuster für die Arbeit von Heilern, Psychotherapeuten und allen anderen, die sich helfend mit dem Menschen befassen. Dank der Astrologie wurden schon viele zu geeigneten Therapien und Therapeuten geführt. Eine detailliertere und systematischere Synthese dieser Gedanken öffnet eine neue Dimension der therapeutischen Zusammenarbeit. Die Astrologie ist in vielerlei Hinsicht für diese Aufgabe geeignet.

Der Lebensprozeß, wie ihn die Folge von zwölf Häusern und die dazugehörenden Zeichen darstellen, zeigt an, in welchen Lebensaltern bestimmte Qualitäten wirksam sind und wann jedes Element dominiert. Wir alle erleben Phasen, in denen physische Werte dominieren, und andere, in denen emotionelle Befriedigung am wichtigsten ist.

Vorteile und Grenzen der medizinischen Astrologie

Die medizinische Astrologie ist die Diagnose von Krankheit oder Krankheitsneigung mit Hilfe des Horoskops, aber sie ist keineswegs vollständig oder narrensicher. Es ist wichtig, ihre Grenzen ebenso zu verstehen wie ihre Vorzüge.

Obwohl die meisten Ärzte des Mittelalters Astrologen waren, war die Medizin jener Zeit ausgesprochen primitiv. Das Spektrum der bekannten Krankheiten und der zur Behandlung eingesetzten Substanzen war begrenzt. In den letzten paar Jahrhunderten – besonders seit der Entwicklung künstlich hergestellter chemischer

Medikamente – kam es zur Verbreitung einer Fülle von Substanzen. Angesichts der rapide wachsenden Verseuchung der Umwelt und der Nahrungsmittel, die wir zu uns nehmen, ist der ganze Prozeß der Diagnose äußerst komplex geworden. Diese Komplexität wird noch erhöht durch die medizinische Behandlung, die die Menschen im Laufe ihres Lebens empfangen.

Seit die Astrologie von den Universitäten ausgeschlossen ist, wurde die medizinische Astrologie zum Betätigungsfeld sensitiver, intuitiver und begabter Amateure statt der professionellen Mediziner. Manche Ärzte praktizieren die Astrologie, aber sie sind sehr selten und weit verstreut. Warum sollte also jemand in medizinischen Angelegenheiten einen Astrologen konsultieren?

Die Antwort findet sich im Kontext der Astrologie selbst. Bei der Beschreibung des Lebens eines Individuums aus psychologischer Sicht oder einer traditionellen, astrologischen Perspektive der Persönlichkeitsanalyse ist es unvermeidlich, daß die Entsprechungen zwischen dem psychologischen Zustand und dem körperlichen Zustand einer Person offenbar werden.

Es gibt eine Wissenschaft von den Zyklen, die sowohl die psychologische und biologische als auch die astrologische Sicht umfaßt: Ebertins Kosmobiologie. Seine *Kombination der Gestirneinflüsse* dient als Lehrbuch zur Bestimmung astrologischer Ereignisse für die Charakteranalyse oder Voraussage, und offensichtlich steht jeder charakterliche oder psychologische Mechanismus mit einem biologischen Mechanismus in Beziehung.

Ein Beispiel hierfür ist die Venus/Saturn-Kombination. Venus steht für hormonelles Gleichgewicht und Saturn für Einschränkung und die Wirkung des Hypophysen-Vorderlappens. Wenn Venus und Saturn verbunden sind, schränkt Saturn das hormonelle Gleichgewicht der Venus ein, ruft Depression hervor, erschwert das Ausleben der Sexualität und führt sogar zu Funktionsstörungen der Drüsen. Die psychologischen Qualitäten von Venus/Saturn sind: Nüchternheit, Pflichtgefühl, Zurückhaltung, Zuverlässigkeit, Selbstbeherrschung, gehemmter emotioneller Ausdruck, Unzufriedenheit, ungesunder Ausdruck sexueller Impulse. Sie manifestieren sich oft als Beziehung mit älteren oder emotionell unterdrückten Menschen, als Schwierigkeiten in Liebesbeziehungen oder Trennung von der Mutter – vermutlich die tiefste Wurzel. Die Drüsenfunktion entspricht der psychologischen Funktion.

Obwohl es auch bei der traditionellen Astrologie möglich ist, den planetaren Mechanismus zu finden, der verantwortlich ist für ein Leiden und das die Krankheit aktivierende Symbolmuster, ist es oft schwierig zu bestimmen, welcher Mechanismus die tiefste *Ursache* des Problems ist. Wenn Venus oder Saturn oder die Venus/Saturn-Mitte durch die Transite anderer Planeten (das tatsächliche Vorüberziehen eines Himmelskörpers) aktiviert werden, wirkt der Mechanismus sowohl auf emotionellen als auch auf biologischen Ebenen. Das bedeutet, daß unsere emotionelle Realität mit unserer körperlichen Gesundheit aufs engste verbunden ist. Die Astrologie erscheint so nach Eintritt der Tatsachen in der Regel nützlicher als vorher, obwohl sich dies ändert, wie Sie sehen werden.

Mit Hilfe der medizinischen Astrologie ist es möglich, gesundheitliche Trends und Verhaltensmuster im Horoskop festzustellen. Die meisten Ärzte können Symptome identifizieren, wissen (oder kümmern sich) aber nur selten darum, welcher Aspekt des psychologischen Mechanismus die Ursache war. Ein Psychotherapeut könnte seinem Klienten durch eine Reihe von therapeutischen Sitzungen ermöglichen, die emotionellen oder mentalen Muster oder Blockaden zu identifizieren, die hinter den persönlichen Problemen stehen; doch dann fehlt zumeist die Verbindung zu offenkundigen Krankheitssymptomen sowie eine Methode, um auch nur annähernd festzustellen, wann diese wahrscheinlich wiederkehren werden. Die Astrologie hat den großen Vorteil, das Leben des Individuums auf all diesen Ebenen gleichzeitig beschreiben zu können, und da die Planeten in voraussagbaren Zyklen »über den Himmel«

ziehen, ist es möglich, genau zu bestimmen, wann ein bestimmtes Muster wieder aktiviert wird.

Die Astrologie kann feststellen, zu welchen Zeiten im Leben Störungen oder Probleme eintreten werden, die sich als Krankheit manifestieren könnten, während man sehr viel Zeit braucht, um dies mit herkömmlichen Methoden akkurat auszuarbeiten. Sowohl die generelle Art der Beschwerden als auch der jeweilige Zeitraum ihres Auftretens läßt sich bestimmen. Diese Information kann bei der Umstellung von Gewohnheitsmustern und beim Einsatz vorbeugender Maßnahmen sehr nützlich sein. Menschen zum Beispiel, deren Löwe-Sonne in schwieriger Aspektierung zu Mars steht, neigen zu Herzattacken ab dem mittleren Alter; deshalb ist es ratsam für sie, ihren Konsum an fettreichem Fleisch, Molkereiprodukten, Tabak und Alkohol auf ein Minimum zu reduzieren. Viele der Grund-Diagnosen eines medizinischen Astrologen liegen auf der Hand, dazu gehört auch die Feststellung, welche Gewohnheiten die Gesundheit fördern und welche Gewohnheiten sie in bestimmter Hinsicht unterminieren.

Solange die medizinische Astrologie nicht von Personen mit therapeutischer oder medizinischer Ausbildung praktiziert wird, vermag sie über die Analyse nicht hinauszugehen. Als eigene Therapie ist die Astrologie nicht anerkannt, auch wenn eine astrologische Beratung von sehr großem therapeutischen Wert sein kann. Die Astrologie liefert jedoch einen Rahmen, in dem jede andere Therapie funktionieren kann, sowie eine Symbolsprache, die andere Therapien zu unterstützen vermag. Jeder medizinisch-astrologische Rat sollte vom geeigneten Therapeuten überprüft und unterstützt werden. Die medizinische Astrologie kann ohne die Verbindung mit anderen Therapien nicht bestehen, und ihre Effektivität hängt in der Tat von ihnen ab. Oft ist der wertvollste Rat, den ein Astrologe einem Klienten geben kann, die Empfehlung von Therapien, die zur Vorbeugung und Heilung für ihn geeignet sind.

Ein grundlegendes Problem der derzeitigen alternativ-therapeutischen Bewegung ist der Umstand, daß viele Therapien zwar ganzheitlich erscheinen, doch in Wirklichkeit ist es unmöglich, daß irgendeine Therapie auch nur für eine einzige Person ein Allheilmittel bietet. Die Menschen von heute sind so komplex, daß vielfältige Therapien ebenso unausweichlich und notwendig sind wie vielfältige zwischenmenschliche Beziehungen. Ein weiterer Mangel ist, daß das in der alternativen Therapie notwendige Talent zum Beratungsgespräch oft fehlt – ein Vorwurf, der sich an die Ärzte in gleichem Maße richtet. Wenn ein Rolfer eine tiefgreifende Gewebsmassage durchführt, kommen oft überaus mächtige emotionelle Inhalte an die Oberfläche und verschaffen sich auch durch Schmerz, Weinen, Lachen, Trauma und viele andere Zeichen Ausdruck. Die besten Rolfer sind sich dieser Phänomene wohl gewahr und beziehen sie in ihre Arbeit ein, doch so manche besitzen einfach nicht die gleiche Fertigkeit oder Erfahrung im therapeutischen Gespräch wie bei der manuellen Arbeit (was man von ihnen vermutlich auch nicht verlangen kann). Gleiches gilt oft für alternative Therapeuten, obwohl viele von ihnen Kurse oder Seminare besuchen, um ihr psychotherapeutisches Beratungsgeschick zu üben. Die meisten Behandler müssen heute Beratungs- und sogar psychotherapeutische Fertigkeiten besitzen, um die unermeßlich wertvolle und wichtige psychologische Information zu verstehen, die Diagnose und Behandlung immer verbindet, aber auch die Dynamik des therapeutischen Prozesses. Da die Astrologie an sich eine Beratungsmethode ist, kann sie Beratung mit therapeutischer Empfehlung verknüpfen.

Allopathische Ärzte ignorieren oft ihren eigenen Gesundheitszustand oder behandeln sich selbst mit den gleichen Medikamenten und Methoden wie ihre Patienten. Unter alternativen Therapeuten jedoch sollte es nur gelegentlich vorkommen, daß der Behandler unüberlegt handelt und die Wirksamkeit seiner oder ihrer Therapie nicht demonstriert – doch dies verhindert nicht, daß die Verkäuferin im Naturkostladen von schrecklichen Hautkrankheiten geplagt wird.

Die notorisch hohe Selbstmord-Rate bei Ärzten ist zwar hinlänglich bekannt, doch auch bei alternativen Therapeuten ist die Häufigkeit des »Ausbrennens« (Verausgabung) recht hoch und vermutlich ebenso problematisch. Die Astrologie hat das große Verdienst, einen wechselseitigen Informationsaustausch zwischen Behandler und Patient zu bieten. Die Astrologie als Sprache ist seit Jahrtausenden in Gebrauch und kann Vorstellungen und Empfindungen vermitteln, die anders nur unter großen Schwierigkeiten zum Ausdruck zu bringen wären. Durch Vergleichen der Horoskope von Therapeut und Klient kommen darüber hinaus viele Zusammenhänge zum Vorschein, die für beide Seiten wichtig sind.

Astrologie und Heilkunst zeigt eine Verbindung von Astrologie und Heilkunst, die für Behandler und Patienten in dieser Zeit revolutionärer Veränderungen gleichermaßen von Bedeutung sind.

Kapitel 3

Das neue Paradigma der Heilkunst

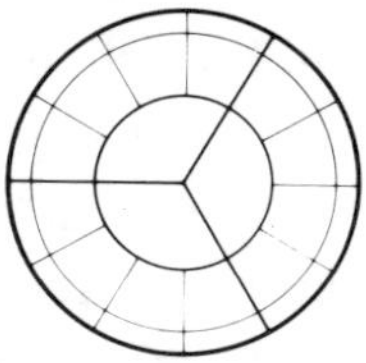

> Der Brunnen ist das Symbol jener gesellschaftlichen Struktur, die die Menschheit entwickelte, um ihre ursprünglichsten Bedürfnisse zu erfüllen; sie ist unabhängig von jeder politischen Form. Es gibt eine einzige Voraussetzung für eine zufriedenstellende Ordnung der Heilkunde für die Menschen: Wir müssen bis zu den Grundlagen des Lebens vorstoßen. Denn jede nur oberflächliche Ordnung des Lebens, die die tiefsten Bedürfnisse unerfüllt läßt, ist ebenso nutzlos, als wäre überhaupt kein Versuch einer Neuordnung unternommen worden. [1]

Das Körperbewußtsein teilt sich durch Symptome mit, sie sollten nicht als störende Irritationen betrachtet werden. Ist dieser Gedanke einmal verstanden, wandelt sich die ganze Idee des Heilens tiefgreifend. Wenn Symptome gänzlich abgetan werden, kehren ihre Ursachen einfach in unangenehmerer und unendlich schmerzhafterer Form wieder, oft in Organen oder Organsystemen, die keinen Zusammenhang mit dem Ort der ersten Beschwerden aufzuweisen scheinen. Um echte Heilung zu erzielen, ist es notwendig, die Ursachen zu entdecken und zu berühren, die den Beschwerden zugrundeliegen. In vielen Fällen ist das Leiden nicht nur die Folge von jüngeren Störungen des Gleichgewichts, sondern von Einflüssen, die bis in die Kindheit oder gar Schwangerschaft zurückreichen. Während manche Methoden der Psychotherapie solche Zusammenhänge sehr erfolgreich zu orten und aufzuarbeiten imstande sind, erkennen nur wenige Therapien die Existenz anderer Vorgehensweisen an; die meisten Behandler haben zudem überhaupt keinen Zugang zu diesen anderen Techniken. Die Aufgabe besteht darin, das Physische mit dem Psychologischen zu verbinden.

Die Entdeckung und Ausschaltung der Krankheitsursachen steht im Mittelpunkt des neuen Paradigmas der Heilkunst. Ein sehr allgemeines Beispiel soll dies illustrieren. Infolge der typischen Ernährung von Molkereiprodukten, raffinierten Nahrungsmitteln und Fleisch sammeln wir Giftstoffe in unserem Dickdarm an. Im Laufe der Zeit werden die Dickdarmwände von den toxischen Abfallstoffen ganz verstopft. Nun wird auch die beste Diät nicht mehr den gewünschten Erfolg erzielen, weil die Nährstoffe durch die mittlerweile undurchlässige Dickdarmwand nicht mehr aufgenommen werden können. Selbst eine Fastenkur bleibt wirkungslos, weil die toxischen Stoffe jetzt in noch konzentrierterer Form zur Vergiftung des Organismus beitragen. Damit irgendeine Diätmaßnahme greifen kann, muß als erstes der Dickdarm gereinigt werden. Er ist die Quelle vieler Krankheiten, die gewöhnlich anderen Ursachen zugeschrieben werden. Zu den wichtigsten Entgiftungsmethoden gehört die wiederholte Darmspülung mit Wasser, bis die Blockaden bereinigt sind. Erst dann ist es sinnvoll, die Aufmerksamkeit auf jene Beschwerden zu lenken, die ihre Ursache in dem verschlackten Dickdarm hatten. Die Behandlung muß also vom innersten Kern nach außen, zur Oberfläche hin, zielen, um solche Störungen zum Vorschein zu bringen, die im Körperinneren liegen.

Bei der modernen Psychotherapie sind die Grundursachen von entscheidender Bedeutung, obgleich selbst die ausgeklügeltste

Methode nicht immer bis zu den tiefsten Traumata vorzudringen vermag, die der Krankheit von heute zugrundeliegt. Die Ursache ist, daß die Wurzeln nicht nur in der Kindheit, sondern bereits in der vorgeburtlichen Zeit liegen. Wir erben viele unserer Verhaltensmuster von unseren Eltern. In der Schwangerschaft wiederholen wir den Evolutionsprozeß, und das kollektive Unbewußte birgt Myriaden von Bildern und Instinktmustern, die wir alle in uns tragen. Im Laufe unseres Lebens bauen wir eine persönliche Geschichte auf, doch in unserem Innern tragen wir auch eine viel tiefer reichende und machtvollere Geschichte, die in der Welt der Archetypen wurzelt. Die Astrologie ist ein unverzichtbares Werkzeug zur Identifizierung solcher Einflüsse. Mit Hilfe der Lebens*Zeit-Methode der Horoskopdeutung läßt sich ein Heilungsplan entwikkeln, der bis zum Zeitpunkt der Zeugung zurückreicht. Dazu muß man die Lebens*Zeit-Astrologie in einen Rahmen stellen, der die Verbindung von Heilkunst und Astrologie zuläßt.

Mikrokosmos und Makrokosmos

Die mittelalterliche Weltanschauung war ganz anders als unsere heutige Sicht. Das Denken des Mittelalters sah die Welt als erschaffen von und bestehend aus einem Geflecht mächtiger und geheimnisvoller geistiger Kräfte, die nur wenige zu ergründen vermochten. Die meisten Ärzte jener Zeit waren zugleich Astrologen, und dies aus gutem Grunde: Die Stütze der damaligen Medizin war die Kräuterheilkunde, und Pflanzen wurde nach astrologischen Entsprechungen geordnet und eingeteilt. Nach dem Prinzip der Entsprechungen, auch Signaturenlehre genannt, fällt alles auf der Welt in Kategorien oder phänomenologische Ordnungen, die durch wechselseitige Beziehungen miteinander verbunden sind. Ein Verständnis der Beziehungen von Körpern untereinander sowie der

Zusammenhänge zwischen den Menschen und dem Kosmos, in dem sie leben und sterben, war ein sehr wichtiger Aspekt jener Weltanschauung.

Die Renaissance-Darstellung (Abb. 6) von Robert Fludd (1574-1637) illustriert die Beziehung zwischen dem Mikrokosmos (der kleinen Welt) und dem Makrokosmos (der großen Welt). In der Mitte steht mit gespreizten Beinen der Mensch in den als konzentrische Kreise (Mikrokosmos) dargestellten Bahnen der seinerzeit bekannten Planeten Sonne bis Saturn, umgeben von den Fixsternen des Tierkreises. Innerhalb der Kreise der Planetensphären liegen die tieferen, symbolischeren Ebenen der Elemente. Umgeben ist der mikrokosmische Mensch von einer weiteren kreisförmigen Schicht konzentrischer Planetensphären (Makrokosmos), die die innere Schicht exakt widerspiegelt. Dieser zweite Ring ist der Makrokosmos, in dem auch Sonne und Mond dargestellt sind. Die innere Welt reflektiert und agiert in Übereinstimmung mit der äußeren Welt – was zu den mittelalterlichen Formulierungen »wie oben, so unten«, »der Mikrokosmos ist der Makrokosmos« usw. führte. Fludd glaubte an die Existenz einer archetypischen Welt, in der die Bewegungen und Handlungen der äußeren Welt ihren Ursprung hatten, gebildet und regiert wurden. Die beiden Welten spiegeln einander wider und sind durch eine reziproke Beziehung miteinander verbunden. Der Mensch war die Brücke zwischen den beiden Welten, zwischen dem Irdischen und dem Göttlichen.

Das Erstaunlichste und Aufschlußreichste an Fludds Darstellung wird als Detail leicht übersehen: Die beiden Welten werden umrundet von der dreifachen Windung einer spiraligen Schnur, die in den Himmel hinausführt und von einem Engel gezogen wird. Ich bin davon überzeugt, daß es sich bei dieser Schnur, die den Mikrokosmos an den Makrokosmos bindet, um eine symbolische Darstellung des genetisches Codes, der DNS, handelt, jenes spiralförmigen Helix-Musters, das organische Gestalt erschafft und Wachstum regiert; Fludd nahm es als den spiraligen Weg der Planeten durch die

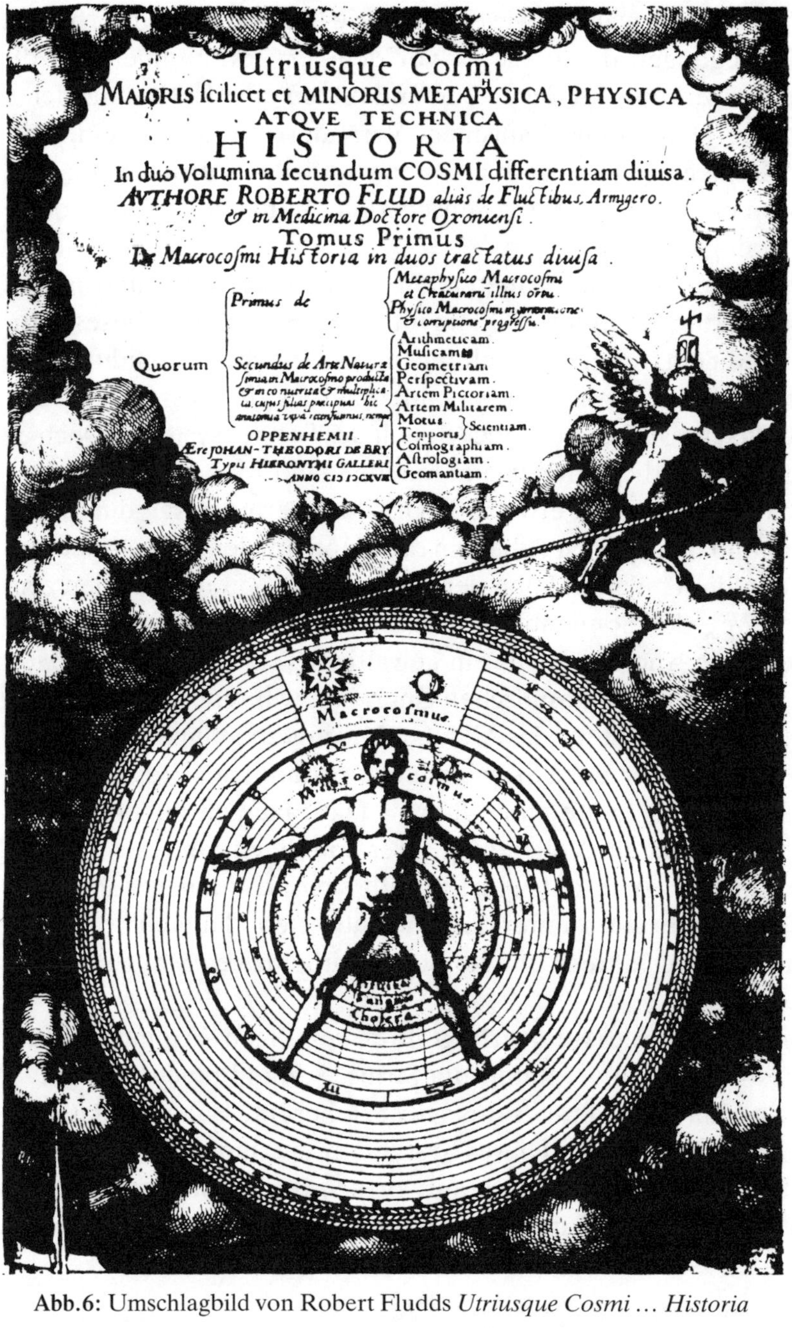

Abb.6: Umschlagbild von Robert Fludds *Utriusque Cosmi … Historia*

Zeit wahr. Auch wenn es wie eine Idee aus der Antike klingt, haben die Bewegungen der Planeten vor dem Fixsternhimmel eine direkte Auswirkung auf das Leben und bieten eine Erklärung vieler wichtiger Heilungsmechanismen. Verändert hat sich allein, daß diese Beziehung nun mathematisch verifiziert werden kann und von den modernen Naturwissenschaften Mathematik, Astronomie und Biologie bestätigt wird.

Wir lernen, daß die Planeten auf Bahnen die Sonne umrunden, die wiederum einen festen Platz im Raum einnimmt. Dieses statische Bild geht auf die Vorstellungen des Griechen Euklid und auf die astronomischen Theorien Galileis zurück und war bis zur Zeit Einsteins das vorherrschende Modell des Sonnensystems. Doch es ähnelt der Wirklichkeit nur zum Teil, denn die Sonne zieht mit einer Geschwindigkeit von etwa 750000 Kilometern pro Tag durch den Raum und bewegt sich dabei um das Zentrum der Milchstraße.

Wenn die Umlaufbahnen der Planeten als Spiralen um den zentralen Weg der Sonnenbahn dargestellt werden (Abb. 7), wirkt diese ganze Anordnung als ein gewaltiger Transformator zur Herunterschaltung von kosmischen Energien, während das Sonnensystem seinem Weg durch das All folgt. Die inneren Planeten, Merkur und Venus, bilden enge Spiralen um die Sonne; die Erde vollendet ihre Spirale im Laufe eines Jahres. Die Planeten außerhalb der Erde brauchen zur Vollendung ihrer spiraligen Umläufe längere Zeit, und der Asteroidengürtel stellt sich als dunstiger Zylinder zwischen Mars und Jupiter dar. Die äußersten Planeten benötigen Hunderte von Jahren, um die Sonne ein einziges Mal zu umrunden.

Die Sonne wiederum verfolgt ihren spiraligen Weg um ihr Zentralgestirn – man vermutet, um Sirius –, und braucht dazu etwa fünfzig Millionen Jahre. Sirius selbst zieht seine Bahn um das Zentrum der Milchstraße. Dieses System in- und umeinander fließender Spiralbewegungen ist verantwortlich für die höhere Ordnung unseres Universums, die sich in aller Materie offenbart. Die Form und Mathematik der »Sphärenmusik« ist die Quelle aller physischen und metaphysischen Gesetze. Was im allgemeinen nicht erkannt wird, ist die Tatsache, daß das sich spiralig durch den Raum windende Sonnensystem seiner Form nach der Doppelhelix des genetischen Codes, der DNS, ähnlich ist, das im Kern alle lebenden Organismen auf der Erde steuert.

Die Kommunikation der Spirale des Sonnensystems mit dem genetischen Code in jedem Zellkern eines Lebewesens geschieht durch *Resonanz*. Resonanz ist eine synchronisierte Schwingungs-Kommunikation zwischen allen Einheiten in Zeit und Raum, die ähnliche Muster aufweisen. Da alle Körper im Universum ständig in Bewegung sind, besteht überall Resonanz. Das DNS-Molekül in jeder Zelle steht in Resonanz mit dem Sonnensystem im Makrokosmos. Es trägt bei zu und nimmt Teil an einer simultanen und wechselseitigen Informationsübermittlung.

Das astrologische Horoskop ist ein Querschnitt durch das spiralig weiterziehende Sonnensystem, wobei der Geburtsort im Mittelpunkt steht und die umgebende Szenerie dergestalt abgebildet sind, daß Tages- und Jahreszeit der Geburt wiedergegeben werden. Alle individuellen Horoskope sind eine Folge von relativen Querschnitten, die unter wechselnden Winkeln betrachtet werden. Aus kosmischer Sicht stellen wir alle eine Reihe relativer Blickwinkel dar, die Teil desselben kosmischen Mechanismus sind. Die Astrologie ist die Wissenschaft und Kunst der Dechiffrierung der relativen Bedeutung solcher Zeit-Querschnitte.

Obwohl die meisten Astrologen das Horoskop nur als eine kreisförmige Abbildung kennen – die zweidimensionale Darstellung eines Querschnitts durch die Spirale –, ist es doch offensichtlich, daß das Leben eines Individuums viel mehr ist als nur ein Querschnitt: nämlich ein Zylinder, dessen Länge der zeitlichen Dauer des Lebens entspricht. Während wir oft sagen, das Leben »beginne« bei der Geburt, wurden wir bereits neun Monate früher empfangen; deshalb beginnt der Spiralzylinder unseres Lebens schon um diese

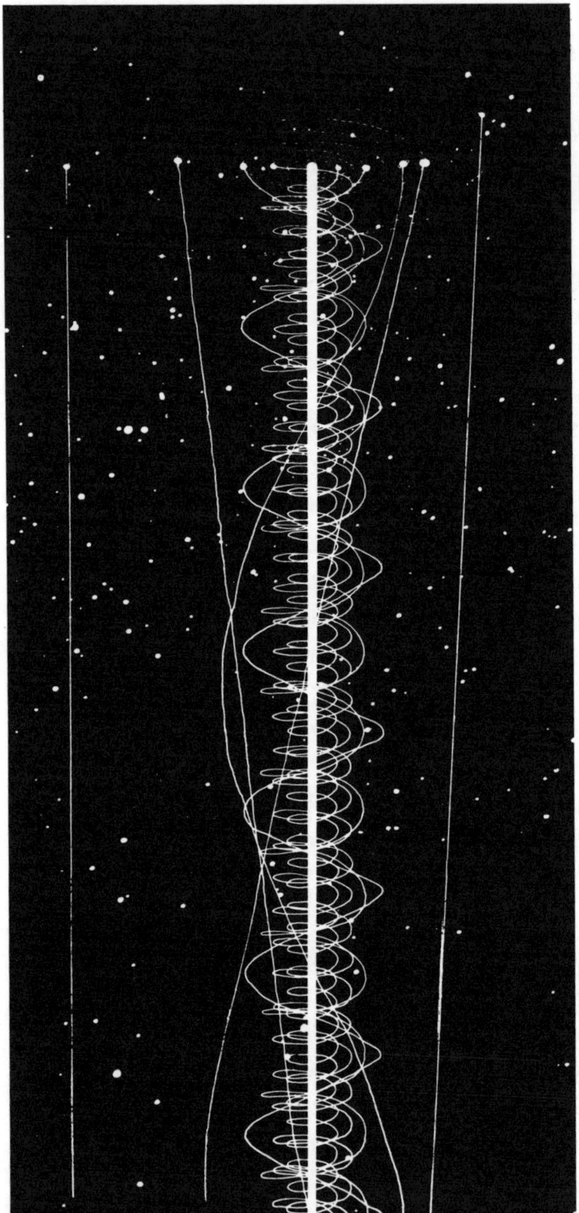

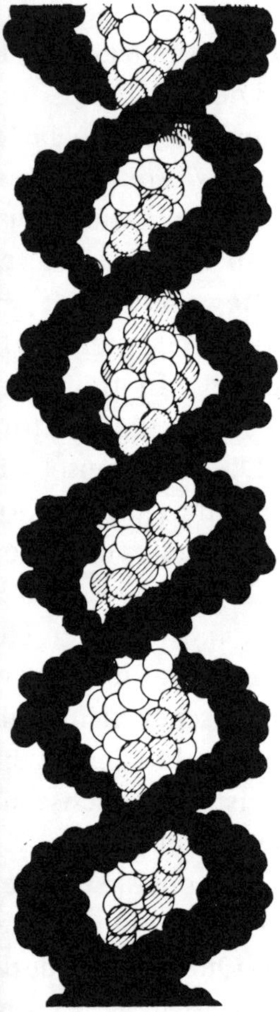

Abb.7: Das spiralig bewegte Sonnensystem und die Spirale der DNS

Zeit vor unserer Geburt. Die Dauer des Lebens ist eine Vorwärts-Projektion dieses kosmischen Musters in die Zeit. Ein ganzes Leben ist ein Zylinder, der mit der Zeugung beginnt und mit dem Tode endet – obwohl auch dies noch eine Vereinfachung darstellt. Ganz real betrachtet, werden wir nämlich nicht aus Nichts erschaffen, und das Leben hört auch nicht beim Tode auf. Die mit der Zeugung ins Dasein gebrachten Aspekte sind eine Fortsetzung und das Erbe unserer Eltern und Ahnen, und das ganze Muster unserer Energien in der Zeit kann nicht mit dem Tode verschwinden. Gewiß zerstreuen sich die Energien, aber sie werden nie völlig verschwinden. Alle Muster aller Leben in der Zeit bleiben als Teile des weitergehenden Spiralmusters unseres Sonnensystems bestehen, bereit zur Dechiffrierung.

Die Astrologie ist ein Symbolsystem, das gewöhnlich gebraucht wird, um Charakterzüge zu beschreiben und Ereignisse aufgrund der Bewegungen der Planeten vorauszusagen; in Wirklichkeit ist dies aber eine Methode zur Entschlüsselung genetischer Informationen. Die Übereinstimmungen sind nicht von der Hand zu weisen. Der genetische Code besteht aus vier Aminosäuren, die jede drei Wirkungsweisen besitzt; die Astrologie kennt vier Elemente, deren jedes in drei Weisen wirkt. Die zwölffache Gliederung ist beiden Systemen gemeinsam. Jüngste Forschungen von Professor Percy Seymour [2], Maurice Cotterell [3] und anderen unterstützen die Hypothese, daß Astrologie und Biologie verwandte Systeme in der Natur sind.

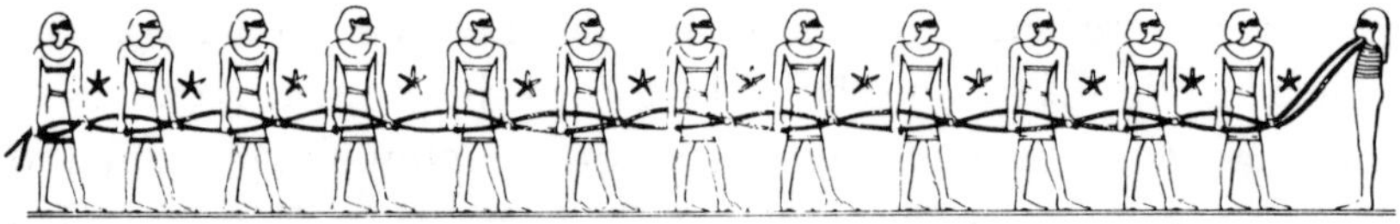

Abb. 8 Die ägyptische Doppelschnur

»Jene, die die gewundene Doppelschnur tragen, aus der die Sterne hervorkommen.« So werden die zwölf Personen bezeichnet, die die Doppelschnur aus dem Mund von Aken ziehen. Mit dem Wissen, daß jede Stunde ein Stern geboren wird, können wir den übrigen Text verstehen, in dem es heißt, daß bei jeder neuen Windung eine Stunde geboren wird, und daß Aken nach dem Großen Neter die Schnur wieder verschlingt (und damit die Zeit umkehrt). (Aus dem *Buch der Tore,* 5. Teil)

In früheren Zeiten erkannten die Ägypter, Inder, Chinesen und viele andere unbewußt, daß die Astrologie tatsächlich ein *kosmischer Code* ist. Ein ägyptisches Steinbild (Abb. 8) zeigt die »zwölf Personen, die die Doppelschnur aus dem Mund von Aken ziehen«. [4] Wie man sieht, halten die zwölf Gestalten, die im Wechsel mit den Sternen stehen, eine gewundene Schnur, die aus dem Munde des Schöpfergottes Aken hervorkommt. Diese *Kette* von Kausalität, Leben und Aktivität ist die bewegende Kraft im Leben. Viele weitere solcher Bilder [5] sind unmißverständliche Darstellungen der genetischen Doppelhelix in einem astrologischen Kontext. Sie zeigen symbolisch den formativen Ursprung des Lebens aus den Sternen. Während viele diesen Zusammenhang dahingehend deuteten, daß wir von Besuchern aus anderen Galaxien auf die Erde abgesetzt worden seien, bedeutet es in Wirklichkeit doch, daß sich die Form des genetischen Codes aus der Bewegung der Planeten um die Sonne in der Zeit ableitete.

Ein wichtiges Bild zeigt sich auch in *Hamlet's Mill,* [6] einem Buch, das die Wurzeln des menschlichen Wissens und seiner Überlieferung durch Mythen untersucht. Eine Darstellung von zentraler Bedeutung zeigt die ägyptischen Götter Horus und Seth beim Bohren oder Buttern. Es gibt Hinweise, daß die Milchstraße von den Göttern gebuttert worden sei, aber Horus und Seth stehen, wie man deutlich sehen kann, zu beiden Seiten einer spiraligen Spur, die wie die Bahn des Sonnensystems durch die Zeit aussieht – aber auch, wenn man die obere Kartusche mit einbezieht, wie eine menschliche Samenzelle. Das ist verblüffend, weil man Spermien erst im neunzehnten Jahrhundert sehen konnte, das heißt ihre wahre Gestalt war bis zu dieser Zeit geheimnisumwittert.

Es gibt viele mittelalterliche Darstellungen des Menschen, der breitbeinig über der Welt steht; sie zeugen von der Berücksichtigung von Analogien und Entsprechungen bei den Ärzten jener Zeit. Man verwendete die Astrologie, um zu bestimmen, welche Pflanzen oder Kräuter für bestimmte Teile des Körpers heilsam sind. Solche Darstellungen (Abb. 9) zeigen den Menschen in einem Rechteck, einem Kreis oder einem Oval. In jedem Falle sind die Entsprechungen zwischen den Zeichen des Tierkreises und Teilen oder Organen des Körpers hervorgehoben. In der ovalen Abbildung wird ein ganzes Spektrum von Körperteilen, Krankheiten, Heilpflanzen und anderen Substanzen gezeigt. [7] Zusammenhänge verbinden die physische Welt mit Energie- und spirituellen Welten.

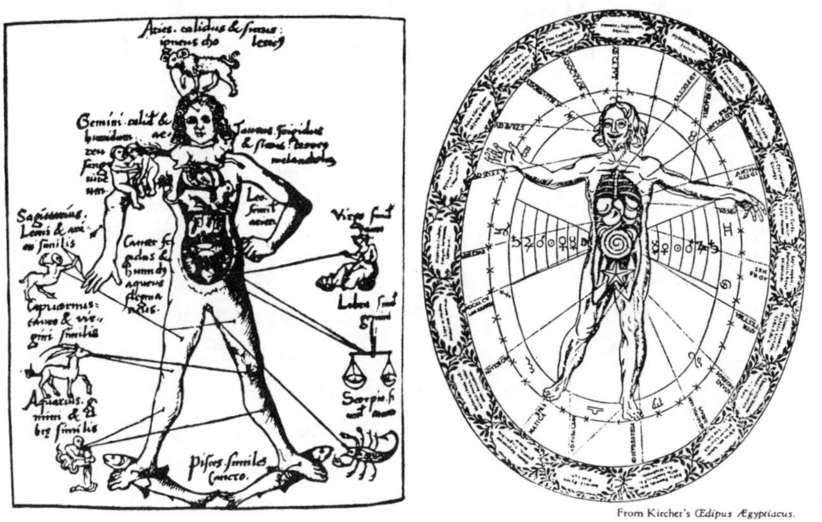

From Kircher's Œdipus Ægyptiacus.

Abb. 9 Das Menschenbild des Mittelalters (Rechteck, Kreis, Oval.)

Die Spekulationen des Renaissance-Philosophen wie Fludd, John Dee und Giordano Bruno sind faszinierende Andeutungen einer kosmischen Wissenschaft, die auf esoterischen Analogie-Prinzipien basieren. Leider machte die Intoleranz der Kirche die Hoffnungen auf eine solche kosmische Wissenschaft zunichte. In jüngeren Jahren wuchs erneut das Interesse an solchen Ideen, die Ökologie und Umwelt unterstützen, Reinigung durch vegetarische Ernährung, die Kampagne zur Reduzierung von Zusatzstoffen in Nahrungsmitteln, die ganzheitliche Medizin, den Frieden in der Politik und spirituelle Bestrebungen im Bereich der Religion. Eingebettet in diese neue Bewegung ist der Begriff *Paradigma.* Ein Paradigma ist eine »Konstellation von Glaubensüberzeugungen, Wertvorstellungen und Techniken, die von Angehörigen einer Gemeinschaft geteilt werden« [8]. Man stimmt zur Zeit weithin darin überein, daß ein Paradigmen-Wechsel, der das Leben auf unserem Planeten verwandeln wird, überfällig ist. Diesen Wunsch äußert nicht nur eine Minderheit, vielmehr ist seine Erfüllung von entscheidender Bedeutung, wenn unsere Welt bis ins 21. Jahrhundert überleben soll. Ein Wandel in der Einstellung von Menschen in den verschiedenen Bereichen des Finanzwesens, in Ökologie, Naturwissenschaften, Psychotherapie, Heilkunde, Astrologie, Bewußtseinsforschung und anderen ist nicht etwas, das in irgendeiner unbestimmten, fernen Zukunft stattfinden sollte, sondern jetzt, in unserer Zeit. Wie Freud das vorherrschende Bild von der Psyche verwandelte und Einstein die Gesetze der Physik relativierte, so tritt nun ein Wandel des *humanistischen Paradigmas* hervor.

Diese Veränderung setzt die Bildung völlig neuer Wertbegriffe voraus, die die Menschheit in das neue Jahrhundert hinübertragen kann, und die sich dann der Prüfung durch die Wirklichkeit zu stellen haben. Es ist ganz klar: Damit eine solche Verwandlung im großen Umfang stattfinden kann, muß sie zunächst im Kleinen geschehen, indem einige wenige Menschen ihr Leben verändern. Heute haben viele Therapeuten Schwierigkeiten, ihre sehr positiven Ansichten über die menschliche Existenz zum Ausdruck zu bringen. Transformative Behandler müssen die neue Art menschlicher Beziehungen vorleben, und die Vertreter der ergänzenden Heilweisen müssen selbst gesund leben und sein. Das ist in der Tat eine Herausforderung.

Kapitel 4

Lebens*Zeit-Astrologie

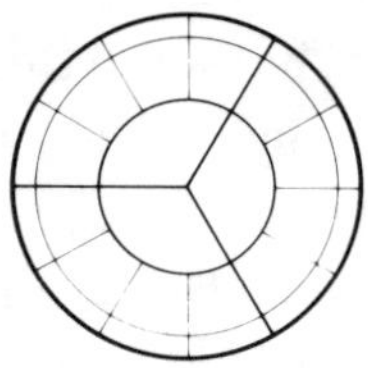

Biologische Zeit

In der Astrologie, der »Kunde von der Zeit«, kann man das Hervortreten eines neuen Zeitverständnisses beobachten. In meinen Büchern *The Round Art: The Astrology of Time and Space* (1979) und *Lebens*Zeit Astrologie* (1984, dt. Ausg. 1987) wurde ein System der Astrologie präsentiert, das auf der Relativität der Zeit gründet und das westliche, wissenschaftliche Denken mit östlicher Philosophie vereint.

Zu Beginn dieses Jahrhunderts erforschte und formulierte Pierre Lecomte de Nouy Prinzipien für *biologische Zeit.* Die biologische Zeit ist die mathematische Beziehung zwischen der subjektiven Wahrnehmung eines Lebewesens vom Verstreichen der Zeit und seinen Parametern Atemfrequenz, Stoffwechsel, Körpergewicht, Nahrungsaufnahme und Alter. Durch Untersuchung der Zeit, die zur Wundheilung bei Soldaten verschiedenen Alters notwendig war, entdeckte de Nouy, daß es eine mathematische Beziehung zwischen diesen Faktoren gab. Er bewies die Korrelation auf zwei Wegen. Zum einen maß er die Zeitdauer der Wundheilung unter Berücksichtigung des Alters der Verwundeten, zum anderen die

Geschwindigkeit, in der dessen Augen Bilder aufzunehmen vermochten. Je jünger die Person, desto rascher heilte die Verwundung. Je älter man ist, desto langsamer wird der Stoffwechsel, die Atemfrequenz und auch der Wundheilungsprozeß. Überraschenderweise stellte sich heraus, daß die von de Nouy entdeckte mathematische Korrelation nicht arithmetisch, sondern logarithmisch ist. Er schätzte, daß ein zwanzig- und fünfzigjähriger Mensch das Verstreichen der Zeit als vier- bzw. sechsmal rascher empfand als ein fünfjähriges Kind. [1] Dies hat seine Bedeutung für den Heilungsprozeß, denn es zeigte sich, daß der Körper mit zunehmendem Alter mehr Zeit zur Genesung benötigt.

Die biologische Zeit ist die Beziehung zwischen Stoffwechsel und Zeitwahrnehmung. Wir nehmen das Verstreichen der Zeit auf zwei sehr unterschiedliche Weisen wahr, die dennoch durch die gleichen mathematischen Proportionen gemessen werden: biologisch und psychologisch.

Biologisch wird das Verstreichen der Zeit nach der Anzahl von Bildern geschätzt, die das Gehirn innerhalb einer bestimmten Zeit empfangen kann. Bei gesteigerter Stoffwechselaktivität nimmt auch die potentielle Empfangsfrequenz für Bilder und Eindrücke zu. Wenn man in einem gewissen Alter normalerweise sechs Bilder pro Sekunde aufnimmt, so ist dies ein Normwert. Bei gesteigerter Erregung steigt auch die Stoffwechselrate, und man nimmt vielleicht neun Bilder pro Sekunde auf. Die Summe der empfangenen Eindrücke dürften vom Gehirn als Zeitraum von eineinhalb Sekunden Dauer anstelle von einer Sekunde gedeutet werden, die Zeit scheint also langsamer zu verstreichen als normal. Wenn der Stoffwechsel sich verlangsamt, werden nur drei Bilder in der Sekunde empfangen. Dem Gehirn käme es wiederum vor, als sei nur eine halbe Sekunde vergangen; die Zeit verstreicht scheinbar sehr rasch. Bei gebremster Stoffwechselaktivität scheint die Zeit also rascher zu vergehen.

Die Stoffwechselrate ist in erster Linie vom Alter abhängig.

Gleich nach der Zeugung, wenn wir noch eine mikroskopisch kleine, einzellige, befruchtete Eizelle sind, ist die Stoffwechselrate auf »molekularer« Ebene geradezu rasant. Solange wir uns in der Gebärmutter entwickeln, nimmt unser Körper an Größe zu. Die Stoffwechselrate verlangsamt sich immer weiter, bis sie beim Tode schließlich ganz zum Stillstand kommt. Das erklärt, warum die Zeit beispielsweise im Schulalter so rasch zu vergehen scheint; der Tag scheint ewig zu dauern, wenn man in der Schule ist. Auch wenn es unbedeutend sein mag, sind doch die Kindheitswahrnehmungen äußerst lebendig, als würden sie in unser Gehirn eingraviert. Im Laufe der Zeit und mit zunehmendem Alter verlangsamt sich unser Stoffwechsel allmählich, bis wir es gegen Ende der mittleren Jahre selbst festzustellen beginnen; dabei verstreicht die Zeit in unserer Wahrnehmung immer rascher.

Die altersbedingten Veränderungen des Stoffwechsels geschehen allmählich, nahezu unmerklich, doch darüber hinaus gibt es immer auch vorübergehende, akute Abweichungen. Erregung, Stimulation und Interesse steigern den Stoffwechsel, während Langeweile und Depression ihn reduzieren. Unser Zeitsinn wird ständig verändert durch die Nahrung, die wir zu uns nehmen, durch die Emotionen, die wir erleben, durch wechselnde Sinneseindrücke, durch unser gesellschaftliches Leben, Sexualität, Drogen, psychische Zustände und physiologische Faktoren. Grundsätzlich kann man sagen, daß die Zunahme des Stoffwechsels der »Jugend« entspricht, während ihre Reduzierung dem »Alter« gleichzusetzen ist. Werden wir angeregt, erfahren wir eine Zunahme der Energie wie in der Kindheit und versenken uns ganz in Aktivität; hinterher aber scheinen die Dinge extrem schnell vergangen zu sein. Tage der Kindheit scheinen wie Jahre im mittleren und Jahrzehnte im hohen Alter.

Die physiologische Messung der Zeit folgt dem gleichen mathematischen Prozeß und ist eingebettet in unser Erinnerungsvermögen. Ab der Zeugung baut sich ein ganzes Leben von Erinnerungen auf, und ständig kommen neue Eindrücke dazu. Jede Wahrnehmung in unserem Leben wird auf der Suche nach möglichen Zusammenhängen natürlich und instinktiv mit unseren Erinnerungen an alle früheren Ereignisse verglichen. Mit jeder neuen Wahrnehmung wächst unser Fundus an Erinnerungen. Mit jedem Tag kommen neue Erinnerungen hinzu, so daß die Summe des Ganzen mit zunehmendem Alter wächst. Jeder Tag ist für sich vollständig, aber er rekapituliert auch alle vorausgegangenen Tage. Betrachtete man diesen Fortgang der Zeit von Tag zu Tag unter mathematischem Gesichtpunkt – entsprechend unserer Erinnerungsfunktion –, wäre der erste Tag im Leben ein Eintel oder 100 Prozent des Lebens. Der zweite Tag ist dann im Rückblick eine Hälfte, der dritte Tag ein Drittel, der siebte Tag ein Siebtel und so weiter. Jeder Tag muß mit der Summe der Erinnerungen aus allen vorausgegangenen Tagen verglichen werden. Am ersten Geburtstag ist jeder Tag ein Dreihundertfünfundsechzigstel des Ganzen, im Alter von dreißig Jahren ist jeder Tag etwa ein Elftausendstel des Ganzen! Dies bedeutet, daß jeder neue Tag ein kleinerer und immer kleinerer Anteil des Lebensganzen wird. Die Zeit scheint sich also mit zunehmendem Alter immer rascher zu bewegen, sich zusammenzuziehen und schneller zu verstreichen.

Die drei Körper

Die biologischen und psychologischen Mittel und Wege zur Zeitwahrnehmung unterliegen der gleichen mathematischen Korrelation, der logarithmischen Progression (siehe Tabelle 2). Rodney Collin übertrug diese Zehner-Logarithmus-Reihe auf die Entwicklung des menschlichen Lebens. Angesichts einer Lebenszeit der Eizelle – etwa ein Mondmonat von achtundzwanzig Tagen – stellte er fest, daß die Lebenszeit des menschlichen Körpers etwa 28000

Tage oder siebenundsiebzig Jahre beträgt. Die dazwischenliegenden »Meilensteine« des Lebens stehen zehn Mondmonate nach der Zeugung, bei der Geburt, und bei hundert Mondmonaten nach der Zeugung, am Ende der Kindheit im Alter von sieben Jahren. Diese Gliederung ergibt drei *Oktaven* im Leben zwischen Zeugung und Tod. Ihre Dauer steigert sich mit dem Faktor Zehn, in der subjektiven Wahrnehmung jedoch sind sie gleich lang.

Tabelle 2 Die logarithmische Zeitskala

Zeugung		Geburt		Ende der Kindheit		Tod
1 LM		10 LM		100 LM		1000 LM
★		★		★		★
	Schwangerschaft physischer Körper		**Kindheit** Emotionalkörper		**Reife** Mentalkörper	

In der *Schwangerschaft,* der Zeit zwischen Zeugung und Geburt, wird im Mutterleib der physische Körper aufgebaut. Während dieser Zeit durchschreiten wir den ganzen körperlichen Evolutionsprozeß, von dessen verschiedenen Phasen Spuren von Gehirn- und körperlichen Strukturen bleiben, die Einflüsse noch im Endergebnis der Evolution ausüben. In den frühen Phasen hat es den Anschein, als passierten wir Stufen, die an reptile, Wirbeltier- und andere vormenschliche Lebensformen erinnern und erhalten Instinkte, die bis in jene Evolutionsphasen zurückzuverfolgen sind. Das Gehirn entwickelt sich aus spiralig angeordneten Keimschichten und birgt, in seiner Struktur verschlüsselt, eine Aufzeichnung unserer ganzen Vergangenheit. Während der *Kindheit,* zwischen Geburt und etwa dem Alter von sieben Jahren, bauen wir innerhalb des häuslichen- und familiären Umfeldes einen Emotionalkörper auf. Wir sind den emotionellen Verhaltensmustern unserer Eltern und Geschwister ausgesetzt; wir ahmen diese familiäre Prägung nach oder rebellieren gegen sie. Unsere Persönlichkeit ist der Emotionalkörper, und wir tragen in ihr die Spuren der emotionellen Muster aus der Kindheit, die als Verhaltensmechanismen und bedingte Reaktionen kodiert sind, im Unterschied zu den instinkthaften Verhaltensmustern aus der Schwangerschaft. Deshalb ist der Emotionalkörper höher, subtiler, feiner, weniger dicht und leichter zu verändern als der physische Leib – was unsere Erfahrung in der Tat bestätigt. In der *Reifezeit* – von der Bildung der ersten zwischenmenschlichen Beziehungen außerhalb des Familienrahmens im Schulalter, mit etwa sieben Jahren, bis zum Ende unseres Lebens beim Tode – bauen wir in der Welt einen Mentalkörper auf. Der Beginn dieser Entwicklungsphase ist abhängig von der Kombination und Integration von physischem und Emotionalkörper, die eine Synthese erreichen sollen, der wir in der Außenwelt Ausdruck verleihen. Der Mentalkörper birgt alle Glaubenssysteme, alle Vorstellungen über die Welt, Beziehungen, Arbeit und Ehe, sowie unsere intellektuellen Strukturen. Dieser dritte Leib ist höher, feiner und auch flexibler als die beiden anderen.

Diese drei Körper werden bei allen Menschen in der gleichen Reihenfolge aufgebaut, aber es sind große Unterschiede bezüglich der relativen Wichtigkeit jeder Oktave und vieler anderer Faktoren. Im Laufe des Lebens bauen wir uns nacheinander feinere und höhere Körper, durch die wir die Welt erleben. Bereits bei der Zeugung tragen wir das Ganze vollständig in uns. Dieses Potential entfalten wir im Laufe des Lebens und bringen es ins Dasein.

Lebens*Zeit-Astrologie

Das Bild unseres Sonnensystems, das sich spiralig durch die Zeit windet wie eine makrokosmische Wiederholung der Doppelhelix unseres genetischen Codes, hilft uns zu einem tieferen Verständnis der Zusammenhänge zwischen der Planetenbewegung und der Genetik. Das beiden gemeinsame Prinzip ist die Wahrnehmung der

Zeit und ihre Verbindung mit der Stoffwechselrate. Die Verknüpfung von Collins' allgemein formulierter Theorie über die Zeit und den Spezifika der Astrologie ist hierbei von entscheidender Bedeutung.

Das Leben jedes Menschen läßt sich als ein Abschnitt der Spiralbewegung des Sonnensystems darstellen – wie ein Zylinder, der im Augenblick der Zeugung beginnt und bis zum Zeitpunkt des Todes reicht – entsprechend den Punkten, die wir als Anfang und Ende des Lebens betrachten. Das astrologische Horoskop ist ein Querschnitt durch den spiralig sich windenden Kreislauf der Planeten (Abb. 10) zu einem bestimmten Zeitpunkt. Es kann dechiffriert werden, um einen beliebigen Augenblick im Heute zu beschreiben, obwohl der akzeptierte Querschnitt auf den Zeitpunkt der Geburt fixiert wird. Das Geburtshoroskop ist ein Schnitt durch die spiralige Bahn des Sonnensystems in einem Winkel, der eine spezifische Zeit (gemäß der Länge der Spirale), eine bestimmte Tageszeit (die Orientierung der Sonne im Augenblick der Geburt) und einen spezifischen Ort auf der Erde (Länge und Breite des Geburtsortes) widerspiegelt. Die resultierende Ebene schneidet im Geburtsmoment.

Astrologen ziehen alle möglichen Schlüsse und Folgerungen aus dem Geburtshoroskop in der Annahme, das ganze Leben sei in diesen einen Augenblick gleichsam komprimiert. In der Tat deuten die meisten Astrologen ein Horoskop auf die gleiche Weise, ob das Individuum nun fünf Jahre alt ist oder fünfzig. Es wird wohl anerkannt, daß sich Qualitäten im Laufe des Lebens entfalten, aber das Bild des Geburtshoroskopes gilt als die Grundaussage. Das entspricht einer statischen Sicht des Horoskops und ist ein Erbe aus vor-relativistischer Zeit. Man geht davon aus, daß das Geburtshoroskop ein Muster berge, das bei der Geburt voll wirke. Diese Hypothese ist auch in der Wissenschaft von zentraler Bedeutung: die Vorstellung von einem berechenbaren Universum, von der Wirkung, die auf die Ursache folge, und

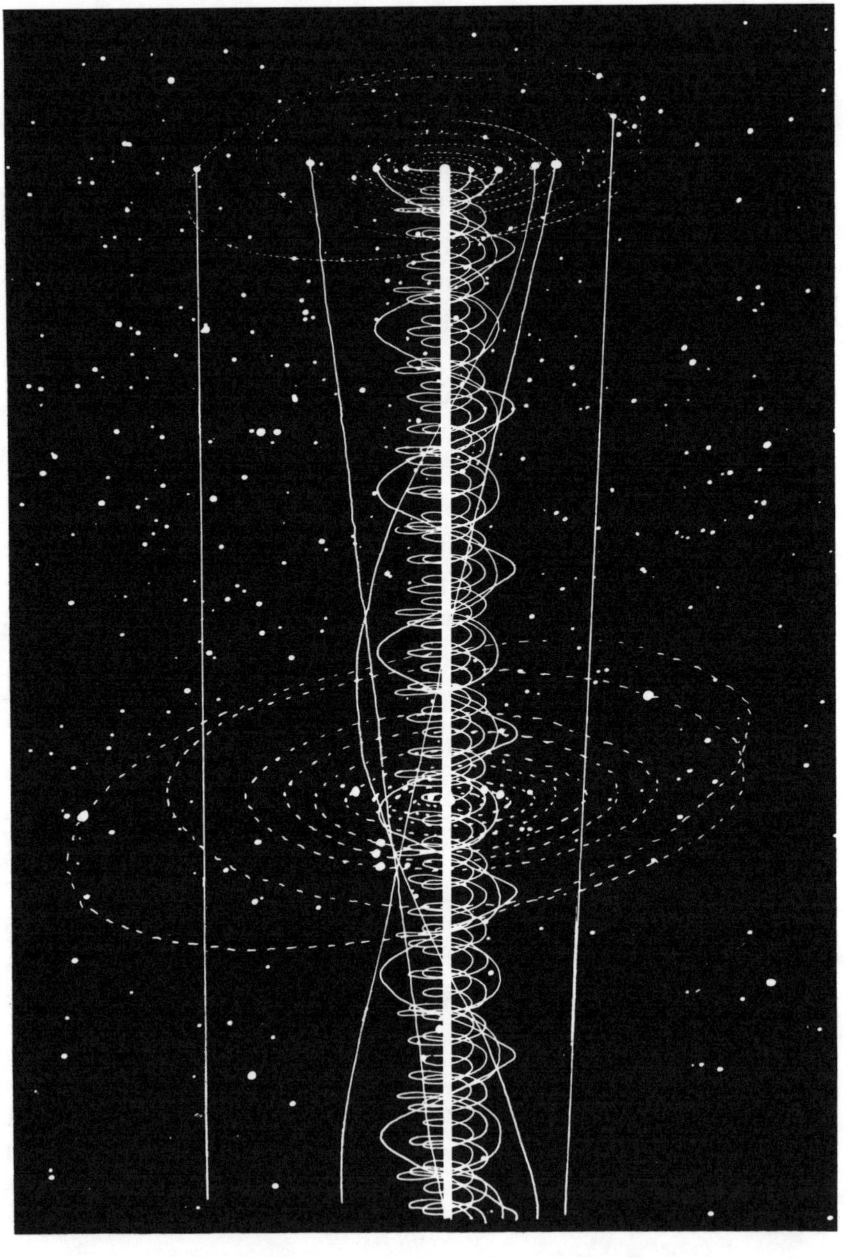

Abb.10: Ein Schnitt durch das spiralförmig sich fortbewegende Sonnensystem

davon, daß die Regeln, die heute gelten, auch morgen noch Gültigkeit hätten.

Die Lebens*Zeit-Astrologie präsentiert eine neue Sicht der Dinge: das Leben ist nicht statisch, zweidimensional und flach, und die Deutung des Charakters aus dem Horoskop ist nicht genug, gleichgültig wie anspruchsvoll und psychologisch richtig sie auch sein mag. Das Leben ist ein Prozeß in der Zeit, beginnt bei der Zeugung und endet mit dem Tode; seine Einflußsphären reichen aber über beide Termine hinaus. Die Beschreibung dieses Lebensprozesses steht im Zentrum der Lebens*Zeit-Astrologie.

Betrachtet man das Bild des Geburtshoroskops im Lichte des Drei-Oktaven-Prozesses von Schwangerschaft, Kindheit und Reife, kommt eine einzigartige und sehr wertvolle Synthese zum Vorschein. Diese Synthese ist zunächst einmal eine Beziehung zwischen Astrologie und Biologie, und sie wird sich auch als integrierender Faktor in der Psychologie herausstellen, weil das biologische Leben vom psychologischen nur durch eine künstliche Unterscheidung zu trennen ist.

Man ist sich unter den Astrologen allgemein einig – und dies ist schon so ungefähr das einzige astrologische Konzept, über das man sich soweit einig ist –, daß der Aszendent (der Punkt des östlichen Horizontes) mit dem Augenblick der Geburt gleichzusetzen ist. Wenn die drei Oktaven so angeordnet werden, daß der Aszendent mit der Geburt übereinstimmt, entsteht folgendes Bild (Abb. 11).

Der Horoskop-Kreis ist eine Bezugsebene, von der aus sich das zylindrische Muster nach oben und nach unten exakt konstruieren läßt. Daraus erwächst eine wichtige neue Sicht der Astrologie, die viele Auswirkungen für Astrologie und Heilkunst hat. Das Leben bzw. der Zylinder entsteht nicht aus dem Nichts, sondern beginnt mit der Vereinigung von Samenzelle und Eizelle der Eltern. So gesehen, erhebt sich der Zylinder des Lebens aus dem Zylinder der Mutter.

Wir erben Myriaden von Impulsen von unseren Eltern, die *ad in-*

Abb.11: Die drei Oktaven und die Zeitskala der Lebens*Zeit-Astrologie

Der logarithmisch gegliederte Kreis windet sich um das Horoskop, so daß der Zeugungspunkt mit der Spitze des 9. Hauses zusammenfällt. Das Ende der Kindheit mit etwa sieben Jahren korrespondiert mit der Spitze des 5. Hauses, und der Zeitpunkt des Todes fällt wieder auf die Spitze des 9. Hauses.

finitum den ganzen Weg bis zum ersten Leben zurückgehen, aber auch Einflüsse von allen Menschenwesen. [2] Deshalb sind wir am Anfang des Zylinders, bei der Zeugung, kein unbeschriebenes Blatt, sondern erben eine ganze genetisch/astrologische Vorgeschichte. Wir treten bei der Zeugung in die Spiralbewegung des Sonnensystems ein und nehmen im gleichen Augenblick an, was man früher *Karma* nannte: unser Erbe aus früheren Leben, das sich in uns mit der menschlichen Erbmasse verbindet. Wir betreten das Raum-Zeit-Kontinuum und sind damit den Gesetzen der physischen Ebene unterworfen.

Das bei der Zeugung aktivierte Muster ist ein spirituelles Erbe, das durch den genetischen Code Gestalt annimmt; es wird darüber hinaus beeinflußt von jenen morphogenetischen Codes [3], die allen Menschen gemeinsam sind. An diesem Punkt ist das Leben ganz Potential und wird sich im Laufe der Zeit zur Fülle seiner Möglichkeit entfalten. Die Stufen der Entwicklung im Leben sind Umwandlungen von Potential in Realität, das heißt von Möglichem in Tatsächliches.

Die logarithmische Lebens*Zeit-Skala, die wir über das Horoskop legten, ist in drei Oktaven geteilt, deren jede untergliedert ist in vier Stufen (Abb. 11 und Tabelle 2). Die zwölf *Häuser* des Horoskopes beschreiben den Prozeß des Lebens von der Zeugung bis zum Tode. Die zwölf *Zeichen* des Tierkreises sind die archetypischen Symbole dieser zwölf Lebensstufen. Auf jeder Stufe gibt es biologische, physiologische, psychologische und äußere Ereignisse, die in Betrachtung gezogen und integriert werden müssen, bevor die nächste Stufe erreicht werden kann.

Die Lebensenergie wird transformiert und zeitlebens auf immer höhere Ebenen übertragen, entweder bis eine Stufe erreicht ist, auf der weiterer Fortschritt zum Stillstand kommt – was eine Regression auf frühere Ebenen erzwingt –, oder bis das Leben endet.

Die Integration von biologischer Zeit und den astrologischen Häusern ergibt ein revolutionäres Bild des Lebens in der Zeit, das auf mathematisch erarbeiteten Messungen basiert. Von dem Augenblick der Zeugung an – wenn Vater und Mutter sich lieben und die Empfängnis erfolgt – werden die Entwicklungsstufen des Lebens inszeniert: gegen die Einflüsse von innen in Form genetischer Erbmasse, tiefverwurzelter Instinkte und des spirituellen Erbes, und die Einflüsse von außen in Gestalt von Eltern, Familie, Erziehungsmustern und Lebenserfahrung. Das Horoskop trägt Spuren aller dieser Wirkungsebenen; die Muster lassen sich dechiffrieren.

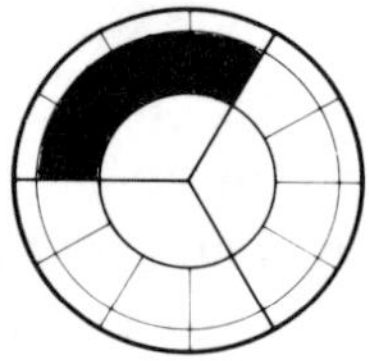

Die *Schwangerschaft* ist die Erschaffung des physischen Körpers im Innern des Mutterleibes. Während dieser Zeit wird der ganze Evolutionsprozeß vom einzelligen Organismus bis zum vollständigen Menschen rekapituliert. Schritt für Schritt wird der biologische Körper erschaffen, parallel hierzu wird das Gehirn seiner Programmierung unterzogen. Alle Ereignisse, die im Laufe der Schwangerschaft wahrgenommen werden, sind beeinflußt durch die physische, emotionelle, mentale und spirituelle Wirklichkeit der Mutter, deren Lebensumstände, Gesundheit und Denken von entscheidender Bedeutung für die Entwicklung des kleinen Körpers sind. Alle Einflüsse, die im Laufe der Schwangerschaft wirken, werden im Körper gespeichert, sei es in physischer Form, als Neigung zu gewissen körperlichen Verhaltens- oder Bewegungsmustern oder als elementare Instinkte.

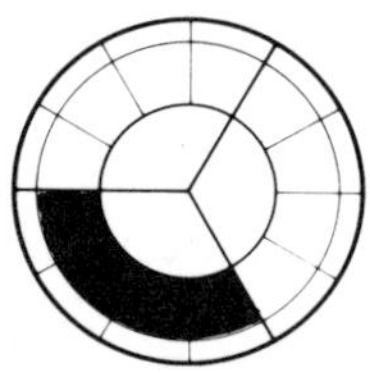

Die *Kindheit* ist die Erschaffung des Emotionalkörpers im Rahmen von Heim und Familie. Bei der Geburt kommt die Persönlichkeit, die äußere Erscheinung des Emotionalkörpers, zu einer unabhängigen Existenz in der Welt. In den folgenden sieben Jahren muß das Kind zunächst verbunden bleiben mit der Mutter, von der es für seine Ernährung und Unterstützung vollkommen abhängig ist. Dann beginnt es, die Außenwelt gegenständlich zu erleben und wahrzunehmen; es lernt zu gehen und zu sprechen in der Kommunikation mit anderen und nimmt schließlich Familienbeziehungen und die gesamte Familienstruktur wahr. All dies geschieht entgegen der Prägung der familiären Wertbegriffe, emotionellen Haltungen, Ausdrucksmittel und -ebenen und vielen weiteren Faktoren. Alle Ereignisse der Kindheit werden in emotionalen Verhaltensmustern in der Persönlichkeit gespeichert. Die in der Kindheit wichtigen Menschen finden als Subpersönlichkeiten Ausdruck, die in der Gesamtpersönlichkeit eine größere oder geringere Bedeutung annehmen.

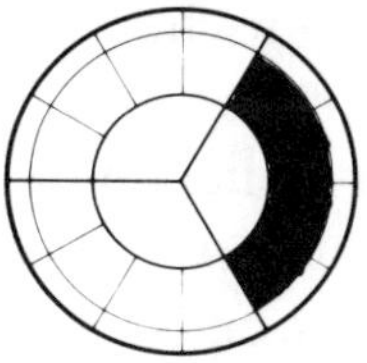

Die *Reife* ist die Erschaffung eines Mentalkörpers in der äußeren Welt. Etwa im Alter von sieben Jahren beginnen wir, Beziehungen mit Personen außerhalb des unmittelbaren familiären Umfeldes aufzunehmen. Diese Beziehungen entstehen im Rahmen von oder als Reaktion auf Schulsysteme, auf rassische, religiöse und kulturelle Werte oder vorherrschende historische Denkweisen. Wir werden ausgebildet, finden eine Arbeit, gehen dauerhafte Beziehungen ein, gründen Familien und leben den Rest unseres Lebens unter Aufrechterhaltung eines Wertsystems, das unsere Weltanschauung darstellt.

Eine vierte Oktave steht zur Verfügung, wenn es Impulse gibt, über die engen Grenzen des physischen Lebens hinaus zu leben. Die meisten Menschen werden empfangen, geboren, reifen und sterben und versuchen nie, ihre Wirklichkeit über ihre praktische Situation hinaus zu erweitern. Nur unter Umständen, die ihr Leben bedrohen, fangen Menschen überhaupt an, ihre Existenz zu hinterfragen. Todesnähe durch Krieg, Unfälle, Operationen, Entbindung, emotionelle oder physische Schocksituationen oder ähnliche Ereignisse zwingen einen, Gedanken darüber anzustellen, was »jenseits« sein könnte. Für die überwältigende Mehrheit jedoch ist das Leben ein Rotieren im wohlbekannten, vertrauten Umkreis. Die Menschen sind in der Zeit gefangen. Vielleicht kämpfen sie in jungen Jahren, um etwas Undefinierbares, aber Größeres und Lebendigeres zu finden, aber sie geben den Kampf bald wieder auf.

Das zweidimensionale Leben ist wie ein Gefängnis im Vergleich zu der Freiheit jenseits der Grenzen des Körpers. Das zweidimensionale Modell einer mechanischen Lebenszeit ist genau wie die landläufige Vorstellung von der Struktur des Sonnensystems als Planeten, die um eine feststehende Sonne kreisen. Die Lebens* Zeit-Astrologie betrachtet die Astrologie und das Leben auf eine Art, die die bekannten Grenzen des Lebens überschreitet und sich höheren Dimensionen öffnet, in denen der zylindrische Prozeß des Lebens mit der kosmischen Bewegung einhergeht.

Die höhere Dimension ist eine *transzendente* oder *transpersonale* Oktave, die mit einem Wiedereintritt in die vorgeburtliche Phase auf einer höheren Ebene vergleichbar ist. So wie die Schwangerschaft mit einer Integration von männlichen und weiblichen Energien begann, gehört zur Transzendenz die bewußte Integration von Animus und Anima, von unserer männlichen und weiblichen Essenz. Wie unsere Mutter in der Schwangerschaft gewahr wurde, daß sie ein höheres Wesen in sich trug, so erkennen wir, daß wir die höhere Realität in unserem Innern tragen. Wir müssen uns der Schwangerschaft unterziehen, um unsere höhere Natur in die Welt zu entbinden, nachdem wir sie in uns getragen haben.

Wir erleben die Ereignisse unserer eigenen vorgeburtlichen Phase buchstäblich von neuem, als ob sie im Innern passierten. Der Prozeß unseres Werdens, unserer Erschaffung, ist ein Gleichnis des Weges, auf dem wir unsere eigene, höhere Wirklichkeit im Leben erschaffen. Wenn wir unsere vorgeburtliche Entwicklungszeit wiederaufbauen können, steigern wir damit unsere Kreativität und programmieren unser höheres außer-zeitliches Wesen neu. Probleme im Verlauf der Schwangerschaft spiegeln Blockaden auf archetypischen Ebenen unseres Lebens wider, die uns vielleicht davon abhalten, unser transzendentes Selbst zu erfahren. Die Ereignisse in der Schwangerschaft sind ein Muster, das wir umsetzen müssen, indem wir unser schöpferisches Potential im Leben verwirklichen.

Die Häuser des Lebens

Jeder Tag, jedes bedeutsame Ereignis, jede Entwicklungsphase, jedes Lebensalter ist eine Stufe des Transformationsprozesses, den unser Leben in der Zeit darstellt. Das Leben beginnt mit der Zeugung und dauert an, bis wir sterben. Die zwölf Häuser des Horoskops beschreiben diesen Prozeß sehr detailliert.

Bei der Zeugung sind wir reine Energie, spirituelle Energie, die zwar noch keine Form hat, jedoch rasch physische Substanz annehmen wird, in der sie wirkt. Die bei der Zeugung reine Energie wird allmählich, auf immer komplexere Weise, in einem physischen Körper in Materie eingebunden. Sobald der Körper als »Prototyp« bei der Geburt ausgeformt ist, beginnen wir mit der Erschaffung eines Emotionalkörpers, der zwar nicht greifbar, aber vermutlich wichtiger ist. Ab dem Schulalter beginnen wir mit dem Aufbau unseres Mentalkörpers, der aus Vorstellungen und Gedanken und Begriffen besteht. Wenn wir uns dafür entscheiden, über die drei physischen Dimensionen des Lebens hinauszuwachsen, gilt die vierte, transzendente Ebene der Erschaffung einer Seele, deren Einflußsphäre über die physische Ebene hinausreichen wird.

Die Lebensenergie wurde schon mit vielen Namen bezeichnet, darunter *Prana, Kundalini, Libido, élan vital* oder *Pneuma, Od-*

oder *Orgon-Energie.* Diese Energie muß in jeder Entwicklungsphase des Lebens in noch höhere und feinere Formen umgewandelt werden. Freud stellte fest, daß das hingebungsvolle Saugen des Babys zur Nahrungsaufnahme in späterem Alter in die orale Funktion des Sprechens übertragen wird. Stößt ein Kind in der Kommunikation auf Schwierigkeiten, zieht es sich oft in eine frühere Phase zurück und beginnt, am Daumen zu lutschen. Diese Regression ist eine Rückkehr auf eine frühere Ausdrucksebene mit ihren Gewohnheiten und Eigenheiten, eine Rückkehr in eine Zeit, in der Energien leichter und bequemer zu äußern waren. Unsere Energien werden in immer komplexere und anspruchsvollere Handlungen umgewandelt, die unsere Wesensart vollständiger zum Ausdruck bringen. Die frühen Stufen lösen sich in rascher Folge ab, während die späteren Lebensphasen länger und länger dauern, erfüllt und durchlebt werden wollen.

Wenn zum Beispiel die Ehe problematisch ist, weicht der Mensch ins adoleszente 6. »Arbeits«-Haus zurück und zeigt ein »arbeitssüchtiges« Verhalten. Wenn diese Phase unvollendet ist, geht er weiter zurück in das 5. Haus, ins Grundschulalter, in dem schöpferische Aktivität, Spiel und Sport im Mittelpunkt des Energieverbrauchs standen, und wird zum sportbesessenen Erwachsenen. Wenn selbst dieser Weg unbefriedigend bleibt, weicht man zurück in die Kindheit, in den Zustand, in dem man bemuttert wurde, geborgen war in der Familie und behütet vor der häßlichen Außenwelt, in der man keine Verantwortung tragen mußte. Wir alle stehen in dem Prozeß, unsere Energie auf die nächste Ebene weiterzuführen – aber wir sind immer wieder (besonders in Krisen) versucht, auf frühere Stufen zurückzuweichen, die uns weniger belasten.

Es liegt im mathematischen Wesen der logarithmischen Reihe, daß sich die zeitliche Dauer eines jeden Hauses proportional zu den vorausgehenden und folgenden Häusern verhält; dabei sind alle Häuser gleich gewichtig. Die ersten Häuser sind kurz und spiegeln die gedrängte Entwicklung in der Kleinkindzeit, den rasanten

Schöpfungsprozeß, wider. Spätere Häuser nehmen immer mehr und mehr objektive Zeit ein und spiegeln damit den zunehmenden Zeitbedarf wider, der zur Erfüllung ihrer Erfordernisse besteht.

In der vorgeburtlichen Zeit haben die Häuser eine Dauer von Wochen, in der Kindheit von Monaten und in der Reifezeit von Jahren oder Jahrzehnten. Das Leben ist kumulativ, und im Laufe unseres Älterwerdens speichern wir in unserem Körper Erinnerungen, Emotionen und Gedanken von allen früheren Stufen. Die ganze Unterstruktur unserer Psychologie und Gesundheit liegt in diesem Erinnerungsreservoir, das in Psyche und Körper angelegt wird.

Aufgrund der logarithmischen Struktur der Zeitskala hat jedes Haus, jede Entwicklungsstufe etwa die gleiche Länge wie die gesamte vorausgegangene Zeit ab der Zeugung. Dies bedeutet, daß wir in jeder Phase Zugang zu der Erfahrung einer gänzlich neuen Einheit haben, während wir neu erworbene Muster in unseren Fundus an Grund-Erinnerungen und Verhaltensmustern integrieren. Das Alter, in dem ein Haus beginnt und endet, schwankt von Person zu Person je nach der zeitlichen Länge des Hauses, die vom geographischen Ort sowie von Jahreszeit und Tag der Geburt abhängig ist. Doch wir alle entfalten uns, wenn auch mit unterschiedlicher Geschwindigkeit, durch die gleiche Folge von Phasen, und jede Entwicklungsstufe wird durch andere astrologische Zeichen angezeigt.

Tabelle 3 zeigt die archetypischen Lebensalter für die Häuser, dargestellt als eine Reihe durchschnittlicher Woche/ Monat/ Jahr-Angaben.

Obwohl jedes Haus eine archetypische Entwicklungsstufe ist, ist es doch für jeden anders. Es gibt viele Möglichkeiten, diese größeren und kleineren Unterschiede zu identifizieren und auszudrücken. Die meisten Systeme geben ungleiche Häuser an und sind „zeitorientiert“, das heißt die Dauer der Häuser ist unterschied-

Tabelle 3 Archetypisches Lebensalter für die Häuser

Haus	archetypische Zeit	Grade	Schlüsselwörter
	Schwangerschaft		
9.	Zeugung bis 7. SSW[4] Schütze	240-270	Mutters Selbsterkenntnis Gehirnstrukturen entstehen
10.	7. bis 12. SSW Steinbock	270-300	Feststellung der Schwangerschaft Knochengerüst entsteht
11.	12. bis 23. SSW Wassermann	300-330	Idealismus und Planung Nervensystem entsteht
12.	23. SSWbis Geburt Fische	330-360	Isolation und Opfer Lymphsystem
	Kindheit		
1.	Geburt bis 7M. Widder	0-30	Persönlichkeit und Behauptung
2.	7M. bis 1J.8M. Stier	30-60	physisch-sensorischeWirklichkeit
3.	1J.8M. bis 3J.6M. Zwillinge	60-90	Mobilität und Kommunikation
4.	3J6M. bis 7J. Krebs	90-120	Zuhause und Familiengefühle
	Reife		
5.	7J. bis 13J. Löwe	120-150	Selbstbewußtheit und Schule
6.	13J. bis 23J.5M. Jungfrau	150-180	Höhere Schule und Gesundheit
7.	23J.5M. bis 42 J. Waage	180-210	Partnerschaft und Geschäft
8.	42J. bisTod Skorpion	210-240	Trennung und Alter

lich (Abb.12). Kürzere Häuser zeigen gedrängte Entwicklungsstufen, während längere Häuser überdurchschnittlich lange Entwicklungszeiten anzeigen. Je weiter der Geburtsort vom Äquator nach Norden oder Süden entfernt liegt, desto mehr verzerren sich zu bestimmten Tageszeiten die Proportionen der Häuser im Horoskop.

Häuser, die von einem Planeten besetzt sind, werden von der Wesensart des Planeten beeinflußt, der durch das Zeichen und zu der Lebenszeit wirkt, die durch das Haus angezeigt werden. Saturn ist ernst, einschränkend und konzentriert; wenn also Saturn im 7.

Haus und im Zeichen Widder steht, würden die Selbstbehauptungs-Qualitäten des Widders durch die Ernsthaftigkeit und Konzentration der Energie noch verdoppelt.

Planeten, die ein Haus besetzen, beeinflussen und qualifizieren dessen Wirkung; darüber hinaus werden sie beeinflußt von den Planeten, die sie von anderen Häusern des Horoskops aus aspektieren. Wenn beispielsweise der Planet Saturn im 7. Haus die Zeit von 23 bis 42 Jahren regiert – eine Phase, in der Beziehungen eine wichtige Rolle spielen –, und der Venus im 1. Haus (kurz nach der Geburt) gegenübersteht, werden zwischenmenschliche Beziehungen immer in direkter Opposition zu dem Bedürfnis sein, um seiner selbst willen geliebt zu werden (Opposition Venus im 1. Haus). Aspekte verbinden die Zeiten und Qualitäten anderer Häuser mit dem Haus ihres Ursprungs; das ist wie der Import von äußerlichen Qualitäten und Einflüssen aus früheren Zeiten in die Gegenwart. Im medizinischen Kontext kann man die Suche nach früheren Ursachen von Krankheiten auf die Rückverfolgung von Aspekt-Verbindungen in Richtung zum 9. Haus (Zeugung) lenken.

Der Prozeß des Lebens

Der Prozeß des Lebens, wie ihn die Häuser beschreiben, beginnt bei der Zeugung; dies ist im Vergleich zu den anderen, alten oder neuen astrologischen Systemen einzigartig. Selbst jene Schulen der Astrologie, die noch relativ jung sind und Zeitmaßstäbe verwenden, etwa die Werke der Hubers [5] und Dane Rudhyars [6], ziehen diese entscheidenste, prägendste Zeit des Lebens nicht in Betracht oder erwähnen sie nicht einmal. Der gleiche Mangel ist im Bereich der Psychologie, besonders der Freudschen Psychotherapie, festzustellen. Infolgedessen mutet eine Schilderung der Ereignisse während der Schwangerschaft die meisten fremd an –

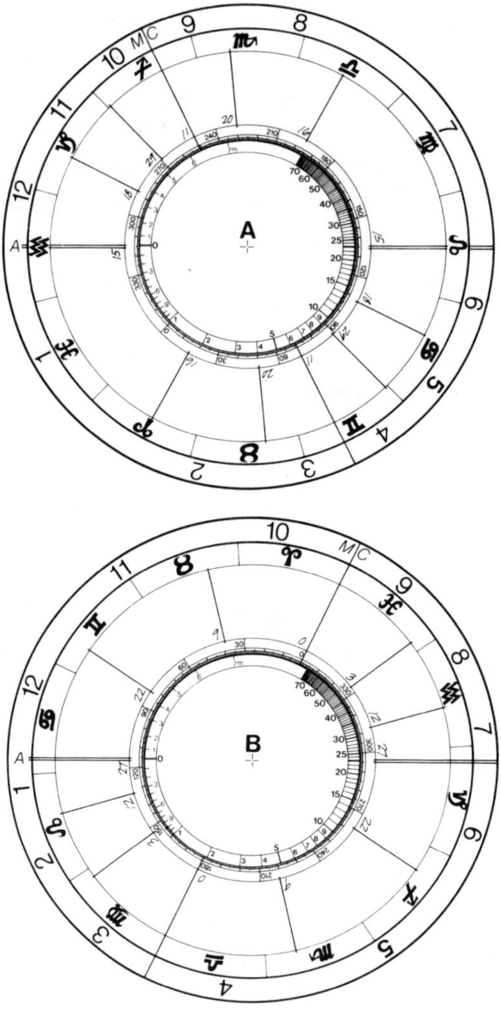

Abb.12: Ungleiche Häuser

Diese beiden Horoskope sind für denselben Tag erstellt, aber für siebeneinhalb Stunden auseinander liegende Zeiten. Im Horoskop A fällt die 5. Häuserspitze auf das Alter von 9 Jahren, während die Spitze des 5. Hauses von Horoskop B sich bei weniger als 5 Jahren bemerkbar macht. Die beiden Horoskope zeigen unterschiedliche Entwicklungsgeschwindigkeiten.

verständlicher aber noch den Frauen, die Kinder geboren haben.

Jedes Haus wird für die Archetyp-Beschreibungen mit einem entsprechenden Tierkreiszeichen in Verbindung gebracht. Das erste Haus wird mit dem ersten Zeichen, Widder, assoziiert, das zweite mit Stier usw. Dieses Vorgehen ist gebräuchlich und verleiht den Häusern darüber hinaus eine zusätzliche Bedeutungsdimension, die im heutigen astrologischen Denken gewöhnlich unterbewertet wird. Die meisten modernen Astrologen sprechen nämlich Dinge im Zusammenhang mit dem Wesen der Zeit nicht an; sie würden zu einem Verständnis der Bedeutung und Nutzanwendung der Häuser führen.

Bei der Beschreibung eines archetypischen und doch individuellen »historischen Prozesses« betreten wir den Bereich der persönlichen Mythologie und ein Gebiet, auf dem Geschichten von großer Bedeutung sind.

Aus therapeutischer Sicht ist es wichtig, die biologischen Entwicklungsstufen zu bemerken, die der Folge von Häusern entsprechen; so lassen sich Zusammenhänge zwischen Biologie und Astrologie in einem neuen Licht betrachten und verstehen.

Nun soll die Reihe der Oktaven beschrieben werden in der Absicht kurz zu zeigen, was in jeder Phase auf astrologischer, biologischer und psychologischer Ebene geschieht. Die traditionellen astrologischen Bedeutungen der Häuser bleiben erhalten, werden aber in einen greifbareren und logischeren Bezugsrahmen gestellt. Eine vollständigere Auflistung der Häuser und ihrer therapeutischen Bedeutung folgt in Kapitel 5.

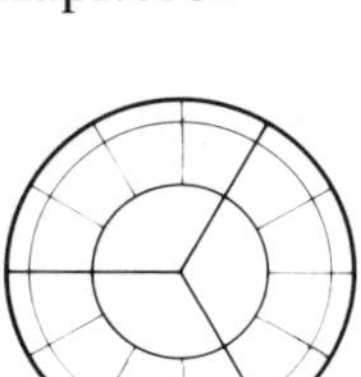

Die Oktave der Schwangerschaft

Die Schwangerschaft ist die Zeit zwischen Zeugung und Geburt, in der der physische Körper im Innern des Mutterleibes gebildet wird. Die Metamorphose vom einzelligen befruchteten Ei bis zum voll entwickelten Menschen ist komplex und findet auf mehreren Ebenen gleichzeitig statt. Die Lebens*Zeit-Astrologie kann Aussagen über die Ereignisse auf folgenden, wichtigsten Ebenen machen:

Der *spirituelle Prozeß* ist die höchste Daseinsform; bei der Zeugung wird ein Lebensgeist in physisches Dasein in einem Körper eingeführt. Der spirituelle Körper durchdringt und ordnet gewissermaßen alle anderen, dichteren Körperlichkeiten.

Der *biologisch-physiologische Prozeß* ist die Erschaffung eines materiellen Körpers, in dem der Geist sein Wesen in der Welt zum Ausdruck bringen kann. Bei der Zeugung verbinden sich die genetischen Codes von Vater und Mutter und tauschen ihre Informationen aus, um den physischen Leib zu gestalten. Das daraus resultierende Muster oder Programm in der Dimension Zeit umfaßt nicht nur die körperlichen Charakteristika beider Eltern, sondern auch eine Aufzeichnung ihrer beiden Leben bis hin zum Zeitpunkt der Zeugung – in der Tat eine Aufzeichnung allen Lebens, soweit die Wendeltreppe der DNS zurückreicht. In der Gebärmutter wird dann der gesamte Evolutionsprozeß rekapituliert, nicht dupliziert. Wir gehen durch Phasen, die den früheren, vormenschlichen Lebensformen auf Erden entsprechen, jedoch mit der Vorgabe, daß der Mensch zwar Spuren jener Formen trägt, aber nicht mit ihnen gleichzusetzen ist. Wir passieren ähnliche Entwicklungsstufen wie die Primaten, aber wir sind keine Primaten. Wir haben einen sogenannten R-Aspekt des Gehirns (Reptilien-Aspekt der Rinde), der instinkthafte Reaktionen steuert, aber wir sind keine Reptilien, und wir sind es auch nie gewesen.

Die Evolutionsstufen der komplexeren Vielzeller, der Wirbellosen, der Wirbeltiere, der frühen Reptilien, der späteren Säugetiere und der Primaten sind in der Struktur unseres Körpers und Gehirns wiederzuerkennen. Jede Stufe hinterläßt in unserem Wesen Spuren in Form von *Instinkten.* Instinkte sind Wege, die Welt wahrzunehmen, zu handeln, sich zu verhalten und zu reagieren. Der kumulative Prozeß der Schöpfung, unsere biologische Vorgeschichte, ist für alle Menschen buchstäblich der gleiche. Die Wissenschaft, die sich mit diesem Prozeß befaßt, nennen wir Embryologie. Wir betrachten ihn als in erster Linie körperlichen Vorgang, obwohl er tiefgreifende psychologische Zusammenhänge aufweist, denen wir nachgehen werden. Die Schwangerschaft ist das *kollektive Unbewußte,* das Jung beschrieb, eine Ur-Erbschaft, die allen Menschen gemeinsam ist und die Grundlage der individuellen Psyche darstellt. Die Inhalte sind undifferenzierte Instinkte, die in unserer biologischen und psychologischen Struktur überliefert werden; sie sind zwar in uns, aber nicht zwangsläufig Teil unserer bewußten Realität.

Man kann im Horoskop die äußeren und inneren Einflüsse erkennen, die während der Schwangerschaft auf die Mutter einwirken: an den Planeten, die sich in den Häusern 9 bis 12 bemerkbar machen.

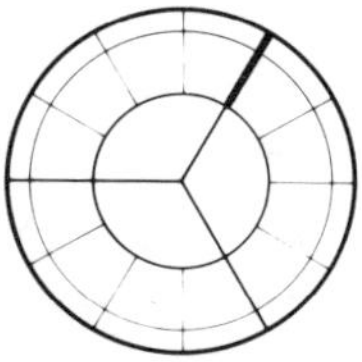

Zeugungspunkt – 9. Häuserspitze

Der Zeugungspunkt ist äußerst wichtig – nicht nur weil wir ohne ihn nicht existieren würden. Im Horoskop zeigt die Spitze des 9. Hauses das Wesen der sexuell-emotionellen Beziehung zwischen den Eltern zur Zeit der Zeugung als ein Gleichnis für die Verbindung zwischen männlichen und weiblichen Energien. Die Zeugung als Prozeß ist als Prototyp für den schöpferischen Prozeß des Menschen schlechthin zu sehen. Sie ist symbolisch für sexuelle Kommunikation und ihre Qualität.

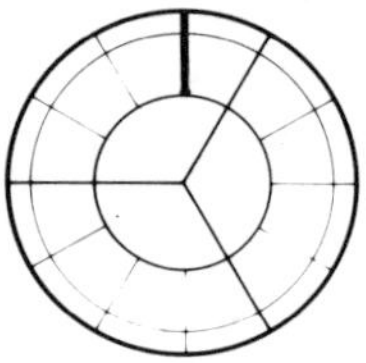

Himmelsmitte (MC)

Der MC begegnet uns sieben Wochen nach der Zeugung, dreiunddreißig Wochen vor der Geburt, und steht für Ich-Bewußtsein, Lebensziele, spirituelles Gewahrsein, Individualität, Beruf, Ehre, Vertrauen, Anerkennung. Die Himmelsmitte wird also rund neunundvierzig Tage nach der Empfängnis wirksam. Nach der hinduistischen und der buddhistischen Religion tritt die Seele neunundvierzig Tage nach der Empfängnis in ihre physische Matrix ein; im gleichen zeitlichen Abstand vor der Zeugung soll der Tod der vorausgehenden Inkarnation gewesen sein. Wenn die Seele ihr Dasein in einem neuen Körper antritt, übernimmt sie auch ihr *Karma* (Spuren aus früheren Leben). Karma ist ein sinnträchtiger Begriff; er läßt sich definieren als das genetische, astrologische und spirituelle Muster, das der Mensch durch sein Inkarnieren als Erbe antritt.

In der Astrologie steht die Himmelsmitte für die Ziele, Bestrebungen und Aufgaben im Leben und gilt als Sitz des Ichbewußtseins. In der Zeitskala tritt der MC in dem Augenblick auf, in dem die Mutter die Tatsache bestätigt weiß, daß sie schwanger ist.

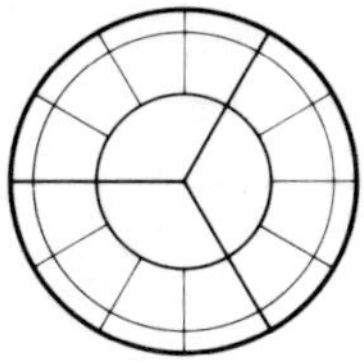

Oktave der Kindheit

Der Aszendent kommt in dem Augenblick zum Tragen, in dem das Neugeborene seinen ersten Atemzug aufnimmt. Der Geburtsprozeß verkörpert symbolhaft die Art und Weise, wie die Persönlichkeit agiert; Menschen, die an der Entbindung beteiligt sind, sind Subpersönlichkeiten. Eine leichte Geburt fördert einen leichten Selbstausdruck der Persönlichkeit, während eine lange Wehenphase eine verhaltene Persönlichkeit hervorbringen kann. Das Zeichen am Aszendenten ist die Umgebung, in die ein Kind geboren wird: die Umgebung, die den Menschen anziehen oder die von ihm erschaffen werden wird.

Die Oktave der Kindheit dauert von der Geburt bis etwa zum Alter von sieben Jahren. Im Laufe dieser Zeit werden wir in die Welt geboren, nehmen eine Persönlichkeit an, die den Geburtsumständen entspricht, und beginnen, innerhalb der häuslich-familiären Umgebung unseren Emotionalkörper zu entwickeln. Die Persönlichkeit ist eine Kombination unserer Instinkt-Reaktionen auf die Welt, der Art, wie wir in die Welt gebracht wurden, unserer physischen Erscheinung und unserer Art, uns selbst zu sehen.

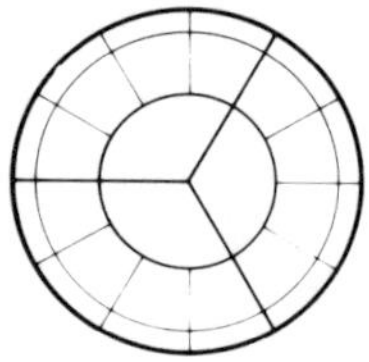

Oktave der Reife

Im Alter von sieben Jahren haben wir Körper und Persönlichkeit entfaltet und müssen nun beginnen, das Ergebnis in die Welt hinaus zu projizieren, die Eltern allmählich zu verlassen und unser Leben und unsere Beziehungen in der Welt selbst zu gestalten. Selbstbewußtheit führt zur Ausrichtung auf die Lebensaufgabe, Konkurrenz im Emotionellen und Materiellen nimmt zu, man sucht und gewinnt Partner. Der Mentalkörper wird zunächst im Rahmen der Grundschule (5. Haus) aufgebaut und gewinnt dann in der Oberschule und den ersten Erfahrungen im Arbeitsleben (6. Haus) weitere Ausrichtung. In Ehe und Beruf (7. Haus) wird er in der Welt gebraucht, im späteren Alter (8. Haus) überdacht. Die hier entwikkelte Weltanschauung kündet von der Seele, dem Ganzen, das durch Erfahrung und Arbeit an sich selbst entdeckt wurde. Ein primäres Ziel der Reife besteht darin, persönliche Modelle zu verwandeln, ihre Projektionen zu integrieren und Zugang zur kreativen Welt des Transpersonalen zu gewinnen.

Oktave der Transzendenz

Für das Denken des durchschnittlichen »Menschen von der Straße« beginnt das Leben mit der Geburt und endet mit dem Tode. Die meisten Menschen sind recht mechanisch, indem sie sich auf die drei Oktaven Schwangerschaft, Kindheit und Reife beschränken – falls sie die vorgeburtliche Zeit überhaupt als wichtig anerkennen. Sie sind unfähig, ihre Wahrnehmung über den Umkreis der Aufgaben und »Realität« des alltäglichen Lebens hinaus auszudehnen. Aber es gibt noch eine vierte Oktave, die Oktave der Transzendenz.

Die Oktave der Transzendenz wird dem zugänglich, der seine Wirklichkeit über die unmittelbare physische Welt hinaus ausdehnt. Gelegenheiten hierzu vermitteln oft Schock-Erlebnisse, die das Sein in Frage stellen, eine rasche Neubeurteilung des Lebens verlangen oder eine Bedrohung der Existenz darstellen. Unfälle, Operationen, plötzliche Erkenntnisse, religiöse Bekehrung, der Gebrauch psychedelischer Drogen und viele andere Methoden können den Weg zur Erfahrung einer Welt jenseits der diesseitigen öffnen.

Die Genesis der höheren Oktave liegt in der Schwangerschaft. Frauen haben über das Beherbergen und Austragen des Kindes einen natürlichen Zugang zur transzendenten Realität. Wenn eine Frau schwanger wird, verändert sich ihr ganzes Leben – jedenfalls bei ihrer ersten Schwangerschaft. Sie wird nie wieder dieselbe sein, und sie wird sich später immer an die Ereignisse dieser Zeit erinnern. Während der Schwangerschaft ist eine Frau tiefer mit ihrem inneren Wesenskern verbunden als zu jeder anderen Zeit ihres Lebens. Der Umstand, daß sie bei der Entbindung sterben könnte, gibt dieser besonderen Zeit eine zusätzliche Kraft.

Der Liebesakt von Mutter und Vater bei der Zeugung ist ein Gleichnis für die Integration männlicher und weiblicher Aspekte des eigenen Wesens. Die psychologische Integration von Animus (maskulinem Geist) und Anima (feminine Seele) und die Riten der Initiation gehen parallel einher und werden in der Erschaffung unserer eigenen Körper und Wirklichkeit widergespiegelt. Wer die Initiation anstrebt, für denn ist die Reise zurück zur Quelle unverzichtbar.

Die Wichtigkeit der Zeugung ist nicht zu überschätzen; ihre Botschaft zu verstehen, ist von vitaler Bedeutung auf dem Weg zur Ganzheit. Wie eine Mutter auf die inneren Veränderungen ansprach, die physische oder emotionelle Form angenommen haben mögen, indem sie in sich blickte, um die Quelle ihrer tiefsten Empfindungen zu entdecken, so müssen auch wir Innen- und Rückschau halten, um unser eigenes Potential zur Einheit zu entdecken. Auf welche Weise die Mutter herausfand, daß sie schwanger war, ist symbolisch für unseren Weg zur Selbsterkenntnis; die Menschen, die sie wählte, daß sie ihr Hilfe oder Unterstützung gaben, sind Aspekte unserer eigenen Natur, auf die wir bei unserer Suche zurückkommen müssen.

Da die transzendente Oktave jenseits des 8. (Todes-) Hauses sich öffnet, ist ein Element des Opfers und des Todes mit ihr verbunden. Man nimmt an, daß in dem Augenblick des Todes die Bilder des ganzen Lebens wie ein Film vor den Augen vorüberziehen. Viele Menschen aus allen Bereichen der Gesellschaft und Welt bestätigten dies nach eigenen Todesnähe-Erlebnissen. Diese Rückschau über das Leben vor dem Tode entspricht dem Jüngsten Gericht aller großer Religionen: ein Abwägen der Seele, bevor sie frei wird, um vom Körper zu scheiden. Bei dieser Gelegenheit wird der Sinn des Lebens abgewogen, das Vergangene eingeschätzt. Das Resultat dieses Wägens und Schätzens hält man für den bestimmenden Faktor für die Konstellation späterer Inkarnationen. Symbolisch handelt es sich um den Tod einer überholten Wirklichkeit, die sterben muß, damit ein neuer und höherer Weg ins Dasein beginnen kann. Die existentiellen Aspekte von Tod und Wiedergeburt finden sich im Kern aller mystischen Schulen und Ideen, und wir alle inszenieren in unserem eigenen Leben das gleiche Mysterium.

Im Bild des spiralig wirbelnden Sonnensystems ist der Lebensprozeß begrenzt durch den Eintritt in das Raum-Zeit-Kontinuum bei der Zeugung und den Austritt im Tode. Wenn der reine Geist in eine befruchtete Eizelle inkarniert, wird er für einen Zeitraum von etwa achtzig Jahren den Gesetzen des physischen Körpers unterworfen. Beim Tode wird der Geist von diesen Bindungen befreit. Die esoterische Tradition beschreibt dies als eine Kreuzigung am Kreuz der Materie; unser Leben ist gebunden durch die horizontalen und vertikalen Achsen des Horoskops. Das Leben in der Zeit bedeutet eine einschneidende Beschränkung für die spirituelle Essenz, die an sich frei von Materie sein könnte; dieses Paradoxon findet sich im Kern aller Heilungsprozesse.

In jüngeren Jahren wurde Streß als ein wichtiger Auslöser für die meisten kritischen Krankheiten identifiziert, der die moderne Menschheit ausgesetzt ist. Streß steht in direktem Zusammenhang mit dem Zeitempfinden: Wenn der Streß stark ist, wird die Zeit gedrängt und sogar noch dichter. Die Meditation ist eine bewußte Lösung von der Zeit und trägt erwiesenermaßen zur Streß-Reduzierung bei.

Die transzendente Wirklichkeit wird zugänglich über den Tod und den Zeugungspunkt, die Spitze des 9. Hauses, aber auch im Zentrum des Horoskopkreises. Die 9. Häuserspitze wird aktiviert, wenn Planeten als Transite in der realen Zeit über sie hinwegziehen und mathematisch berechenbar ausgerichtet sind; das Zentrum der Psyche jedoch steht immer frei.

Die vier Häuser der Schwangerschaft sind ein Bild für die vier Stadien des transpersonalen oder transzendenten Prozesses.

Zonen der Heilung

Die drei Oktaven des Horoskops und die überlappende vierte, transpersonale Oktave lassen sich auch als Modell zur Heilung verstehen. Abb.13 zeigt eine Anzahl konzentrische Kreise um die Mitte des Horoskops. Diese Mitte des Kreises ist das *Zentrum der Psyche,* und als solches ist es zeitlos, steht über Qualitäten oder Kategorien als das dynamische, energetische Zentrum des Individuums. Es ist im wahrsten Sinne nicht individuell, sondern universell.

Die Folge der Tierkreiszeichen von Widder bis Fische spiegelt Zeiten des Jahres wider, Aktivitäten, die zu den Jahreszeiten gehören, und Entwicklungsphasen, die alle Lebewesen betreffen. Die Zeichen sind *Einteilungen im Raum,* wie sie am Himmel gemessen werden, sie zeigen, wie wir uns nach der Galaxis und dem Universum orientieren. Der Ring der Häuser rotiert im Vergleich zu den Zeichen gegenläufig. Die Häuser sind *Einteilungen in der Zeit,* da sie den Fortgang des Lebens um das Horoskop anzeigen. Die Reihe der Häuser ist nicht additiv, wie die Zeichen, sondern biologisch und logarithmisch. So werden die Häuser im Laufe ihrer Folge im Kreise immer dichter. Die Oktave Schwangerschaft/physischer Körper ist am dichtesten, die Oktave Kindheit/Emotionalkörper ist weniger dicht, die Oktave Reife/Mentalkörper ist noch weniger dicht. Der transzendente/transpersonale Körper ist gänzlich ohne Dichte, da er jenseits oder außerhalb der Zeit steht.

Die Kombination von Zeichen und Häusern ist der relativistische *Raum-Zeit-*Kontext des Lebens. Die Planeten besetzen den Ring der Häuser, der vor dem Hintergrund der Zeichen gemessen wird. Die Planeten kombinieren Zeichen- und Haus-Information, indem sie Qualitäten mit Zeiten verbinden. Der strukturgebende Planet Saturn zeigt, wenn er sich im Stier und im 6. Haus – der Zeit zwischen 12 und 23 Jahren – aufhält, eine sehr elementare, Stier–typische Ernährung von Fleisch- und Molkereiprodukten in der Adoleszenz an. Er kann eine Unteraktivität der Schilddrüse andeuten, die sich als Problem bei der Gewichtszunahme manifestiert, eine Neigung zu einer schwachen Stimme, zu Erstickung oder reichlich Schleimbildung sowie eine pessimistische, zur Depression neigende Wesensart. Die Möglichkeit, jegliche Tendenz zu Beschwerden in einem bestimmten Alter zu lokalisieren, verbindet Qualität mit Zeit und führt zu einer korrekteren Diagnose und Behandlung als Mutmaßungen ohne zeitliche Fixierung.

Abb.13: Aspekt/Heilungs-Zonen

Die Folge der Planeten, die Zeichen und Häuser im Horoskop-Kreis von der Zeugung bis zu Alter und Tod besetzen, ist der Prozeß des Lebens in der Zeit. Der Prozeß von Ursache zu Wirkung um den Kreis herum ist linear. Das Zentrum des Kreises steht jedoch außerhalb der Zeit und ist die Domäne der Aspekte – des *Beziehungsgeflechts* –, das die verschiedenen Lebensalter miteinander verbindet, das planetare Qualitäten, Drüsen, Chakren, Archetypen und Subpersönlichkeiten miteinander verknüpft. Der Aspektring ist der Kern der Psyche und zeigt die Bahnen, in denen die Lebensenergie fließt, sowie das Gesamtmuster der Energie, die für das Wohlbefinden des Individuums von zentraler Bedeutung ist.

Der Aspektring ist unterteilt in eine Reihe konzentrischer Kreise, die die Schichten der Psyche darstellen. Diese Ringe heißen *Zonen der Heilung* (siehe Abb.13). Die Art der Aspekt-Beziehungen bestimmen die Zonen der Heilung:

Der von den Astrologen als am machtvollsten betrachtete Aspekt ist die *Konjunktion,* der Aspekt von 0° und Einheit. Wenn zwei Planeten nicht mehr als sieben Grad Abstand voneinander haben, spricht man von einer Konjunktion; die Planeten wirken gemeinsam, ihre Einflüsse verschmelzen miteinander. Sie wirken etwa um die gleiche Zeit im Leben, und wann immer der eine aktiviert wird, tritt auch der andere hervor. Je enger die Konjunktion zwischen zwei Planeten ist, desto fester sind die Qualitäten miteinander verbunden, bis es bei exakten Konjunktionen oft nicht mehr möglich ist, die beiden Planeten anders als durch ihre Reihenfolge voneinander zu unterscheiden. Die Konjunktion ist an die Peripherie des Kreises gebunden, also in die Sphäre von Ursache und Wirkung. Die äußerste Peripherie ist die Oberfläche des Lebens am äußeren Rand des Kreises. Das »innere« Leben von Konjunktions-Planeten äußert sich nur über andere Planeten, die sie aspektieren und ihren Einfluß unter die Oberfläche, ins Kreisinnere bringen. Konjunktions-Planeten können nicht unabhängig wirken. Die Konjunktion von Venus und Saturn beispielsweise verbindet die Drüsenausscheidungen (Venus) mit dem Prinzip der Beschränkung (Saturn). Sie kann sich manifestieren als: eine Tendenz zu loyalen und zuverlässigen Beziehungen zu älteren Menschen; Beschränkung von Liebe, die zu Depression führt; ungesunder Ausdruck des Geschlechtstriebes; Pflichtgefühl, das die Neigungen des Herzens überwiegt; aufopferungsvolle Beziehungen. Wenn Beziehungen die Venus/Saturn-Qualität annehmen, wird das biologische Resultat in Funktionsstörungen der inneren Drüsen bestehen, in einer Atrophie oder Vergrößerung von Drüsen; es kann auch zu Lungenemphysem oder Kropf führen. Die einschränkende Qualität wird sich entweder in inneren oder äußeren Beziehungen auswirken – oder in beiden.

Das Sextil ist ein 60°-Aspekt, ein Sechstel des Kreises. Es ist ein peripherer Aspekt, da er nur ein Achtel des Radius ins Kreisinnere eindringt. Sextile überspringen ein Zeichen und verbinden deshalb Luft mit Feuer oder Feuer mit Luft, Erde mit Wasser oder Wasser mit Erde, immer positive mit positiven oder negative mit negativen Zeichen. Sextile sind leichte Rückwärts- und Vorwärts-Bewegungen in der Zeit. Die geometrische Form des Sextils ist vom Hexagon, dem regelmäßigen Sechseck abgeleitet, das in den Kreisumfang geschrieben ist. Der Sextil-Aspekt definiert die *physische Zone* an der Peripherie des Kreises, in der die Kommunikation geschwisterlich ist, nicht besonders tief oder eindringlich, sondern viel mehr auf der Oberfläche und oft auch nur oberflächlich.

Das Trigon ist ein 120°-Aspekt, ein Drittel des Kreises und dringt genau die Hälfte des Radius zum Zentrum vor; er definiert die *emotionelle Zone.* Trigone verbinden ein Zeichen eines Elements mit den anderen Zeichen des gleichen Elements in unterschiedlichen Oktaven. Ein Trigon von einem Feuer-Zeichen in der Kindheit aspektiert entweder einen Planeten aus der Oktave der Schwangerschaft oder einen Planeten in der Oktave der Reife. Das Trigon, ein Aspekt, der für Gleichgewicht, Ausgeglichenheit, flüssige Kommunikation und Unterstützung steht, gilt als leicht und statisch.

Innerhalb der Trigon-Zone ist die *mentale Zone,* in der Lebenstaten, Weltanschauungen und psychische Motivation wirken. Sie ist das organisatorische Zentrum unseres Energie-Wesens. Die Aspekte, die am häufigsten Krankheit und Störung anzeigen, sind die *harten Aspekte* von 90°, 135°, 150° und 180°; sie dringen in die zentrale Zone des Horoskops ein. Innerhalb der mentalen Zone ist das Zentrum der Psyche und der zeitlose Bereich der *transpersonalen Zone,* die jenseits von Qualitäten, Zeiten oder Persönlichkeit steht.

Das Quadrat ist ein 90°-Aspekt, ein Viertel des Kreises, der den ganzen Weg bis zur Mitte des Kreises vordringt, dann einen rechten Winkel beschreibt und an die Peripherie zurückkehrt. Das Quadrat verbindet Planeten, die spannend oder drückend auf das Zentrum wirken, häufig Veränderungen herbeiführen, aber aufgelöst werden können. Es heißt, daß Quadrate entweder Stolpersteine oder Bausteine sind. [7] Sextile und Trigone gelten als friedlich und stabil, das Quadrat ist sehr stark motiviert und potentiell kreativ.

Die Opposition ist ein 180°-Aspekt, der den Kreis halbiert und zwei Planeten zeigt, die einander direkt gegenüber auf beiden Seiten des Kreises liegen. Die Opposition erzeugt maximale Spannung und zwingt entweder zur Lösung oder zur Polarisierung. Dieser Aspekt kann die Anziehungskraft widerspiegeln, die Gegensätze aufeinander ausüben, oder sie kann unvereinbare Unterschiede innerhalb der Psyche darstellen, die höchst antagonistisch sein können. Die Energie fließt in einer Opposition vom einen Pol zum anderen, und sie kann alle Kraft vom Rest des Ganzen abziehen, wenn sie nicht integriert wird. Die Opposition drängt durch den Mittelpunkt des Kreises – oder in engster Nähe an ihm vorbei –, und ist infolge dessen sehr stark mit der Psyche und ihren Mechanismen verbunden.

Der harte Aspekt, der am häufigsten als Anzeichen für Krankheit zu werten ist, ist der Quinkunx mit 150°. Der Quinkunx geht so nahe wie nur möglich am Mittelpunkt vorbei, ohne diesen je zu erreichen – und hat so seinen Ruf als »unflexibel und frustrierend« verdient. Dieser Aspekt ist eine äußerst schwierige und unbewegliche Kombination zweier Planetenpositionen. Die im Quinkunx gefangenen Energien sind schwer auszudrücken und manifestieren sich leicht als Krankheit. Im Bereich der Ernährung zeigt der 150°-Aspekt oft eine Schwierigkeit bei der Aufnahme von Vitaminen und Nährstoffen, die im Zusammenhang mit Problemen im Äußern positiver Emotionen zu betrachten ist. [8]

Das Anderthalbquadrat ist der 135°-Aspekt, der halbwegs zwischen Quadrat und Opposition anzusiedeln ist. Er trägt ein gewisses Maß an Spannung, da er die zentrale Zone durchdringt; aber gewöhnlich erreicht diese Spannung nicht die kritische Phase. Das Halbquadrat (45°) ist ein Nebenaspekt zwischen Quadrat und Konjunktion. Er berührt nur die Peripherie der emotionellen Zone, so daß seine Spannung in Form von nervöser Reizung oder Desorientierung nur den Emotionalkörper beeinflußt.

Das Zentrum des Kreises ist der dynamische und machtvolle Kern der Psyche, der zu allen Zeiten im Leben zugänglich ist. Wann immer er im Laufe des Lebens berührt wird, bewirkt dies dramatische Veränderungen des Zustandes. Besonders in Krisenzeiten wird der Zugang zum Zentrum leicht.

Der Zylinder des Lebens

Wenn man aus dem zweidimensionalen Horoskopkreis den Zylinder des Lebens baut, tritt ein gültiges Modell der Heilung hervor (Abb.14). Der Zylinder des Lebensprozesses beginnt bei der Zeugung am Grunde und endet oben mit dem Tode; die transzendentale Oktave erstreckt sich über dieses obere Ende hinaus. Innerhalb des Zylinders bewegen sich die Planeten zeitlebens in ihrem wirbelnden Tanz durch Raum und Zeit. Da wir uns bis zur Geburt im Leibesinneren unserer Mutter aufhalten, scheint ihr Lebenszylinder mit unserem synchronisiert zu sein – und der väterliche Zylinder berührt den unseren gewiß zum Zeitpunkt der Zeugung. Durch die Geburt werden wir frei von der physischen Begrenzung durch die Mutter und ins emotionelle Leben des familiären Umfeldes befördert. In der Kindheit sind unsere Beziehungen zu den Eltern eine allmähliche Entflechtung von Mutter und Vater, durch die wir uns eigenes Leben und Persönlichkeit aufbauen.

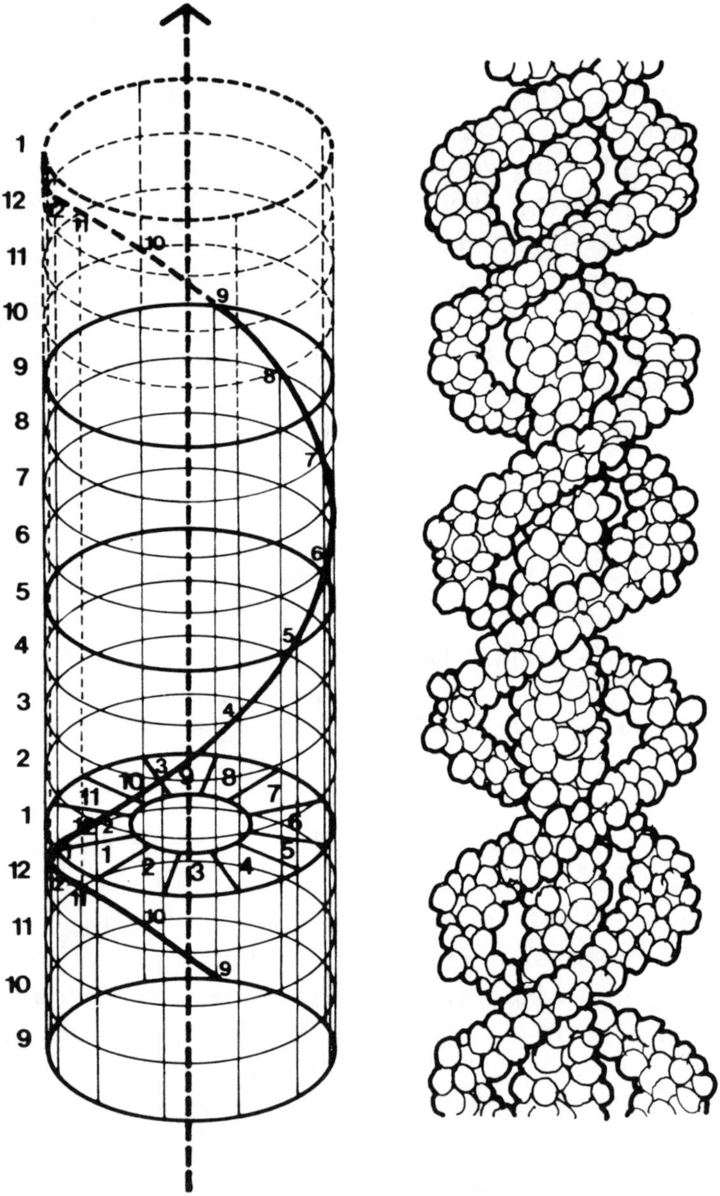

Abb.14: Der Lebenszylinder

Zwischenmenschliche Beziehungen im späteren Leben beginnen als tangentiale Berührungen unseres Lebenszylinders mit dem eines anderen Menschen; engere Verbindungen bedeuten eine Überlappung der Lebenszylinder, und wenn man einem anderen Einlaß in die Mitte gestattet, überschneiden sich die Lebenszylinder gegenseitig. In manchen Phasen enger Beziehungen mutet die Berührung der Lebenszylinder wie eine vollkommene Synchronisierung an, aber solche Verbindungen sind zumeist nur von kurzer Dauer.

Der »Boden« des Zylinders ist der Zeitpunkt der Zeugung, und mit zunehmendem Alter füllen wir unseren Lebenszylinder mit Erinnerungen und Erfahrungen – als ließen wir Wasser in ein Faß laufen. Die Oberfläche des Wasserspiegels ist immer die Oberfläche des Bewußtseins zum jeweiligen Zeitpunkt. Die Erinnerungen werden gleichsam in jener Ebene oder Schicht des Bewußtseins gespeichert, die der jeweiligen Zeit ihres Geschehens entspricht. Jedesmal, wenn Planeten ihre Linie an der Peripherie des Zylinders kreuzen, wird das Ereignis von neuem aktiviert.

Aspekte innerhalb des Zylinders bewegen sich diagonal auf und ab durch seinen zentralen Kern. Manche Aspekt-Ereignisse können bis in die Schwangerschaft zurückreichen und körperliche Zusammenhänge implizieren; andere gehen zurück bis in die Kindheit und zeigen Aspekte im Gefühls- oder Familienleben auf; wieder andere mögen sogar als Andeutungen von Zukünftigem dienen. Immer wieder kommen wir in unserer »Gegenwart« auf gewisse Verhaltens- und Lebensmuster zurück.

Horoskop 1 (Abb.15) ist von Neil Armstrong, dem ersten Menschen, der den Mond betrat. Als Mond in Schütze (dem Zeichen weiter Reisen) wirksam (das heißt in der Zeitskala aktiviert) wurde, war Armstrong siebenunddreißig Jahre alt – und flog tatsächlich zum Mond. Interessanterweise wurden jedoch auch Aspekte aus früheren Phasen seines Lebens zur gleichen Zeit aktiviert. Den Mond verbindet ein Trigon mit dem Mondknoten (Ver-

Abb.15

bindungen oder Zusammenarbeit) in Widder (Durchsetzung, Beherrschung), wirksam in der letzten Phase von Armstrongs vorgeburtlicher Entwicklungszeit – etwa zwanzig Wochen vor der Geburt, als der Ungeborene noch schwerelos im Fruchtwasser »schwamm«, umgeben von einer Hülle wie von dem Raumschiff, das ihn zum Mond tragen sollte. Armstrong muß im Leib seiner Mutter sehr aktiv gewesen sein, und der Mondflug hat gewiß sehr tiefe Erinnerungen an jene vorgeburtliche Phase wachgerufen.

Den Mond aspektiert ferner ein Trigon von der Konjunktion Merkur/Neptun in Jungfrau im 4. Haus (»Heim und Familie«), die im Alter von drei Jahren und sechs Monaten aktiviert wird. Auf seiner Mission hatte Armstrong starke Empfindungen, die seine Kindheitsphantasien weckten (angedeutet durch den Mond/Merkur-Aspekt), aber auch psychische Erlebnisse (Mond/Neptun). Die

Aspekte-Konstellation zeigt ferner extreme Sensitivität nach dem großen Ereignis an.

Planeten-Komplexe

Die Komponenten des Horoskops sind wesentliche Teile des Ganzen, aber das Gesamtbild muß ebenfalls erfaßt werden. Einfache Aspekte verbinden sich, um *Konstellationen* unterschiedlicher Komplexität zu bilden. Aspekt-Konstellationen erinnern sehr an »Komplexe« in der Psychologie, das heißt an Gruppen von Charakteristika, die in der Psyche miteinander verknüpft sind. Manche Horoskope sind sehr offen, direkt und klar durch Aspekte geordnet, während andere so zahlreiche Verbindungen und Verknüpfungen – so komplexe Aspekt-Verkettungen – zeigen, daß es fast unmöglich ist, eine Ordnung daraus abzulesen.

Meistens wird ein Planet im Horoskop von zwei, drei oder mehr Planeten aspektiert, entweder in der gleichen oder in anderen Entwicklungsphasen des Lebens. Die verschiedenen Aspekte zeigen die vielfältigen Möglichkeiten an, die zur Verfügung stehen, um die Energie des Planeten zur Nutzanwendung zu bringen. Manche sind leichte Bahnen, auf denen die Energie fließen kann, während andere blockiert oder behindert sind. Wie in der Welt um uns, so neigt auch unsere innere Energie dazu, dem Weg des geringsten Widerstandes zu folgen. Wenn eine Konstellation (Abb.16) aus Planeten besteht, die in Opposition zu einem dritten Planeten stehen, mit dem sie darüber hinaus durch Sextil bzw. Trigon verbunden sind, wird die Energie fast immer die Opposition meiden und den Umweg oder oberflächlichen Weg fließen, anstatt durch das Zentrum zu strömen. Die Dynamik der Aspekt-Konfigurationen ist in der Regel wichtiger zur Aufrechterhaltung der Gesundheit als die einzelnen Planetenpositionen. Wenn der Fluß der Energie im Indivi-

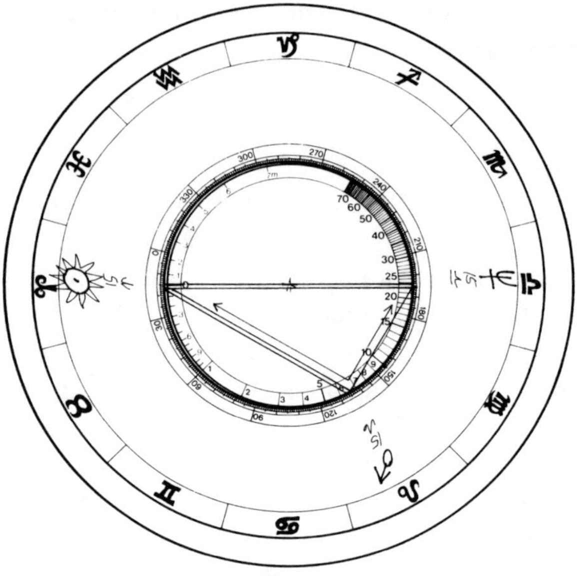

Abb. 16

duum und mit äußeren Quellen insgesamt reibungslos ist, sind die Unterstützungs- und Immunsysteme gesund und imstande, selbst größere Störungen zu verkraften.

Kapitel 5

Das Rad der Therapien

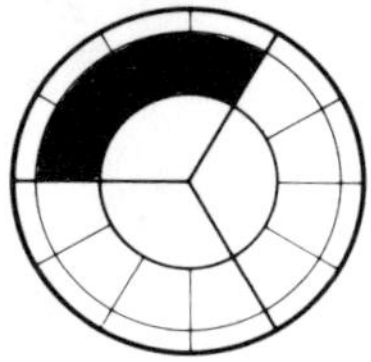

Das Kapitel in *The Round Art* (1979), das die meisten Reaktionen auslöste, war »The Astrological Reading«, besonders das Diagramm mit dem Titel *Das Rad der Psychologie* (Abb.17). Jenes Rad wurde seitdem erweitert und umfaßt nun auch andere Therapien (Abb.18).

Die Lebens*Zeit-Astrologie zeigt um die Peripherie des Horoskops die Entfaltung des Lebensprozesses von der Zeugung bis zum Tode, und darüber hinaus in den transpersonalen oder transzendenten Bereich. Therapeuten aller Richtungen fühlen sich angezogen von Gedanken über Psyche, Lebensenergie, Körper, Emotionen, Denken und Geist, die ihre eigene innere Geschichte, Bedürfnisse und Bestrebungen, aber auch ihre Astrologie [1] widerspiegeln. Jung glaubte: »Jeder Psychotherapeut hat nicht nur seine eigene Methode – sondern er selbst ist diese Methode.« [2]

Die Entscheidung, welche Therapie für den einzelnen geeignet ist, ist oft die Folge eines Zufallsprozesses – falls man überhaupt von einem Prozeß sprechen kann. Die Methoden sind sehr unterschiedlich, und es liegt auf der Hand, daß bestimmte Therapien zu bestimmten Menschen passen, zu anderen jedoch nicht. Aus der Sicht der Lebens*Zeit-Astrologie ist es möglich, Therapien allge-

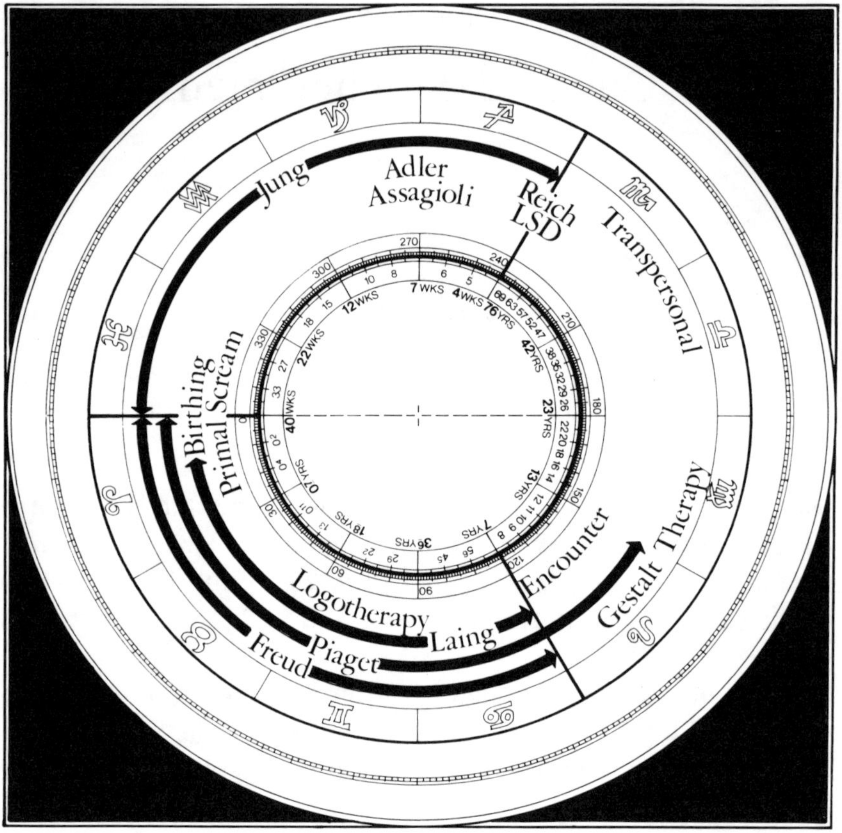

Abb.17 Das Rad der Psychologie

mein zu beurteilen unter Berücksichtigung der Zeit im Leben, in der die Therapie sich anbietet. Jede Behandlungsweise läßt sich bestimmten Phasen im Laufe des Lebens – und damit Teilen des astrologischen Häuser-Rades – zuordnen. Diese Zuordnungen haben sich als gute und hilfreiche Anregung bei Therapeuten und solchen Personen bewährt, deren Tätigkeit es erfordert, ihren Klienten Therapien zu empfehlen.

Die Therapien brauchen nicht auf ein einzelnes Zeichen oder einen bestimmten Lebensabschnitt beschränkt zu werden, aber gewöhnlich sind die Bereiche, die eine Therapie anspricht, klar zu erkennen. Die Urschrei-Therapie Arthur Janovs zum Beispiel verlangt ein Wiedererleben des Geburtsprozesses und ist mit jener Phase – als einer Metapher für das Lebensganze – aufs engste verbunden. Rebirthing behandelt den Geburtsprozeß auf ähnliche Weise. Am interessantesten wird das Rad der Therapien durch die Gruppierung der astrologischen Zeichen zu Oktaven, beginnend mit dem archetypischen Zeugungspunkt, der 9. Häuserspitze, und der vorgeburtlichen Entwicklungszeit.

Therapien für die Oktave der Schwangerschaft

Die für die Schwangerschafts-Oktave am besten geeignete Therapie ist Carl Gustav Jungs *analytische Psychologie*. Sie basiert auf der Vorstellung vom »kollektiven Unbewußten«, einer Unterschicht der Psyche, die gemeinsamer Besitz der ganzen Menschheit ist – eine formative Daseinsebene, die alle kulturellen und individuellen Unterschiede überschreitet und von der alle psychischen Prozesse ausgehen. Das archetypische kollektive Unbewußte wird während unseres vorgeburtlichen Entwicklungsprozesses neu erschaffen und liegt sowohl unterhalb als auch oberhalb der beiden »bewußten« Oktaven Kindheit und Reife im Lebenszylinder. Das bewußte Leben sind die beiden mittleren Schichten, an die oberhalb und unterhalb die form-erzeugende Welt der Archetypen grenzt. »Unbewußte Inhalte verbinden sie *zurück* mit physiologischen Zuständen einerseits und archetypischen Informationen andererseits. Die Erweiterung aber geht *vorwärts* durch Intuitionen, die zum Teil von Archetypen und zum Teil von unterschwelligen Wahrnehmungen bedingt werden, die von der Relativität von Zeit und Raum im Unbewußten abhängen.« Jung erkannte auch, daß

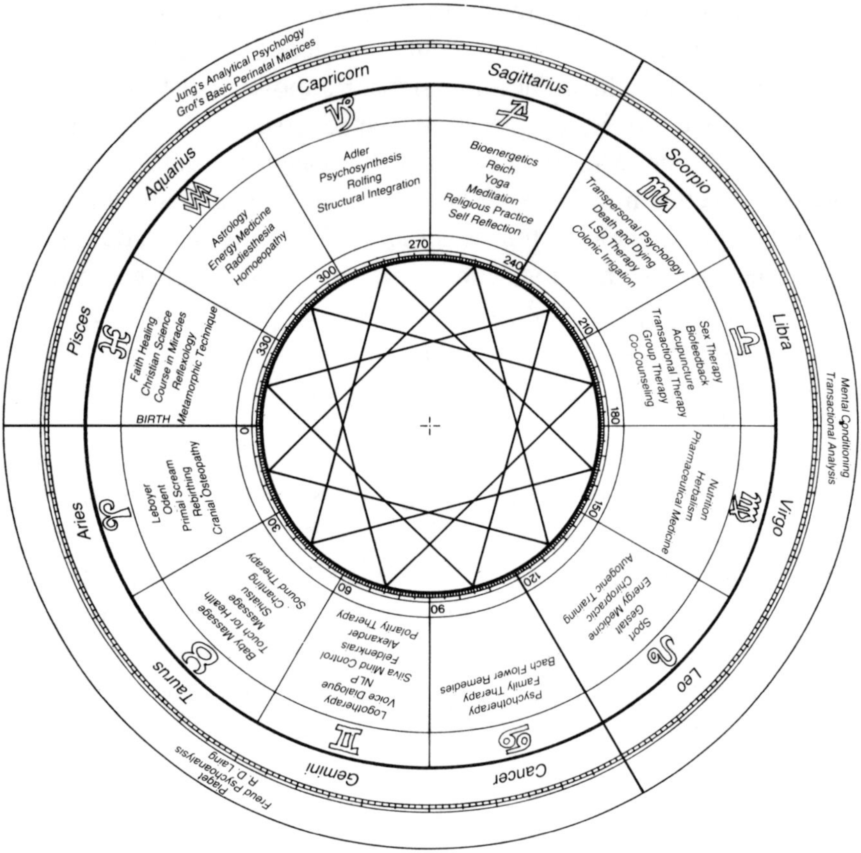

Abb.18 Das Rad der Therapien

Legende:

Mentale Konditionierung
Transaktionsanalyse

Skorpion	**Waage**	**Jungfrau**	**Löwe**
transpersonale Psychologie	Sex-Therapie	Ernährung	Sport
Tod und Sterben	Biofeedback	Phytotherapie	Gestalt-Therapie
LSD-Therapie	Akupunktur	medikamentöse Therapie	Energie-Medizin
Darmspülung	transaktionale Therapie		Chiropraktik
	Gruppentherapie		Autogenes Training
	Co-Counselling		

Piaget
Freudsche Psychoanalyse

Krebs	**Zwilling**	**Stier**	**Widder**
Psychotherapie	Logotherapie	Baby-Massage	Leboyer
Familientherapie	Gesprächstherapie	Touch for Health	Odent
Bach-Blütentherapie	Neurolinguistische-Programmierung	Massage	Urschrei
	Silva Mind Control	Shiatsu	Rebirthing
	Feldenkrais	Chanting	Schädel-Osteopathie
	Alexander-Technik	Klang-Therapie	
	Polarity		

Jungsche analytische Psychologie
Grofs perinatale Matrizen

Fische	**Wassermann**	**Steinbock**	**Schütze**
Glaubensheilung	Astrologie	Adler	Bioenergetik
Christliche Wissenschaft	Energie-Medizin	Psychosynthese	Reich
Kurs in Wundern	Radiästhesie	Rolfing	Yoga
Reflexzonenmassage	Homöopathie		Meditation
Metamorphose			religiöse Praxis
			Selbstbetrachtung

Archetypen potenzierten (homöopathischen) Arzneien gleichen, die sich als pflanzliche, tierische oder mineralische Essenzen durch ihren Form-Samen Ausdruck geben.[4] Ferner formulierte er den Gedanken von der Einheit des Ersten (Oktave der Schwangerschaft) mit dem Vierten (Oktave der Schwangerschaft als Transzendenz) als ein alchemistisches Axiom. Jungs Psychologie ist der Grundstein der Schwangerschaft-Schicht und erweist sich als höchst wirkungsvoll bei Menschen, deren Planeten vorwiegend in diesem Horoskop-Abschnitt liegen.

Stanislav Grofs perinatale Matrizen [5] gehen auf die Stufen des Geburtsprozesses zurück und beschreiben eine psychologische Architektur emotioneller Störungen, die durch umfangreiche Forschungen mit Halluzinogenen entdeckt wurde. Die perinatale Ebene des Unbewußten ist der Schnittpunkt zwischen dem individuellen und dem kollektiven Unbewußten oder zwischen traditioneller Psychologie und mystisch-transpersonaler Psychologie. Diese dynamischen Matrizen sind Ordnungsmodelle, die auf den Emotional- und den materiellen Körper einwirken und einen tiefgreifenden Einfluß auf uns ausüben. Die biographischen Ereignisse im Leben werden unbewußt strukturiert von Archetyp-Systemen, die sich durch äußeres Geschehen entfalten. Die Abfolge von vier perinatalen Matrizen beschreibt den Prozeß des Verlassens der ursprünglichen, symbiontischen Einheit und des Eintretens in die Welt der Vielfalt. Grofs Gedanken zeigen, daß die Ereignisse der Schwangerschaft in psychologischer und physiologischer Hinsicht die Entstehungsgeschichte und Archetypen für das Leben der Reifezeit darstellen.

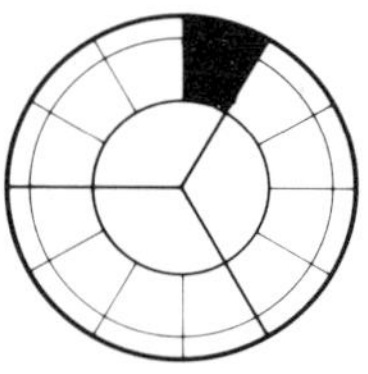

Schütze und das neunte Haus – bewegliches Feuerzeischen

Zeugung bis sieben Wochen nach der Zeugung.
(Höheres Denken, Meditation, Religion, Gesetz, weite Reisen, fremde Einflüsse, Philosophie, Psychologie, Initiation und Selbsterkenntnis)

Nach dem Augenblick der Zeugung, wenn eine Samenzelle das Ei befruchtet, beginnt ein sehr rascher und komplexer Vorgang. Die ursprüngliche Zelle teilt und differenziert sich zusehends, bis sie drei Keimschichten bildet, die Prototypen der drei wichtigsten Systeme des Körpers. Aus dem einen Keimblatt bilden sich Gehirn, Rückenmark, Nerven und Haut, das zweite verwandelt sich in Verdauungssystem, Leber und Bauchspeicheldrüse, und das dritte bringt das Skelett, Blutkreislaufsystem und Muskulatur hervor. Dieses Drei-Oktaven-System erinnert an die drei Oktaven des Lebensprozesses in diesem Mikrokosmos des physischen Körpers.

Aus astrologischer Sicht werden dem 9. Haus weite Reisen zugeordnet, Lebensphilosophie oder Psychologie, Religion und höheres Denken. Die Mutter erlebt hormonelle Veränderungen und gelangt im Laufe der Zeit allmählich zu der Erkenntnis ihres inneren, schöpferischen Lebens. Alle ihre Haltungen, Überzeugungen und besonders die Art, wie sich sich selbst entdeckt, gehen ein in den Begriff der *Selbstfindung,* der so typisch ist für dieses Haus und das Zeichen Schütze.

Der Zeugungspunkt an der Spitze des 9. Hauses im Horoskop steht für Sexualität, Kreativität und die Integration der männlichen und weiblichen Hälften der Psyche. Der Kern der Instinkte entsteht hier, und die lange Reise der Samenzelle bis zur Befruchtung der Eizelle sowie die lange Reise der befruchteten Eizelle bis zum Uterus sind im Zeugungspunkt verschlüsselt.

Die für das Zeichen Schütze wirkungsvollste Psychotherapie ist die *reichianische Therapie* oder *Bioenergetik* nach Wilhelm Reich, dem Freud-Schüler, der seine therapeutische Arbeit auf der Funktion und Notwendigkeit sexueller und damit energetischer Entspannung durch den Orgasmus begründete. Natürlich – denn Zeugung und Tod fallen im Horoskop auf den gleichen Punkt – untersuchte und formulierte Reich Theorien und Behandlungsmethoden, die die Einheit von Anfang und Ende des Lebens widerspiegeln. Der Orgasmus ist bestrebt, über das Selbst hinauszugehen, über die Grenzen des materiellen Körpers in einen höheren, vitaleren Bereich. Die reichianische Therapie betrachtet die Sexualität als einen Weg zur Auflösung der Rüstung, die als Abwehrmechanismus aufgebaut wurde, um sich vor den Windungen und Verkehrungen der Gesellschaft zu schützen. Reich beschrieb die Psyche als aufeinanderfolgende zirkuläre Schichten, die einen Kern gesunder Triebe umgeben – ein Modell, das verblüffende Ähnlichkeit mit der Lebens* Zeit-Astrologie aufweist.

Yoga ist eine spirituelle Disziplin des Ostens. Der Yoga verkörpert eine Suche nach Einheit von Körper und Geist durch Selbsterfahrungen mit Hilfe eines weiten Spektrums von Techniken. Wenn man den Körper zur höchsten Sensitivität und Bewußtheit entwickelt hat, erreicht man einen Zustand, dem Krankheit fremd ist; dies ist ein Weg, der bewußtes Leiden hinter sich läßt. Besonders durch den Einsatz von Atemübungen läßt sich ein Zustand vollkommenen Friedens im Inneren und Äußeren erreichen und aufrechterhalten; Ängste verschwinden, und die Triebe werden ausgeglichen. Auf einer tieferen Ebene ist Yoga eine Rückkehr zu dem Zustand unmittelbar nach der Zeugung, bevor die Spaltung zwischen Körper und Denken eintrat.

Meditation fördert den Kontakt mit unbewußten Inhalten tief im Innern der Psyche, unter der Oberfläche des Bewußtseins, und verwandelt ihn durch angewandte Konzentration. Gedanken, Bilder, magische Reisen und Bewußtseinsmuster vermögen den spirituellen Materialismus, den Mangel an Klarheit oder die Ablenkung durch das Alltagsleben zu durchdringen. Der Atem ist zentraler Brennpunkt und gleichzeitig eine heilende Kraft, die durch die Meditation freigesetzt wird; er kann zu Organen gelenkt werden, die der Erneuerung oder Regeneration bedürfen. Die Meditation an sich ist, abgesehen von ihrem Nutzen in der Streßminderung, selten heilend. Sie läßt sich aber in Verbindung mit buchstäblich jeder anderen Therapie vorteilhaft einsetzen und gewährleistet, daß der Wesenskern auf die anderen Lebens- und Bewußtseinsformen ausgerichtet wird.

Religiöse Übungen bieten einen Weg zur Bewußtwerdung und

ein Fundament, auf das man ein ganzes Leben bauen kann. Dabei kann es sich um eine organisierte Religion oder um den Sufismus handeln, der alle Religionen umfaßt und eine Synthese der Glaubenssysteme darstellt. Häufig gehören zu den religiösen Übungen Meditation, Gebet, Atmung, Gesänge und andere Zeremonien, die gewöhnlich auch ohne eine religiöse Struktur praktiziert werden.

Die *Selbstbetrachtung* ist ein Weg zum Verständnis und wandelt möglicherweise die Perspektive, aus der man das Leben wahrnimmt. Die Verinnerlichung von Ereignissen und ihre Ordnung innerhalb der Psyche schenken ein Maß an Objektivität, das Wirklichkeit neu strukturieren und eine essentielle Matrix für die Heilung bieten kann.

Da die Schütze-Zeit die früheste Stufe der biologischen Evolution innerhalb des Mutterleibes ist, ist sie natürlich auch der ursächliche Bereich für einige Krankheiten, die auf eine Störung des biologischen Codes zurückgehen. Manche Therapien können solche tiefsitzenden Schäden durch Einführung einer neuen, höheren Wirklichkeit reparieren. Der Weg zur Erkenntnis ist zentrales Thema aller Therapien dieses Zeichens.

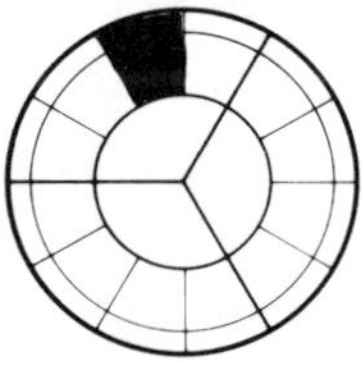

Steinbock und das zehnte Haus – Kardinales Erde-Zeichen

33 Wochen bis 28 Wochen vor der Geburt
(vervollkommnete Materie, konkrete Beziehungen, Organisation, Vater, öffentliche Angelegenheiten, Ruf und Glück, Ehrgeiz, Bestrebungen)

Die ersten Knochenzellen erscheinen, der Embryo wird definitionsgemäß zum Fötus, das Geschlecht wird festgelegt, alle Teile des Körpers werden gebildet und Gesichtszüge erkennbar. Nerven und Muskeln sind zwar noch schwach, beginnen aber zusammenzuarbeiten. Spontane Bewegung tritt ein, Arme und Beine beugen sich, die Beweglichkeit ist uneingeschränkt. Der Fötus lebt im Fruchtwasser, aber die Mutter kann seine Anwesenheit noch nicht fühlen. Durch Aufnahme von Fruchtwasser werden die Verdauungssäfte der Bauchspeicheldrüse aktiviert, andere lebenswichtige Funktionen wie Wasserlassen und Essen werden versuchsweise geübt.

Im 10. Haus erfahren unsere Eltern vom Vorliegen einer Schwangerschaft und informieren ihre Umgebung darüber. Sie erleben gesellschaftlichen Druck und bringen nach außen, was bisher im Innern der Mutter verborgen war. Nun müssen Entscheidungen gefällt werden über die weitere Schwangerschaft, über Methoden oder Ärzte für die Entbindung, über Ernährung und alle anderen Veränderungen, die im Laufe der Zeit notwendig werden. Die Wirklichkeit wird konfrontiert, und der Übergang von inneren zu äußeren Formen ist vollendet. Steinbock und das 10. Haus beginnen am MC (Himmelsmitte) in dem Augenblick, wenn die Seele die physische Matrix betritt, um zu inkarnieren, wenn der Embryo zum Fötus wird, und wenn die Mutter erkennt, daß sie schwanger ist.

Alfred *Adler* brach mit Freud, weil er darauf beharrte, daß Normalität die Anwendung der Macht des Individuums durch Gewöhnung an die gesellschaftliche Anpassung erfordert. Der hier verstandene Macht-Begriff neigt dazu, die Bedeutung des Unbewußten zu minimalisieren, und basiert doch auf einer Stärkung des Ichs und des Überlebenswillens.

Nach seiner Beschäftigung mit Freud, Jung und Alice Bailey entwickelte Roberto *Assagioli* die *Psychosynthese,* einen dynamischen Rahmen für den Weg zur Synthese durch Integration des Unbewußten und Neuordnung seiner Inhalte und der Subpersönlichkeiten, die das transpersonale Selbst umgeben, das die Spitze eines eiförmig dargestellten, psychischen Feldes beherrscht (Abb.19). Das transpersonale Selbst ist eine Integration von Liebe und Willen, wie im Buch *Die Schulung des Willens* erläutert.[6] Die Psychosynthese ist besonders wirkungsvoll für schöpferische Menschen, weil Assagioli sich nicht auf die Krankheitssymptome und Störungen der – wie er sie nannte – »gesunden Neurotiker« konzentrierte, das heißt der meisten Individuen der modernen westlichen Welt. Assagiolis Lehre ist eine Anpassung esoterischer Prinzipien Alice Baileys an die transpersonale Psychotherapie unter Hinzufügung einer spirituellen Dimension.

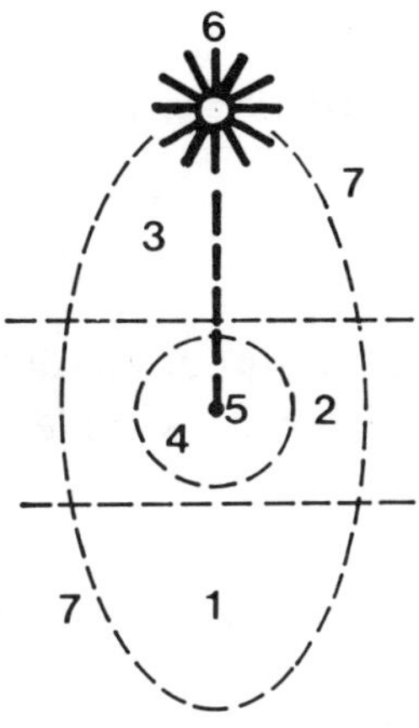

Abb.19: Das Bewußtseins-Ei der Psychosynthese (nach Assagioli, *Die Schulung des Willens)*

1.das tiefere Unbewußte
2.das mittlere Unbewußte
3.das höhere Unbewußte oder Überbewußte
4.das Feld des Bewußtseins
5.das bewußte Selbst oder »Ich«
6.das transpersonale Selbst
7.das kollektive Unbewußte

Das Zeichen Steinbock steht für das Knochengerüst des Körpers, das sich im Mutterleib bildet. Damit weist es eine Verbindung zu der zutiefst strukturell wirkenden Körperarbeit auf. *Rolfing* oder *strukturelle Integration,* entwickelt von Dr. Ida Rolf, ist eine tiefe Druck-Massage zur Neuformung der Muskelfaszien, um Deformationen zu korrigieren, die durch Verletzungen, Streß, Fehlhaltungen oder traumatische Ereignisse entstanden sind. Die Korrektur der Starrheit und des Elastizitätsmangels ermöglicht einen effizienten Umgang mit der Energie und oft eine Lösung von emotionellem Schmerz, Erinnerungen an traumatische Erlebnisse der Vergangenheit und Verhaltensänderungen. [7] Durch die Behandlung werden oft Erinnerungen aus der vorgeburtlichen Entwicklungszeit wachgerufen. Rolfing ist eher eine vorbeugende Therapie als zur Behebung von Störungen geeignet.

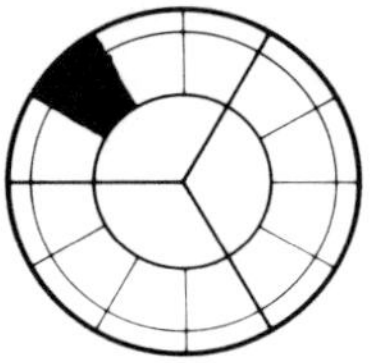

Wassermann und das elfte Haus – Fixes Luft-Zeichen

28 Wochen bis 17 Wochen vor der Geburt
(Altruismus, Selbstlosigkeit, humanitäre Gesinnung, Idealismus, Planen, Freunde, Gruppen-Beziehungen, soziale Belange, Abstraktion und Distanziertheit)

Das 11. Haus beginnt um die Zeit, da die Mutter zum ersten Mal die Bewegungen des Kindes in ihrem Leibe wahrnimmt; der Fötus hat nun eine Größe erreicht, die über die Höhe des Beckenkammes ragt. Er übt das Schlucken und beginnt zu atmen, die Bewegungen werden anmutiger und individueller, erblich bedingte Ähnlichkeiten der Gesichtszüge werden erkennbar, und das ganze neuromuskuläre System wird unter der Kontrolle des sympathischen Nervensystems aktiv. Gegen Ende dieser Phase bilden sich die Fortpflanzungsorgane, und Vorformen von Ei- und Samenzellen entstehen.

Astrologisch betrachtet, entwickelt sich das Kind in einem plazentaren Versorgungssystem im Innern der Mutter, deren Aktivität auch von der neu wahrgenommenen Bewegung des Kindes beeinflußt wird. Die Mutter unterscheidet sich von anderen, ist emotionell und körperlich von der Außenwelt und ihrem früheren Selbst getrennt.

Das innere Kommunikationssystem des Körpers entsteht aus feinen Verbindungen zwischen Organen, Drüsen und Körperteilen. Der wachsende Fötus wird allmählich auch astrologischen Kräften unterworfen und hat somit seine esoterischen Formen von Geist-, Seelen- ,Astral- und Ätherleib angenommen.

Die *Astrologie* bietet im Idealfall ein Modell, das die Möglichkeit der Integration aller Daseinsebenen zeigt. Sie ist ein einzigartiges Werkzeug zur Aufzeichnung und Ordnung von Verbindungen im Leben, für einen Versuch, den Verlauf der Zeit zu verstehen und zu beherrschen, zur Untersuchung der Verwandtschaft aller Dinge und für das alchemistische Unterfangen, das Selbst durch bewußten Einsatz des Willens zu verwandeln. Viele moderne Psychologen setzen die Astrologie als ein unverzichtbares Mittel zur Arbeit mit persönlichen Erfahrungen ein und verwenden sie als eine brauchbare Sprache zur Deutung und Anwendung archetypischer Wirklichkeitsebenen.

Esoterisch-kosmische Lehren sind vereint und fließen zusammen in der *Energie-Medizin,* zu der auch Radiästhesie und Radionik gehören, das heißt die Diagnose und Behandlung über den Energiekörper. Die *Radiästhesie* ist verhältnismäßig modern – sie entstand im Laufe der vergangenen hundert Jahre –, basiert aber auf Prinzipien, die elementar und höchst anspruchsvoll zugleich anmuten. Die ersten Forscher glaubten, die vitale Energie-Kraft der Natur gefunden zu haben und mit ihr zu arbeiten (Prana, èlan vital, Odkraft, Kundalini, psychische oder Orgon-Energie). Die Radiästhesie wirkt im »feinstofflichen« Körper, der über das elektromagnetische Feld des Körpers hinausgeht. Die Arbeit über Chakren – die subtilen Energiezentren, die kein materielles Gegenstück im

Körper besitzen –, hat sich als sehr wirkungsvoll erwiesen und ist ein Schritt über die traditionelle Diagnose- und Behandlungssphäre hinaus. Die Chakren zeigen Veränderung und Einflüsse, schon bevor körperliche Symptome auftreten; sie lassen sich behandeln mit Hilfe resonierender Heilungsmuster oder -Gedanken. Diese Methoden sind repräsentativ für den spirituellen Zugang zum Heilen; in jüngerer Zeit wurden sie beeinflußt durch das Esoterische Heilen nach Alice Bailey.

Die *Homöopathie* basiert auf dem Prinzip »Gleiches heilt Gleiches«. Symptome werden als Ausdruck von Disharmonie erkannt, als Anzeichen, daß der Körper gegen Krankheit oder Infektion kämpft, und als Aspekte eines Gesamtmusters betrachtet, das alle Krankheitsdispositionen umfaßt. Symptome sind wertvolle Informationen und werden in ihrer äußeren Manifestation deshalb eher unterstützt als unterdrückt. Die Arznei wird so gewählt, daß sie der Symptomatik entspricht, und in einer stark verdünnten (potenzierten) Form verabreicht, so daß Verunreinigungen und Nebenwirkungen der natürlichen Substanzen ausgeschlossen sind, die Heilungskraft jedoch verstärkt ist. Das Auftreten solcher Symptome gilt als Zeichen für eine gesunden Organismus, der sich bemüht, das Gleichgewicht wiederherzustellen.

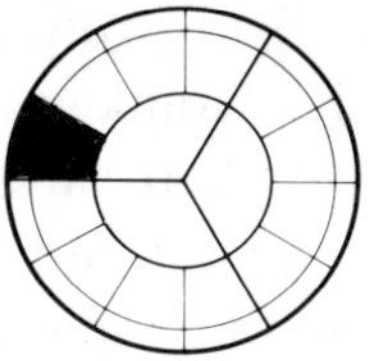

Fische und das 12. Haus – Bewegliches Wasser-Zeichen

17 Wochen vor der Geburt bis zur Geburt.
(Selbst-Opferung, extreme Empfänglichkeit, psychische Aktivität, Sensitivität, Karma, Schicksal, Realitätsflucht, Institutionen, Isolation, Drogen, Einsamkeit.)

Ab dem Beginn des 12. Hauses kann ein zu früh geborenes Kind überleben, obwohl Atmungsmechanismus, Leber und Verdauungssystem noch sehr unreif sind. Das Kind lebt, atmet und bewegt sich in der Eihülle, die sich alle drei Stunden erneuert. Ein großer Teil von Energie und Psyche der Mutter ist nach innen gerichtet, was den psychischen Kontakt mit dem Kind intensiviert. Auch wenn sie äußerlich von anderen unterstützt wird, muß die Mutter letztlich erkennen, daß sie im Augenblick der Entbindung ganz auf sich allein gestellt ist, in einer Situation auf Leben und Tod. Schließlich kommen das Annehmen und die Freisetzung der tiefen Instinkte im Zusammenhang mit der Geburt ins Spiel, zur gleichen Zeit setzen die Wehen ein. Instinkthafte Mutter-Reaktionen und ein Vertrauen auf die Stimmungen und hormonellen Veränderungen, die unter der Oberfläche ablaufen, sind von großer Bedeutung und gewährleisten ein gesundes Kind.

Während der zweiten Hälfte der Schwangerschaft vertieft sich der psychische Kontakt des Kindes mit der Mutter. Das Lymphsystem entfaltet sich, und das Kind wird auf die Geburt vorbereitet. Dieses 12. Haus ist traditionell der Bereich der psychischen Phänomene, der außersinnlichen Wahrnehmung, der Träume und Phantasien.

Die *Glaubensheilung* wurde ursprünglich von Schamanen durchgeführt, die im Interesse des Kranken in die Geisterwelt zurückkehrten. Schamanische Praktiken waren in den meisten frühen Kulturen weit verbreitet, unter den Indianern, Europäern, Kelten, Tibetern, Mongolen, Chinesen, Japanern, Russen, Eskimos, in afrikanischen Stammesgemeinschaften und vielen anderen Gesellschaften. Der Schamane besitzt seine Fähigkeiten entweder von Geburt an, oder er hat sie im Laufe des Lebens erworben. Es gibt auch »wissenschaftliche« Methoden des geistigen Heilens, bei denen der Willen gezielt ausgerichtet und zur Manifestation gebracht wird, zum Beispiel *Science of Mind, Christliche Wissenschaft* oder *Ein Kurs in Wundern.*

Das *Gebet* ist die Ausrichtung des geistigen Impulses auf einen Zustand von Frieden und Ausgeglichenheit.

Reflexzonenmassage und die *Metamorphose-Technik* (früher: pränatale Therapie) sind Methoden der Fußmassage, die davon ausgehen, daß die ganze Struktur von physischem, Emotional-, Mental- und Geist-Körper sich in den Füßen widerspiegelt, und daß man lernen kann, sich selbst zu helfen, indem man die Reflexzonen oder -punkte bearbeitet. Solche Behandlungen rufen oft vorgeburtliche Erlebnisse in Erinnerung, die dann aufgearbeitet und integriert werden können. Die Metamorphose-Technik ist eine Methode der Berührung, ein intuitiver Vorgang, der nach innen führt, von fixierten Programmierungen befreien und neue Muster hervorbringen kann.

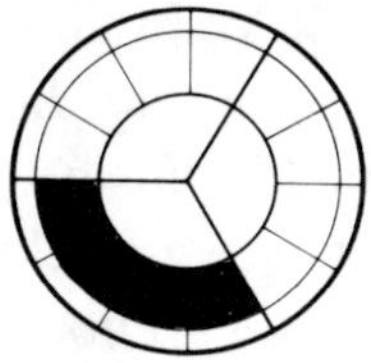

Therapien für die Oktave der Kindheit

Die Oktave der Kindheit beginnt mit dem Geburtsprozeß – jenem Vorgang, den die meisten Menschen und fast alle Therapeuten als den Anfang des Lebens verstehen –, und dauert bis zum Alter von sieben Jahren, wenn die ersten Beziehungen außerhalb des Familienkreises geknüpft werden und damit die Loslösung aus dem Elternhaus beginnt.

Die wichtigste Therapie für die Zeit der Kindheit ist zweifellos Sigmund Freuds *Psychoanalyse,* die auf freiem Assoziieren basiert und die gestörte Entwicklung der Psyche gesellschaftlichen und biologischen Faktoren zuschreibt, die von der Sexualität und den Eltern-Beziehungen des Kleinkindes beeinflußt werden. Freuds einzigartiger Beitrag war eine fast mathematische Verknüpfung zwischen der Psyche und dem Energiehaushalt des Körpers, die ein Verständnismodell für psychosomatische Krankheiten lieferte. Zu den weiteren Charakteristika der Freudschen Psychologie gehören die Traumdeutung, die distanzierte Beziehung zwischen Therapeut und Klient, Ödipus- und Elektra-Komplex und die Formulierung von Gesetzen zur Beschreibung des Reiches der Psyche, die selbst in der wissenschaftlichen Welt von heute noch weitgehend Gültigkeit besitzen.

Buchstäblich alle psychologischen Störungen scheinen mit der Kindheit zu tun zu haben, und Freud hatte seine Freude daran, allen seinen Patienten der »Vater« zu sein; diese väterliche Haltung stand seiner Menschlichkeit letztlich im Wege. Zu seinen machtvollsten Gedanken gehört die Vorstellung, daß wir in unserer kindlichen Entwicklung Stufe für Stufe die Evolution der gesamten Menschheit rekapitulieren, bis unsere Energie eine Barriere erreicht und wir in frühere Phasen zurückweichen, in denen wir uns wohler fühlen. Die Freudsche Psychoanalyse deckt die ganze Zeit der vorgeburtlichen Entwicklung ab. Interessanterweise erwiesen sich die zahlreichen Fälle inzestuöser Beziehungen, die seine Klientinnen berichteten, letzten Endes als unzutreffend – doch wie konnten sie, selbst in der Phantasie, derart intime Kenntnisse über die Sexualität besitzen, wenn sie in der Kindheit keine diesbezüglichen Erfahrungen gemacht hatten? Die der Kindheit vorausgegangene Oktave der Schwangerschaft und ihre astrologische Struktur läßt uns verstehen, daß alle Menschen tief im Inneren sexuelle Erinnerungen tragen *an ihre Eltern, die sich bei der Zeugung liebten und möglicherweise noch während der ganzen Schwangerschaft.* Diese Spuren sind in der Lebens*Zeit-Astrologie oft wesentliche Informationen.

Der Psychologe *Piaget* formulierte eine Theorie bestimmter Entwicklungsphasen von der Geburt über die Adoleszenz, die zwar heute nicht ganz akzeptiert wird, aber ein hilfreiches Modell für das Verständnis der kindlichen Entwicklung bietet.

Der Psychiater R. D. *Laing* begann, die Familie als den Ursprung geistiger Krankheit oder Gesundheit zu studieren, und hat diesen Weg zeitlebens immer weiter zurückverfolgt, bis er sich nun mit der Macht des Zeugungszeitpunkts und seinen Zusammenhängen befaßt. Laings Gedanken und seine neuartigen Behandlungszentren befreiten die Psychiatrie von der selbstangelegten Zwangsjacke und ebneten den Weg für die Familientherapie und das Bedürfnis, die individuelle psychische Realität in einem größeren Zusammenhang zu betrachten.

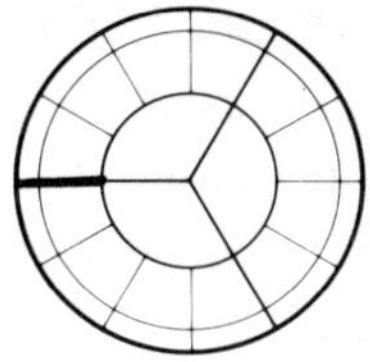

Aszendent

Geburt
(Persönlichkeit; Umgebung, Umstände der Geburt, bei der Geburt Anwesende, Reaktionen auf die Welt, die Maske, Handlungsweisen, persönliche Einstellungen)

Es ist fast universell anerkannt, daß Geburtstraumata für zahlreiche – seelische und körperliche – Krankheitsarten verantwortlich sind. Der Grund liegt vor allem darin, daß die Entbindung im letzten Jahrhundert – mit dem Aufstieg und Machtzuwachs des medizinischen Berufsstandes – von einem natürlichen Vorgang in eine pathologische, medizinische Prozedur verwandelt wurde. Die Entmenschlichung der Geburt wird von vielen als Hauptfaktor bei den Schwierigkeiten unserer modernen Gesellschaft angesehen.

Die astrologische Korrelation von Aszendent/Persönlichkeit und Geburt ist wichtig und sehr erhellend. Wenn ein Baby operativ entbunden wird, geschieht dies oft unter dem Einfluß der Planeten Mars, Uranus, Pluto oder Saturn, sei es in Konjunktion oder in Aspektierung zum Aszendenten; sie sind ein Hinweis auf eine ärztliche oder operative Entbindung. Leider künden die gleichen Zeichen auch von Gewalt, Disharmonie und Trauma für die Persönlichkeit des Kindes. Tabelle 4 auf Seite 185 zeigt das Spektrum der Geburts-Einflüsse, die mit Planeten entweder am oder in Aspektierung zum Aszendenten stehen. Geburts-bezogene Therapien versuchen, den Vorgang zu reaktivieren mit dem Ziel, die Traumata, Angst- und Schmerzgefühle sowie die Empfindung der Todesnähe aufzulösen. Die Frauenbewegung hat mit der Entwicklung alternativer Entbindungsmethoden reagiert.

Janovs *Urschrei*-Therapie erzeugt das Geburtserlebnis von neuem; der bei der Geburt erlittene Druck auf den Scheitel wird wiederholt, und dabei wird das Geburtserlebnis durch lösende Schreie befreit. Diese Katharsis kann in der Persönlichkeit gefangene Energien freisetzen, die nun umfassender zum Ausdruck gebracht werden können.

Leonard Orrs *Rebirthing* ist ein Wiedererleben des Geburtsvorganges, das durch Atemübungen, Visualisierungen oder Umweltreize herbeigeführt wird und sehr wohl helfen kann, Geburtstraumata zu erkennen und aufzulösen. Eine solche Befreiung durch Klang findet in verschiedenen Phasen vieler Therapien statt, sei es zufällig oder geplant.

Die *Schädel-Osteopathie* ist eine Kopfmassage-Technik, die Erleichterung von Geburts-Traumata bringt und Störungen im Energiefluß korrigieren kann.

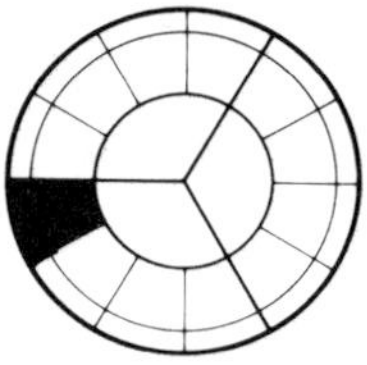

Widder und das erste Haus – Kardinales Feuer-Zeichen

Geburt bis 7 Monate
(Selbstbehauptung, Persönlichkeitsentfaltung, Gestalt und Erscheinung des physischen Körpers, frühe familiäre Umgebung, Unabhängigkeit, Bindung an die Mutter)

Das Neugeborene bindet sich an die Mutter, um Nahrung, Versorgung, Wärme und Liebe zu empfangen. Alle Bedürfnisse müssen von der Mutter oder einem Mutter-Ersatz erfüllt werden, und die Energie des Kindes ist darauf gerichtet, das Benötigte so schnell wie möglich zu erhalten. Das Kind bindet sich an jeden Nahestehenden und nimmt seine Getrenntheit noch nicht wahr. Die Thymusdrüse aktiviert das Herz und das Wachstum, und alles wird angeregt von der Fähigkeit, sich ab dem dritten Monat dem Licht zuzuwenden und es aufzunehmen.

Die Primärtherapien fallen ins 1. Haus und behandeln die Traumata, die mit einer schwierigen Entbindung zusammenhängen, mit dem ersten Atemzug und dem Schmerz, auf die Welt zu kommen. Frederick *Leboyer* betonte die Wichtigkeit einer starken Verbindung zwischen Mutter und Kind, die durch eine Geburt in sanft beleuchteten Räumen, in behaglicher Atmosphäre und unter Aufrechterhaltung des Körperkontakts mit der Mutter gefördert werden kann. Michel *Odent* empfahl die Geburt im Wasser als Mittel zu einer starken Mutter-Kind-Verbindung, die so bewußt von der Schwangerschaft bis in die früheste Kindheit aufrechterhalten wird.

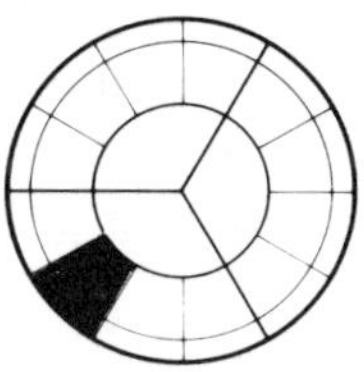

Stier und das 2. Haus – Fixes Erde-Zeichen

7 Monate bis 1 Jahr 8 Monate
(Körperlichkeit, undifferenzierte Materie, reine Substanz, die Sinne, passive Wahrnehmung, Sicherheit und Eigentum)

Die Entwöhnung von der Mutterbrust und der Übergang zur

Verdauung fester Nahrung ist die erste Phase der Trennung von der Mutter und der Unabhängigkeit des Daseins als Objekt in einer Welt anderer Objekte. Nun gilt es zu lernen, die Sinne zur Erkundung der materiellen Umgebung zu gebrauchen und Eigentums- und Sinnesmuster zu entwickeln. Die Nebenschilddrüsen werden aktiv und führen zu einem stabilisierenden, passiven und gleichmäßigen Leben in Harmonie mit der physischen Welt. Es ist die Zeit fürs Krabbeln und den Aufbau einer Beziehung zum eigenen Körper und über ihn zur physischen Welt. Die Sinne werden untersucht und bei allen Erlebnissen gebraucht. Stier-Therapien sind körperlich, berührend und erdend.

Baby-Massage und *Touch for Health* (Gesundheit durch Berühren) sind Möglichkeiten, mit Babys und kleinen Kindern zu arbeiten, um feste Verbindungen und starke Beziehungen mit der Mutter aufzubauen.

Massage gibt es in einer Vielfalt von Methoden, das unterscheidende Kriterium ist der Zweck: Massage zum Vergnügen oder zur Behandlung. Die therapeutische Massage ist oft schmerzhaft, aber auf einer tieferen Ebene angenehm und wohltuend. Unabhängig vom Namen der Technik regt Massage die Haut und innere Organe an, löst Spannungen aus der Muskulatur und vermittelt ein Wohlgefühl. *Shiatsu* ist eine weiterentwickelte Form der Massage, die Punkte aus der chinesischen Akupunktur behandelt und Heilungen bei einem weiten Spektrum von Beschwerden bewirken kann.

Musik-Therapie, Chanting oder *Klang-Therapie* sind Therapie-Arten, die oft unterschätzt werden, obgleich man durch Klang das Kind auf viel tieferen Ebenen der Psyche berühren kann, die dem Bewußtsein ansonsten verschlossen sind.

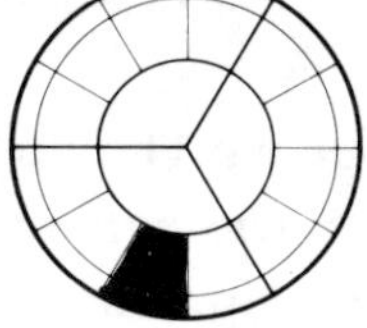

Zwillinge und das 3. Haus – Bewegliches Luft-Zeichen

1 Jahr 8 Monate bis 3 Jahre 6 Monate
(Instinkthaftes Denken, Kommunikation, Gehen und Reden, Anpassungsfähigkeit, Nachahmung, Geschwister, Mannigfaltigkeit, kurze Reisen)

Der Einsatz der Energie in der materiellen Welt gilt nun dem Gehen, Reden und anderen Formen der Kommunikation. Objektfelder werden wahrgenommen, und die Subjekt/Objekt-Dualität spielt eine große Rolle, weil viele Gegenstände ihr Eigenleben zu haben scheinen. Menschen werden nachgeahmt und kopiert, während die eigene Persönlichkeit zwischen äußeren und inneren Phantasiewelten schwankt. Die Nebennieren fördern Kampf und Flucht, Wut und Anhänglichkeit und steigern die Sensitivität für die Selbsterhaltung. Die Notwendigkeit der Kommunikation setzt uns unter großen Druck, Kontakt aufzubauen.

Die *Logotherapie* wurde von Viktor Frankl entwickelt und betrachtet den Mechanismus der Sprache als eine Matrix, in der wir unsere elementaren Empfindungen und Gedanken über die Welt speichern.

Die *Gesprächs-Therapie* arbeitet mit den Subpersönlichkeiten, die im Laufe der Kindheit hervorkommen, besonders wenn wir lernen zu sprechen, nachzuahmen und uns mit jedem Menschen in unserer Umgebung zu identifizieren. Der Lernprozeß kostet viel Verwirrung und Unsicherheit in bezug auf die eigene Identität, die eine Neuorientierung im späteren Leben verlangt. Indem wir fähig sind, uns mit diesen Teilen unserer selbst zu identifizieren und dann zu dis-identifizieren, können wir Heilung auslösen.

Die *Neuro-Linguistische Programmierung (NLP)* stützt sich bei ihrer Arbeit auf die Art, wie Sprache erlernt und gebraucht wird, um Gefühle zu äußern oder nicht zu äußern. Konditionierte Reaktionen auf Wörter oder Ausdrucksmittel können verstanden, verändert und als freiere Bahnen genutzt werden.

Die *Silva Mind Control* entdeckt auf visuellem Wege autohypnotische Methoden zur Verbesserung des Erinnerungsvermögens, zur Aufdeckung früher emotioneller Erlebnisse und zum Verstehen und Nutzen der Mechanismen unseres Denkens.

Die *Feldenkrais-Methode* ist eine Art körperzentrierter Lernprozeß, der durch die Beherrschung neuer Bewegungsfolgen erlangt wird, die das Lernen unterstützen. Ausgehend von der Beobachtung, wie Kinder sich in frühen Jahren bewegen, ist die Feldenkrais-Methode eine Wiederentdeckung der Möglichkeit, sich anmutig und harmonisch zu bewegen. Häufig ergeben sich dabei die Lösung von Streß, die Lockerung chronisch verspannter Muskulatur und eine Zunahme der Bewegungsfreiheit.

Die *Alexander-Technik* ist eine Methode der posturalen Reintegration und Ausgleichung durch neue Bewegungen und ein gesteigertes Bewußtsein bestehender Bewegungsmuster.

Die *Polarity-Therapie* beeinflußt ebenfalls den ganzen Organismus, indem sie lehrt, Bewegungen im Innern des Körpers zu integrieren und auszugleichen.

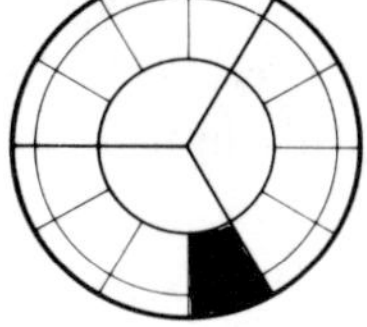

Krebs und das 4. Zeichen
Kardinales Wasser-Zeichen

3 Jahre 6 Monate bis 7 Jahre
(Eltern, Mutter-Identifizierung, Familie, Empfindungen, häusliches Leben, Empfänglichkeit, Erbe, Intuition, die psychische Welt, persönliche Gefühle, Zugehörigkeit)

Emotionelle Reaktionen auf die Kommunikationsfähigkeit sind geprägt durch die vorherrschende Denkweise und die Kontrolle der Eltern innerhalb der Familie. Ein Wertsystem wird aufgebaut durch Reagieren auf die Gefühle in bezug auf Eltern, Freunde, Familie, Religion und Verwandte. Die Beziehungen werden komplexer, die Eltern werden unterschieden. Ein wachsendes Gefühl der Sicherheit oder Unsicherheit entsteht aus Akzeptanz oder Ablehnung, auf die die eigenen Gefühle innerhalb der Familie stoßen.

Wenn emotionelle Strukturen klar werden und dann von den familiären Gefühlsmustern entweder ausgeschlossen oder integriert werden, sind sie oft durch die Beziehung zu Mutter und Vater bestimmt. Therapien für den Krebs sind auf Emotionen und Familie gerichtet und intensiv persönlich.

Psychotherapien sind emotionelle Behandlungsweisen, bei denen die freie Äußerung von Gefühlen für das körperliche und geistige Wohlbefinden als notwendig erachtet werden. (Siehe Abb.18, Rad der Therapien).

Die *Familien-Therapie* ist eine Methode zur Behandlung psychologischer Probleme des einzelnen durch Untersuchung und Beeinflussung des Gruppenprozesses. Bei den Sitzungen wird die ganze Familie einbezogen, und der Schwerpunkt der Therapie gilt oft anderen Familienmitgliedern als jenen, die auf den ersten Blick die psychologischen Probleme zu haben scheinen. Viele psychologische Störungen haben ihren Ursprung in der Familie und werden genährt und aufrechterhalten durch deren moralische Ansichten, Einstellungen, religiöse Überzeugungen und Verhaltensmuster. Viele Aspekte der Gedanken, die zu dem Modell der Familientherapie führten, stammten aus der allgemeinen Systemtheorie, einem Grundkonzept aus der Mathematik.

Die *Bach-Blütentherapie* und die *kalifornische Blütentherapie* setzt die verdünnten Essenzen von Blüten ein zur Beeinflussung von emotionellen Verhaltensmustern durch Einführen eines gesunden Schwingungsmusters und Wiederherstellung des Kontakts zwischen Seele und Gemüt.

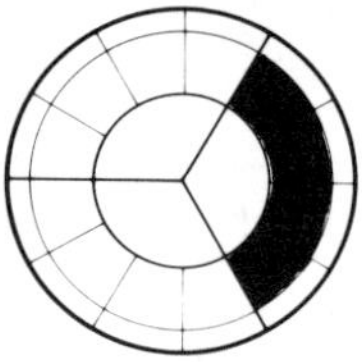

Therapien für die Oktave der Reife

Die Oktave der Reife umfaßt die Entwicklung des Mentalkörpers, unsere Art, die Welt zu verstehen und uns zu ihr zu verhalten, und wird durch unser Leben nach der Kindheit in die Tat umgesetzt. Die vier Stufen der Reife sind an sich sehr verschieden und wichtig, da unsere Energie sich entwickelt und in immer höhere Formen verwandelt. Die Oktave der Reife tritt ein, wenn buchstäblich alle Menschen den Grad ihres Energie-Brennpunktes erreichen, und ist deshalb der wahrscheinlichste Ort für die Regression.

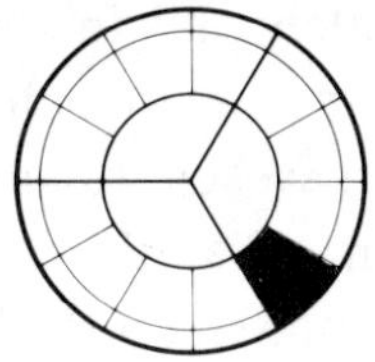

Löwe und das 5. Haus – Fixes Feuer-Zeichen

7 Jahre bis 13 Jahre
(Selbstbewußtsein, Kreativität, verspielt, Konkurrenz, Stolz, Zuneigungen, liebt sich selbst und andere, Schauspielerei, Zuversicht, Bildung, Veröffentlichung, Spekulation)

In der Grundschule lernen wir die Spielregeln unserer Gesellschaft, Religion und Welt, und durch Spiele lernen wir, Kontakt mit anderen aufzunehmen und Beziehung durch andere anzubahnen, um uns selbst ganz Ausdruck geben zu können. Persönliche Beziehungen bauen auf einer Ausdehnung des Spielfeldes, und wir stoßen in allen Bereichen des Lebens auf Rollen-Modelle, die uns Anregungen für unser Phantasieleben geben. Selbstbewußtsein herrscht vor, und Akzeptanz ist das Ziel, dem viel Energie gewidmet wird – über die große Wachstumszunahme hinaus, die durch den Hypophysen-Hinterlappen aktiviert wird.

Sport ist eine wichtige Therapie, und Menschen aller Altersstufen profitieren von der geeigneten Sportart, die sie trainiert und ein Ventil für aggressive oder Mannschafts-Energien bietet, die im modernen Leben nur wenig Ausdrucksmöglichkeiten findet. Dieses ist oft eine Bühne, auf die man später im Leben als Lehnsessel-Athlet zurückkehrt, um die Siege oder Ehren der Kindheit nachempfindend neu zu erleben.

Die *Gestalt*-Therapie von Fritz Perls war ein interaktiver Weg zur Auslebung unserer Persönlichkeits-Prozesse, um dynamisch an ihnen teilzuhaben. Das Rollenspiel in der Gestalt-Therapie kann sehr gut helfen, eine tiefere Beobachtungs- und Beteiligungs-Ebene in unserem eigenen Wesen zuzulassen. Veränderungen im Schauspielen führen zu einer Wandlung des Charakters und unter Umständen auch zu Änderungen im Biologischen.

Alle Formen von *Energie-Medizin* basieren auf dem schöpferischen Spiel zwischen materiellem und Emotionalkörper und der Außenwelt. Energien, die in einer behüteten Kindheit flossen, stoßen oft immer dann auf Hindernisse, wenn sie mit den Realitäten der Welt konfrontiert werden.

Andrew Still entwickelte die *Chiropraktik* als eine Form der Diagnose und Behandlung von Störungen des Muskel/Knochen-Systems, die von der Struktur der Wirbelsäule und Gelenke aus Schmerzen, Beschwerden und psychische Störungen verursachen können. Mit Hilfe von Manipulationen (»Einrenken«) werden Strukturen gerichtet und Korrekturen durchgeführt, die die Bewegungsfreiheit oder Flexibilität an den betroffenen Stellen verbessern.

Das *autogene Training* ist eine Form der Selbsthypnose, die sich die Aufgabe gestellt hat, die Kampf-oder-Flucht-Impulse der Nebenniere zu lösen und die Abhängigkeit des Klienten vom Therapeuten abzuschaffen – ein Ziel, das nicht von vielen Behandlern unterstützt wird. Die Freiheit der Entscheidung und Körperteile, die Öffnungen oder Blockaden entsprechen, können optimiert werden, indem man Geist und Materie verbindet. Da wir in dieser Zeitphase beginnen, uns vom Elternhaus abzulösen, ist die Befreiung von Elternfiguren hier als zentrale Aufgabe durchaus angebracht.

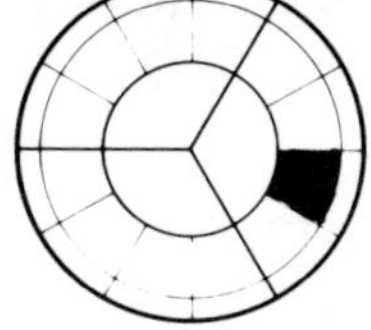

Jungfrau und das 6. Haus – Bewegliches Erde-Zeichen

13 Jahre bis 23 Jahre 5 Monate
(Destillation, Unterscheidung, Naivität, Pubertät, Ernährungsgewohnheiten und Gesundheit, Oberschule, Arbeit, Dienst)

Das Kind wächst heran, Sexualität kommt als neuer Faktor in die Gleichung und wird zum primären Antrieb in dieser Zeit, in der die Anwendung natürlicher Fähigkeiten Entscheidungen herbeiführt darüber, wie unser Körper sich zur Welt verhält und wir uns zu ihm. Die Spiele werden ernster, die Sieger gewinnen wirklich, und wir müssen anfangen, die Verantwortung für unser Tun zu übernehmen. Die äußeren Anforderungen des Lebens werden größer, und Ideale prallen hart auf die Wirklichkeit, auf Klassenunterschiede, Mobilität und die reale Welt. Flexibilität ist gefragt, wo Spezialisierung gefordert wird, und das Experimentieren in allen Bereichen – besonders mit zwischenmenschlichen Beziehungen – wird zur Schau getragen. Kritik kann nach außen gerichtet oder im Innern angenommen werden, während man lernt, selbst zur Ordnung zu finden, um sich auf die Welt vorzubereiten.

Dies ist eine der wichtigsten Phasen für die Gesundheit, denn viele Ernährungs- und Verhaltensgewohnheiten entstehen und verfestigen sich in dem Prozeß der Ablösung vom Elternhaus. Maß und Abwechslung körperlicher Bewegung werden entschieden, besonders nach dem Abgang von der höheren Schule. Die Beziehung zum eigenen Körper kristallisiert sich während und nach der Pubertät, wenn das Experimentieren mit der Sexualität beginnt; Beziehungsmechanismen werden ausgebaut und die ersten Schritte zur Unabhängigkeit versucht.

Die *Ernährung* ist eine der wichtigsten Therapien, weil sie jedermann angeht. Die Ernährung der meisten Menschen ist ungesund, sei es aufgrund der Qualität der aufgenommenen Nahrungsmittel oder aufgrund des weitverbreiteten Einsatzes von Hormonen, Zusatzstoffen, Bestrahlung, Raffinierung, Verarbeitung und anderer »Vergiftungsmethoden«. Jüngere Untersuchungen ergaben, daß die Mehrzahl aller Krankheiten – mentaler, emotioneller oder körperlicher Störungen –, auf falsche Ernährungsgewohnheiten zurückzuführen ist. Die richtige Ernährung ist eine Diät, die die richtigen Nährstoffe enthält und frei von solchen Substanzen ist, die das Gleichgewicht stören; darüber hinaus enthält sie ergänzende Vitamine und Spurenelemente. Aufgrund der Art, wie Nahrungsmittel angebaut oder erzeugt, gelagert und verpackt werden, ist es oft schwierig, selbst mit einer ausgeglichenen Diät die richtigen Nährstoffe zu bekommen. Eine Diät mag zunächst therapeutisches Mittel sein, aber wenn das Gleichgewicht einmal erreicht ist, kann man die Zügel etwas lockerer lassen und die Ernährung in einer Form weiterführen, die das Gleichgewicht aufrechterhält.

Die Kunst der *medizinischen Phytotherapie* ist der Einsatz pflanzlicher Substanzen und Extrakte zur Linderung von Symptomen und zur Unterstützung der Gesundheit. Die pflanzlichen Arzneien werden oft mit anderen gemischt, um individuelle Wirkungen zu erzielen, die einen natürlichen Heilungsprozeß fördern.

Die *medikamentöse Therapie* steht zwar im Mittelpunkt der durch die allopathische Medizin erschaffenen Probleme, ist aber wichtig, weil manche Krankheiten nach medikamentöser Behandlung verlangen. Manchmal sind Antibiotika nötig, aber die resultierende pauschale Vernichtung der Darmflora führt zur Notwendigkeit eines Wiederaufbaus der bakteriellen Besiedelung, um das Gleichgewicht wiederherzustellen. Wenn Chemotherapie zur Behandlung von Krebs oder Leukämie erforderlich ist, muß das Immunsystem durch Ernährung, Vitamin-Gaben und Behandlungen durch Energie-Medizin wiederhergestellt werden.

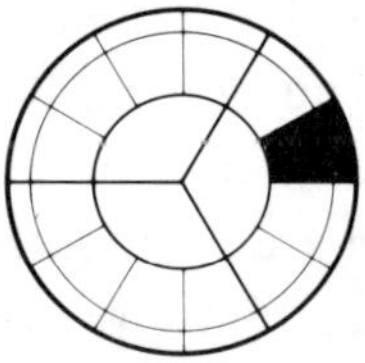

Waage und das 7. Haus – Kardinales Luft-Zeichen

23 Jahre 5 Monate bis 42 Jahre
(Sublimation, Ausgeglichenheit, Partnerschaft, Ehe und Familie, die Öffentlichkeit, Verpflichtungen, Gerechtigkeit, kommunale, gesellschaftliche und geschäftliche Beziehungen)

Beim Überschreiten der 7. Häuserspitze betritt man die obere, bewußte Hälfte des Horoskops. Aus den Beziehungen zu sich selbst, zu seinen Partnern und zur Außenwelt erwächst Objektivität. Das Gleichgewicht wird durch Veredelung der eigenen Persönlichkeit zugunsten eines größeren Ganzen erreicht. Die Art des Gleichgewichts, das wir anstreben, spiegelt sich in den Menschen, Gedanken und Organisationen wider, mit denen wir uns verbinden. Der Ausgleich zwischen Innen- und Außenwelt wird ferner erreicht durch die Projektion von Qualitäten nach außen bzw. auf andere oder durch die Übernahme der Verantwortung für sie. Zur Synthese gehören die Verschmelzung positiver und negativer Eigenschaften und die Transformation unseres unbewußten Familienerbes in funktionierende und liebevolle Beziehungen in der Welt.

Da das 7. Haus für die meisten Menschen die höchste Ebene ist, die sie erreichen können, bilden Beziehungen häufig das letzte

Hindernis nach einem Leben anhaltenden Vorankommens. Wenn Beziehungen schwierig aufzulösen sind, kommt es zum Rückzug in das Unbewußte, das mit dem Bereich der ersten sechs Häuser assoziiert wird.

Im 7. Haus, dieser Zeit der Partnerschaft und des Geschäfts, kommen viele durch Streß ausgelöste Krankheiten zum Vorschein. Da dieses Haus dem Element Luft zugeordnet wird, liegt das Hauptgewicht auf Beschwerden mentaler Herkunft und Beziehungs-Problemen. In dieser Phase benötigen viele Menschen psychotherapeutische Hilfe; der Versuch, ein Gleichgewicht im Leben zu erreichen, steht an wichtigster Stelle.

Die beratende und therapeutische *Sexual-Therapie* ist eine wichtige Ergänzung zahlreicher Formen der körperlichen und psychologischen Behandlungen. Die Funktion und Bedeutung des Orgasmus und der sexuellen Entspannung spielen eine elementare Rolle in der Reichianischen Therapie, und die sexuelle Komponente auch anderer Therapien ist wichtig.

Biofeedback ist der Einsatz von Geräten, die Pulsfrequenz, Körpertemperatur, Muskelspannung oder Gehirnströme messen und dem Klienten die Ergebnisse visuell vermitteln, so daß er im Laufe der Zeit lernen kann, die Frequenz solcher Grundfunktionen zu überwachen und zu beeinflussen. Es ist möglich, Kontrolle auszuüben, um Streß und seine physiologischen Auswirkungen etwa in Form von Herzerkrankungen oder Epilepsie zu reduzieren oder auszuschalten. Zusammen mit dem Umgang mit Biofeedback-Geräten lernt man Meditation, schöpferische Visualisation, Mandala-Malen oder freies Assoziieren, Gedichte-Schreiben oder viele andere Dinge.

Akupunktur und *Akupressur* sind chinesische Techniken zur Aufrechterhaltung des Gleichgewichts auf allen Ebenen des Organismus durch Anregung der Energiebahnen, die den Körper durchziehen. Die chinesische Medizin hat ein anspruchsvolles Diagnosesystem entwickelt, das zahlreiche Pulsqualitäten unterscheidet und andere Methoden verwendet, um den Gesundheitszustand auf energetischer Ebene festzustellen, unter Umständen schon, bevor irgendwelche äußeren Manifestationen erkennbar sind. Die Lehre von Yin und Yang spielt in der Akupunktur eine zentrale Rolle und besagt, daß die Ursache von Krankheit eine Störung des Gleichgewichts männlicher und weiblicher Energien ist, daß es entscheidend ist, die ursächliche Abweichung aufzuspüren, daß die Lebens- und Ernährungsweise eine wesentliche Rolle bei der Aufrechterhaltung des wiederhergestellten Gleichgewichts spielt und daß Extreme die Hauptursachen der Krankheit sind. Die Akupunktur verwendet dünne Nadeln, Massage oder Moxibustion (Verbrennung von Heilkräutern), um den Fluß des *Chi* (Lebensenergie) wiederherzustellen. Im Westen machte die Akupunktur als Alternative zur chemischen Narkose Schlagzeilen.

Die *Shiatsu-Massage* ist eine japanische Form der Akupunktur, die häufig in Kombination mit dieser angewendet wird. In mancher Hinsicht gibt es Ähnlichkeiten zum Rolfing; Reaktionen tieferer Gewebeschichten werden beeinflußt und neue Muster herbeigeführt.

Die *Gruppentherapie* ist eine Form der Psychotherapie, die mit Gruppenenergien arbeitet und einen neuen Kontext erarbeitet, in dem das Leben und seine wesentlichen Beziehungen funktionieren mögen.

Das *Co-Counselling* ist eine Methode der Psychotherapie, durch die Menschen einander ohne das Eingreifen von Psychotherapeuten helfen können. In der Regel bedeutet dies, daß Berater und Klient ihre Plätze tauschen zu einem gleichberechtigten Austausch, der zur Emotionsfreiheit führen kann.

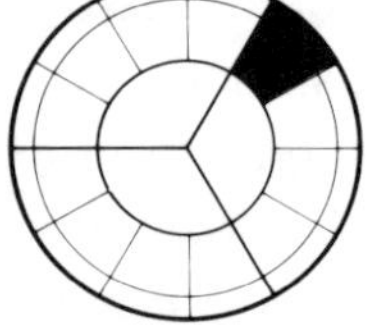

Skorpion und das 8. Haus – Fixes Wasser-Zeichen

42 Jahre bis zum Tode
(Lebensmitte und Alter, Lebensprozesse, Karma, Trennung, das Metaphysische, Okkultismus, gemeinsame Ressourcen, Vermächtnisse, Perversität, Tod)

Mit der Midlife-Krise in den Vierzigern beginnt eine allmähliche Trennung von der Welt, eine Einkehr und Besinnung auf die eigene Ausrichtung, die eigenen Bedürfnisse, eine Neigung, über das Wesen der Welt nachzudenken, die letztlich auch zur gedanklichen Auseinandersetzung mit dem Tode führt.

Die im 2. Haus entfalteten Sinne werden immer schwächer und verlieren sich schließlich; schlechte Gewohnheiten des ganzen Lebens kehren zurück, um uns heimzusuchen oder zu quälen, und wir müssen unseren Frieden mit der Welt schließen. Das kann Isolation, karmisches Wiederholen früherer Untaten oder ein harmonischer Ausklang und Abgang von der Bühne des Lebens bedeuten. Gegen Ende des Lebens beschleunigt sich die Zeitwahrnehmung immer mehr, bis sie vorüberzufliegen scheint. Vergreisung und Senilität sind oft eine Folge der verzerrten Zeitempfindung.

Die Suche nach dem Sinn, die Wiederbelebung oder Neuordnung ehelicher Beziehungen nach dem Auszug der Kinder aus dem Elternhause sowie das Bedürfnis, nach höheren und wichtigeren Werten im Leben zu suchen, haben größte Priorität. Hier haben transpersonale Psychotherapien ihren Platz.

Transpersonale Psychotherapien konzentrieren sich auf die Integration der Psyche, nachdem die weltlichen Angelegenheiten des Lebens vollbracht sind und die Aufmerksamkeit sich auf die nächste Stufe richtet. Diese kann die Form schöpferischer Arbeit, gemeinschaftlicher Aktivitäten oder esoterischer Studien, aber auch Buddhismus, Taoismus oder andere religiöse Interessen annehmen.

Darmspülungen und *Darmbäder* reinigen den Dickdarm, in dem sich Giftstoffe aus der Verdauung von raffinierten Nahrungsmitteln, Fleisch- und Molkereiprodukten und ganz allgemein falscher Ernährung ablagern. Oft werden Laktobazillen ersetzt, um Schwächen der Darmflora auszugleichen, die durch Antibiotika bewirkt wurden. Darmspülungen führt man oft in Verbindung mit Entgiftungsmaßnahmen durch.

Tod-und-Sterben-Therapien wurden von Elisabeth Kübler-Ross zuerst eingeführt und umfassen die Arbeit mit Menschen, die wegen Krebs, Leukämie oder hohem Alter schwerstkrank sind. Die *LSD-Therapie* ist der klinisch kontrollierte Einsatz von Halluzinogenen bei älteren oder todkranken Menschen, um ihnen bei ihrem Hinübergang zu helfen.

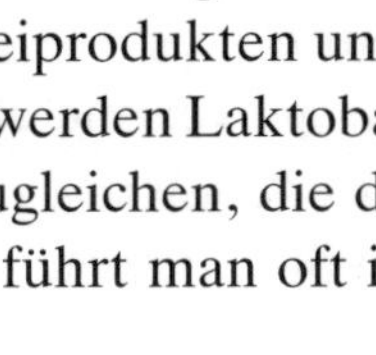

Therapien für die transpersonale Oktave

Die letzte Oktave des Daseins ist mit einer Resonanz, einem erneuten Anklingen der vorgeburtlichen Entwicklungszeit vergleichbar, und die Therapien für jene Zeit der Schwangerschaft sind zugleich transpersonaler oder transzendenter Natur. Die meisten Therapien dieser Ebene bemühen sich, den einzelnen zu leiten, seine Wirklichkeit über den engen, unmittelbar-physischen Umkreis hinaus auszudehnen.

Der *tibetische Buddhismus* ist eine vielschichtige Theologie, die die Grenzen der westlichen Weltanschauungen übersteigt. Selbst jene mystischen Modelle des Westens, die eine transpersonale Wirklichkeit anerkennen, berühren gleichsam nur den Saum der buddhistischen Psychologie, die bis in viel höhere, subtilere Sphären reicht. Viele Psychotherapeuten unserer Zeit sind vom tibetischen Buddhismus stark beeinflußt.

Die *esoterische Psychologie* verzeichnet ebenfalls Bereiche jenseits der physischen, emotionellen und mentalen und öffnet sich – basierend auf der Lehre von Alice Bailey – für den Bereich des planetaren Bewußtseins.

Nach der Arbeit von *Gurdjieff* und *Ouspensky* sind die Angelegenheiten des individuellen Lebens und die physische Ebene unwichtig und mechanisch, und die eigentliche Arbeit beginnt mit der Erkenntnis, daß Gruppenbemühungen und transpersonale Wirklichkeiten auf höheren Daseinsebenen vor uns liegen.

Therapie-Familien

Obwohl dies eine recht umfassende Übersicht über alternative und ergänzende Therapien ist, wurden doch viele Behandlungsweisen nicht aufgenommen. Das allgemeine Empfinden und die Qualitäten jedes Tierkreiszeichens und des ihm entsprechenden Hauses sollten dem Leser ermöglichen, weitere Therapien, Psychotherapien, religiöse Denksysteme usw. der Liste oder dem Rad zuzuordnen.

Die Zusammenhänge zwischen Therapien und Tierkreiszeichen wollen nicht als absolute Kategorisierung verstanden sein. Viele

Therapien gehören zu mehr als einem Zeichen, und die meisten schließen auch Elemente anderer Techniken und Methoden ein. Die Zuordnungen sollen deshalb einen Ausgangspunkt zur weiteren Beschäftigung bilden, nicht ein starres System ergeben. Jeder einzelne ist anders, und angesichts der Komplexität unserer modernen Zeit ist jedes System absoluter Kategorien zu verallgemeinernd und einschränkend.

Wenn wir uns den Zylinder des Lebens vor Augen halten, ist es klar, daß Krankheit sich gewöhnlich von »oben« nach »unten« entwickelt. Krankheit ist Abweichung vom Pfad des vollen spirituellen Bewußtseins und der Eintritt in einen Bereich von Unausgeglichenheit. Alice Bailey definierte Krankheit als »das Ergebnis gehemmten Seelenlebens«. Wenn die spirituelle Wahrnehmung des Lebens verzerrt ist, resultiert dies auf energetischer Ebene nur zu leicht in Energie-Mangel oder Schwierigkeiten, die eigene Mitte zu finden. Die spirituelle Unausgeglichenheit teilt sich rasch den mentalen Ebenen mit, die, wenn sie nicht gesichert sind, verzerrte Vorstellungen, mangelndes Verständnis oder Kommunikationsschwierigkeiten manifestieren. Die mentale Störung wird auf emotionelle Ebenen übertragen (Oktave der Kindheit), wenn Beziehungen zusammenbrechen und ungesund werden und wenn Gefühle keine geeigneten Wege nach außen finden. Erst ganz am Ende der Reihe beginnen Symptome sich auf der materiellen Ebene niederzuschlagen. Dies heißt also, daß die Krankheit beim Auftauchen körperlicher Symptome bereits fest auf den emotionalen, mentalen und spirituellen Ebenen Fuß gefaßt hat.

Viele Therapien, die ganzheitlich erscheinen, erweisen sich bei der Prüfung im Hinblick auf das Schichten-Modell des psycho-physischen Organismus als ungeeignet. Wenn man nämlich körperliche Symptome, die tiefere (und höhere) Störungen des Gleichgewichts anzeigen, unterdrückt oder ausschaltet, wird es geradezu unmöglich, diese zu korrigieren und das Gleichgewicht wiederherzustellen, wenn nicht *jede* Ebene zutiefst erschüttert wird wie im Falle chronischer oder lebensbedrohender Krankheiten. Es ist von entscheidender Bedeutung, bei der Wahl von Therapien zu wissen, daß häufig eine Reihe von Behandlungsweisen erforderlich ist, wenn die gewählte Therapie nicht die notwendigen Aussichten bietet.

Offenes Vertrauen

Ein wichtiges Thema in der ganzheitlichen und ergänzenden Behandlung ist das Wesen der Beziehung (Übertragung) zwischen Therapeut und Klient. Freud lehrte, der Behandler solle eine »objektive« Position »außerhalb« des Klienten wahren – und gelegentlich oberhalb, um eine Übertragung oder Identifikation mit dem Therapeuten zu verhindern. Während die ganzheitliche Bewegung akzeptiert, daß ein engerer Kontakt wesentlich ist, bleibt doch ein wichtiger Bereich, in dem die Kommunikation sabotiert wird. Im therapeutischen Kontext geht man von einer *Vertraulichkeit* zwischen Therapeut und Klient aus, das heißt, daß keiner über die Ergebnisse der Sitzungen sprechen soll. Doch dieses Vertrauen hat zu einer offenen Verweigerung der Kommunikation geführt.

Oft konsultieren Menschen mehrere Behandler, die von einander nichts wissen, oder sie führen mehrere Therapien durch, die so unterschiedlich sind, daß sie eher verschiedene Aspekte des Klienten beeinflussen. Die Verwirrung und Vermischung der Signale, die durch solche Situationen bewirkt werden können, sind sehr verbreitet und durchaus vergleichbar mit den vermischten Signalen, die bekanntlich schizophrenie-fördernd wirken. Diese Situation ergibt sich immer wieder und ist auf einen Mangel an Kommunikation zwischen Therapeut und Klient sowie der Therapeuten untereinander zurückzuführen. Wenigstens unter Ärzten sind Überweisungsscheine mit Begleitbriefen und Anamnese verbunden.

Eine Regelung, die viele Probleme der gemischten therapeutischen Signale ausschalten könnte, wäre als *offenes Vertrauen* zu bezeichnen. Darunter versteht man die bewußte Weitergabe bislang vertraulicher Informationen physiologischen und psychologischen Inhalts unter allen Behandlern, die mit einem Klienten arbeiten. Im besten Falle würde dies dazu führen, daß die Therapeuten Erkenntnisse und Informationen miteinander teilen, um zu einer Behandlungsstrategie zu finden, die für alle Beteiligten weiterführend und befriedigend wäre. Solche Offenheit würde das Grundproblem der Vertraulichkeit zerstreuen, nämlich daß persönliche Erkenntnisse und Dilemmata Blockaden bleiben, solange sie nicht sowohl einem selbst als auch den Menschen in der Umgebung bekannt werden.

In der Praxis verlangt das Prinzip des offenen Vertrauens die Einsicht, daß kein Therapeut allein – wie erfahren oder erfolgreich er auch sei – einem Patienten alles bieten kann. Viele Behandler und Heilmethoden erheben den Anspruch, »ganzheitlich« zu sein, und verstehen darunter, alle Menschen erfolgreich behandeln zu können – aber das grenzt bereits an Größenwahn und rührt oft aus einer Abwehrhaltung oder spiegelt Konkurrenzdenken wider. Die Wirklichkeit hinter diesem Aspekt der ergänzenden Therapien ist, daß dieser Bereich für viele immer noch ein unsicheres Arbeitsfeld ist. Diese Unsicherheit wird durch die mangelnde Anerkennung seitens der schulmedizinischen Berufe noch vergrößert. Die Gründung einer ganzheitlichen Praxis unter erschwerten Bedingungen ist ein Problem, das nach kurzfristiger Lösung verlangt.

Die Einsicht, daß der Therapeut nicht alles kann, nimmt sowohl vom Behandler als auch vom Klienten einen großen Druck. In der heutigen therapeutischen Umgebung von ergänzender Medizin oder alternativer Therapie (und die Verwirrung bezüglich dieser Namen zeigt, wie problematisch die Definition dieser neuen Bewegung ist) besteht die sehr reale Gefahr, den gleichen Irrgarten von Spezialisierungen ohne einen Überblick zur Integration der Therapien aufzubauen. Ein möglicher Weg aus dieser Situation ist die Einführung des offenen Vertrauens.

Im Idealfall braucht jede Person eine Reihe von Therapien, die ihr helfen, die Verantwortung für die unterschiedlichen Teile des Ganzen anzunehmen. Therapien vermitteln Techniken und Erfahrungswissen, das uns ermöglicht, eigene Wahrnehmungen zu registrieren und zu unserer Selbstheilung beizutragen. Die Verantwortung für unsere Gesundheit dem medizinischen oder therapeutischen Behandler wieder ab- und selbst anzunehmen, ist der entscheidende Punkt im alternativen Bild der Gesundheit und des Heilens. Heilung wird einem nicht von anderen »gemacht«, sie ist vielmehr die Rückgewinnung der Harmonie durch eigenes Handeln.

Zu viele Therapeuten sehen ihre Therapien heute als Selbstzweck. Sie reden ihren Klienten zu, Kurse und Ausbildungen zu besuchen, um ebenfalls Therapeuten zu werden, anstatt einzuräumen, daß psychotherapeutische Techniken Werkzeuge und Mittel sind. Kurse sind zwar wichtig, um Techniken zur Selbsthilfe zu vermitteln, aber der Gedanke, Therapeut zu werden und die Therapie als die ganze Welt zu betrachten, wird zum Problem. Werkzeuge und Mittel werden gebraucht, aber sie sollten nicht mit dem Revier verwechselt werden.

Viele Therapeuten erkennen allmählich, daß sie die Unterstützung durch andere Therapien brauchen, um ihre Aufgabe wirkungsvoll ausführen zu können. Die Rolfer merken, daß ihre Klienten Gefühle wie Wut und Enttäuschung äußern, doch solange sie nicht über psychotherapeutische Begabungen verfügen – und die meisten besitzen sie nicht –, können sie ihre Klienten eigentlich nicht richtig führen. Um erfolgreich mit ihnen zu arbeiten, wäre es notwendig, daß der Rolfer sich psychotherapeutisch schulen läßt (was viele tun). Eine nützliche Option wäre weiterhin, die Patienten zu einem Psychotherapeuten zu schicken, der die Ziele und Bemühungen des Rolfing kennt und die Körperarbeit zum Nutzen aller Beteiligten begleiten kann.

Das gleiche gilt jedoch auch in der anderen Richtung. Psychotherapeuten erkennen die Notwendigkeit weiterer Körperarbeit, um emotionelle Erlebnisse zu »erden«, doch oft fehlt ihnen selbst die erforderliche Ausbildung. Auch hier ist die Empfehlung eines anderen Therapeuten *nicht* mit der Überweisung des Klienten an einen besser qualifizierten Behandler zu vergleichen, vielmehr geht es um die *Integration* mit anderen therapeutischen Techniken zur rechten Zeit. Auf diesem Gebiet erweist sich die Astrologie als wertvolle Hilfe. Man kann feststellen, welche Ebenen – und deshalb: welche Therapien – von einem Individuum am Beginn seiner Reise wahrscheinlich benötigt werden. Darüber hinaus fällt die Zeit des Übergangs von einer Phase zur anderen oft mit den astrologisch definierten Lebensphasen zusammen.[11]

Die Ursache der Krankheit finden

Die traditionelle Form der medizinischen Astrologie ist ein Prozeß der Diagnose und Empfehlung, der den Aspekt der Zeitgebung kaum berücksichtigt. Zeigt ein Horoskop die Tendenz zu einer bestimmten Erkrankung, bleibt die Frage offen, wann diese Erkrankung sich manifestieren könnte. Systeme, mit deren Hilfe Zeitangaben zu entdecken wären, bestehen aus Skalen, die man über das Geburtshoroskop legt, das an sich jedoch keine eigene Zeitskala besitzt – im Unterschied zur Lebens*Zeit-Astrologie.

Die beiden wichtigsten Systeme sind Transite und Direktionen. *Transite* sind die derzeitigen Positionen der Planeten am Himmel im Vergleich zu den Positionen zur Zeit der Geburt (siehe Horoskop 3, Abb.21). Wenn der niederreißende Planet Uranus im Transit eine Opposition zum stabilisierenden Saturn des Geburtshoroskopes bildet, sind Reizung, Spannung und Bewegung unvermeidbar. Der auflösende Einfluß von Uranus ändert dabei nicht die Eigenschaften Saturns, aber er bringt Spannung hinzu. Transite beeinflussen Geburtsplaneten und können sie verwandeln, wenn man mit dem Transitgeschehen bewußt arbeitet. In der Regel werden Transite von Astrologen eher benutzt, um den Zeitpunkt von Ereignissen im Leben zu bestimmen, als um Aussagen über die Qualität der Ereignisse zu machen.

Direktionen sind Formeln, mit deren Hilfe die Geburtsplaneten durch das Horoskop hochgerechnet werden mit der Absicht, die Jahre festzustellen, in denen Veränderungen zu erwarten sind. Am gebräuchlichsten sind Sonnenbogen-Direktionen, die jeden Planeten pro Lebensjahr um ein Grad weiterschieben. Im Alter von zweiunddreißig Jahren hat sich also jeder Planet um zweiunddreißig Grad im Tierkreis weiterbewegt, und wenn eine Planeten-Direktion einen Aspekt mit einer Planetenposition des Geburtshoroskopes bildet, wird die Grundqualität erneut aktiviert.

Es ist wichtig, das Geburtshoroskop zu verstehen, um mit Direktionen oder Transiten zu arbeiten, und dieser Unterbau ist in der modernen Astrologie oft nur unbefriedigend. Die Lebens*Zeit-Skala läßt eine Grund-Terminierung verstehen, bevor irgendein Direktionen-System aktiviert wird. Wenn der Saturn im Horoskop 2 im 2. Haus steht und sich im Lebensalter von 1 Jahr 3 Monaten auswirkt, wenn sich der Horoskopeigner als kleines Kind wegen seines Sicherheitsbedürfnisses an die Großmutter hängte, und wenn Uranus sich in einer Opposition dem Saturn gegenüberstellt, dann könnte es sein, daß großmütterliche Figuren rebellieren oder verschwinden und die Person sich verlassen fühlt. Während ein Verständnis solcher Zusammenhänge die Großmutter zwar nicht ersetzt oder zurückbringt, ermöglicht es dem Individuum doch, eine Großmutter im Innern zu erschaffen, die nicht nur die notwendige Geborgenheit vermitteln, sondern bei Bedarf immer erreichbar sein wird. Es ist wichtig, von einem Planeten und dem jeweiligen Alter seines ersten Auftretens auszugehen, um den ursprünglichen Grund einer Krankheit zu finden. Oft läßt sich ein Unbehagen direkt bis zu einem früheren Einfluß von Planeten zurückverfolgen,

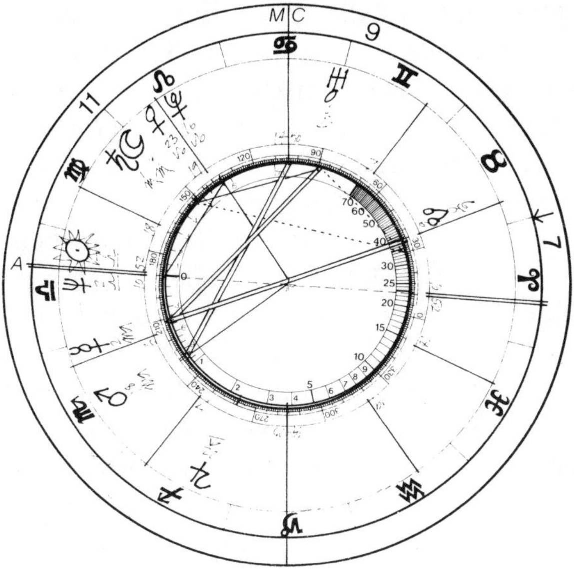

Abb.20

die die Störung des Gleichgewichts hervorriefen, die dann auf natürliche Weise ohne Eingriff behandelt werden kann.

Zur Suche nach der »Grundursache« der Krankheit gehört die Betrachtung des Aspektmusters im Geburtshoroskop. Ausgangspunkt ist das Alter, in dem eine Person zum ersten Mal die Symptome erkennt. Im Horoskop 2 (Abb.20) erlebte ein junger Mann von fünfunddreißig Jahren als Ergebnis einer schwierigen Erfahrung mit Drogen und des Unfalltodes seiner Geliebten einen Zustand, den er für »dämonische Besessenheit« hielt. Während seine Verfassung klar auf den Drogenkonsum zurückzuführen war, mußte man die zugrundeliegende Ursache schon viel früher im Leben suchen. Im Alter von vierunddreißig Jahren wirkte ein empfindliches Trigon vom Mond und mit 34 Jahren 9 Monaten von Saturn in Jungfrau/11. Haus, die seinem Eintritt in das Zeichen Stier mit vierunddreißig Jahren folgten. Mond/Saturn wird ausdrücklich assoziiert mit »psychischen Krankheiten oder Depressionen; Erbkrankheiten; gehemmte, einsame und traurige Menschen; die einsame Frau oder Mutter; Furchtsamkeit, Stimmungsschwankungen; Entfremdung von Ehefrau oder Mutter« [12], und so ist es klar, daß die Grundursache in die Zeit von achtzehn Wochen vor der Geburt zurückgeht. Seine Mutter war eindeutig einsam, fühlte sich verlassen und litt möglicherweise unter chronischen körperlichen Störungen, die oft durch übermäßigen Drogen- oder Alkoholkonsum herbeigeführt werden. Der noch frühere empfindliche Sextil-Aspekt von Uranus im 9. Haus bald nach der Zeugung bewirkt eine noch tiefer liegende Tendenz zu »erblicher Schizophrenie; ein Interesse an metaphysischen Wissenschaften und Bereichen; die Neigung zur Übertreibung; Fanatismus; nervliche Überlastung; Kontakte mit nervösen, rastlosen oder ehrgeizigen Frauen« [13]. Er erbte die Beschwerden, die seine Mutter plagten, als sie ihn in sich trug; sie wurden reaktiviert durch die Kombination von Drogen und einer Affäre mit einer nervösen Frau, die in manchen Zügen seiner Mutter ähnelte. Die unbewußte Angst und Furchtsamkeit aufgrund der Situation erwiesen sich demnach als ein Erbe von seiner Mutter, und die Astrologie stellte sich als die richtige Therapie heraus, die Therapie des 11. Hauses, die Informationen lieferte, die das Problem aus seiner Perspektive erklären und klären konnte.

Die Geschichte eines Leidens wird oft längs der Aspektlinien vom derzeitigen Alter in die Kindheit und vorgeburtliche Zeit zurückverfolgt. Es kann zwei unterschiedliche und gleichermaßen starke Züge geben, die jeder seine eigenen Resultate und Umstände hervorbrachten, wie getrennte Konstellationen zeigen. Horoskop 3 (Abb.21) gehört einer Frau, die eine Reihe von Fehlgeburten, Totgeburten und Selbstmordversuchen hinter sich hat. Das Horoskop zeigt zwei unterschiedliche Aspekt-Konstellationen sowie zwei unterschiedliche Persönlichkeiten: eine unscheinbare, aber übergewichtige Maus – und eine attraktive Blondine mit stark erotischer Ausstrahlung. In früher Jugend hatte man den Verdacht, sie habe Tuberkulose oder Gehirnhautentzündung. Beide Konstellationen führen zurück in die vorgeburtliche Zeit, zu einem Sonne/Mond-Sextil. Während dies an sich ein sehr guter Aspekt ist, läßt die Tatsache, daß es sich bei den weiteren Aspektierungen des Mondes um ein Anderthalbquadrat (Furchtsamkeit, Entfremdung, Erbkrankheit) und Neptun (Bewußtseinsstörung, Sorgen, Selbsttäuschung, Instabilität) handelt und bei der Sonne um einen Quinkunx zu Jupiter (schwache Fortpflanzungsfunktionen) und ein Quadrat zum Mondknoten (Funktionsstörungen des autonomen Nervensystems, Trennungen von Männern) auf eine angeborene Schwäche schließen, die sowohl vom Vater als auch von der Mutter geerbt war. Die Zurückverfolgung ihres Dilemmas bis zu den frühesten Planeten und die Gelegenheit, sich mit den positiven Aspekten der beteiligten Planeten zu identifizieren, empfand die Klientin als eine Offenbarung angesichts ihres Lebens voller Schmerz. Beide Seiten riefen nach Zuwendung von ihrem Partner, aber da diese nicht gewährt wurde, lebte die Klientin nach zwei gescheiterten Ehen schließlich mit drei Adoptivkindern zusammen, die jene Teile von ihr darstellten, die früher nicht angenommen und integriert werden konnten.

Die Wahl der Therapie nach dem Horoskop

Es gehört zu den größten Vorzügen der Astrologie in Verbindung mit alternativen Therapien, daß es oft möglich ist, aus dem Horoskop die wirkungsvollsten Therapien für eine Person zu bestimmen. Dies mag die Wahl einer einzelnen Behandlungsweise oder einer Serie von Therapien bedeuten, die aufeinander aufbauen oder einander ergänzen und einen heilenden Impuls auf vielen Ebenen set-

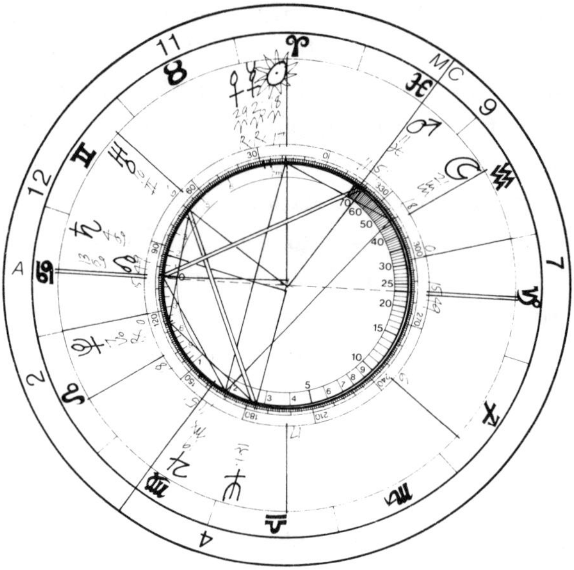

Abb. 21

zen. Es wäre wohl einfach, sich verallgemeinernd über die Therapien zu äußern, die für jede Oktave oder jedes Element im Horoskop am besten geeignet sind; in Wirklichkeit aber haben die meisten Menschen Planeten in allen drei Oktaven und allen vier Elementen und benötigen deshalb im Laufe ihres Lebens mehr als eine Therapie. Je weiter man wächst und sich entwickelt, desto größer wird die Wahrscheinlichkeit, daß eine Reihe von Therapien angebracht ist.

Der Fortgang des Lebens bestimmt weitgehend, welche Therapie zu einem gegebenen Zeitpunkt erforderlich ist, wenn einmal festgestellt wurde, welcher Planet oder welche Planetenkonstellation für eine bestimmte Lebensphase verantwortlich ist. Die Tatsache, daß wir uns im Laufe des Lebens verändern, bestätigt dieses

Therapieverständnis. Während unser Wesenskern im allgemeinen wohl zeitlebens der gleiche bleibt, aufgrund der Prägung bei der Zeugung, können die äußere Form unseres Lebens, die Geschwindigkeit unseres Wachsens und die Qualität unseres Erkennens sehr weit variieren und müssen deshalb berücksichtigt werden. Die meisten Therapien betrachten ihre eigene Funktion als permanente, indem sie das Ende des Erkenntnisweges als die höchste Quelle allen Verstehens einschätzen. Dies mag herabgespielt oder nur unbewußt übertragen werden, aber es spielt eine Rolle. Wenige Therapien erkennen an, daß sie nur Werkzeuge sind, nützlich für einen Teil des Weges. Das Verlangen nach dem Höchsten ist tief in uns verwurzelt und nur schwer auszuschalten.

Die erste Begegnung mit der Therapie ist oft wunderbar, aber im Laufe der Zeit erkennen wir, daß die »Antwort« für einen zeitlich begrenzten Zustand gilt und nur selten eine Gleichung ist, die für alle Zeiten Gültigkeit besitzt. Wenn wir erst einmal entdeckt haben, daß die Probleme des Lebens in Angriff genommen werden können, wird uns klar, daß wir auf allen Ebenen arbeiten müssen.

Die Struktur des Horoskops zeigt die *Möglichkeit* von Krankheit an. Jeder Planet repräsentiert die Organsysteme, Drüsen und Körperteile, die in Resonanz mit ihm stehen. Nur wenn der Planet auf negative Weise aktiviert oder in seiner Aktivität blockiert wird, tritt Krankheit ein. Deshalb ist es notwendig, herauszufinden, welche Planeten die Quelle des Problems sind.

Die als »*bösartig*« betrachteten Planeten sind Mars, Saturn, Uranus, Neptun und Pluto – bei allen außer Mars handelt es sich um die äußeren Planeten, die nur sehr langsam durch den Tierkreis ziehen. Die von solchen »bösartigen« Planeten besetzten Zeichen sind oft die schwächsten psychologischen Stufen des Lebens und die verwundbarsten Teile des Körpers. Dies gilt insbesondere, wenn mehr als ein Planet in einem Zeichen steht.

Konjunktionen von »bösartigen« Planeten sind besonders schwierig, teils weil sie die Neigung haben, das Dilemma zu vertiefen, teils weil es schwerfällt, die Einflüsse der zwei oder mehr beteiligten Planeten zu unterscheiden. Ihre Wirkungen vermischen und durchdringen sich, daß eine klare Aussage sehr schwierig wird. Bestimmte Kombinationen sind antagonistisch. Im Horoskop 4 (Abb.22) bilden sowohl Mars als auch Uranus eine Konjunktion am Aszendenten und zeigen, daß ihr Prinzip »plötzliche Anstrengung; Operationen; der Drang nach Freiheit und Unabhängigkeit; Belastungen und Spannungen; kämpferischer Geist« [14] aufgrund einer chirurgischen Entbindung mit seiner Persönlichkeit verknüpft sind. Die Geburt war eingeleitet worden, wie das exakte Trigon von Neptun verrät, zudem höchst traumatisch, wie das Sextil von Pluto und Mondknoten zeigt. Die mit Aszendent/Persönlichkeit verbundene Konstellation ist besonders schwierig, weil jedesmal, wenn der Horoskopeigner sich Ausdruck gibt, alle Spannung der Geburt ins Spiel kommt.

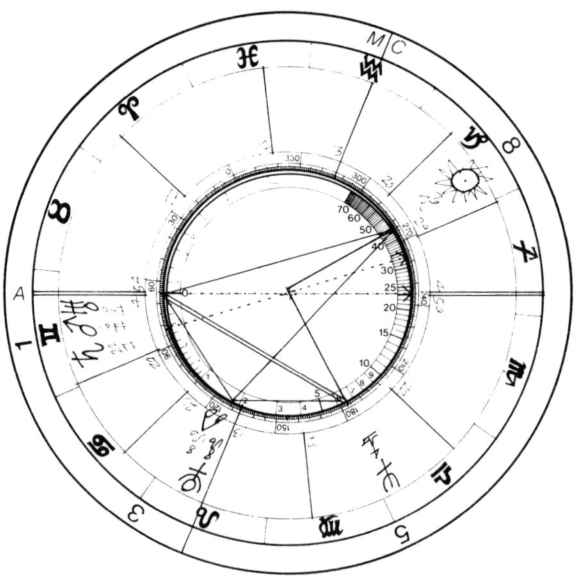

Abb.22

Der Umstand, daß der Aszendent, Mars und Uranus im Zeichen Zwillinge liegen, deutet an, daß die Lungen besonders belastet werden, wenn die Konstellation aktiviert ist. Beide Planeten bringen eine Belastung mit und bedeuten eine große Gefahr durch Lungenerkrankungen. Die Schwierigkeit beim Selbstausdruck schlägt sich ebenfalls auf die Lungen nieder.

Weil Mars, Uranus, Pluto und der geburtsnahe Mondknoten sich in der Oktave der Kindheit aufhalten, belasten die Erfahrungen und Spannungen den Emotionalkörper. Alle diese Planeten liegen unter dem Horizont, dem Spiegel oder der Oberfläche des Bewußtseins, und so ist der Horoskopeigner sich seines Problems vermutlich nicht bewußt und wird jedenfalls nicht merken, daß etwas nicht in Ordnung ist, bis er mit etwa vierundzwanzig Jahren die Opposition zum Aszendenten erreicht. Er begann mit einer Psychoanalyse nach Freud an einem Punkt, der dem Geburts-Saturn im 1. Haus (Konzentration auf die Persönlichkeit) gegenübersteht, aber nach fünf Jahren der Analyse hatte er das Bedürfnis nach einem offeneren therapeutischen Rahmen. Da er kreativ veranlagt ist, wie das Zeichen Schütze anzeigt, durch das er im Alter von 21 Jahren bis 38 Jahre 4 Monate ging, boten sich therapeutische Möglichkeiten in Yoga, Meditation und transpersonaler Psychotherapie an.

Es mag sein, daß die geeignetste Therapie durch eine Konstellation im Horoskop angezeigt wird, die zu der Zeit, da man das Problem erkennt, gar nicht aktiviert ist. Dies gilt dann, wenn die erforderliche Arbeit eine feste Grundlage in früheren Gegebenheiten braucht, um lohnend zu sein.

Im Falle John Lennons (Horoskop 5, Abb.23) weiß man von seiner Beziehung mit Yoko Ono und aus dem Text einiger seiner Lieder – insbesondere *Mother,* das von der Trennung von seiner Mutter handelte –, daß im Mittelpunkt seines psychischen Lebens Frauen standen, darüber hinaus Mutter-Themen. Als Lennon im Alter von 28 Jahren 6 Monaten ins Zeichen Skorpion gelangte, deutete dies einen Abbruch der Beziehungen zu den Beatles und

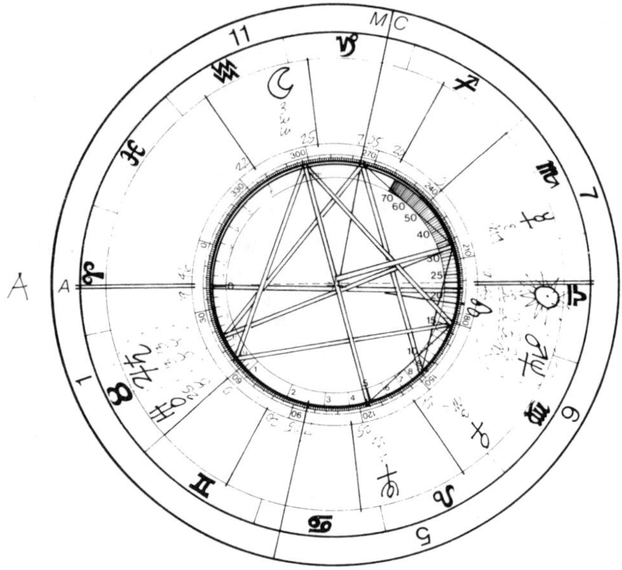

Abb.23

seiner ersten Frau sowie den Beginn der Beziehung mit Yoko Ono an. Lennon begann ferner mit Janov zu arbeiten und unterzog sich einer Urschrei-Therapie. Die Schwierigkeit wird auf die Persönlichkeit gelenkt, wie der Aszendent in Widder zu erkennen gibt. Der Widder-Aszendent ist an sich bereits ein Anzeichen für eine traumatische Geburt, während die Opposition der Sonne – die bedeutet, daß der Vater bei der Geburt nicht zugegen war –, diese Tatsache noch verstärkt. Die Trennung bei der Geburt und die spätere Auflehnung gegen das männliche Prinzip, war für Lennon zeitlebens ein zentrales Thema, das er nie bewältigte. Da die Urschrei-Therapie sich bei traumatischen Geburtserlebnissen besonders gut eignet, traf Lennon für die erste Phase seiner psychotherapeutischen Arbeit die richtige Wahl. Er suchte Männer, die seine

Waage-Sonne-Opposition zum Widder-Aszendenten beantworteten, und fand sie in Brian Epstein, George Martin, Maharishi Mahesh Yogi und schließlich in Janov, der seine Suche nach dem fehlenden Vater beendete.

Die Aktivierung von Merkur zusammen mit dem empfindlichen Quadrat von Pluto erzeugt eine Tendenz zu starker Beeinflußbarkeit durch Bekanntheit und Propaganda. Die Therapeuten, von denen Lennon sich angezogen fühlte, waren Propagandisten ersten Ranges und erfüllten seine Bedürfnisse auf diesem Gebiet.

Abgesehen von ihrer Besetzung durch sogenannte bösartige Planeten können die gleichen Zeichen, wenn sie von gewöhnlich nicht als bösartig eingestuften Planeten bewohnt sind, Hinweise auf therapeutische Erfordernisse bieten. Horoskop 6 (Abb.24) gehörte einem jungen Mann, der im Alter von zwanzig Jahren bereits an Lungenkrebs litt. Die Krankheit wurde zurückverfolgt bis zur gleichen Konstellation wie im vorangegangenen Beispiel: einer Uranus/Pluto-Konjunktion in Jungfrau. Dem Patienten wurde bereits im Alter von knapp über vier Jahren ein großer Teil des Darmes operativ entfernt – zu der Zeit, als die Konstellation ihren Einfluß geltend machte. Die Ursache liegt in der anderen Konjunktion von Mond und Venus, die kurz vor Uranus/Pluto wirkt, ebenfalls im Zeichen Jungfrau. Seine Mutter entzog dem Kind in jenem Augenblick der Not ihre Liebe, was zu der Kälte und Krankheit führte, die ein Anderthalbquadrat zu Saturn in der Oktave der Schwangerschaft anzeigt. Zugrunde lag die Tatsache, daß das Kind weder erwünscht war noch geliebt wurde. Als die Mond/Venus-Konjunktion des Geburtshoroskopes im Alter von 19 Jahren 2 Monaten durch ein Quadrat von 0° und 1° Schütze reaktiviert wurde, heiratete seine Mutter wieder und brach den Kontakt zu ihm völlig ab. An diesem Punkt wurde der junge Mann todkrank. Das Zeichen Schütze zeigt an, daß buddhistische Philosophie, Yoga oder Meditation nötig sind, um die Situation zu verstehen und sich von ihr zu trennen. Da die Krankheiten in be-

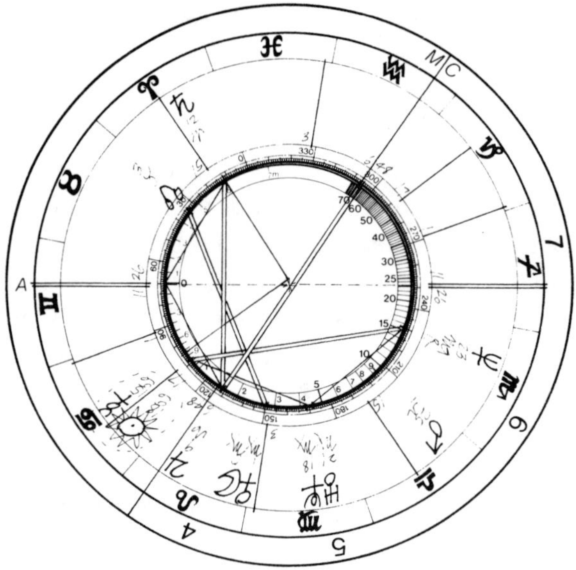

Abb. 24

weglichen Zeichen auftreten, wird das ganze Kreuz beweglicher Zeichen aktiviert.

Eine weitere Daumenregel sagt, daß oft das gegenüberliegende Zeichen umgekehrt beeinflußt wird. Die Unfähigkeit, eine philosophischere Haltung anzunehmen (der Weg, den Schütze weist), löste die Lungenkrankheit aus, die vom Zwillinge-Aszendenten als natürlich gezeigt wird.

Krankheiten können auch hervorgerufen werden durch eine Übertreibung in der Aktivierung und Wirkung eines Planeten. Wenn Jupiter im Zeichen seiner Erhöhung – Krebs – steht, kann er Korpulenz bewirken, und ein in Jungfrau herrlich plazierter Merkur kann ein Anzeichen für mentale Identifikation als Ersatz für das Erleben der Welt bedeuten.

Integration von Therapien

In der Regel ist mehr als eine Therapie nötig, um auf mehr als einer Ebene gleichzeitig zu wirken. Die Eignerin des Horoskops 7 (Abb.25) litt unter der Krohnschen Krankheit, angezeigt durch die Konjunktion von Uranus und Pluto (Rhythmusveränderungen in biologischen Prozessen) in Jungfrau (Dickdarm) im Sextil zum Aszendenten (betrifft die Persönlichkeit), in Opposition zum MC (Lebenswille gefährdet) und im Quinkunx zum Mond (Schizophrenie in der Mutter-Kind-Beziehung). Uranus/Pluto belastete den Dickdarm (Jungfrau) und verursachte derartige Probleme, daß ein halber Meter des Dickdarms operativ entfernt werden mußte. Während das Problem – angesichts der Aspektierung des Aszenden-

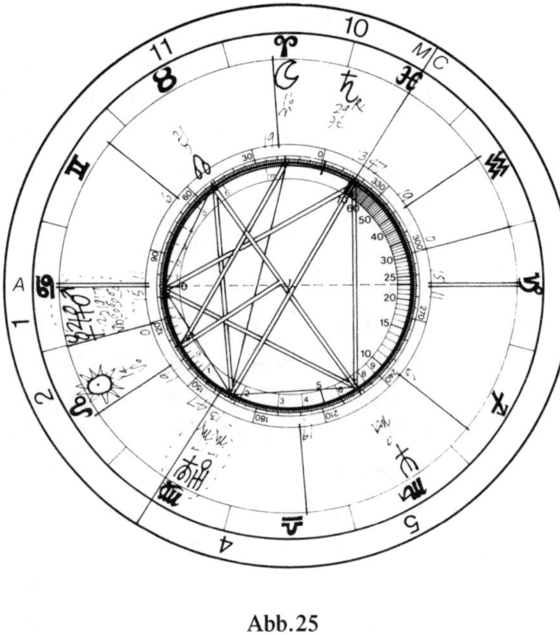

Abb.25

ten – offenkundig auf falsche Ernährung und Streß zurückzuführen ist, gibt es auch noch andere Zusammenhänge. Das Sextil zu Venus und Mars am Aszendenten bringt den Faktor Sexualität ins Spiel, insbesondere die Konkurrenz zum älteren Bruder. Da die gesamte Konstellation außer dem Mond in die Kindheit fällt, ist die Konkurrenz der Geschlechter zu jener Zeit weitgehend verantwortlich für die Schwere des Problemes. Die Klientin mußte krank werden, um so viel Aufmerksamkeit zu empfangen wie ihr Bruder.

Der Krebs-Aszendent zeigt das Bedürfnis nach mütterlicher Versorgung und die Notwendigkeit, der Wut auf die Mutter Ausdruck zu geben, die ihren Liebesbedarf enttäuschte. Die Lösung verkörperte eine Behandlerin, die Darmspülungen durchführte und nicht nur die therapeutische Unterstützung durch Entgiftung bot, sondern auch psychologische Hilfe, da sie auch auf die Kindheits/Emotional- und die Schwangerschafts/Körper-Ebenen einging. Die Besserung erfolgte rasch und spontan.

Horoskop 8 (Abb.26) wurde unmittelbar nach der Geburt adoptiert, als die Sonne sich im Alter von wenig über zwei Monaten im 1. Haus bemerkbar machte. Das offenkundige psychologische Dilemma begann zum Vorschein zu kommen, als Neptun (Unsicherheit) im Alter von 23 Jahren 8 Monaten im 7. Haus (Partnerschaft) aktiviert wurde; eine Beziehung löste soviel Zorn aus, daß es zur Gewaltanwendung kam. Da der Horoskop-Eigner sehr kräftig und athletisch ist, war dies eine gefährliche Situation. Er wurde fast in eine Anstalt eingewiesen, was aber durch psychiatrische Hilfe abgewendet werden konnte. Als der Einfluß Jupiters wirksam wurde, begann er eine Therapie und arbeitete die Gefühle auf, die mit seiner Adoption zusammenhingen. Die Geburtsstunde war seinerzeit nicht genau bekannt, aber die Lebensereignisse ließen eine Korrektur des Aszendenten zu (siehe Anh.5). Jupiter trat hervor und aktivierte die Widder/Sonne-Opposition aus der Kindheit und das Quadrat von Saturn, Mond und Mars im 5. Haus. Die Spielchen des 5. Hauses wurden extensiv durchgeführt, da jede psychologische Übung als Wettbewerb

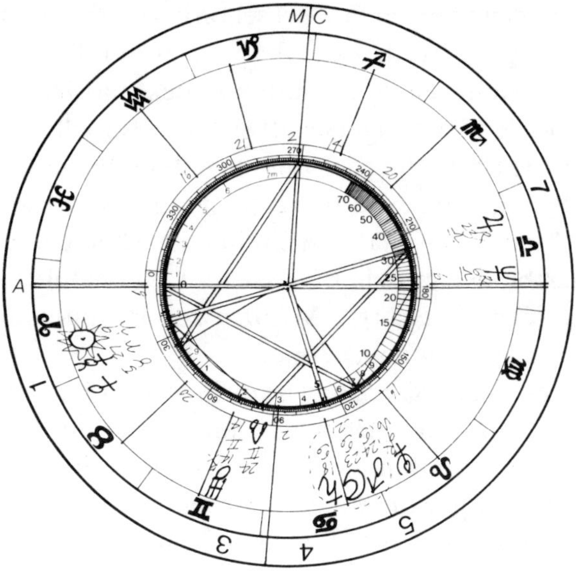

Abb. 26

betrachtet wurde. Das Problem wurde auf die Zeit von der Kindheit bis zur frühen Reifezeit beschränkt, und die empfohlenen Therapien waren Zen-Meditation, Urschrei, Schädel-Osteopathie und Dehnübungen, aber auch ein Tennis-Kurs und so viel Sport wie möglich; auf diesem Wege konnte er seine Aggression freisetzen.

Krankheiten in der *Schwangerschaftszeit* lassen auf erbliche Leiden schließen, auf Krankheiten oder Beschwerden, die auf Ernährung, unausgeglichene Lebensweise oder Unfälle der schwangeren Mutter, auf sehr tief wurzelnde Unsicherheit oder andere archetypische Ängste zurückzuführen sind; sie alle schlagen sich im *physischen Körper* nieder. Oft speichert sogar der genetische Code die Störungen, und dann wird Energie-Medizin notwendig, um mit diesem inneren Gleichgewichts-Aspekt zu kommunizieren. Wenn solche Leiden nicht bei der Geburt schon erkennbar sind – und das sind nur wenige –, werden sie aktiviert, wenn die Person in der Kindheit oder Reifezeit einen harten Aspekt passiert. Die Ernährung während der Schwangerschaft sowie eventueller Drogenkonsum können die Entfaltung des Immunsystems behindern, was später zu Problemen führt. Alle hier gezeigten Schwierigkeiten verlangen nach Körperarbeit, nach tiefgreifender Therapie wie Rolfing, Shiatsu oder biodynamischer Massage, Osteopathie oder Chiropraktik, sowie nach Energie-Medizin zur Beeinflussung der zu lange im Innern gestauten Energie.

Krankheiten in der *Kindheit* wirken in erster Linie auf den Emotionalkörper. Sehr viele solcher Probleme haben ihren Ursprung in den Methoden der Entbindung, die seit dem zweiten Weltkrieg zur gewohnten Praxis geworden sind. Brutalität, Unfälle, unsachgemäße chirurgische Arbeit, unpassende Zangen, überflüssige Narkotisierung, künstliche Geburtseinleitung und unverantwortliche Vernachlässigung in den ersten Lebensjahren können dem Emotionalkörper der Persönlichkeit Schaden zufügen. Oft kommen solche Leiden erst dann zum Vorschein, wenn harte Aspekte wirksam werden, meist erst ab den frühen Zwanzigern. Je später sie zutage treten, desto schwieriger sind sie zu korrigieren, da die notwendige Energie fehlt. Kinderkrankheiten sind viel wichtiger, als sie scheinen, da sie die Grundlage für die Aktivität des Immunsystems bilden. Ein Kind, das nie die klassischen Kinderkrankheiten wie Windpocken, Masern, Mumps oder Mandelentzündung erlebt hat, ist weniger gut gerüstet, die kleineren oder größeren Leiden im späteren Leben zu bewältigen, weil das Immunsystem nicht im gleichen Maße arbeitet und auch die emotionelle Ausrüstung zur Krisenbewältigung nicht vorhanden ist.

Krankheiten in der *Reifezeit* wirken vor allem auf den *Mentalkörper* als ihre Matrix, obgleich die Mehrheit – wie anzunehmen – schon vorher existierte und bereits während der vorgeburtlichen Entwicklung oder in der Kindheit entstand. Es hat wohl den Anschein, daß einem Krankheiten im Erwachsenenalter »zustoßen«, weil die meisten schweren Erkrankungen dann zum ersten Mal auftreten; dies bedeutet jedoch nicht, daß sie nicht schon früher vorhanden waren.

Daß sie die früheren Ursachen körperlicher Symptome erkennt, ist einer der wichtigen Unterschiede zwischen der Lebens*Zeit-Astrologie und anderen astrologischen Systemen. Psychosomatische Beschwerden, nervöse Störungen, streßbedingte Krankheiten, Erkrankungen von Herz, Lungen oder anderen Organsystemen werden gewiß durch schlechte Gewohnheiten aktiviert, aber ihre Saat wurde bereits früher gelegt. Für die Krankheitsabwehr ist es nötig, die Spannkraft der Kindheit wiederzuerlangen, ohne die emotionelle Unreife des Kindes anzunehmen. Die meisten Menschen beginnen nach der Saturn-Wiederkehr, im etwa neunundzwanzigsten Lebensjahr, in ihren Ansichten zu erstarren und zu versteinern; ihre Fähigkeit zum Selbstausdruck in der Welt nimmt ab und spiegelt ihren Gesundheitszustand wider. Nachlassendes Sehvermögen steht in Verbindung mit einer Unausgeglichenheit der maskulinen und femininen Aspekte im eigenen Wesen. Krebserkrankungen zeigen den Mangel geeigneter Bahnen zum Ausleben von Wut oder Liebe. Aufgrund der Ausdehnung der Zeitwahrnehmung mit zunehmendem Alter brauchen Krankheiten länger, um sich zu manifestieren und später zu heilen, bis sie eines Tages gar nicht mehr wirklich zu heilen sind, weil nur noch eine Linderung ihrer Auswirkungen möglich ist.

Krankheiten in der *Transzendenz* sind bedingt durch die Gegebenheiten der Schwangerschafts-Thematik. Der Zugang zum Transzendenten oder Transpersonalen ist abhängig vom Einsatz aller Daseinsebenen als einem Ganzen. Das Faktum guter oder schlechter Gesundheit ist kein Hindernis, es geht allein um die Bereitschaft, alle Erfahrungen im Universum zu nutzen. Der wahre Künstler und der Mensch, der Zugang zur Mitte hat, zeichnen sich dadurch aus, daß sie ihr gesamtes Spektrum an Stärken und Schwächen annehmen. Die Verfassung des einzelnen ist in das kollektive Ganze einzubringen, der Körper als ein Mittel zur höheren Wahrnehmung zu würdigen, nicht als eine Last, die das Vorankommen behindert.

Es ist notwendig, bis zum oder im Tode das ganze Spektrum aller Affekte zu erleben, die im Laufe des Lebens entstanden sind; das Unvermögen, die Teile zu koordinieren oder der Wunsch, gewisse Aspekte mögen verschwinden, kann ein Vertrauen auf gerade diese Teile bewirken. Alle Traumata und Leiden der Jugend kehren rächend zurück und müssen bewußt konfrontiert werden.

Die Qualität des Todes ist ein notwendiger und gerechter Ausgleich für die Qualität des Lebens, das auf ihn hinführte. Das Alter bringt die Zunahme der Weisheit und eine Abnahme der Kraft, Widerstand zu leisten – hoffentlich um sich mit Würde zu lösen und von der höheren Einheit aufgenommen zu werden, die uns alle erwartet.

Kapitel 6

Die astrologische Diagnose

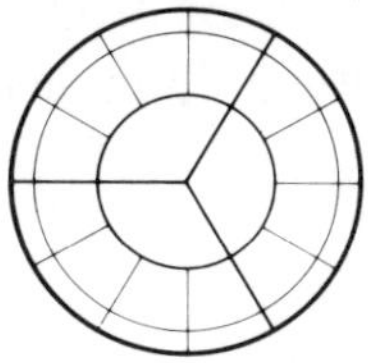

Die Folge von der Zeugung bis zum Tode ist in der Lebens*Zeit-Astrologie der Grundrahmen zur Krankheitsdiagnose aus dem Horoskop. So wie bestimmte Therapien verschiedenen Zeiten zugeordnet werden können, lassen sich auch Krankheiten oft mit Lebensphasen in Verbindung bringen, in denen sie entstanden – im Gegensatz zu der Zeit, in der ihre Symptome zum Vorschein kommen. Die Teile und Abschnitte dieses Kapitels werden die vier Oktaven beschreiben sowie die kritischen Stationen Zeugung, Geburt, Pubertät und Tod, die sie begrenzen. In jedem Abschnitt werden Horoskopbeispiele gezeigt, die die Grundsätze der Diagnose illustrieren. Wenn Therapien ausgewählt und z.T. auch durchgeführt wurden, wird auch diese Information angegeben.

Vor der Zeugung

Wie in *Lebens*Zeit-Astrologie* [1] dargestellt, beginnt die logarithmische Zeitskala am Ende des ersten Mondmonates. Zu diesem Zeitpunkt hat sich das befruchtete Ei in der Gebärmutterwand eingenistet, und die Entwicklung des materiellen Körpers hat begonnen. Die Spitze des 9. Hauses ist der Zeugungspunkt, eine Konzentration der Ereignisse des vorausgegangenen Mondmonats, die die Zeit vom Ende der letzten Periode der Mutter bis zur Befruchtung und weiter zum Beginn der Entstehung des zellulären Körpers einschließt (Abb.27). Die achtundzwanzigtägige Lebenszeit der Eizelle trägt, tausendfach konzentriert, das gleiche Muster wie das ganze Geburtshoroskop. Das Ei birgt eine mikrokosmische Aufzeichnung der späteren Entwicklung des Zellkörpers.

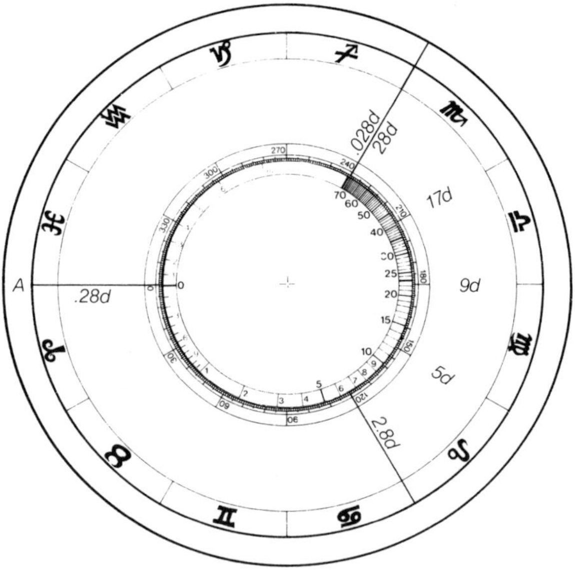

Abb.27 Die Lebens*Zeit der Eizelle

Da die Lebenszeit des Eies auch eine Erinnerung an den Geschlechtsakt enthält, der zur Zeugung führte, läßt sich am Horoskop erkennen, welcher Art die Beziehung zwischen den Eltern vor, während und nach der Zeugung war. Die Umstände der Eltern, ihre gegenseitigen Beziehungen, die Art ihrer Sexualität und ihre Tendenzen zum Handeln sind von großer Bedeutung, denn sie sind Aspekte der ersten Ursache des Lebens selbst. Ohne den Impuls zur Paarung wäre keiner von uns auf der Welt. Obwohl nicht sehr viele Menschen dies untersucht haben, üben die Ereignisse vor der Zeugung einen starken Einfluß auf das spätere Leben aus.

In der frühen Phase der Horoskop-Diagnose braucht man sich nur mit Sonne und Mond und jenen Planeten zu befassen, die sie aspektieren. Die fundamentalen Einflüsse auf die beiden Himmelslichter sind die Quadranten, in denen sie stehen, ihre Zeichen und Häuser sowie, falls vorhanden, der sie verbindende astrologische Aspekt.

Das erste Himmelslicht, dem man begegnet, wenn man im Uhrzeigersinn von der Spitze des 9. Hauses aus rückwärts geht, verkörpert den Elternteil, von dem der Impuls ausging, ein Kind zu empfangen (Abb.28). Schon dieser Umstand kann eine tiefe Ursache von Unruhe und einer daraus resultierenden Krankheitsneigung sein. Das 8. Haus wird traditionell mit tiefen, schmerzlichen, intensiven und verborgenen Schmerzen und Spannungen, emotioneller Unsicherheit, großer, aber verzerrter Intensität und Reinkarnation assoziiert – weil das 8. Haus der Zeugung vorausgeht. Das 8. Haus in der Natur, das Zeichen Skorpion, regiert das Leben der Samenzelle und den rücksichtslosen Kampf ums Überleben, den Spermium und Eizelle auf sich nehmen in ihrer Bemühung, einander zu begegnen, zu befruchten und die Reise durch den Eileiter bis in die Gebärmutter zu überstehen.

Abb.28 Vom Zeugungspunkt aus rückwärts

Das Horoskop 9 (Abb.29) stammt von Louise Brown, dem ersten Retortenbaby, und es zeigt ein interessantes Bild. Geht man vom Zeugungspunkt – der 9. Häuserspitze des Horoskopes – aus rückwärts (im Uhrzeigersinn) ist das erste der beiden Himmelslichter die Löwe-Sonne im 5. Haus. Sie zeigt, daß der Vater sehr daran interessiert war, seine eigene Kreativität trotz der Schwäche (Anderthalbquadrat von Neptun im 8. Haus) unter Beweis zu stellen. Dies ist verbunden mit dem Fehlen jeglicher unterstützender Aspekte vom Mond (Louises Mutter) und das Mond/Neptun-Trigon. Neptun aspektiert beide Himmelslichter und ist die einzige Verbindung zwischen Sonne und Mond, die sonst keinen gemeinsamen Aspekt besitzen. Neptun weist auf die Zeit vor der Zeugung hin und liegt auch kurz vor dem Zeugungspunkt. Die Ursache für

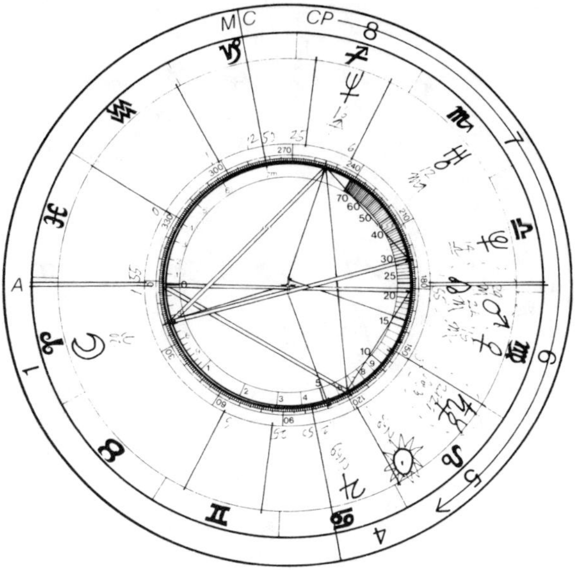

Abb.29

die problematische Empfängnis wäre in dem Neptun/Venus-Quadrat zu sehen, das Schwierigkeiten andeutet, Liebe zu äußern. Das Pluto-Sextil ist der allmähliche Beginn einer Therapie, das Trigon zum Mond zeigt die Mutter als launenhaft, augenblicklich offen für neue Einflüsse und ungewöhnliche Erlebnisse. Pluto ist der Arzt, der die Befruchtung im Reagenzglas arrangierte; er steht in direkter Opposition zum Mond (Mutter), was für einen Eingriff spricht. Die Horoskope von Vater und Mutter sind leider nicht bekannt.

Erbkrankheiten zeigen sich oft im 8. Haus als Faktoren, die schon vor der Zeugung existieren. Horoskop 19 (Abb.30) ist vom Zarensohn Prinz Alexis von Rußland, der die Bluterkrankheit erbte, das heißt eine angeborene Gerinnungsstörung des Blutes. Neptun in seinem 8. Haus im Zeichen Krebs (Schwäche durch Fa-

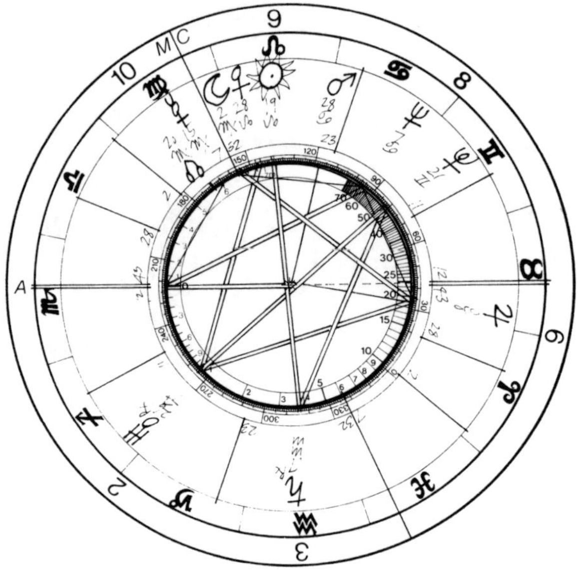

Abb.30

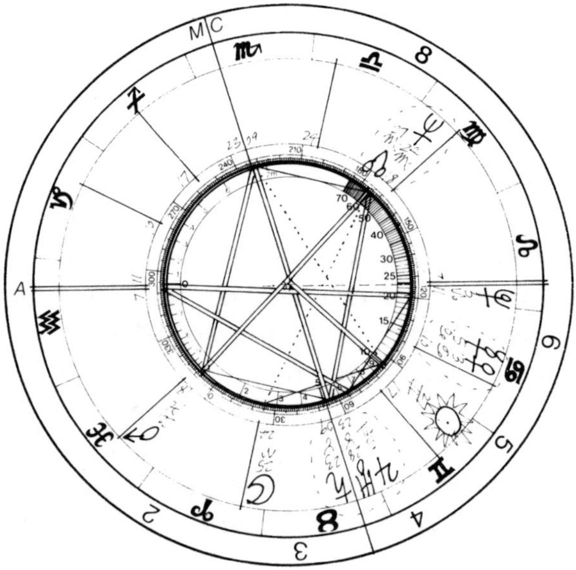

Abb.31

milien-Erbe) wird unmittelbar vor der Zeugung im Quadrat mit Jupiter aktiv, der wiederum das Blut regiert. Daß diese Zusammenhänge das Schicksal des Prinzen beeinflußten, zeigt das Sextil zum MC.

Untersuchungen in jüngerer Zeit [2] haben ergeben, daß Alkoholkonsum vor der Schwangerschaft die Erbanlagen des Kindes beeinflussen kann. Aus astrologischer Sicht läßt sich eine ererbte Neigung zum Alkoholismus an einem Neptun erkennen, der sich in der Nähe des Zeugungspunktes bemerkbar macht. Horoskop 11 (Abb.31) zeigt ein Kind einer Alkoholikerin, die eine Reihe schwer beeinträchtigter Kinder auf die Welt brachte. Dieses Kind hatte Leukämie, zwei andere waren geistig stark behindert. Das klassische Anzeichen für Leukämie ist Neptun im 8. Haus – zugleich auch ein Hinweis auf Alkoholismus. Neptun steht in Opposition zu Mars (Lähmung, Vergiftung, Alkoholismus), im Quadrat zur Sonne (erbliche Schwäche und Alkoholismus des Vaters) und im Quinkunx zum Mond (körperliche und geistige Schäden von der Mutter). Die Mars/Neptun-Opposition wird von Eileen Nauman [3] besonders hervorgehoben als Anzeichen von Leiden in Zusammenhang mit dem Lymphsystem, die zu einer sehr starken Vermehrung der weißen Blutkörperchen führen. Da Saturn für Begrenzung steht, wird das Problem darüber hinaus noch therapie-resistent. Der Aszendent in Wassermann (schlechte Durchblutung und schwaches Herz) und die Pluto-Opposition zum Aszendenten (Bedrohung der Vitalität) sind ebenfalls als Leukämie-Anzeichen zu werten. Die neptunische Schwäche, besonders für Drogen und Alkohol, ist stark ausgeprägt, und Leukämie schon in sehr frühem Alter war die Folge; die ersten Anzeichen erschienen im Alter von fünf Jahren, als Saturn und Uranus sich im 3. und 4. Haus bemerkbar machten. Die Krankheit brach richtig aus, als Pluto im Alter von einundzwanzig Jahren im 6. Haus aktiv wurde, in einer Phase des Lebens, in der gesundheitliche Störungen häufig bekannt werden.

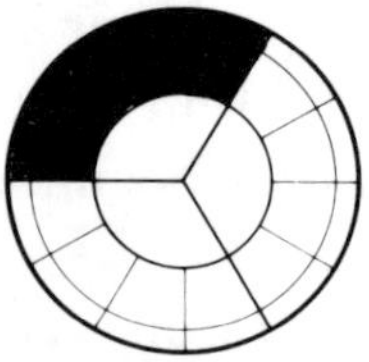

Die Oktave der Schwangerschaft

Der französische Psychologe und Forscher Michel Gauquelin untersuchte astrologische Verbindungen von Generation zu Generation; bekannter wurde er durch seine Arbeit über die Zusammenhänge der Positionen bestimmter Planeten mit den Berufen berühmter Sportler, Ärzte und Künstler. Das 9. Haus nimmt eine der von Gauquelin sogenannten Plus-Zonen (Abb.32) um die Himmelsmitte (MC) des Horoskops ein. Gauquelin entdeckte, daß dieser Bereich und eine ähnliche Zone von 20° vor dem Aszendenten bis 10° nach dem Aszendenten sehr entscheidend bei erblichen Eigenschaften sind, die Beruf und Krankheitsneigung bestimmen. Während sie in der Praxis der traditionellen Astrologie kaum von Bedeutung sind, spielen diese beiden Gebiete in der Lebens*Zeit-Astrologie bei der Diagnose von Krankheitstendenzen eine wesentliche Rolle. Der Bereich um den MC ist wichtig im Zusammenhang mit Erbleiden, und das Gebiet um die Geburt beeinflußt die vorgeburtliche Entwicklung, die Entbindung und die nachgeburtlichen Monate.

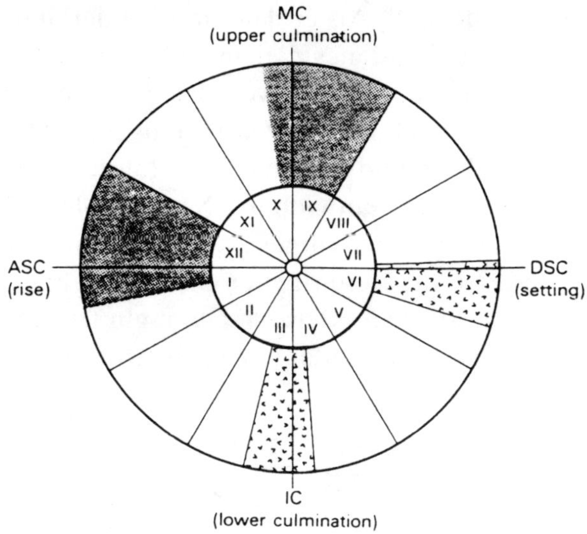

Abb.32: Gauquelins »Plus-Zonen«

US-Präsident Franklin D. Roosevelt (Horoskop 12, Abb.33) war für den Rest seines Lebens durch eine Kinderlähmung behindert, die ihn im Alter von neununddreißig Jahren traf; doch die Tendenz zu einer so problematischen Erkrankung bestand schon zu Beginn der Schwangerschaft. Die Konfiguration ist deutlicher, weil die Saturn/Neptun-Konjunktion rittlings über dem Zeugungspunkt – der 9. Häuserspitze – sitzt, wobei Neptun in die frühe Schwangerschaft und Saturn in den Bereich des Lebensendes fällt. Saturn/Neptun ist der »chronische und ungehinderte Fortgang eines Gebrechens; organischer Zerfall«, und das Halbquadrat zu Mars kündet von »ansteckenden Krankheiten; Aktivität gelähmt; Muskelschwund, Empfänglichkeit für epidemische Infektionen; die Folgen einer Ansteckung«. Obgleich Roosevelt von der Kinderlähmung erst relativ spät getroffen wurde, gibt es Anzeichen dafür, daß seine Mutter bald nach der Empfängnis einer Infektion ausgesetzt war, die beim Kind eine erbliche Empfindlichkeit gegenüber

Ansteckungen zurückließ. Als er dann mit Kinderlähmung in Berührung kam, war er ein offenes Ziel und infizierte sich sofort. Daß er plötzlich und scheinbar zufällig von der Polio getroffen wurde, zeigt das empfindliche Quinkunx von Uranus im 1. Haus, auf das im Alter von 35 Jahren und 5 Monaten im Laufe des ersten Weltkrieges ein Halbquadrat zum Geburts-Neptun folgte. Tendenzen, die in der frühesten Zeit der vorgeburtlichen Entwicklung bereits existieren, können im späteren Leben mit Macht hervortreten – aber es ist möglich, solche Tendenzen schon sehr früh festzustellen, bevor sie eine Gelegenheit fanden, sich in so ernster Gestalt zu manifestieren.

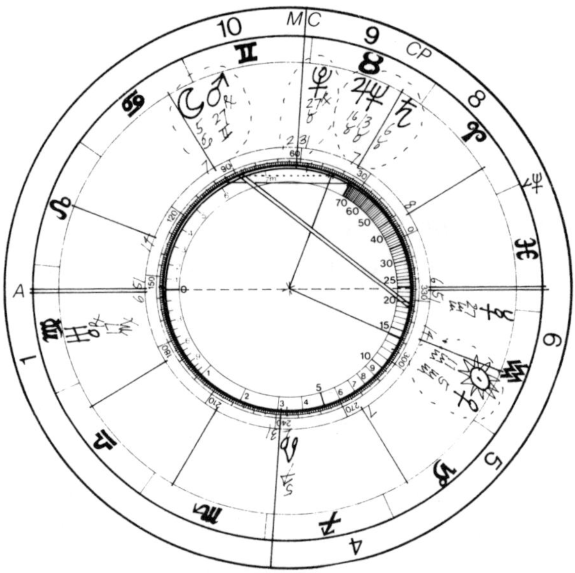

Abb. 33

Horoskop 13 (Abb.34) ist ein weiteres Beispiel für die Macht Neptuns als Anzeichen für Alkohol- oder Drogenmißbrauch während der Schwangerschaft. In diesem Fall gibt es zwei Hinweise auf die verkrüppelte Hand, die bei der Geburt zum Vorschein kam. Neptun steht in Konjunktion mit dem MC und in der Mitte zwischen Aszendent und Pluto; er zeigt Schock und Traumatisierung, die mit der Mißbildung verbunden sind. Die Neptun-Position am MC, wo die Seele in den materiellen Körper inkarniert, zeigt, daß die Mißbildung eine karmische Bedeutung hat; dies ist tatsächlich der Fall, da die fragliche Person später ein überaus tüchtiger Chirurg und Akupunkteur wurde. Der Quinkunx zwischen Mars und Saturn ist häufig beteiligt, wenn ernste Störungen sich in der körperlichen Erscheinung auswirken. Saturn, der im 8. Haus, kurz vor der Zeugung, steht, verbindet eine Opposition mit Venus, was bedeutet, daß die Mutter sich ungeliebt fühlte und ihre Wut (Mars-Quinkunx) auf das Kind projizierte, das sie in sich trug.

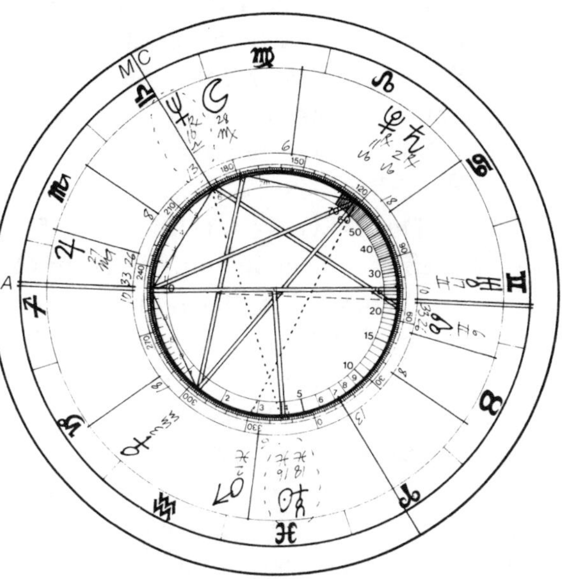

Abb.34

Die beiden für das Wachstum zuständigen Drüsen werden gewöhnlich aktiviert, wenn eine Wachstumsstörung eintritt. Horoskop 14 (Abb.35) ist von einer jungen Frau, die zwergwüchsig in eine Familie mit vollkommen ausgewachsenen Eltern und einer Schwester geboren wurde. Daß sie anders als andere Kinder war, bemerkte sie jedoch erst mit etwa sieben Jahren. Die klassischen Anzeichen in einem solchen Fall sind Beeinträchtigungen Merkurs als des Regenten der Schilddrüse und Saturns als des Regenten des Hypophysen-Vorderlappens. In diesem Falle verbindet beide Planeten eine Konjunktion in dem Alter, als das Mädchen bemerkte, daß es anders war als andere Kinder. Darüber hinaus werden Merkur und Saturn von einem Neptun-Quadrat und einem Mond-Trigon aspektiert, was deutlich zeigt, daß die Ursache des Zwergwuchses in einer Schwäche lag, die von der mütterlichen Seite der Familie vererbt worden war. (Mond steht kurz nach der Zeugung und im Quinkunx mit Neptun.) Dessen ungeachtet hat sie ein sehr kraftvolles, ja machtvolles Horoskop, und nachdem sie die Hürde der Konfrontation mit anderen hinter sich gebracht hatte, als sie im Alter von zwölf Jahren ihre Geburts-Sonne passierte (Opposition zu Pluto im 11. Haus: Schwierigkeiten von Freunden), machte sie eine erfolgreiche Karriere in der Öffentlichkeit.

In einem Fall von Down-Syndrom (Horoskop 15, Abb.36) läßt sich ein Hinweis auf eine Ursache finden, wie es zum Mongolismus kam. Die Mutter war neununddreißig Jahre alt, als sie das Kind empfing, und hatte kurz vor der Empfängnis eine Fehlgeburt, wie Saturn im 8. Haus unmittelbar vor dem Zeugungspunkt zeigt. Saturn ist hart aspektiert durch ein Mars-Quadrat (Todesachse), darüber hinaus durch Sextile verbunden mit Sonne und Mond, was auf erbliche Schwächen von väterlicher wie mütterlicher Seite hinweist. Das T-Quadrat aus dem AC/Pluto-Quadrat und dem Pluto/Sonne-Quadrat gilt als Anzeichen einer Schilddrüsenunterfunktion und Mongolismus. Die Sonne steht auch für das Herz, und dieses unglückliche Baby wurde noch mit einem Loch in der Herzwand geboren, das es schon in der ersten Woche fast das Leben kostete. Da der Knabe überdies eine Woche zu früh geboren wurde, war seine Häufung von Problemen massiv zu nennen. Mög-

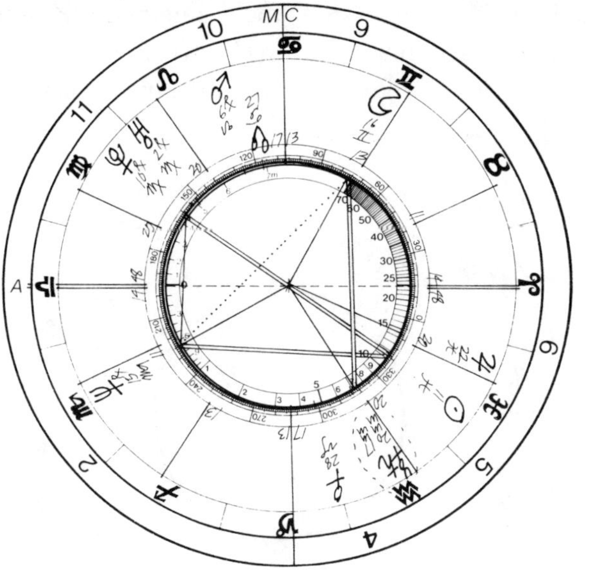

Abb. 35

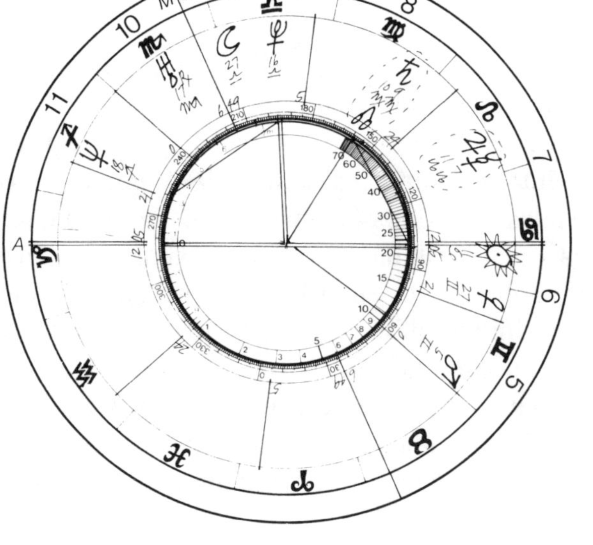

Abb. 36

licherweise kam es in den ersten Wochen nach der Zeugung zu Gewalttätigkeiten zwischen den Eltern (Pluto im 9. Haus), was die Lebensunfähigkeit des Kindes noch verstärkt haben könnte.

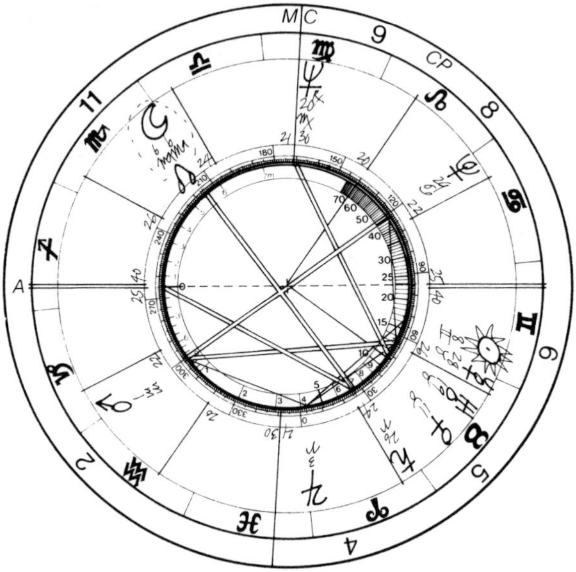

Abb. 37

Beinahe-Abtreibungen sind häufiger, als man meinen würde, und Anzeichen für solche Fälle sind die Planeten Mars, Uranus oder Pluto in wichtigen Positionen um den MC, das heißt um die Zeit, wenn die Mutter erkennt, daß sie schwanger ist. Horoskop 16 (Abb.37) ist das Kind einer alleinstehenden Frau, die sehr idealistische und naive Vorstellungen über die Sexualität gehabt hatte und von ihrem Liebhaber aus einer Laune des Augenblicks heraus verführt (Uranus im Quadrat zur 9. Häuserspitze) und geschwängert wurde. Ihre Reaktion bestand in dem Versuch, es zu ignorieren – das findet sich häufig bei Neptun kurz vor dem MC –; der Vater des Kindes war ohnehin über alle Berge (Sonne aspektiert nur Mars und Jupiter). Als die Wirklichkeit ihr langsam dämmerte, entschied sie, das Kind nicht haben zu wollen. Der Mond in Skorpion und 11. Haus, fünfzehn Wochen nach der Zeugung, ist gefährlich, besonders im Quadrat zu Mars und Pluto; in der Schwangerschaft ist er oft Hinweis auf eine versuchte Abtreibung. Da die Mond/Mondknoten-Konjunktion für sehr starke Selbstverteidigungskräfte steht, blieb der Fötus wie durch ein Wunder verschont und überlebte offensichtlich. Kurz vor der Entbindung erfuhr der Kindsvater, ein Ausländer, daß seine Liebe seit einem Abtreibungsversuch krank war, kehrte zurück und heiratete sie. Das Kind wurde fortan als »Wunschkind« aufgezogen und von Geburt an bewundert als Symbol der Fruchtbarkeit und des Glücks der elterlichen Beziehung. Unseligerweise wuchs das junge Mädchen mit einer überwältigenden, aber unbewußten Angst vor Frauen auf, die sich auch gegen die Frau in ihr selbst richtete. Diese Angst vereitelte natürliche Beziehungen und erzeugte eine Reihe psychologischer Probleme. Als das Horoskop erstellt wurde, war die junge Frau mit ihrem Latein am Ende (Sextil zu Geburts-Neptun und -Uranus) und im Begriff, nach Hause zu reisen, um ihre krebskranke Mutter zu besuchen. In einer intensiv-klärenden Zeit kam die frühe Bedrohung durch den beinahe tödlich augegangenen Abtreibungsversuch ans Tageslicht, bewirkte eine phänomenale Verwandlung in der jungen Frau und eine Besserung des Gesundheitszustandes ihrer Mutter, die ihren Schmerz und das schreckliche Geheimnis endlich freigeben konnte. Es ist häufig der Fall, daß sehr fundamentale Wahrheiten zum Vorschein kommen, wenn man die Lebensgeschichte erzählt und Bereiche der Psyche für eine Therapie öffnet.

Horoskop 17 (Abb.38) gehört einem Mann, der als anatomisches Phänomen mit zwei Penissen und zwei Nierenpaaren – eines kleiner als das andere – zur Welt kam. Wieder ist Neptun beteiligt durch seine Position im Zeichen Skorpion sechzehn Wochen nach dem Zeugungspunkt sowie durch sein Anderthalbquadrat zur Sonne, das zeigt, daß die Auffälligkeit durch das Erbgut des Vaters überliefert wurde. Auch wenn es eine Spekulation ist, könnte doch

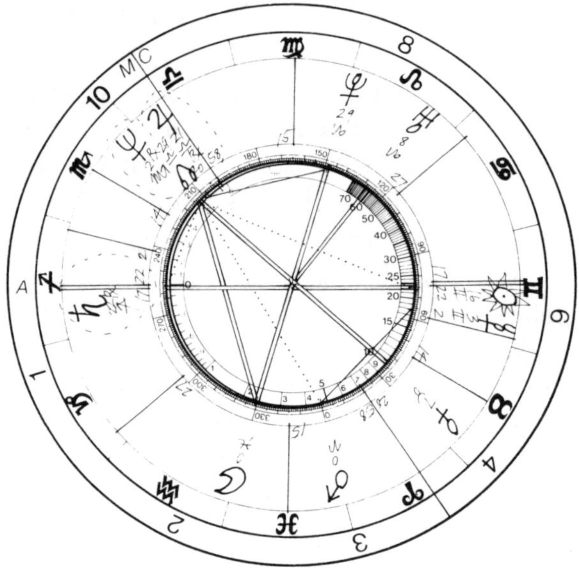

Abb. 38

die Tatsache, daß Neptun in Konjunktion mit dem Mondknoten steht, im Anderthalbquadrat mit der Sonne und im Halbquadrat zum Aszendenten, die alle in Doppel-Zeichen stehen, ein Anzeichen für die Verdoppelung von Geschlechtsorganen und Nieren sein, zumal die Nieren dem Zeichen Waage unterstehen. Das Problem hat einen Einfluß auf das Sexualleben des Mannes, wie die Neptun/Venus-Opposition und das Trigon zum Fische-Mond verdeutlichen: Anzeichen für Isolation und Einsamkeit. In diesem Falle ist eine chirurgische Lösung anzustreben.

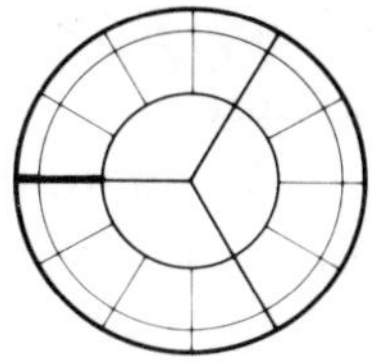

Geburt

Die Geburt ist vermutlich die kritischste Zeit im Leben, sowohl aus astrologischer als auch aus medizinischer Sicht. Der Eintritt in die Welt ist belastet von Schmerz, möglichen Schwierigkeiten und geschieht zwangsläufig unter Druck. Die Schilderung des Geburtsprozesses ist eine Darstellung der Persönlichkeit in Kurzform; diese ist als Mechanismus ebenfalls den Gesetzen und der Dynamik von Prozessen unterworfen. Stanislav Grofs Arbeit mit perinatalen Matrizen bestätigt dies. [5]

Die astrologische Geburtskonstellation umfaßt alles, was vor, während und nach der eigentlichen Entbindung geschieht, als Gleichnis für die Vorbereitung, Verwirklichung und Auswirkungen des Selbstausdrucks eines Menschen in der Welt. Allgemein formuliert, zeigen die Planeten, die mit dem Aszendenten verbunden sind, Subpersönlichkeiten, die an der Persönlichkeit (Aszendenten-Zeichen) hängen; sie färben die Grundpersönlichkeit in mehrfacher Hinsicht. Planeten in Konjunktion mit dem Aszendenten sind Menschen, die bei der Entbindung körperlich zugegen waren und integrale Bestandteile der Persönlichkeit sind. Wenn beispielsweise Mars in Konjunktion mit dem Aszendenten steht, gilt dies als ein Indiz für eine Operation und als eine Subpersönlichkeit in bezug auf den Chirurgen.

Planeten in Aspektierung zum Aszendenten sind Einflüsse, die einen Teil der Gesamtpersönlichkeit bilden, sich aber auch loslösen können. Planeten in Aspektierung zum Aszendenten, die oberhalb des Horizontes stehen, sind Subpersönlichkeiten, derer sich das Individuum wahrscheinlich bewußt wird, während jene unterhalb des Horizonts Subpersönlichkeiten bilden, derer sich das Individuum wahrscheinlich nicht bewußt ist. Die Verteilung der Planeten zeigt an, ob die Persönlichkeit eher bewußt oder unbewußt ist. Die beiden folgenden Tabellen zeigen die zur Interpretation des Geburtshoroskops wichtigen Faktoren sowie medizinische und psychologische Parallelen. Im Falle von den Aszendenten aspektierenden Planeten werden sowohl die mögliche Basis der Subpersönlichkeiten als auch die möglichen schädlichen Auswirkungen bei der Geburt angegeben. Eine problematische Entbindung führt fast unweigerlich direkt zu Schwierigkeiten in der Persönlichkeit oder Gesundheit.

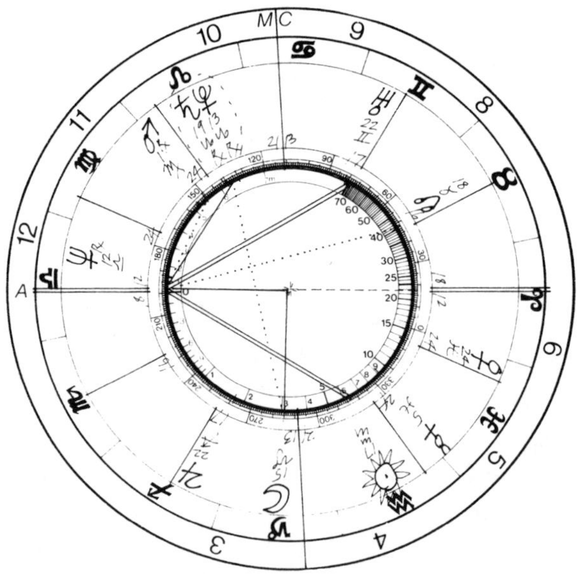

Abb.39

Tabelle 4 Deutung des Geburtsaszendenten

Widder:	rastlos, energisch, durchsetzungsfähig, eilig, aggressiv, egoistisch, ungeduldig – vom herrschenden Mars: Operationen und Chirurgen, aggressive Ärzte oder Hebammen, ungeduldige Menschen, Verletzungen bei Zangengeburt, Krankenhaus
Stier:	Stabilität, ruhig, sicher, häuslich, sinnlich, schön, attraktiv, gemütlich – von der herrschenden Venus: Frauen, Hebammen, attraktive Menschen, Künstler, liebevoll, aufmerksame Menschen, Kinder
Zwillinge:	wechselhaft, zweideutig, anpassungsfähig, oberflächlich, beweglich, gesprächig, beobachtend, dualistisch, nervos – und vom herrschenden Merkur: Kinder, Menschenmengen, Denker, Klatsch, eilig, Redner, Unterhalter
Krebs:	Launenhaftigkeit, Gemütlichkeit, Einfachheit, Mütterlichkeit, Passivität, Wärme, Konservatismus, verläßt sich auf andere, Sensitivität – und vom herrschenden Mond: empfindsame Menschen, das Instinkthafte, Hebammen, Frauen, Mütter, Krankenschwestern, Stillende, Feministinnen
Löwe:	autoritär, zuversichtlich, aufgeschlossen, freudig, Selbstvertrauen, offen, aktiv, stolz, im Mitelpunkt stehend, spielerisch – und von der herrschenden Sonne: warm, dominierend, zielbewußt, Dreistigkeit, extravertiert
Jungfrau:	naiv, jungfräulich, stabil, kritisch, nervös, Krankenhäuser, reserviert, sauber, hygienisch, steril, vorsichtig, aufmerksam, pedantisch – und vom herrschenden Merkur: intellektuell, Medizinstudenten, Ärzte, Krankenpflege, Beobachter, Kritiker, Verdauungsprobleme, Zusammenarbeit, Teams
Waage:	ausgeglichen, harmonisch, gemütlich, lebhaft, autoritär, locker, eitel, aufmerksam, geschwätzig, launenhaft, zuvorkommend, gesellig – und von der herrschenden Venus: Jugendliche, Frauen, Krankenpflege, Hebammen, Ärztinnen, Schönheiten, Freunde
Skorpion:	disharmonisch, feucht, hitzköpfig, vorsichtig, geschäftig, leidenschaftlich, trennend, heftig, chirurgisch, impulsiv, gefährlich, brutal, eindringlich – und vom Mars: überlebend, Chirurgen und Operation, Kaiserschnitt, Techniker, Zangengeburt, Brutalität, Gefahr, Wucht – und vom herrschenden Pluto: tragische Ereignisse, Ausdauer, große Krankenhäuser, heftige Entbindungen, gewaltsame öffentliche Ereignisse, Beschneidung
Schütze:	enthusiastisch, athletisch, freudig, wohlgelaunt, expansiv, fremd, natürlich, zerstreut, gesellig, unordentlich, lebhaft, abenteuerlustig, gesprächig, religiös – und vom herrschenden Jupiter: expansiv, Ärzte, Großeltern und Verwandte, kirchliche Krankenhäuser, Nonnen, Krankenpflege, fremde Kliniken und Länder, Toleranz
Steinbock:	Konzentration, Ernsthaftigkeit, praktisch, lange Wehen, Hemmung, Schwerarbeit, Ziele, Vorrat, Pragmatismus, Ängstlichkeit, Körperlichkeit – und vom herrschenden Saturn: Wille, Beschränkung, Ärzte und Chirurgen, ältere Menschen, Strenge, Väterlichkeit, Männlichkeit, Langsamkeit, methodische Unterdrückung, emotionslos, materialistisch, teuer
Wassermann:	gesellig, abstrakt, freundlich, distanziert, umgänglich, progressiv, sympathisch, erfinderisch, exzentrisch, idealistisch, Utopist, planerisch – und vom herrschenden Saturn: verwirklichte Pläne, Ernsthaftigkeit, ältere Ärzte oder Großeltern – und vom herrschenden Uranus: erfinderisch, technisch, behilflich, originell, unorthodox, mechanisch, auflehnend, wissenschaftlich, wandelbar, rhythmisch
Fische:	Selbstopfer, mangelndes Vertrauen, von außen beeinflußt, Narkose, niedergeschlagen, unbestimmt, faul, bequem, eigentümlich, passiv, schlafend, schwach, unter Drogen, eingeleitet, sanft, einfach – und vom herrschenden Jupiter: institutionell, isoliert, zufrieden, visionär, verschwenderisch, religiös – und vom herrschenden Neptun: medial, verträumt, unter Drogen, idealistisch, utopisch, zurückhaltend, sensitiv, mystisch, Realitätsflucht, über-emotional, unbestimmt

Tabelle 5 AC/Planeten-Deutung

Aspekt	Personifizierungen
Sonne/AC	Vater, Männer, Arzt, Großvater
Mond/AC	Mutter, Großmutter, Hebamme, Krankenschwester, Frauen
Merkur/AC	Freunde, leichter Redner, Krankenschwestern, kleine Kinder, Klatsch
Venus/AC	Frauen, Schwestern, Krankenschwestern, Mädchen, attraktive Menschen, Liebhaber, Hebamme
Mars/AC	Chirurg, Arzt, Hebamme, Männer, Kämpfer, Aggressoren, Knaben
Jupiter/AC	Arzt, Hebamme, Onkel, Tante, Großeltern, Team, Positivisten, Priester
Saturn/AC	Arzt, Krankenhauspersonal; Großeltern, ernste Menschen, Hemmfaktoren, einsame Menschen
Uranus/AC	Erregbare Menschen, Neuerer, Originale, Techniker, Ordentliche
Neptun/AC	Anästhesisten, Krankenschwestern, Medien, Sensitive, Drogensüchtiger)
Pluto/AC	Ärzte, Personal, machtvolle Menschen, Autoritäten, faszinierende Menschen, Beherrschende
Mondknoten/AC	Familie, Freunde, Krankenschwester, Kollegen, Kameraden, Sozialarbeiter

Einflüsse
Beziehungen zu Männern, Anerkennung, Beliebtheit, persönliche Einstellung zu anderen, Selbstvertrauen, körperliche Beziehungen, die Öffentlichkeit, Männlichkeit
Persönliche Empfindungen in bezug auf andere, weiblicher Einfluß, Mutterschaft, Schutz, Stillen, Sensitivität, Empfänglichkeit, Anpassungsfähigkeit (Alkaloide, Einleitung, Narkose, Drogen, Wasser-Geburt)
Gedanken bei der Geburt, Definition, Reden, wechselnde Ansichten, Vorstellungen, Kritik (Sinnesreize, Nerven)
Harmonische Persönlichkeit, liebevolle Atmosphäre, Kunst, Ausschmückung, schöne Umgebung, leichte Geburt, Vergnügen, ausgeglichen (gute Gesichtsfarbe, allgemeine Erscheinung, Proportionen)
Kämpfen, Teamarbeit, durchschlagender Erfolg, Körperkraft, Rastlosigkeit, Entscheidung (Operation, Zwang, Beschneidung, Gewalt, Dammschnitt, Zangengeburt, Gesichtsnarbe, Unfälle, Kaiserschnitt, apparative Entbindung)
Leichte Geburt, angenehme Erlebnisse, gefällige Art, Kompromiß, Großzügigkeit, korrektes Handeln, erfolgreiches Handeln (großes Baby, Gelbsucht, Probleme beim Stillen)
Isolation, Einschränkung, Hemmung, ernste Lage, Erfahrung, Hindernis, Depression, Abgeschiedenheit (Trennung, Isolation, lange Wehenphase, apparative Entbindung, Hautprobleme, Blockaden, Spannung, Amputation, Sinnes-Funktionsstörung, Gesichtsmal, Frühgeburt, Totgeburt, mangelnde Aufmerksamkeit)
Erregung, Originalität, Geburt der Wissenschaft, Bewegung, rhythmisch, Zwischenfälle, Unruhe, plötzliche Ereignisse, unerwartete Umstände (schnelle Geburt, kurze Wehenphase, eingeleitete Geburt, Maschinen, Monitore, Kopfschmerzen, Zangengeburt, Unfälle, empfindliche Haut, empfindliches Nervensystem, Beschneidung
Beeindruckbar, sensitiv, unsicher, eigenartige Kontakte, Desillusionierung, mitfühlend, Ausbeutung (Einleitung, Narkose, Alkohol, Drogen, eigenartige Geburt, Träumen, Wasser-Geburt, Sinnestäuschung, Mißbildungen, Brutkasten)
Faszinierende Persönlichkeit, Ehrgeiz, psychische Kräfte, ungewöhnliche Einflüsse, Neuausrichtung, dramatische Veränderungen, radikale Verwandlungen (Zwang, Kaiserschnitt, Zangengeburt, brutale Entbindung, erzwungene Geburt, körperliche Verwandlung, Operation, Unfälle, Beschneidung)
Kollektive Kontakte, persönliche Verhältnisse, Familien-Einflüsse, sozialer Kontakt, Teamarbeit, Beziehungen (Atmung, Stoffwechsel, Klinik-Geburt, antisoziales Verhalten)

Die kritischsten Zeichen im Zusammenhang mit einer Geburt sind: Saturn – wenn eine schwierige Wehenphase Beengung, Spannung und Nervosität erzeugt; Mars – Wahrscheinlichkeit einer ärztlichen Entbindung, Möglichkeit von Zange, Operation, Damm- oder Kaiserschnitt; Pluto – Anwendung von Kraft und Druck, möglicherweise Kaiserschnitt; Uranus – Unfälle, technische Geräte, mechanische Einleitung, Tropf, Maschinen, Monitore, unerwartete Zwischenfälle; Neptun – wichtigstes Zeichen für Narkose, Einleitung, Drogen, Folgen von Alkohol- oder Nikotinkonsum der Mutter, Brutkasten, Wasser-Geburten oder Mißbildungen. Der Mond steht typischerweise für die Mutter selbst, aber auch für Narkotika, Alkaloide, Drogen, eingeleitete oder Wasser-Geburten.

Der entscheidende Faktor bei der Schilderung einer Geburt, bei der eine Reihe von Planeten in unterschiedlicher Aspektierung zum Aszendenten steht, ist eine Verbindung von der *Art* des Aspekts, der *Nähe* zur exakten Gradentfernung und der *Reihenfolge* der Positionen in Grad. Ein Fallbeispiel wird illustrieren, wie der Aszendent und seine medizinischen und psychologischen Auswirkungen aus dem Horoskop zu deuten sind.

Horoskop 18 (Abb. 39) zeigt das mittlere Kind aus einer Drillingsgeburt, bei der das erste männliche Kind starb. Das dritte Baby, die Schwester, folgte dem Horoskopeigner nach etwa vier Minuten; der erste Knabe war sechs Minuten vor ihm geboren. Die Geburten folgten so rasch aufeinander, weil in dem Operationssaal der Universitätsklinik ein Kaiserschnitt vorgenommen wurde. Die Reihenfolge der Aspekte um den Aszendenten gibt die Folge der Ereignisse vor, während und nach der Geburt an, wie der abgebildete Computerausdruck zeigt (Abb.40). Pluto fünf Grad vor der Geburt zeigt die Anwesenheit eines Spezialisten an, die Tatsache, daß viele Menschen zugegen waren, daß Alarmstimmung herrschte und man wußte, daß es sich um eine besondere Entbindung handelte. Das Quadrat vom Mond zeigt, wie unbehaglich die Mutter sich fühlte, ihre Krise und die Schwierigkeiten, die zur Geburt geführt hatten und eine Vollnarkose notwendig machten. Das Mars-Halbquadrat ist der Facharzt, der die Entbindung tatsächlich durchführte, und der Tod des ersten Sohnes. Das Sonne-Trigon ist die Energie des Vaters, die der Mutter kurz vor der Geburt gegeben wurde, und seine Erleichterung, als er erfuhr, daß die verbleibenden zwei Kinder gesund waren. Der Mondknoten-Quinkunx kurz nach der Entbindung ist die Verwirrung und Enttäuschung der Schwestern und Ärzte über die Schwierigkeiten, die die Entbindungen ihnen geboten hatten, und daß der überlebende Knabe ein weibliches Geschwisterchen bekam. Das Saturn-Sextil zeigt das beklagenswerte Ergebnis der Entbindung.

0	**MARS**	**AUG**	**1947**	**01.58**	**JUNGFRAU**................................
45	ASZENDENT	AUG	1947	03.06	JUNGFRAU................................
180	MERKUR	SEP	1947	05.08	JUNGFRAU................................
90	URANUS	OKT	1947	22.20	JUNGFRAU................................
90	JUPITER	OKT	1947	22.26	JUNGFRAU................................
0	**12. HSP**	**OKT**	**1947**	**23.42**	**JUNGFRAU**................................
180	VENUS	OKT	1947	24.25	JUNGFRAU................................
45	PLUTO	NOV	1947	28.42	JUNGFRAU................................
0	**WAAGE**	**NOV**	**1947**	**00.00**	**WAAGE**......................................
30	MARS	NOV	1947	01.58	WAAGE......................................
135	SONNE	NOV	1947	02.17	WAAGE......................................
0	**NEPTUN**	**JAN**	**1948**	**12.51**	**WAAGE**......................................
60	PLUTO	JAN	1948	13.42	WAAGE......................................
90	MOND	JAN	1948	15.03	WAAGE......................................
45	MARS	FEB	1948	16.58	WAAGE......................................
120	SONNE	FEB	1948	17.17	WAAGE......................................
0	**ASZENDENT**	**FEB**	**1948**	**18.06**	**WAAGE**......................................
150	MONDKNOTEN	FEB	1948	18.51	WAAGE......................................
60	SATURN	FEB	1948	19.24	WAAGE......................................
150	VENUS	MÄR	1948	24.25	WAAGE......................................
0	**SKORPION**	**APR**	**1948**	**00.00**	**SKORPION**................................
60	MARS	MAI	1948	01.58	SKORPION................................
120	MERKUR	MAI	1948	05.08	SKORPION................................
90	PLUTO	AUG	1948	13.42	SKORPION................................
60	MOND	AUG	1948	15.03	SKORPION................................
0	**2. HSP**	**AUG**	**1948**	**15.31**	**SKORPION**................................
90	SONNE	SEP	1948	17.17	SKORPION................................
30	ASZENDENT	SEP	1948	18.06	SKORPION................................
120	VENUS	NOV	1948	24.25	SKORPION................................
45	NEPTUN	DEZ	1948	27.51	SKORPION................................
0	**SCHÜTZE**	**JAN**	**1949**	**00.00**	**SCHÜTZE**.................................
45	MOND	JAN	1949	00.03	SCHÜTZE.................................
0	MARS	FEB	1949	01.58	SCHÜTZE.................................

Abb. 40 Der Computer-Ausdruck

Einige Elemente dieser Geburt haben sich als gesundheitliche Probleme des Individuums manifestiert. Er leidet ständig unter einem juckenden Ekzem, das weite Flächen seine Körpers bedeckt – häufig eine Nachwirkung der bei der Entbindung verabreichten Narkosemittel und angezeigt durch das Quadrat zum Steinbock-Mond, der die Haut regiert. Das Mond/AC-Quadrat steht ebenfalls für Anästhetika. Der Waage-Aszendent kann die Unfähigkeit anzeigen, Gifte über Nieren und Dickdarm auszuscheiden – häufig eine tiefere Ursache von Ekzemen. Eine Therapie, die Wunder wirken würde, sind Darmspülungen, die die Dickdarmwände reinigen könnten. Rebirthing oder Urschrei könnten zur Bewältigung des Geburtstraumas beitragen. Da der Aszendent im Zeichen Waage ist, werden die psychologischen Auswirkungen der Entbindung sich in erster Linie in zwischenmenschlichen Beziehungen

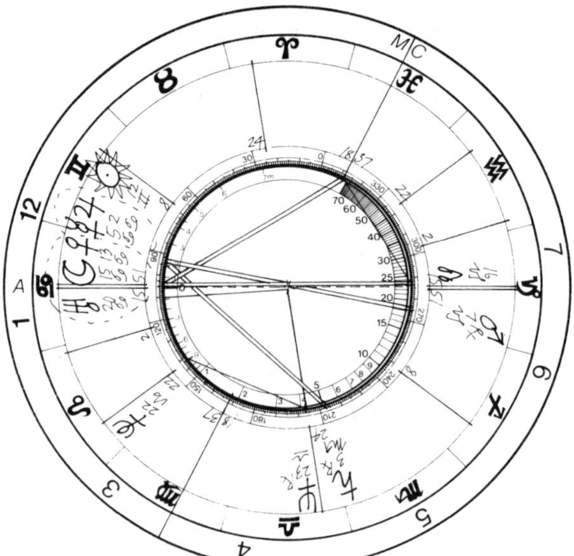

Abb.41

niederschlagen. Das Individuum hat eine unheimliche Begabung, sich mit Frauen zu verbinden, die fern oder unerreichbar sind (Saturn und Pluto in Quinkunx zum Mond, alle drei in Aspektierung zum Aszendenten) – eine Wahl, die der Unerreichbarkeit seiner Schwester entspricht. Seine Schwester hat die Konjunktion im 12. Haus. Sie ist so introvertiert, wie er extravertiert ist; sie lebt buchstäblich einsiedlerisch.

Bei Mehrlingsgeburten finden sich häufig Planeten am Aszendenten. Horoskop 19 (Abb. 41) war das erste Mädchen von Zwillingsschwestern und hat Uranus im 1. Haus, während Uranus bei ihrer eineiigen Schwester im 12. Haus steht. der Unterschied ist beträchtlich, da sie die schönen Künste fördert, während ihre Schwester heroinsüchtig ist. Die explosiven und irrationalen Eigenschaften des Uranus manifestieren sich bei der einen als unorthodoxe, exzentrische Persönlichkeit und bei der anderen als medizinisches Problem, das lebensbedrohlich werden könnte. Die Konstellation der Planeten im 12. Haus zeigt in der Tat eine große Empfänglichkeit für Einflüsse von außen. Mond und Jupiter im Zeichen Krebs stehen für eine Tendenz zu übergroßem Genuß. In diesem Falle ist Psychotherapie das Mittel der Wahl.

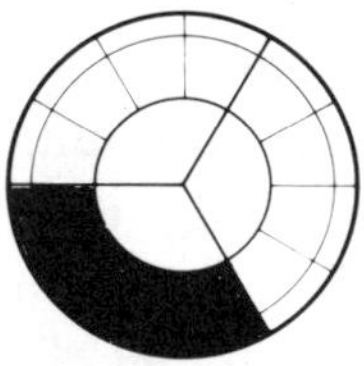

Die Oktave der Kindheit

Von der Geburt bis ins Alter von sieben Jahren gilt die Kindheit der Entwicklung der Persönlichkeit innerhalb der Strukturen von Zuhause und Familie. Der Einfluß der Eltern ist wichtig, und die Familie gestaltet und verursacht ein ganzes Spektrum positiver Einflüsse, aber auch Traumata und Schwierigkeiten; sie alle werden in

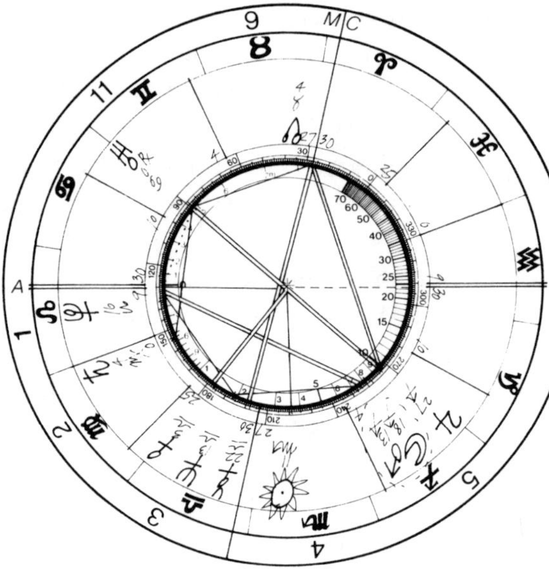

Abb. 42

der Persönlichkeit gespeichert. Die Einflüsse stammen hier von der Qualität der Verbindung mit der Mutter während der Zeit des 1. Hauses, von der Art des Entwöhnungsprozesses oder dem Mangel an Muttermilch, von der Ernährung, der Erziehung zur Sauberkeit, dem Gehen- und Sprechenlernen bis hin zum Ende dieser Phase, wenn genügend Selbständigkeit erreicht ist, um die Schule zu besuchen und zu beginnen, Unabhängigkeit zu entwickeln.

In Horoskop 20 (Abb. 42) steht Pluto gleich nach dem Aszendenten, nicht so nahe, um eine Konjunktion zu bilden und die Geburt zu beeinflussen, aber nahe genug, um eine ernste Störung im Persönlichkeitsmechanismus zu verursachen, besonders in bezug auf die Fähigkeit der Selbstbehauptung, die eine Aufgabe des 1. Hauses ist. Das Halbquadrat von Uranus im Zeichen Krebs zeigt, daß das Problem ernährungsbedingt ist und daß die Verdauungsprobleme von der Mutter herrühren, die ihre Freiheit in den letzten Monaten der Schwangerschaft als eingeschränkt empfand, wie das Trigon zu Mond und Mars im 5. Haus verdeutlichen. Die Mutter wurde von ihrem unerwünschten Kind erst frei, als dieses in der Zeit des 5. Hauses begann, die Schule zu besuchen. Der Knabe brauchte sein schweres gesundheitliches Problem, um die Aufmerksamkeit der Mutter auf sich zu lenken. Das Problem kehrte im 7. Haus auf der gegenüberliegenden Seite des Horoskops wieder, als im Alter von siebenundzwanzig Jahren Fragen der sexuellen Identität aufkamen und er erneut unter Magenreizungen, Geschwüren und Verengungen litt. Der Umstand, daß Saturn und Uranus verbunden sind, zeigt an, daß die Probleme durch Streß ausgelöst wurden, und empfahl als Therapien die Psychotherapie für das emotionelle Problem mit der Mutter, Biofeedback gegen den Streß und eine Ernährungsberatung für Saturn in Jungfrau.

Magersucht und Freßsucht

Zwei Fälle von Magersucht und Freßsucht sollen eine Theorie über den Ursprung dieser modernen Krankheit illustrieren. Horoskop 21 (Abb.43) ist von einer jungen Frau, die im Alter von etwa sechzehn Jahren magersüchtig wurde – zu einer Zeit, als sie den Punkt 17° Fische passierte. Ihr Waage-Neptun im 1. Haus zeigte, daß sie schon kurz nach der Geburt einen sehr empfindlichen Verdauungstrakt hatte, und daß sie zu früh von der Brustnahrung entwöhnt wurde. Die Tatsache, daß Neptun nur Pluto aspektiert, weist auf einen psychologischen und Energie-Kreis hin, der in die Schwangerschaft zurückführt. In diesem Falle wollte ihre Mutter frei sein von der Verantwortung, sich um das Kind zu kümmern, da dieses ur-

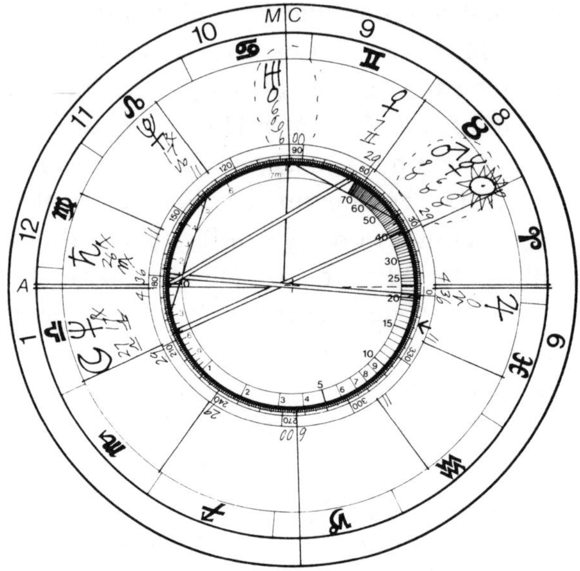

Abb.43

sprünglich vom Vater gewünscht wurde, nicht von der Mutter. (Die Sonne ist der erste Planet, dem man auf dem Weg von der 9. Häuserspitze rückwärts begegnet; er steht in Opposition zum Mond.) Diese unterschiedlichen Ansichten über den Kinderwunsch sind charakteristisch für das Magersucht-Horoskop.

In der Zeit des 1. Hauses – die ersten sieben Monate des Lebens – schreit ein Baby nach Nahrung und nach allem anderen, das es will, besonders aber nach Zuwendung. Wenn ein Kind gestillt wird, bewirkt das Schreien sowohl Fütterung als auch Wärme des Kontakts mit der Mutter. Beide Empfindungen und ihre resultierende Befriedigung sind untrennbar miteinander verbunden und werden beide mit Selbstbehauptung und Persönlichkeitsstärke assoziiert. Die natürliche Zeit zur Entwöhnung ist das Ende des 1. Hauses, aber oft können entweder das Wesen der Entwöhnung an sich oder mildernde Umstände Probleme verursachen, die zur Magersucht führen. Die Anwesenheit von Neptun läßt darauf schließen, daß das Stillen unterbrochen wurde, möglicherweise aus emotioneller Unsicherheit oder Ungewißheit seitens der Mutter, was eine ähnliche Ungewißheit des Kindes hervorrief, ob es geliebt werde. In diesem Falle könnte es durch die Gewalt äußerer Umstände entstanden sein (durch Pluto). Manchmal sind Koliken die Folge, wenn das Kind durch die Muttermilch disharmonische Energien aufnimmt. Was bleibt? Wenn das Kind nach Liebe und Berührung schreit, bekommt es das Fläschchen oder feste Nahrung. Um in den Arm oder aufgenommen zu werden oder um die gleiche Zuwendung wie früher zu erhalten, *muß es die Nahrung zurückweisen!* Damit ist die Magersucht in erster Linie eine Neptun-Krankheit,

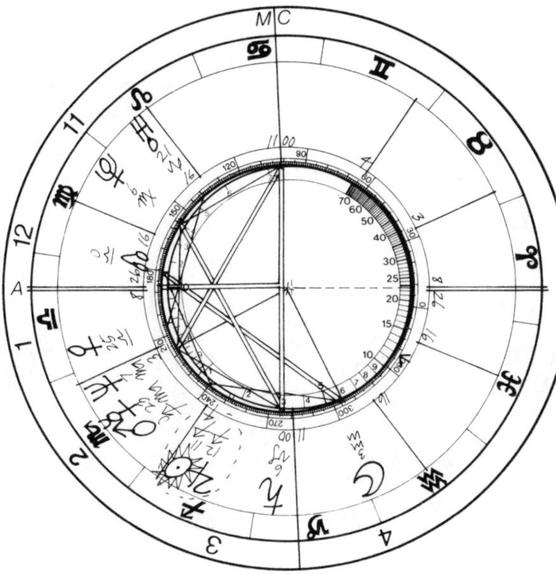

Abb.44

die auf die falsch verstandene oder illusorische Verbindung von Zuwendung und Essen zurückgeht. Im vorliegenden Falle begann die Magersucht zur Zeit eines Quinkunx zum Geburts-Neptun. Die Lösung ergab sich hier durch ein Interesse an der Astrologie und die Erkenntnis, daß die Verantwortung, Kinder zu bekommen, nicht unbedingt in ihrem besten Interesse lag, damit sie nicht in die gleiche Falle geriet wie vordem ihre Mutter.

Horoskop 22 (Abb.44) ist eine junge Frau mit Magersucht, die verursacht wurde, als der Skorpion-Neptun durch die Distanzierung der Mutter aktiviert (Mond-Quadrat) und das Kind der Sorge seiner Großmutter anvertraut wurde (Saturn-Sextil). Die Distanzierung und Entfernung der Mutter war schwerwiegend und brachte das Kind zu der Annahme, daß der Kontaktverlust mit der Möglichkeit von Berührung durch Nahrung Trennung und Tod be-

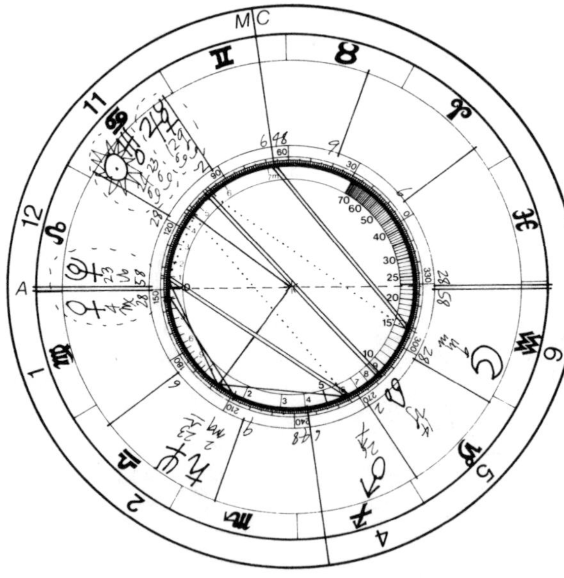

Abb.45

deuten könnten. Sie reagierte darauf, indem sie mit fast zwei Jahren Kontakt mit ihrem Vater aufnahm; doch auch der Vater verließ sie und verreiste ins Ausland (Sonne/Jupiter-Konjunktion in Schütze). Saturn steht wieder für die Großmutter, die sich in Abwesenheit beider Eltern um das Kind kümmerte. Als sich dann beim Erreichen von 7° Fische im Alter von dreizehn Jahren der Quinkunx zum Geburts-Neptun bemerkbar machte, begann die Magersucht. Darauf folgte der Kontakt mit Ärzten, und das Problem wurde noch größer. Die Lösung bestand in transpersonaler Psychologie und Gestalt-Therapie in Verbindung mit regelmäßiger Körperarbeit, um eine Verbindung zu den Sinnesfunktionen und der Körperlichkeit herzustellen.

Magersucht kann auch aufkommen, wenn die Mutter sich vom Kleinkind distanziert (Wassermann-Mond u.a.). Horoskop 23 (Abb.45) ist eine junge Frau, die in ihren Dreißigern unter Freß- und Trunksucht litt. Neptun steht im 2. Haus und wird verstärkt durch die Distanz vom geliebten Vater, angezeigt durch das Quadrat zu Sonne und Uranus im 10. Haus. Neptun/Sonne-Kontakte neigen zum Alkoholismus, Drogenmißbrauch und außergewöhnlicher medialer Sensitivität. Alle diese Faktoren erlebte sie Anfang Zwanzig, kurz vor dem Deszendenten zwischen 23° und 26° Wassermann, im Quinkunx zu Sonne/Uranus und Trigon zu Neptun, mit Pluto in Opposition und Mars im Sextil. Diese Kombination führte von einer sehr eingeschränkten Ernährung zu extremer Freßsucht, wenn der Heißhunger gestillt war, wurde das Aufgenommene erbrochen. Die einzige mögliche Hilfe waren die Anonymen Alkoholiker, eine klassische Fische-Organisation mit einer starken spirituellen Komponente, die der neptunischen Energie gerecht wurde.

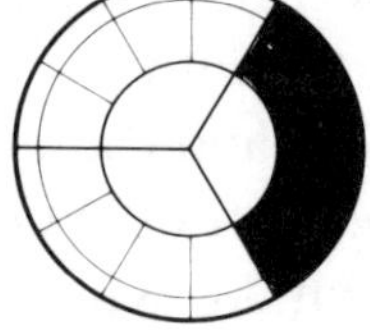

Die Oktave der Reife

Die primäre Aufgabe der Oktave der Reife ist die Verbindung und Integration des materiellen Körpers, der in der vorgeburtlichen Zeit entwickelt wurde, mit der Persönlichkeit, die im Laufe der Kindheitsjahre entfaltet wurde, um die so entstehende Kombination in die Welt zu projizieren und ihre mannigfaltigen Möglichkeiten zu erarbeiten. Allmählich tritt der Einfluß von den Eltern in den Hintergrund, und die Schuljahre bringen eine Ausrichtung. Die Fähigkeit, eine Seele aufzubauen, ist abhängig von einem Verständnis des Lebens als eines Ganzen in der Zeit. Diese Phase wird auch Zeuge des Beginns der rapiden Beschleunigung der Zeitwahrnehmung mit zunehmender Bewußtheit. Viel Spannung und Streß entsteht aus einer irrationalen Einstellung zur Zeit und ihrem Verstreichen. Larry Dosseys *Die Medizin von Raum und Zeit* [6] ist ein glänzendes Werk über jüngere Theorien und Praktiken, solche Zeit-bedingten Krankheiten zu heilen, die in unserer Zeit überall um sich greifen.

Sehr häufig reichen Probleme der Reifezeit bis in die Kindheit und vorgeburtliche Entwicklung zurück, deshalb gehört zur Lösung oft die Arbeit an Prinzipien, in die man sich früher verstrickte.

Horoskop 24 (Abb 46) ist das klassische Beispiel einer idealistischen jungen Frau, die nach Verlassen des Elternhauses mit der harten Wirklichkeit der Welt zusammenprallt. Es begann mit einer Obsession für das Ballett (Jupiter in Wassermann) und endete mit Entsetzen beim Gedanken an Männer (Stier-Mars im Quadrat zum

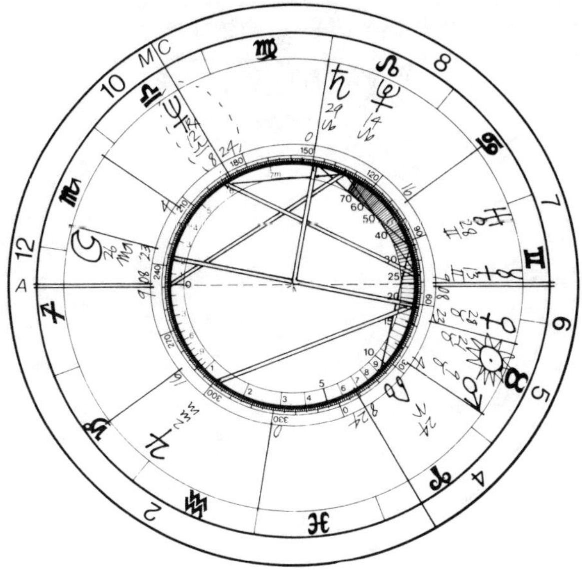

Abb.46

Pluto). Eine Verbindung mit einem älteren Mann unter dem Einfluß der Venus mit neunzehn Jahren stand auch im Zeichen eines Saturn-Quadrats und der Mond-Opposition und führte zu einer heimlichen Abtreibung (Skorpion/Mond im 12. Haus). Das Resultat der Anspannung war ein chronisches Lungenleiden, als Merkur sich im Zeichen Zwillinge (Lungen) meldete, sowie eine Unfähigkeit, der Wut und dem Zorn über die Männer und die Welt Ausdruck zu verleihen. Da Merkur im Trigon zu Neptun steht, liegt die Unsicherheit in der Angst vor der Blöße, falls und wenn sie Kinder bekommen sollte. Eine unbewußte Botschaft lautete, daß ihre Mutter eine schöpferische Karriere nicht verfolgen konnte, weil sie vor dreiundzwanzig Jahren die Tochter empfing. Diese begann mit fünfundzwanzig Jahren unter dem Einfluß von Merkur eine psy-

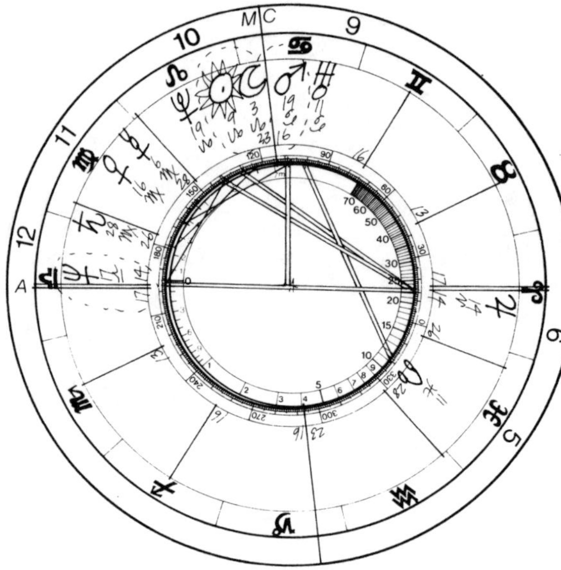

Abb.47

chotherapeutische Ausbildung. Die Symptome traten allmählich zurück, und es folgte eine innere Verwandlung (Pluto/Merkur-Sextil); doch die ersten Sitzungen empfand sie als etwas oberflächlich. Ihre eigentliche Wende trat im Alter von vierunddreißig Jahren unter dem Einfluß des Uranus ein.

Horoskop 25 (Abb.47) bietet eine einzigartige astrologische Antwort auf ein scheinbar unlösbares Dilemma. Eine junge Frau von blühendem Aussehen und strahlender Gesundheit entdeckte nach ihrer Heirat, daß sie unfähig zum Geschlechtsverkehr war wegen eines Leidens namens Vaginitis (Scheidenkatarrh), das sie so verkrampfte, daß sexuelle Aktivitäten unmöglich wurden, ganz gleich, mit welcher Einstellung sie es auch versuchte. Dieser Zustand dauerte acht Ehejahre an und frustrierte sie ebenso wie ihren geduldigen Mann. Die Konjunktion von Sonne und Mond in dem starken Zeichen Löwe (10. Haus) zeigt mächtige schöpferische Begabung, aber genau hier liegt das Problem. Die Ursache ist nicht medizinischer Natur, sondern hängt einfach mit der Mutter zusammen, die ab der Entdeckung ihrer Schwangerschaft ihrem Mann kategorisch jeglichen Verkehr verweigerte. Der einzige andere Aspekt zu dem Löwe-Mond im 10. Hause (Beherrschung, Kontrolle) ist das Sextil zu Merkur im 11. Haus: eine Neigung zum Lügen. Das Fehlen weiterer Aspekte bedeutet, daß die Mutter keinerlei Gefühlsäußerungen zuließ, sofern sie sich nicht auf ihr »Problem« bezogen, und selbst dann nur unter Freundinnen. Dem Vater blieb nur eine Zuflucht: die Arbeit (Sonne aspektiert nur Jupiter im 6. Haus). Damit waren die Eltern trotz tragischer und schwieriger Umstände aneinander gebunden. Da das Problem in

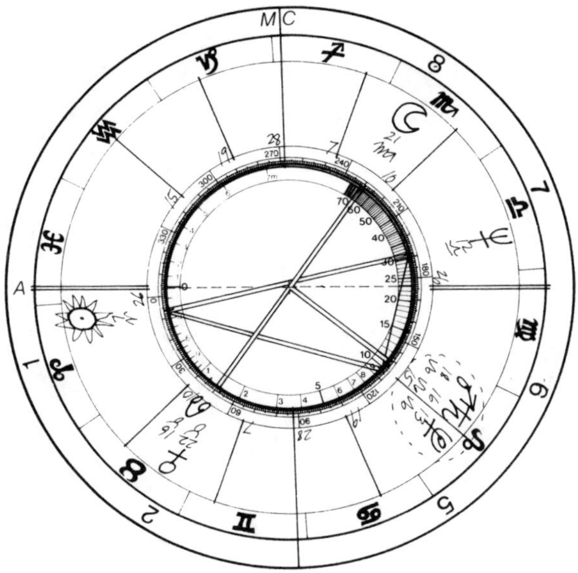

Abb.48

die elterliche Generation zurückreicht, bedarf es der Gestalt-Therapie (Löwe), um die Geschichte der Verweigerung zu durchbrechen, die bis in alttestamentarische Zeiten zurückreicht.

Horoskop 26 (Abb. 48) ist eine junge Frau, die im Alter von 31 Jahren 6 Monaten, zur Zeit der Aktivierung ihres 7. Haus-Neptuns in Waage, als Diabetikerin diagnostiziert wurde. Obwohl der äußere Grund das Scheitern einer Beziehung war (Neptun/Sonne-Opposition), ging die tiefere Ursache auf den plötzlichen Tod ihrer Mutter bei einer Entbindung zurück, als sie, die älteste Tochter, zwölf Jahre alt war. Der Schock und die Trauer gingen tief und wurden zu einem Trauma, das nicht leicht zu kurieren war. In diesem Falle könnte Gestalt-Therapie mit einem besonders gründlichen Behandler helfen, die Wut aus dem Verlassenwerden und der resultierenden Unsicherheit aufzuarbeiten. Die Zuckerkrankheit ver-

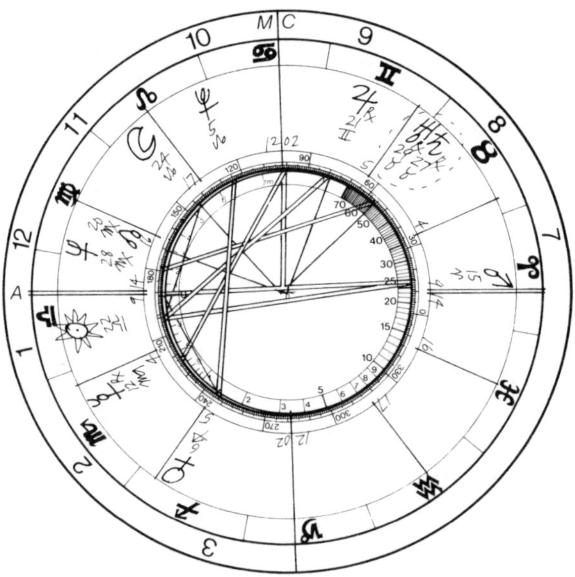

Abb.49

hinderte, daß die Klientin die Angst vor einer Entbindung erleben mußte, da sie sich aus medizinischen Gründen keine Hoffnungen auf eigene Kinder machen durfte.

Horoskop 27 (Abb.49) war eine Frau, bei der man einen unheilbaren Kehlkopfkrebs diagnostizierte, als sie im Alter von neununddreißig Jahren auf das Quadrat von Pluto und der Mars/Saturn-Mitte [7] zuging. Als sie bei der astrologischen Beratung hörte, sie würde ihren Zustand so drastisch ändern, daß sie buchstäblich »ihrer alten Lebensweise sterben« würde, sprach sie darauf so positiv an, daß sie innerhalb eines Jahres genas und den Mann ihrer Träume kennenlernte und heiratete (Quinkunx Venus/3. Haus). Trotz einer Fehlgeburt bald darauf steht sie nun wieder fest im Leben.

Der Tod

Der Tod ist als Diagnose am schwierigsten zu stellen, denn es gibt viele Krisenzeiten im Leben der Menschen, die sich als große Prüfungen erweisen können. In vielen Fällen steht weniger der genaue Zeitpunkt des Todes zur Debatte als die Zeit, zu der die tödliche Krankheit sich einstellte.

Im Falle zweier Aids-Opfer war der Planet Uranus beteiligt, obwohl es unverantwortlich wäre, auch nur anzudeuten, Uranus sei der einzige Planet, der einen derart kritischen Schritt auszulösen vermöchte – insbesondere, da der Planet Pluto als der Herrscher des Immunsystems allgemein anerkannt ist. Im Horoskop 28 (Abb.50) fiel die Wirkung des Stier-Uranus im 8. Hause zeitlich mit der kritischen Ansteckung zusammen, obwohl die Krankheit vor Freunden und Angehörigen bis zum letzten Augenblick verheimlicht wurde. Als sie zu unerträglich wurde, erschoß sich der Kranke genau zu der Zeit, als im Alter von 48 Jahren 6 Monaten ein exaktes

Abb. 50

Quadrat zu seinem in Wassermann stehenden Geburts-Jupiter erreichte.

Horoskop 29 (Abb. 51) starb im Alter von vierzig Jahren im Sextil zum Geburts-Jupiter, nachdem er einen Quinkunx zu Jupiter und Venus in Skorpion und 3. Haus passiert hatte und ein Interesse zeigte, angesichts des Todes Vergnügen zu empfinden. Die Tragödie geschah im Trigon zu Saturn/Pluto im 11. Haus, was verrät, daß die tödliche Infektion von vielen Freunden stammte.

Transite sind die weitergehenden Bewegungen von Planeten zu einem gegebenen Zeitpunkt im Vergleich zu deren Position im Geburtshoroskop. Normalerweise rufen sie keine Ereignisse hervor, sondern dienen als eine Methode zur zeitlichen Bestimmung der Aktivierung tieferer Geburts-Konstellationen. Im Tode kön-

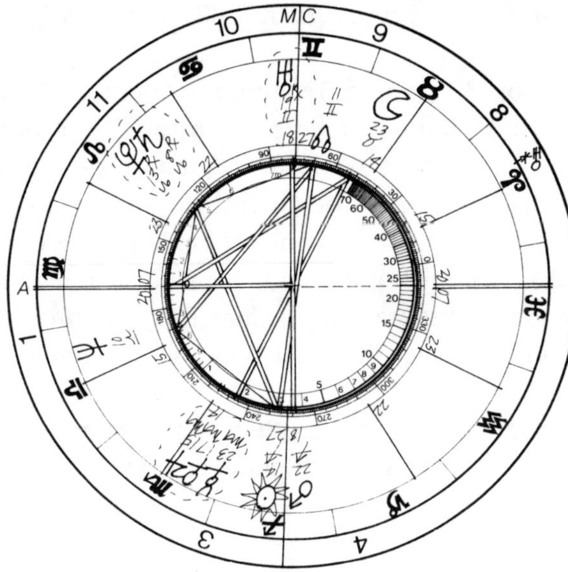

Abb. 51

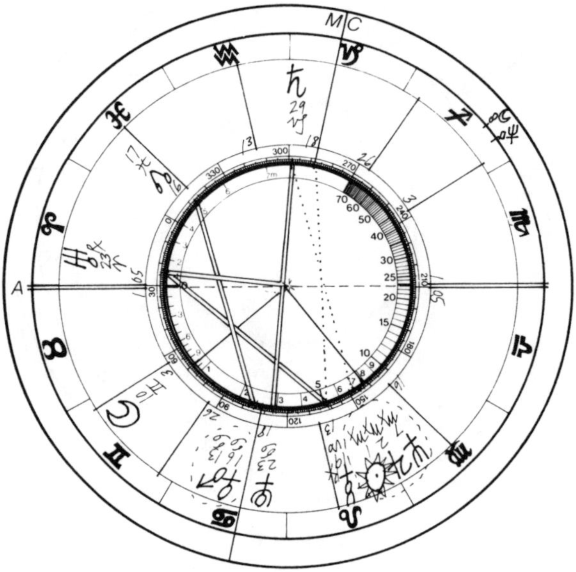

Abb. 52

nen die Transite die Art und Qualität der letzten Augenblicke zeigen.

Das Horoskop 30 (Abb.52) stammt von einem Mann, der an Leukämie starb. Er hatte zunehmend ernstere Beschwerden, angedeutet von einem Uranus-Anderthalbquadrat, gefolgt von einem Pluto-Anderthalbquadrat und einem Neptun-Quadrat. Als die Mond-Opposition näherrückte und schon den Orbis erreicht hatte, reichte der Transit des Uranus im Quadrat zur Sonne (Vitalität und allgemeiner Gesundheitszustand) dem Todgeweihten einen Gnadenbecher und erlöste ihn von seinem jahrelangen tapferen Kampf.

Nachdem er über Jahre hinweg dem Tod getrotzt hatte, hielt Beispiel 31 (Abb.53) mit dem verbliebenen Rest seines Magens und Darmes dem Schicksal trotz eines Neptun-Anderthalbquadrats im

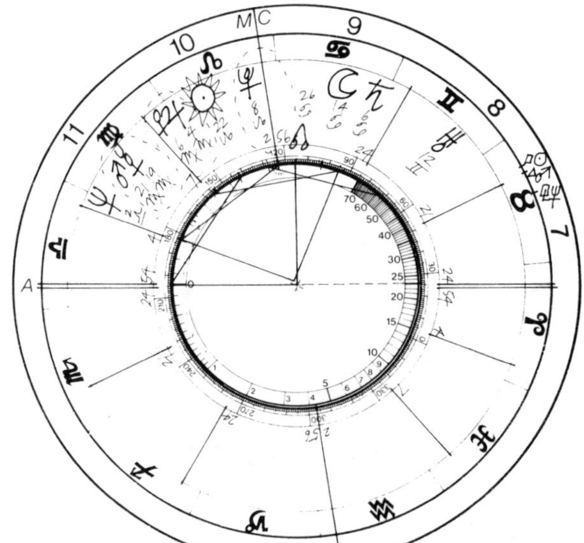

Abb.53

Trigon zu Mars nach einer Reihe schwieriger Aspekte zu Geburtspositionen stand. Doch als das Sonne-Quadrat sich im Alter von 42 Jahren 5 Monaten bemerkbar machte, war die Vitalität erschöpft, und das Ende kam mit dem Saturn-Halbquadrat, der »Hand der Zeit«.

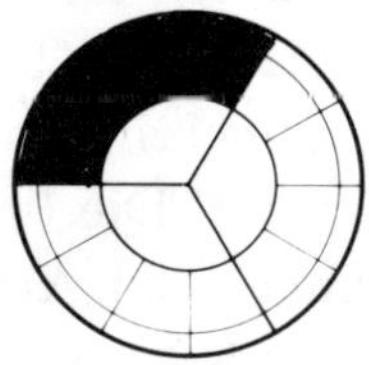

Die Oktave der Transzendenz

Gelegentlich kommt es vor, daß ein Mensch über das Ende der archetypischen Lebenszeit hinaus in eine vierte Oktave geht, in der Re-

Abb.54

gel infolge einer Konzentration der Häuser 7 und 8. Horoskop 32 (Abb.54) ist eine wunderbare Frau, die ihr Leben der Suche nach Freiheit und Spiritualität widmete und dabei echt und »auf der Erde« blieb. Sie wußte mehr über die Natur als die Naturwissenschaftler und mehr über die Mystik als Yogis. An der Spitze ihres 9. Hauses, am archetypischen Zeugungs/Todes-Punkt, nahm sie in einem Londoner Park ihren ersten LSD-Trip und ging darüber hinaus in ihre erwünschte Exzentrizität. Die Frustration angesichts ihrer sich immer weiter verschlimmernden Arthritis erschöpfte sie (Uranus-Opposition-Neptun-Sextil-Saturn), aber sie kämpfte weiter, bis sich beim Erreichen der Himmelsmitte (MC) das höhere Ziel meldete und sie plötzlich starb, nachdem sie an der Spitze des T-Quadrats mit Sonne und Mond ihr Testament gemacht hatte.

Der Prozeß des Lebens und des Sterbens ist heilig, weil seine Wege und Bahnen sowohl in als auch außerhalb unserer Kontrolle liegen. Oft ist der einzige Trost, daß ein Verständnis des Lebenssinnes uns nicht mehr erlauben als die Andeutung eines Lächelns, wenn wir abtreten.

Kapitel 7

Astro*Radionik

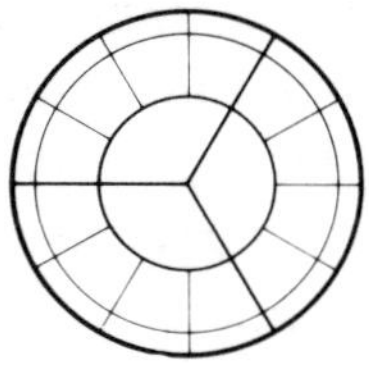

Klassische Radiästhesie

Das Ziel der Radionik ist es, den Körper zu lehren, sich selbst zu heilen.

Malcolm Rae

Die Radionik ist eine Technik zur Diagnose und Behandlung auf Distanz über das Energiefeld des Klienten und mit Hilfe der ASW-Fähigkeit [1] des Behandlers. Jedes Lebewesen strahlt Felder aus, die ständig beeinflußt werden von und im Austausch stehen mit den elektromagnetischen Feldern der Erde, und die ständig in Bewegung sind durch winzige Schwankungen ihrer Polarität und Modulation. Energiefelder gestalten den materiellen Körper und verändern sich nur, wenn Blockaden oder Störungen auf den subtilen Ebenen eintreten. Wenn das Energiefeld extrem entstellt ist, manifestiert sich Krankheit auf den spirituellen, mentalen, emotionalen und materiellen Ebenen des Organismus.

Alle Organe, Drüsen und Körperteile sowie die Krankheiten und Störungen, die sie beeinträchtigen, besitzen charakteristische

Schwingungsfrequenzen und -muster, die von manchen Medien oder mit Hilfe eines Pendels festgestellt werden können. Die Kunst dieser Art von Diagnose heißt *Radiästhesie,* eine Behandlungsweise mit jahrhundertelanger Tradition. Wenn Störung oder Krankheit entdeckt werden, ist es möglich, mit Hilfe von Mustern, Pyramiden-Anordnungen, Schwingungskreisen oder zielgerichtetem Denken dem subtilen Körper eine korrektive Schwingungsfrequenz zu vermitteln und dadurch zu heilen.

Das optimale radiästhetische Gerät ist das Denken des Menschen, das imstande ist, über Entfernungen hinweg die richtigen Muster zu aktivieren, um die gewünschte Reaktion auszulösen. [2] Hunderte verschiedener Mustertypen wurden bereits geschaffen und für diverse Aufgaben eingesetzt. Die Behandlung besteht in der Einführung eines Heilungsmusters, das homöopathische Arzneien, Farben, Formen oder Namen enthalten kann. Nimmt es der Patient oral oder durch Vorbereitung eines geometrischen Musters ein, unterstützt es ungeachtet aller anderen Faktoren seine Rückkehr zur Gesundheit.

Die brillante Arbeit Dr. David V. Tansleys hat die Theorie und Praxis der Radionik in den letzten Jahren revolutioniert. Tansley erkannte, daß der Mechanismus der Diagnose und Behandlung durch Radionik – mit Hilfe von Verstärker, Magneten und schwarzen Kästen – tatsächlich nur das Gewahrsein und die Leistung des Praktikers verstärkte, was wiederum eine Steigerung der Potenz und Wirksamkeit aller verabreichten Arzneien, aktivierten Muster und energiegeladenen Gedankenformen bewirkte. Der Heilungsimpuls geht vom Behandler aus und nicht von dem Apparat, wie man häufig glaubte.

Die Radionik als Diagnose- und Behandlungsmethode macht sich Prinzipien der Homöopathie zunutze. Jede homöopathische Arznei hat eine individuelle Signatur – das Arzneimittelbild –, das heißt die Summe der Wirkungen, die es erzeugt, wenn es einem gesunden Menschen gegeben wird. Die *Materia medica,* wie sie Samuel Hahnemann, der Begründer der Homöopathie, entwickelte, beschreibt diese Wirkungen auf psychologischer, mentaler, emotioneller und materieller Ebene nach dem paracelsischen Prinzip »Gleiches heilt Gleiches«. Wenn ein Mensch krank ist, ermittelt und gibt man Arzneien, deren Charakteristika so weit wie möglich mit dem Spektrum der manifestierten Symptome übereinstimmen, bis die Heilung erreicht ist. Unter den Arzneien finden sich tierische, mineralische, elementare und pflanzliche Substanzen, ferner Farben, Chakren, Drüsen, potenzierte Proben von Körperteilen und Krankheiten (ähnlich den Impfstoffen, aber stärker verdünnt) und vieles mehr. Eine Arznei wird so oft verdünnt (bis zu millionenfach), daß ihre materielle Substanz in meßbaren Mengen nicht mehr existiert; dabei bleibt ihr Energiemuster in der kristallinen Struktur eines Trägerstoffes – etwa destilliertes Wasser mit einer Spur Alkohol oder Milchzucker-Kügelchen – erhalten.

Die Homöopathie behandelte den ganzen Menschen und kann mit Hilfe einer genauen Methode der Arzneimittelwahl die richtige Arznei für einen Patienten feststellen und verabfolgen. Die Heilung besteht in der Aktivierung und Beseitigung der Symptome in umgekehrter Reihenfolge ihres Erscheinens im materiellen, Emotional- und Mentalkörper. Die Verstärker-Apparate der Radionik helfen bei der Arzneimittelwahl und der Behandlung mit dem richtigen homöopathischen Mittel.

Nach fünfzehn Jahren Behandlung, Beobachtung und Forschung mit Dr. Westlake und Dr. Tansley sowie anderen Praktikern wurde ich vertraut mit der Theorie und Praxis des Radionik, mit dem Pendel, der Homöopathie und Radiästhesie. Ich hatte den Eindruck, daß es eine wertvolle Verbindung zwischen Astrologie und Radionik geben mußte. Es folgt nun eine kurze Geschichte dieser Verbindung und ihrer weiteren Bedeutung.

Nachdem ich 1984 erfuhr, daß die Pendelfähigkeit jegliches Energiemuster in lebenden oder scheinbar unbelebten Gegenständen entdecken kann, schien es mir nur natürlich, zu erforschen, ob das

Horoskop-Bild (eine kosmischen Signatur) ebenfalls als Energiemuster zu betrachten ist, das ein Individuum repräsentiert und als Probe des Individuums zu gebrauchen ist. Was sofort ins Auge fiel, war die Tatsache, daß jedes Horoskop, wenn man es im Verhältnis zum Pendelnden auf die gleiche Weise ausrichtete, eine bestimmte Achse aufwies, die symbolisch für dieses Horoskop ist. Wenn man das Pendel über ein Horoskop hält, schwingt das Pendel längs einer bestimmten Achse unabhängig von der Zeit oder Ausrichtung. Legt man eine Reihe von Horoskopen übereinander, kann das Pendel auf ein mentales Kommando hin die Achse des Individuums aussuchen, das beispielsweise mental am dominantesten ist oder andere beliebig zu wählende Eigenschaften besitzt.

Die Achse des Horoskops entspricht dem von Edward Russell so genannten *Kritischen Rotationsmuster,* das jede Form der Materie aufweist. Das Horoskop als Muster ist also in allen anderen Mustern und Wesen in der Natur enthalten, und Reaktionen des dargestellten Individuums können über das Horoskop mit Hilfe der Resonanz aufgespürt werden.

Es wurde offensichtlich, daß die Rotationsachse von Horoskopen in den meisten Fällen einer astrologischen Achse entsprach, die entweder sehr wichtige Planeten oder signifikante Oppositionen enthielt. Wenn ein Horoskop etwa eine Sonne/Pluto-Opposition aufweist, kann man fast davon ausgehen, daß dies die Hauptachse des Horoskopbildes ist.

Pendeln im Kreise

Die Schwierigkeit beim Pendeln über einem Kreis besteht darin, daß man, wenn das Pendel etwa über das Zentrum hin und her von 10° Widder zum gegenüberliegenden Punkt, 10° Waage, schwingt, unmöglich sagen kann, in welche Richtung es deutet. Dieses Problem hat zur Entwicklung von fächerförmigen Pendel- und Radionik-Diagrammen geführt, die solche Unklarheiten ausschließen. Aber es gibt auch eine Möglichkeit, beim Pendeln in der Astrologie den ganzen Horoskopkreis zu verwenden.

In Abb.55 sind um den Mittelpunkt des Horoskops zwölf konzentrische Kreise eingetragen. Der innerste Kreis entspricht Schütze, und sein Symbol ist in Richtung seines Zeichens und Feldes, des 9. Hauses, eingetragen. Der nächste Kreis nach außen entspricht Steinbock, der nächste Wassermann, der nächste Fische usw. Der äußerste Ring wird schließlich Skorpion zugeordnet.

Der erste Schritt beim Gebrauch des astrologischen Pendeldiagramms in diesem Buch besteht darin, ein Pendel genau über dem Mittelpunkt zu halten; der Ellenbogen soll parallel zum Boden sein. Ohne das Pendel oder den Arm bewußt zu rühren, fordern Sie dann Ihr Unbewußtes zuerst laut und dann in Gedanken auf, das Pendel von Schütze zu Zwillinge zu bewegen, jedoch *innerhalb des innersten Kreises.* Nach wenigen Augenblicken schwingt das Pendel in winziger Bewegung innerhalb des Kreises. Als nächstes weisen Sie das Pendel an, von Steinbock zu Krebs und wieder zurück, dieses Mal jedoch innerhalb des zweiten Kreises, zu schwingen. Dann sagen Sie dem Pendel, es solle innerhalb des dritten Kreises von Wassermann zu Löwe und wieder zurück schwingen. Wiederholen Sie diese Übung, bis das Pendel im äußersten Ring von Skorpion zu Stier schwingt.

Es ist klar, daß ein Unterschied besteht bei der Pendelschwingung zwischen Stier und Skorpion. Wenn das Pendel sich dem Zeichen Stier nähert, schlägt es bis zum sechsten Ring aus, in Richtung Skorpion dagegen bis zum zwölften Ring. Mit einiger Übung ist es möglich, das Pendel anzuweisen, sich ganz präzise innerhalb dieser vorgegebenen Parameter zu bewegen, zwischen dem winzigsten Kreis und dem größten und wieder zurück. Wenn die Übung endlos wiederholt wird, wird sie Ihnen im Laufe der Zeit »in Fleisch und Blut« übergehen, so daß Sie nur ein Pendel über irgendeinen Ge-

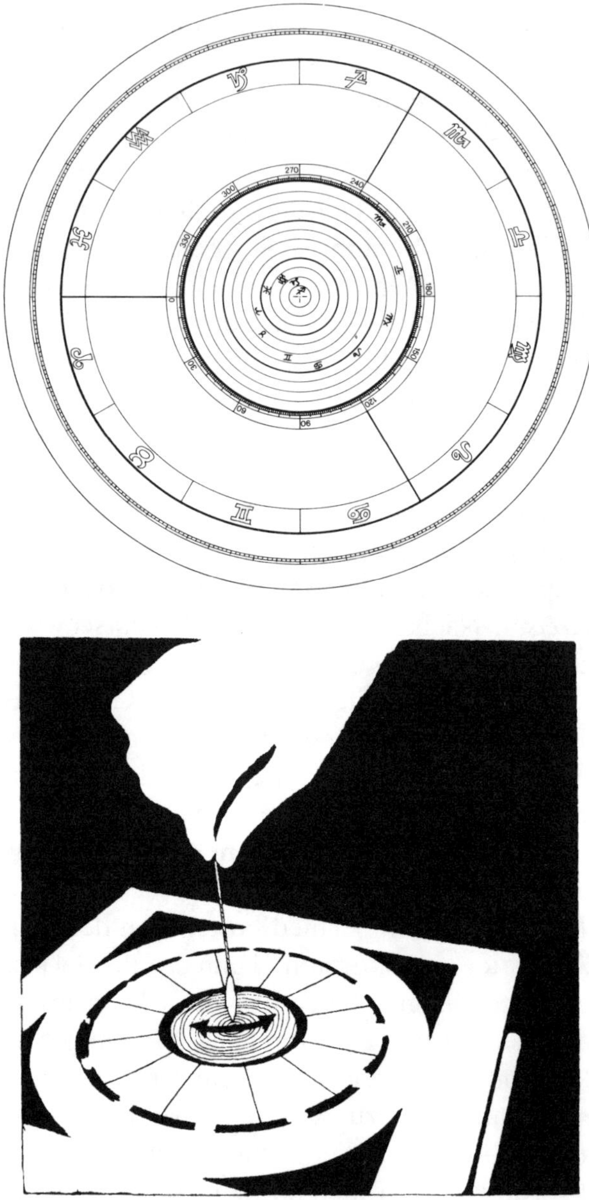

Abb.55 Pendeln im Kreise

genstand zu schwingen brauchen, um auf der Stelle zu verstehen, auf welches astrologische Zeichen das Pendel deutet. In diesem Falle stellt man sich das Diagramm vor dem inneren Auge bildlich vor, den archetypischen MC an der höchsten Stelle.

Mit diesem Werkzeug in der Hand kann der Astrologe Fragen über das Horoskop stellen, zum Beispiel: Welche Planeten sind unmittelbar verantwortlich für die derzeitige Krankheit von …? Wann im Laufe seines Lebens verursachte ein traumatisches emotionelles Erlebnis eine so starke Blockade?

Astrologie und Radionik-Karten

Es sah so aus, als ließen sich Astrologie und Radionik vorteilhaft miteinander verknüpfen, weil das Horoskop als Probe dient. Die Astrologie ist ein glänzendes Diagnose-System, besonders in seiner Beschreibung von Zeitzyklen im Leben des Individuums und aufgrund ihrer Eignung, die früheren Ursachen späterer Leiden zu untersuchen. Aber es gibt keine Möglichkeit, die Astrologie als Methode zur Behandlung einzusetzen – abgesehen vom therapeutischen Nutzen einer Horoskopdeutung, über den bereits in Kapitel 3 gesprochen wurde.

Renaissance-Ärzte wie Paracelsus verwendeten astrologische Talismane, um Krankheiten zu behandeln. Obwohl noch zahlreiche Beispiele vorhanden sind, verstehen nur wenige Menschen genau, wie sie funktionierten und welchen Nutzen sie möglicherweise bringen konnten. Jüngere Entwicklungen der neuen Physik haben dieses Rätsel gelöst. Der mit Schnörkeln gefüllte Kreis, die Form der meisten medizinischen Talismane der Renaissance, benützt *magische Quadrate,* um das scheinbar zufällige Muster von Linien und Kurven zu bestimmen, die typisch für die Talisman-Magie sind. Die magischen Quadrate bezogen sich auf die Numerologie der Plane-

♃

4	14	13	1
9	7	6	12
3	11	10	8
16	2	3	13

Abb.56: Das magische Quadrat Jupiters

ten. Da Vier die Zahl Jupiters ist, umfaßt ein magisches Quadrat Jupiters vier mal vier gleich sechzehn Felder (Abb.56). In jedem Feld steht eine Zahl und ein Buchstabe, oft aus dem hebräischen oder griechischen Alphabet. Der Name des Körperteiles, das Wesen, das verantwortlich war für die Heilung oder Arznei, wurde in die Sprache des Quadrats übertragen und durch gerade und gekrümmte Linien verbunden. Faszinierend ist daran, daß es heute eine direkte Parallele in den Blasenkammer-Mustern subatomarer Teilchen gibt, die von den Physikern in ultramodernen Synchrotonen beschleunigt wurden. Diese Parallele wird in einem Umschlagbild dargestellt, das ich für ein Buch David Tansleys entwarf [3]*(Radionics: Science or Magic?;* Abb.57). Die Illustration zeigt den Menschen, der in einem Kreis und einem Dreieck steht, die linke Hand an einem Blasenkammer-Diagramm, die rechte an einem magischen Siegel. In beiden Fällen wird die in den Elementarteilchen enthaltene Energie zum Wohle der Menschheit genutzt.

Als ich die Bücher David Tansleys [4], in denen er die Radionik-Forschungen Malcolm Raes schilderte, zum erstenmal las, erkannte ich augenblicklich die Verbindung zwischen Astrologie und Radionik. Rae entdeckte, daß homöopathische Arzneien und andere Substanzen in Kärtchen chiffriert werden konnten als Radius-Abschnitte (Partial-Radien) in einem Kreis. Da es dreihundertsechzig solcher Punkte am Kreisumfang gibt und die meisten Arzneien zwischen fünf und neun solcher Partial-Radien besitzen, sind Milliarden von Variationen möglich. Allgemein kann man sagen: Je komplexer die auf dem Kärtchen chiffrierte Substanz ist, desto mehr Partial-Radien sind erforderlich.

Rae entwickelte den *magneto-geometrischen Potenz-Simulator* (Abb.58), der das Energiemuster des geeigneten Heilmittels auf eine Trägersubstanz überträgt, zum Beispiel auf angefeuchtete neutrale Milchzuckerkügelchen; die kristalline Struktur des Mediums hält dann die Energie der Arznei fest.

Die Gabe von Arznei-Energie im Unterschied zu deren materieller Substanz hat sich schon durch die homöopathischen Potenzen als wirkungsvoll erwiesen; die schädlichen Nebenwirkungen allopathischer Medikamente werden ausgeschaltet. Giftige Substanzen lassen sich nach der Methode der Homöopathie zu heilend-nützlichen verwandeln, und Umweltgifte können nicht mehr in die Arznei eindringen.

Was aber noch wichtiger ist: Die Kärtchen Malcolm Raes sind so etwas wie astrologische Horoskope der Arzneimittel. Die magneto-geometrischen Karten lassen sich den Graden des Tierkreises zuordnen. Sie beschreiben die kosmische Signatur von homöopathischen Arzneien, Elementen, Zellsalzen, tierischen, pflanzlichen und mineralischen Arzneien, Farben, Chakren und vielen anderen Dingen. Darüber hinaus ist es möglich, diese Arzneien mit individuellen Horoskopen in Verbindung zu bringen.

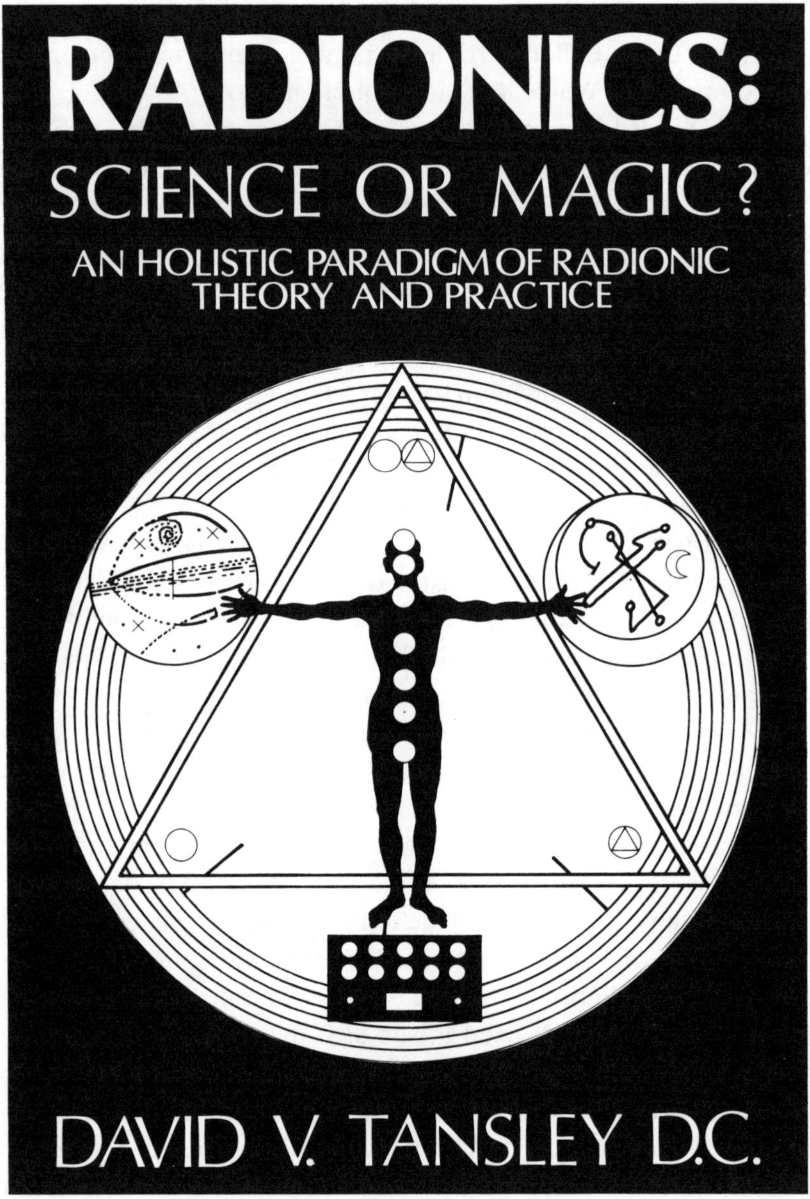

Abb.57: Radionik: Wissenschaft oder Magie?

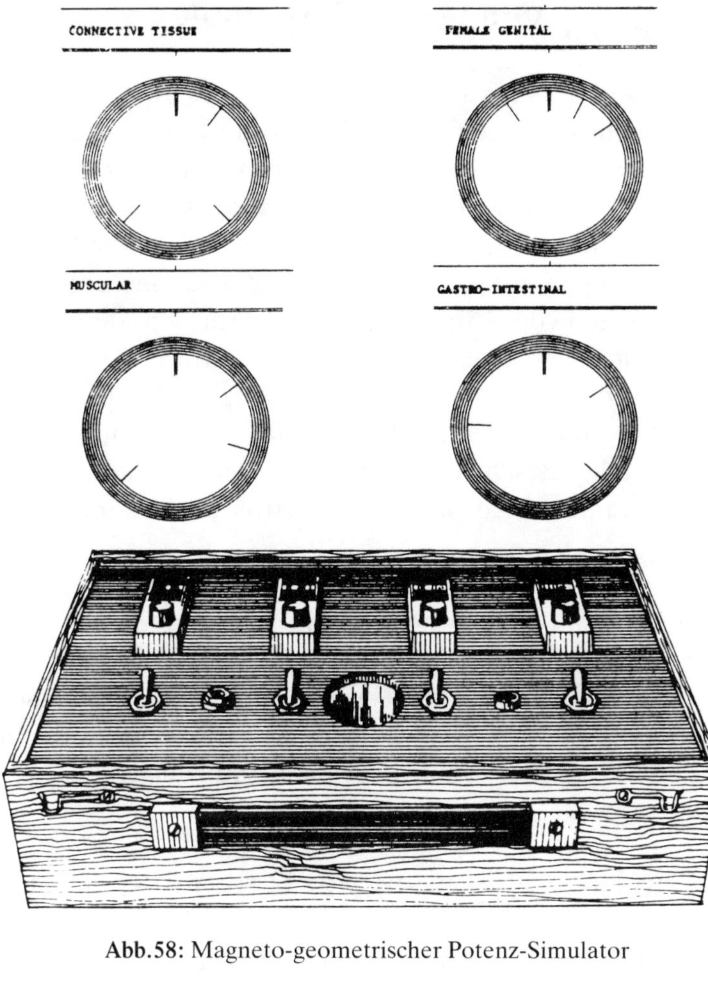

Abb.58: Magneto-geometrischer Potenz-Simulator

Legende: Connective Tissue – Bindegewebe
Female Genital – Weibl. Genitale
Muscular – Muskel
Gastro-Intestinal – Magen-Darm

Grade und Körperteile

In Ebertins *Anatomische Entsprechungen der Tierkreisgrade* werden die dreihundertsechzig Grade des Tierkreises Körperteilen, Drüsen, Knochen, Nerven und Muskeln zugeordnet. Während jedes Tierkreiszeichen generell mit Teilen des Körpers zusammenhängt, wie bereits dargestellt wurde, haben eingehende Untersuchungen eine wesentlich detailliertere Zuordnung ergeben. Die Entsprechungen von Körperteilen und Tierkreisgraden werden im Anhang 3 dieses Buches wiedergegeben. [5] Mit Hilfe dieser Informationen ist es möglich, aus dem Horoskop die Körperteile zu bestimmen, die im Laufe des Lebens am wahrscheinlichsten von Krankheit oder Beschwerden befallen werden, und, ausgehend von einem kranken Körperteil, die astrologische Ursache zu finden.

Es gibt viele Möglichkeiten, die Grad-Entsprechungen Ebertins zu nutzen, besonders wenn die Lokalisierung eines Symptoms angegeben und die Ursache zu finden ist. Kopfschmerzen als Widder-Leiden werden Probleme aufzeigen, die mit der Selbstbehauptung oder anderen traditionellen Themen des 1. Hauses zusammenhängen. Gleiches gilt für alle zwölf Zeichen und Häuser.

Die Entschlüsselung der Radionik-Karten

Es ist möglich, die Rae-Kärtchen zu dechiffrieren, indem man ihre Radien als Entsprechungen der von einer Arznei beeinflußten Körperteile deutet. Diese Körperteile lassen sich mit dem ganzen Krankheitsbild in Beziehung setzen, wie es in der *Materia medica* [6] charakterisiert ist. Da alle Arzneien viel mehr Einflüsse ausüben, als den einzelnen Radien auf dem Kärtchen zugeschrieben werden können, muß man annehmen, daß der Code, der notwendig ist, um die Arznei zu reproduzieren, einfacher ist als die Summe der Wirkungen einer Arznei – etwa wie die zehn Planeten, die ein ganzes Leben beschreiben, oder die vier Aminosäuren, aus denen unser ganzer genetischer Code zusammengesetzt ist. Meine Forschung ist deshalb ein Versuch, als Basis für detailliertere Zuordnungen.

Tabelle 6 Analyse von *Aconitum napellus*

Grad	*Körperteil*	*Materia medica*
12°Wid	Zunge	Zunge geschwollen; Zungenspitze vibriert; Gesicht rot, heiß; Kopf schwer, berstend; Neuralgie
21°Stier	Nasenarterie	Schmerz an der Nasenwurzel; Pulsieren in den Nasenflügeln, Blutung, hellrot; geschwollene Mandeln, Kehle trocken, rot und verengt; Menses zu reichlich, mit Nasenbluten
03°Löwe	R Koronar-Art.	stechender Schmerz im Brustkorb; Puls hart, gespannt; Tachykardie; Brustschmerz; Schwindel; Herzbeschwerden mit Schmerzen in linker Schulter; Rücken steif, schmerzhaft
13°Stb.	L Kniegelenk	Knie unsicher; schwache und lockere Gelenkbänder; Entzündung

Nun folgt ein Vergleich zwischen den Symptomen des bekannten Heilmittels *Aconitum napellus* mit den Partial-Radien der Aconitum-Karte gegenüber den Hauptsymptomen nach der *Materia medica* (Abb.59). Das Bild von *Aconitum napellus* läßt sich gut mit den Radien in der Rae-Karte für die gleiche Arznei vergleichen. Offensichtlich sollte eine Arznei dann als mögliche Therapie in Betracht gezogen werden, wenn Planeten auf Tierkreis-Graden plaziert sind, die von dem gleichen Arzneimittel gedeckt werden.

Die Arzneien *Arsenicum jodatum* und *Arsenicum album* haben zwei gemeinsame Radien. Einer ist auf 10° Skorpion im Zeichen von Tod und Verwesung; der Grad selbst zeigt Neurasthenie an. Unter *Arsenicum album* finden wir skorpionische Symptome wie »Ptomainvergiftung; Stiche, Tabak; Übelkeit von verdorbenen Speisen oder tierischen Stoffen; eitrige Absonderungen; degenerative Veränderungen; septische Infektion«.[7] Skorpion aktiviert gewisse

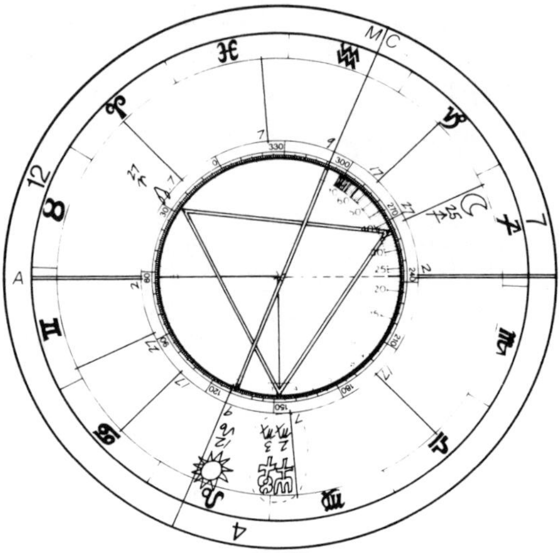

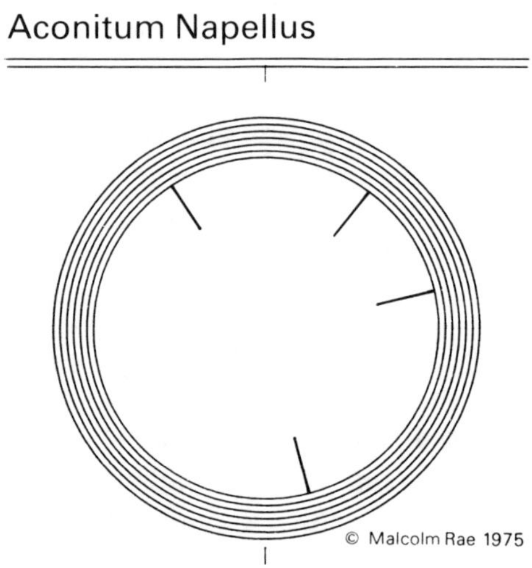

Abb.59: Horoskop und *Aconitum napellus-Karte*

Symptome in bezug auf das ihm gegenüberliegende Zeichen, Stier, das Hals, Nase und Ohren regiert. *Arsenicum jodatum* zeigt »brennende und ätzende Absonderungen, Betonung der Nase und der Eustachschen Röhre sowie Husten« an. Der gemeinsame Punkt 2° Steinbock ruft Beschwerden im Magen (zuständig ist das gegenüberliegende Zeichen, Krebs) hervor. Die *Arsenicum*-Mittel wären also nützlich für jene, die Planeten in den Zeichen Skorpion und Stier, Krebs und Steinbock haben.

Ein weiteres Beispiel ist die Reihe der *Calcium*-Mittel, die 21° Wassermann gemeinsam haben, ein Hinweis auf Wirbelsäulenerkrankung. *Calc. arsenicosum, Calc. carbonicum, Calc. fluoratum* und *Calc. phosphoricum* – sie alle zeigen Beschwerden spinaler Ursache. Dazu gehören Rückenschwäche, Rückgratverkrümmung, chronischer Hexenschuß, Knochentumore und Kreuzschmerzen.

Samuel Hahnemann, der Begründer der Homöopathie, erkannte, daß es notwendig war, eine Arznei nicht nur auf der körperlichen, sondern auch auf emotionaler und mentaler Ebene zu prüfen, um ein vollständiges Bild des Mittels zu erhalten. Dieses Modell stimmt mit dem hier vorgestellten astrologischen überein, denn die Substanzen wirken auf den gleichen drei Ebenen, auf denen die Symptome zu erkennen sind. Die dynamische Aktivitätsebene, die alle Organismen durch elektromagnetische Felder durchzieht, ist der Ursprung von Gesundheit und Krankheit im Körper. Die Astro*Radionik ist eine Methode zur Übertragung der korrekten Heilungsinformation durch Sendung einer Arznei, die dem astrologischen Muster entspricht.

Aus der Tatsache, daß Substanzen, die Heilungen bewirken, in Resonanz mit der zu heilenden Person stehen, folgt, daß eine astrologische Verträglichkeit höchst wünschenswert ist. Nun lautet die Frage: Wie sind die Arzneien im homöopathischen Arzneimittelschatz mit den Tierkreiszeichen und den Tierkreisgraden nach Ebertin in Übereinstimmung zu bringen?

Da die Mittel zur Untersuchung einer so wichtigen Frage noch nicht zur Verfügung stehen, ist die notwendige Korrelation bisher erst bei einigen wenigen der gebräuchlicheren Arzneien erforscht worden. Für eine umfassendere Ermittlung bräuchte man Computer, in denen die astrologischen Radien (und ihre Grade) aller Arzneien gespeichert sind. Dann ist jedes Horoskop zu analysieren, die für eine bestimmte Krankheit oder Blockade verantwortlichen Planeten zu bestimmen und eine Reihe von Arzneien zu wählen, die möglichst viele Partial-Radien gemeinsam haben. Die sich so ergebenden Arzneien würden das korrekte homöopathische Heilmittel liefern und auch die Resonanz bieten, die notwendig ist, um die heilende Kommunikation für den ganzen Organismus zu aktivieren.

Jede Arznei beschreibt ein Konstellationsmuster von Wirkungen im psychophysischen Organismus, und die Kombinationen liefern eindeutig ein Ganzes, das größer ist als die Summe seiner Teile – wie die Planeten eines Geburtshoroskops die Information für ein ganzes Leben bieten. In seinem herrlich beziehungsreichen Buch *Psyche and Substance*[8] beschreibt Edward Whitmont, ein herausragender Jungianischer Analytiker, wie er die homöopathischen Arzneien als Archetypen des Verhaltens versteht. Wie die Planeten, sind auch die Arzneien Symbole von psychischen Prozessen, die äußere Bilder innerer funktioneller Dynamik sind. Sein Ansatz öffnet die Homöopathie auch der psychologischen Astrologie.

Astro*Radionik-Karten

In der Praxis bestimmt der Astro*Radionik-Behandler durch traditionelle Methoden oder mit Hilfe eines Pendels, welche Planeten oder Winkel im Geburtshoroskop in einer gegebenen Situation eine Rolle spielen. Dann läßt sich eine Rae-Karte herstellen, die eine homöopathische Potenzierung der Konstellation trägt, die die Grundursache ist und die kritische Information auf den inneren

Ebenen übermittelt. Durch Reaktivierung der disharmonischen Energie ist es möglich, den Energiefluß wiederherzustellen und den Heilungsprozeß einzuleiten.

Horoskop 33 (Abb.60) bot das Symptom ständiger Schlaflosigkeit, so daß der Klient die meisten Nächte seines Erwachsenenlebens nicht schlafen konnte. Keine Medikamente, Psychotherapie oder subtilen Heilbehandlungen schienen die Situation zu bessern. Keiner der konsultierten Behandler hatte die Ursache entdeckt. Es fällt geradezu ins Auge, daß der Planet Neptun die Schlaflosigkeit verursacht; er steht in Konjunktion mit Mars und dem Aszendenten. Ebertin vermerkt zu Mars/Neptun: »Aktivität gelähmt; selbstzerstörerische Kräfte und Mittel; Launenhaftigkeit; Reizbarkeit; Minderwertigkeitsgefühle«.[9] Interessant und alarmierend zugleich sind jedoch die Quadrat-Aspekte von Sonne und Merkur sowie das Pluto/AC-Sextil. Die Sonne als Träger der Vitalität und Energie beeinträchtigt die vitale Kraft und führt zu einer »schwachen Konstitution; wenig Vitalität, Unterminierung der Gesundheit« und sogar in extremen Situationen zu einer »Auflösung des Körpers«. Das Quadrat von Pluto kann Auflösung oder Tod verursachen. Das Merkur-Quadrat erzeugt einen Überschuß nervöser Energie, Schwäche des Denkens, empfindliche Nerven und andere, ähnliche Probleme, die der Klient deutlich zeigte. Soweit Neptun beteiligt ist, scheint das kritische Thema ein zweifaches zu sein: Zum einen besteht ein ständiger Hinweis darauf, daß das Ereignis, das die Schlaflosigkeit ursprünglich verursachte, mit Drogen zu tun hatte, und zum anderen, daß ein verantwortungsloser (Neptun/Merkur-Quadrat) Arzt oder Chirurg (Mars/Sonne-Quadrat) an der Entbindung beteiligt war. Als dem Klienten diese Informationen vorgelegt wurden, stellte sich heraus, daß der Arzt seine Geburt mit Hilfe einer Injektion künstlich einleitete, und daß die Mutter eine Vollnarkose erhielt, ungeachtet der Tatsache, daß sie bereits zwei völlig normale Entbindungen hinter sich hatte. Man entdeckte später, daß der Arzt in der Tat verantwortungslos vorgegangen war.

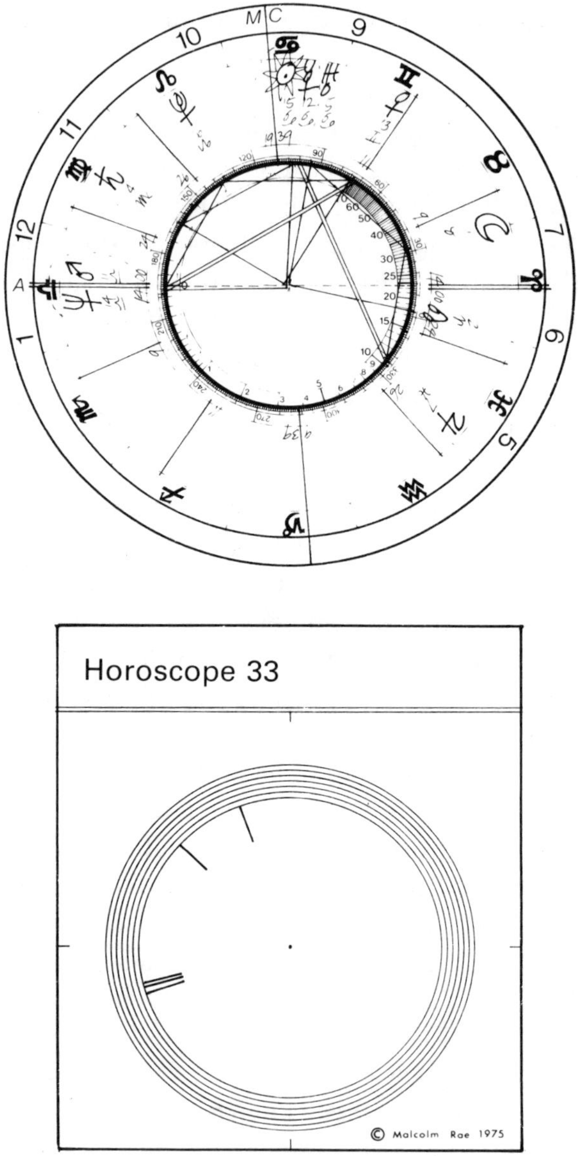

Abb.60

Die astrologischen Faktoren bei der Schlaflosigkeit sind Neptun/AC und Mars/Neptun/AC; sie alle sind im Horoskop des Klienten vertreten. Die Behandlung bestand aus einer Astro*Radionik-Karte mit den Partial-Radien von Aszendent, Neptun, Mars, Sonne und Pluto. Als diese Kombination in sehr hoher Potenzierung übermittelt wurde, zeigte der Klient eine sofortige, positive Reaktion und begann, Nächte gesunden Schlafes zu erleben. Urschrei oder Rebirthing wurden ihm als unterstützende Therapien für das durch die Entbindung erlittene psychische Trauma empfohlen. Die Information, daß die Geburtsumstände das Problem der Schlaflosigkeit verursacht hatten und nicht derzeitige Ängste und Belastungen – auch wenn die gegenwärtige Situation das Problem nur erschwerte –, brachte in Verbindung mit der Astro*Radionik-Behandlung einen befriedigenden Erfolg.

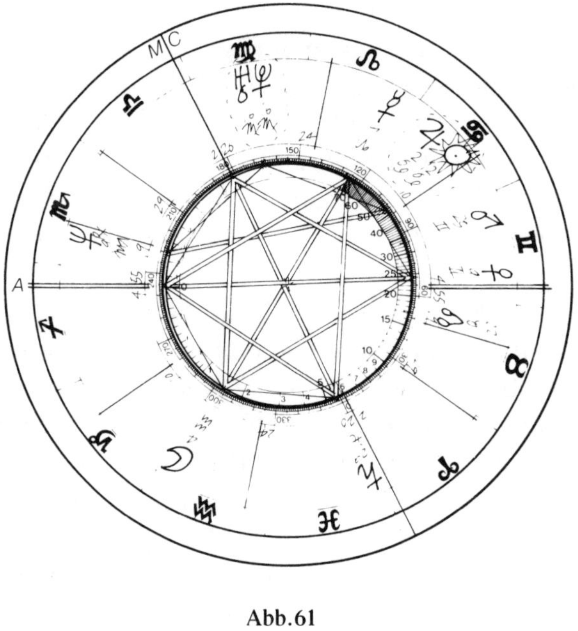

Abb.61

Horoskop 34 (Abb. 61) ist ein junges Mädchen, das im Alter von 14 Jahren 8 Monaten eine Magersucht (Anorexia nervosa) manifestierte. Zur fraglichen Zeit erreichte sie nacheinander ein Halbquadrat zu Mars mit dreizehn Jahren, Sextile zu Sonne und Jupiter und ein Halbquadrat zu Saturn. Die Ursache der Magersucht ist nicht Neptun im 1. oder 2. Haus (als Anzeichen für Probleme von der Entwöhnung, wie bei früheren Beispielen gezeigt), sondern die herannahende Opposition zum Geburts-Neptun mit 17 Jahren 4 Monaten. Auslöser waren in diesem Fall Mars und Saturn, die Ebertin als Todesachse bezeichnet, dazwischen das Sextil zu Geburts-Sonne und -Jupiter. Diese Kombination zeigt an: »Schwache Vitalität, die Unfähigkeit, allen Anforderungen oder Situationen gerecht zu werden, die Notwendigkeit, Krankheit zu überwinden« und eine »vorteilhafte Trennung«.[10] Man kann nur annehmen, daß eine Trennung vom Vater die Ursache und auch die Lösung der Magersucht war. Ja, der Vater war für sie eine schwer faßbare Gestalt, und seine Distanz zu ihr verursachte das innere Bedürfnis, das die Krankheit aktivierte und die erwünschte Zuwendung brachte.

Die Pendel-Analyse ergab, daß die Planeten Neptun, Mars, Saturn und Sonne zu senden waren, da der Weg zur Lösung die Versöhnung mit dem echten Vater einschloß und ein Hintersichlassen der Kindheit, die beide miteinander verband. Es ist häufig der Fall, daß ein Elternteil kindlich ist, wenn Jugendliche eine Magersucht manifestieren.

Die Astro*Radionik-Karte erfüllt die Aufgabe, das Denken des Behandlers auf die planetaren Themen zu konzentrieren, die durch Krankheit – ob psychologisch oder körperlich – aktiviert werden. Aber die resultierende Heilung, die in vielen Fällen möglich ist, führt nicht zwangsläufig zur Einheit innerhalb des Individuums. Teile vom Wesensganzen abzuspalten und zu heilen, ist immer noch künstlich und notwendigerweise vorübergehend, weil das Ganze am Ende bestrebt sein wird, den gesunden Teil aufzunehmen, und dann werden Störungen den Teil von neuem durchdringen.

Der Astro*Radionik-Analysator

Die Geschichte der Radionik und Energie-Medizin ist dokumentiert durch eine Reihe von Mustern, die zur Heilung und als Instrumente heilender Energien Verwendung fanden. Oft führen die Heilungsmuster sowohl die Diagnose als auch die Behandlung durch. Im Grunde ist auch das Horoskop-Diagramm ein geeignetes Muster für das medizinisch-astrologische Pendeln. Aber der Bedarf an detaillierteren Mustern und Diagrammen, auf denen die Stärken und Schwächen von Planeten, Zeichen oder anderen Elemente-Kombinationen des Horoskops abzulesen sind, wird unübersehbar. Der Verfasser entwarf ein solches Werkzeug, das sich in Verbindung mit dem herkömmlichen magneto-geometrischen Potenz-Simulator von der Firma Magneto-Geometric Applications bewährte.

Der Astro*Radionik-Analysator besteht aus zwei Teilen (Abb.62). Die Räder (oben) drehen sich gegeneinander auf dem Grund-Horoskopdiagramm; ein kleiner Griff über dem Mittelpunkt ist gerade groß genug, um eine kleine Haar- oder Blutprobe zwischen kreisförmigen Klebe-Etiketten aufzunehmen. Die horizontale Aszendent-Deszendent-Achse bleibt die Datumsebene. Der Kreis der astrologischen Zeichen kann so gedreht werden, daß Aszendenten-Zeichen und -Grad des Individuums mit der AC-Markierung links zur Deckung gebracht werden können. Diese Anordnung richtet den Tierkreis so aus, wie er bei der Geburt des Individuums war. Durch Vergleich mit dem Horoskop der Person ist es möglich, die Planeten durchzugehen und der Reihe nach den Gesundheitszustand eines jeden zu bestimmen.

Das dritte Rad von den Tierkreiszeichen nach innen trägt eine Reihe von Symbolen in der oberen Hälfte zu beiden Seiten der −/+ Zeichen. Die Werte gehen von -6 auf der linken bis +6 auf der rechten Seite. Wenn die Markierung auf einen bestimmten Planeten zeigt, wird das Pendel über den Mittelpunkt des Kreises gehal-

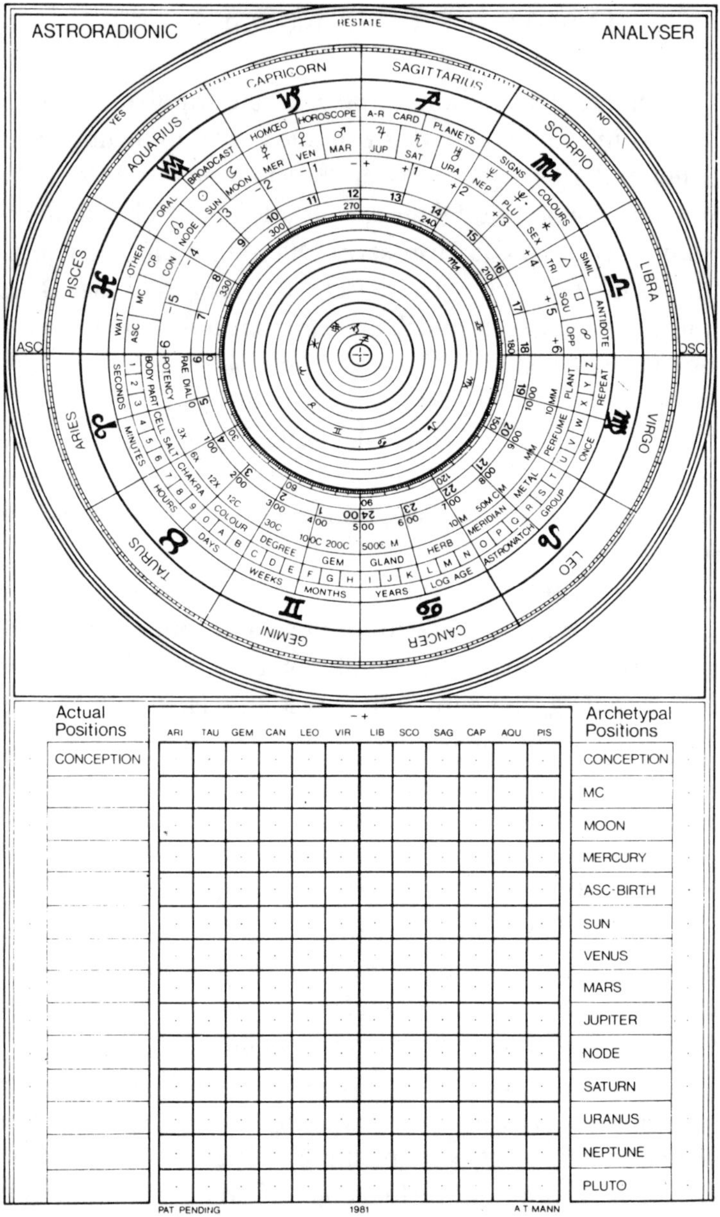

Abb.62: Astro*Radionik-Analysator und Transleys Analyse-Karte

Advanced Radionic Consultants

Dr. David V. Tansley, D.C.
38 South Street, Chichester, Sussex, England Tel (0423) 775383

Vitality Index	Name Date
Physical Health Index Psychological Health Index	Address
Congestion	Birth Date Day Month Year Place
Over-Stimulation	Symptoms
Lack of Co-ordination	Miasms Toxins

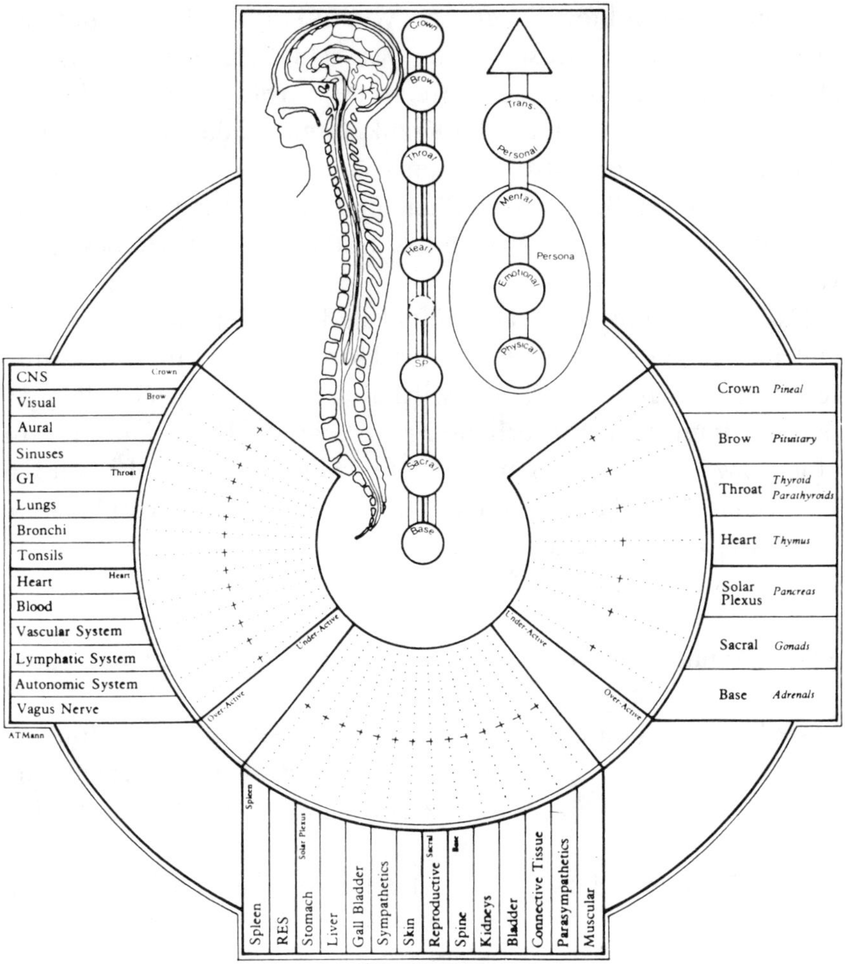

ten und die Frage gestellt: »Welche Energieladung hat die Sonne?« Die Plus-Zahlen zeigen Überaktivität, die Minus-Zahlen Unteraktivität an. Die so zustande kommenden Werte zeigen deutlich den Zustand aller Planeten und ermöglichen es dem Astrologen, seinen Klienten entsprechend zu beraten.

Die Astrologen haben zwar viele präzise Systeme für die Voraussage, aber es gibt keine absoluten Werte in solcher Astrologie. Oft hängen die korrekten Diagnosen von akkuraten Intuitionen ab, nicht so sehr bei der Bestimmung, *was* schiefgegangen ist, als *welche* der angezeigten Eigenschaften oder astrologischen Ereignisse wirklich verantwortlich für die Krankheiten ist, die die Symptome manifestieren. Der Astro*Radionik-Analysator läßt sich verwenden, um festzustellen, welche Planeten zu einer gegebenen Zeit aktiv sind; damit sind die Ergebnisse traditionellerer Methoden zu vergleichen.

Es ist auch möglich, das Pendel zu benutzen, um zu fragen, welche Planeten-Kombination im Horoskop zu einer bestimmten Zeit aktiv ist. Das Pendel wird über die Mitte des Kreises gehalten, dann die erforderliche Frage gestellt. Dann kann es auf einen, zwei, drei oder mehr Planeten zeigen. Die resultierenden Kombinationen lassen sich mit Ebertins Tabellen vergleichen. Wenn beispielsweise die Planeten Mars, Uranus und Neptun angezeigt werden, gilt laut Ebertin:

Mars/Uranus=Neptun	Wahnsinnn, Ohnmachtsanfälle, Autounfall
Mars/Neptun=Uranus	wechselnde Energiepegel, plötzlich auftretende Schwäche, Energiemangel, Krise durch Unfall oder Verletzung
Uranus/Neptun=Mars	fehlgeleitete Energie, Lahmheit, Lähmung, mangelndes Durchhaltevermögen

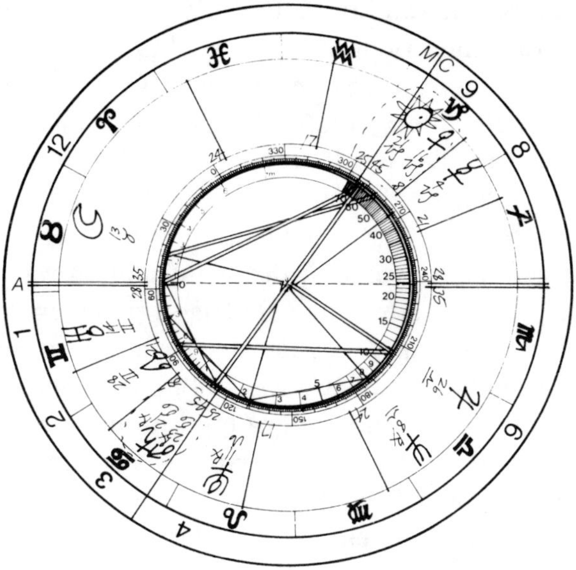

Abb.63

Auf diese Weise kann ein Bild aufgebaut werden, das das Spektrum der momentan wirkenden Eigenschaften enthält. An diesem Beispiel ist zu erkennen: Wenn die erste Kombination innere Planeten wie Sonne, Mond, Merkur, Venus oder Mars umfaßt, geht es oft um Ursachen; während die äußeren Planeten von Jupiter bis Pluto eher pathologische Zustände bedeuten, die von früheren Ursachen herrühren. Das Trauma der Lähmung im vorliegenden Beispiel kann aus dem Schock eines Unfalles in der Jugend herrühren, der sich in späterem Alter manifestiert.

In Horoskop 35 (Abb.63) geschah im Alter von 1 Jahr 5 Monaten ein Unfall; das Kind wurde von seinem älteren Bruder beinahe im Bade ertränkt, wie die Saturn/Mars-Konjunktion in Krebs zeigt. Daß der Vater zugegen war, aber den Unfall nicht verhinderte, zeigt die Opposition von Sonne und MC. Im Klienten blieb das sehr tiefe Gefühl einer Bedrohung so mächtig, daß er bei der Konfrontation mit Autoritätsfiguren (Sonne/MC) wie Arbeitgebern, Polizisten oder Beamten plötzlich Erstickungsanfälle bekam und sich zu Boden warf. Die resultierenden Erstickungsanfälle geschahen regelmäßig, und der Klient litt sehr darunter.

Eine Psychotherapie hatte die Symptome gelindert, aber die Ursache nicht gefunden. Zur Zeit der Konsultation war der Klient dreißig Jahre alt und hatte genau ein Trigon zum Geburts-Pluto erreicht, auch ein gespanntes Anderthalbquadrat zu Saturn/Mars und ein Halbquadrat zum MC, das heißt genau auf dem Versöhnungspunkt, der beide Enden der Opposition trifft. Die Sitzung reichte aus, um die Symptome zu zerstreuen, die im Laufe des folgenden Jahres allmählich ganz verschwanden.

Das Erstaunliche an diesem Fall war, daß der Klient während der Beratung an seine Kehle griff und in der Phase der Deutung zu würgen begann, als der Zwischenfall in der frühen Kindheit geschildert wurde. Nachdem er sich beruhigt hatte, brauchte er Ruhe zur Erholung und wurde nach Hause geschickt. Keine sechs Stunden später erhielt ich einen Telefonanruf von einem Bekannten, dessen Freundin unter ähnlichen Erstickungsgefühlen litt, die durch einen Streit in der Familie verursacht seien. Es stellte sich heraus, daß sie einen Tag später geboren wurde und ihr Horoskop buchstäblich die gleiche Konstellation zeigte, außer daß diese sich erst im Alter von sechs Jahren aktivierte, als das Mädchen Zeuge eines Gewaltausbruchs in der Familie wurde. Sie zeigte ähnliche Symptome, die schon beim kleinsten Anzeichen häuslicher Auseinandersetzungen auftraten. In beiden Fällen resultierte das dauernde Trauma aus frühkindlichen Schocks, die dem Individuum nicht direkt Schaden zufügten, aber leicht zu reaktivieren waren. Während die therapeutische Darlegung durch die astrologische Analyse deutlich zur Heilung beitrug, wurde eine Astro*Radionik-Behandlung gegeben, um die Energie freisetzen zu helfen, die mit dem Erlebnis in der Kindheit verbunden war.

Ein großer Vorteil der Arbeit mit der Astro*Radionik-Behandlung ist, daß frühe traumatische Ereignisse aufgearbeitet und die in ihnen gefangenen oder blockierten Energien freigesetzt und in günstigere Richtungen gelenkt werden können. Das Thema des »freien Willens« in der Astrologie handelt genau von diesem Punkt. Die Blockade existiert zu der Zeit, wenn sie entdeckt wird, und dann lautet die Frage, ob es möglich ist, die schwierige Situation jedesmal zu bewältigen, wenn sie reaktiviert wird, oder nicht. Die Freiheit liegt in der Entdeckung von Blockaden und der Identifizierung der Ursachen, um dann der Identifizierung Methoden oder Therapien folgen zu lassen, die es ermöglichen, die Energieladung aufzulösen.

Häufig sind die Planeten-Kombinationen nicht durch Aspekte, Transite oder Direktionen miteinander verbunden, aber trotzdem wechselseitig aktiv. Die so gewonnenen Erkenntnisse können sehr nützlich sein, wenn man ungewöhnliche Situationen anspricht und Heilungen herbeiführt.

Wenn die Planetenkombination einmal gewählt ist, gibt es weitere Möglichkeiten, die nötige Energie zu dem Individuum in Not zu senden. Man kann eine Astro*Radionik-Karte herstellen, die nur die Partial-Radien der benötigten Planeten trägt. Eine weitere Möglichkeit ist der Einsatz der astrologischen Arznei-Karten, die zur Verwendung mit den Rae-Geräten gedacht sind. Beispiele von Planeten- und Zeichen-Karten zeigt Abb.64. Die Zeichen werden definiert durch zwei Partial-Radien, die den Ort und den Bereich der Zeichen in Zeit und Raum angeben; die Planetenkarten werden durch die Partial-Radien an den Positionen des Tierkreises markiert, die man mit ihrer Regentschaft und Erhöhung assoziiert. So ist es also möglich, einen Klienten mit einem sehr starken Merkur zu behandeln, um seine Denkprozesse anzuregen, oder mit einem Neptun »tiefer Potenz«, um die Sensitivität zu steigern. Die ausgesendete Energie der Planeten läßt an die Visionen der Himmelsmagier und Heiler der Renaissance denken.

Während der Astro*Radionik-Analysator sehr nützlich ist als Hilfe bei der Diagnose in der Astrologie, steht zur Praxis der Astro*Radionik ein noch wesentlich stärkerer Weg offen.

Patienten-Simulator-Karte

In der Praxis der Homöopathie wird eine Reihe von Arzneien über Monate oder Jahre hinweg eingesetzt, während ein immer vollständigeres Bild der Gesamt-Komplexität der vorliegenden Konstitution hervortritt. Die optimale, »einzige« Arznei für jeden Menschen nennt man *Simillimum.* Das Simillimum ist die Summe aller physiologischen und psychologischen Dispositionen eines Individuums zeit seines Lebens.

In der Astrologie entspricht das Horoskop dem Simillimum, indem es die Summe aller Charakteristika des Individuums zeit seines Lebens enthält – wenn man sie nur dechiffrieren kann. Mir kam der Gedanke, daß die optimale Heilungs-Karte die Astro*Radionik-Karte vom Horoskop eines Menschen wäre. Die so hergestellten Karten zeigten sehr machtvolle Resultate, wenn sie von Radionik-Praktikern eingesetzt wurden. Eine solche Karte bietet buchstäblich die Möglichkeit, das Gleichgewicht selbst in den schwierigsten Fällen wiederherzustellen.

Das größte Problem des 20. Jahrhunderts ist, daß es immer schwieriger wird, uns selbst zu finden. Wir werden immer weiter von unserer Mitte fortgezogen und verlieren schließlich die Verbindung zu uns selbst, wir werden innerlich obdachlos. In der Psychologie und Psychotherapie hört man immer wieder, daß jemand sich von seinem wahren Zuhause abgeschnitten fühlt. Die Astro*Radionik-Karte des Horoskops ermöglicht es dem Praktiker, dem Klienten eine Dosis der stark verdünnten und potenzierten Version von sich selbst zu geben. Im Laufe der Zeit kann man die Dosis steigern, bis der Klient schließlich genau hinsehen und seine eigene Identität annehmen kann.

Die Karten erweisen sich als besonders nützlich zu Beginn einer Therapie, wenn Durchbrüche bevorstehen oder wenn unerklärliche Probleme vorliegen und weiteres Wachstum unmöglich scheint.

Der Einsatz der Astro*Radionik-Karten, der Planeten-Karten, des Analysators und der individuellen Horoskop-Karten steht im Einklang mit der Signaturen-Lehre des Paracelsus und erfüllt das Wort Malcolm Raes, das am Anfang dieses Kapitels steht.

Astro*Radionik-Karten und Behandlungsmittel stehen Radionik-Praktikern zur Verfügung, gleichwohl sind bisher nur spärlich Tests durchgeführt worden, weil es nur wenige Personen gibt, die genügend Kenntnisse sowohl der Astrologie als auch der Radionik besitzen. Dies wird sich in der Zukunft hoffentlich ändern. Meine Forschungen sollen auch bewirken, daß Astrologen wieder Heiler werden, und daß die Radionik-Praktiker den raum-zeitlichen Zusammenhang ihrer herrlichen Heilmethode untersuchen. Der Verbindung von Radionik und Astrologie geht es um nichts Geringeres als die Natur des Lebens und die universelle Einheit des Seins. Daß der genetische Code der Bewegung der Planeten um unsere Sonne durch die Zeit ähnlich ist, könnte ein Schlüssel sein, der neue, weniger oktroyierende Methoden erschließt, die den Menschen dahin führen, daß er die Verantwortung für sein Genesen und Heilen selbst übernehmen und dem Leben in unserem Universum einen neuen Sinn geben kann.

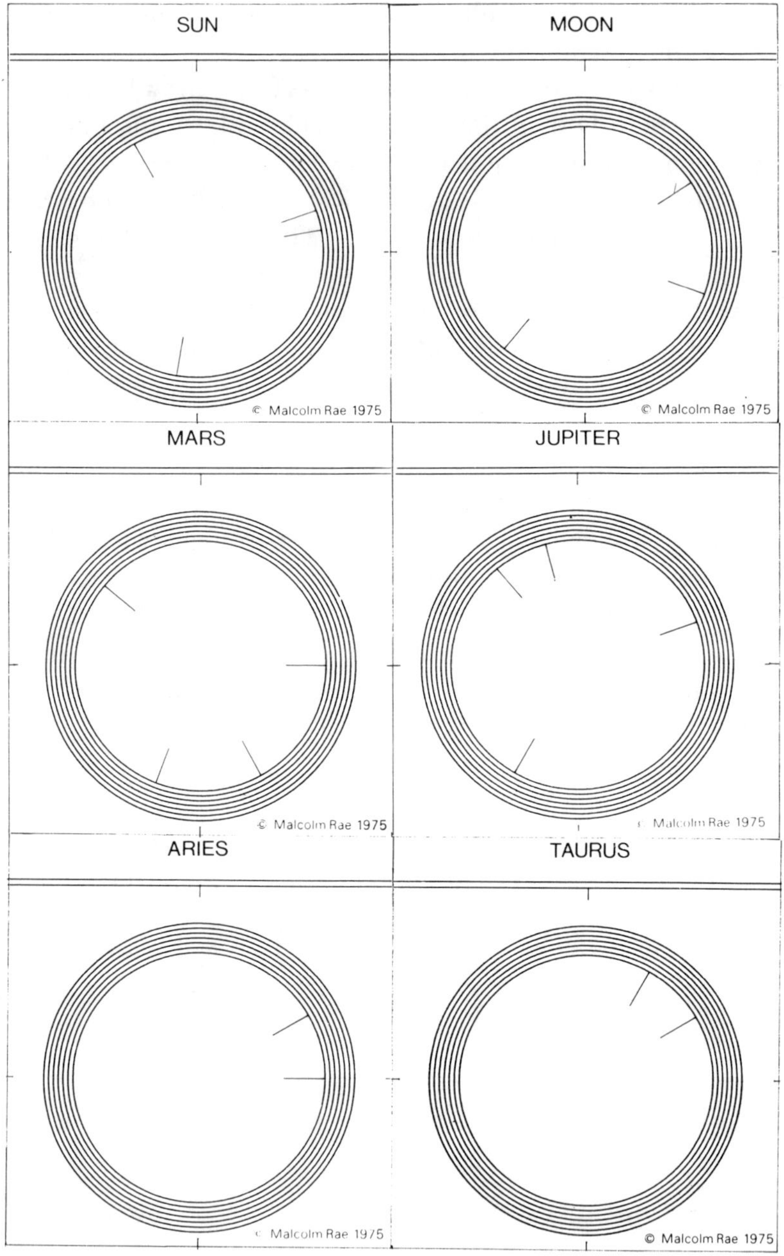

Abb.64: Astrologische Radionik-Karten: Planeten und Zeichen

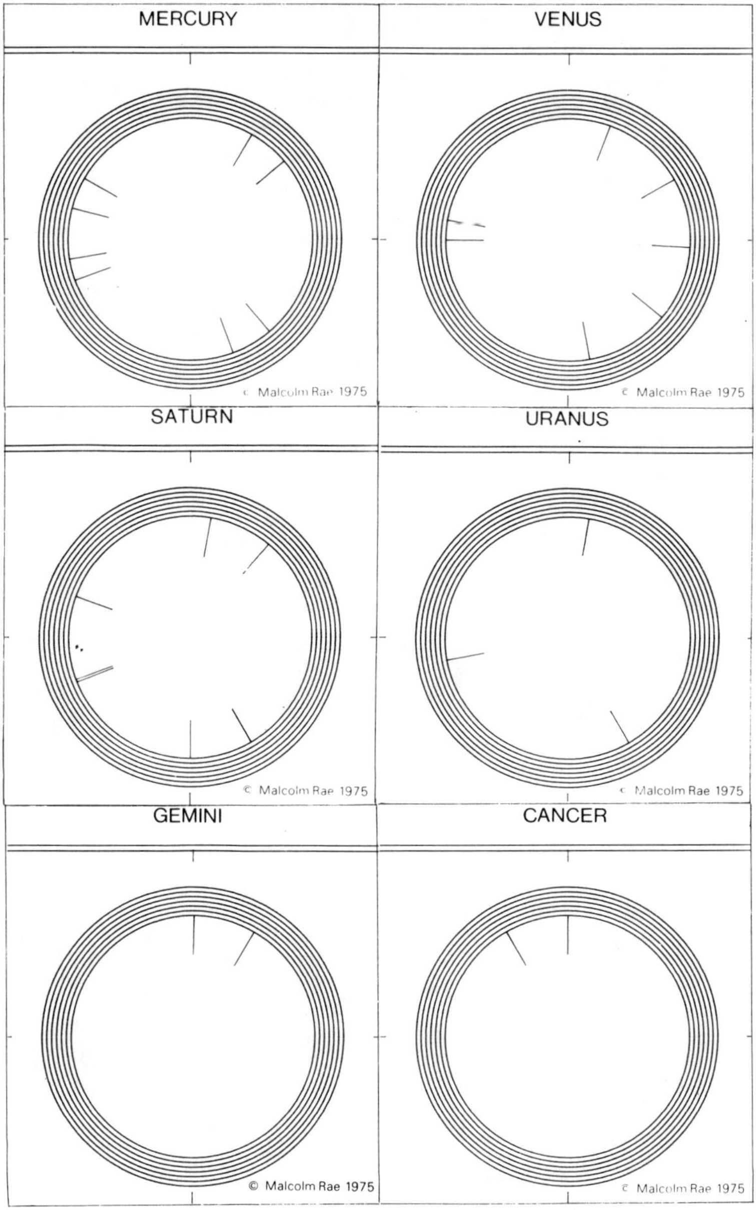

Legende für die zwölf Karten: SONNE – MOND – MERKUR – VENUS – MARS – JUPITER – SATURN – URANUS – WIDDER – STIER – ZWILLINGE – KREBS

Kapitel 8

Die Zukunft heilen

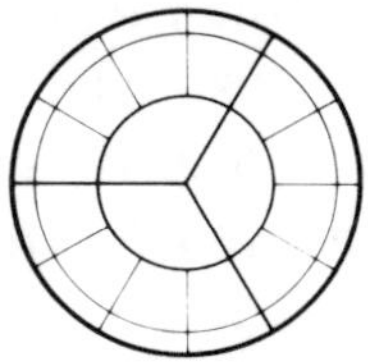

In der Zukunft werden viele Entwicklungen hervortreten, die sich zur Zeit anbahnen, und eine planetare Heilung wird stattfinden können und müssen. Um auf unserem kleinen Planeten zu überleben, ist es wichtig, daß wir unsere Welt heilen. Dies kann nur geschehen, wenn wir zuerst lernen, uns selbst zu heilen. Das beginnt damit, daß wir die Verantwortung für unseren Körper, für unsere Gefühle, Gedanken und für unsere spirituelle Suche annehmen.

Viele Fakten werden bekannt, die die Qualität und den Kern unseres Lebens betreffen. Der Hauptfaktor ist die Ernährung. Die extrem hohen Mengen von Zusatzstoffen, Hormonen, Antibiotika und Pestiziden in unserer Nahrung vergiften uns, trotz aller unserer Vorsicht. Die noch subtileren, aber gefährlicheren Faktoren Mikrowellen – das Kochen im Mikrowellenherd beraubt unsere Nahrung ihres Energiefeldes –, sowie die radioaktive Bestrahlung von Lebensmitteln zur Fixierung des schönen Aussehens für die attraktive Präsentation im Laden haben ebenfalls gefährliche Konsequenzen.

Die Qualität der Speisen, die wir in unseren Körper aufnehmen, ist so minderwertig und gefährlich, daß es von entscheidender Bedeutung ist, entweder ausschließlich auf dem Land zu leben und unser Gemüse selbst anzubauen, oder Vitamin-Präparate zu nehmen, die solche Nährstoffe enthalten, die unseren Nahrungsmitteln fehlen. Selbst die Früchte aus biologischem Gartenbau sind beeinträchtigt durch ein Spektrum von Lecks in den verschiedenen Nuklear-Anlagen, die große Gebiete der Erdoberfläche mit Strahlung abdecken, die in jeden Aspekt des Ökosystems gelangt, auch in unseren Körper.

Es hat den Anschein, daß die Zivilisation vom Individuum fordert, über die Art seines Lebens – vielmehr seines bloßen Überlebens – zu entscheiden, und Schritte unternimmt, um alle Menschen in Schichten aufzuteilen, zu denen sie gehören. Viele werden immer empfindlicher für Umwelt-Belange, aber die überwiegende Mehrheit ignoriert sie und fährt fort mit ihren tödlichen Praktiken zur Ermordung der Erde. Die gesteigerte Empfindlichkeit, die aus vegetarischem Leben, aus gesunden Lebensgewohnheiten, aus gezügelter Sexualität, aus der Meidung von Alkohol und Drogen und aus einer friedvollen Haltung zu den Angelegenheiten der Welt erwächst, führt in vieler Hinsicht zu einer Verletzlichkeit, die nur schwer zu verteidigen ist; doch sie ist der einzige Weg. In zunehmendem Maße ist es notwendig, zum Vorteil solcher Individuen eine neue Ebene der Technik zu nutzen, damit sie am Leben und gesund bleiben. Dabei spielen Vitamine eine wichtige Rolle.

Bei einem gesunden Menschen ist die Resonanz zwischen seinem Körper und den Bewegungen des Sonnensystems intakt; Information wird übertragen, und die Reaktionen auf die entsprechenden Kräfte sind angemessen, natürlich und gesund. Durch künstliche Gewohnheiten, Streß und andere disharmonische Praktiken unserer Zeit ist es möglich, den Resonanzvorgang zu untergraben. Wenn dies geschieht, werden alle Botschaften verzerrt und das Lebensfeld des Mentalkörpers beeinträchtigt. Die Störung arbeitet sich unweigerlich weiter durch den Emotionalkörper bis auf die materielle Ebene vor. Wenn das natürliche Kommunikationssystem zusammenbricht, ist das genauso, wie wenn das Immunsystem kollabiert, und beide Systeme könnten sehr wohl miteinander verbunden sein.

Es ist kein Zufall, daß der Planet Pluto sowohl das Immunsystem des Körpers als auch weitreichende Verwandlungen im Bewußtsein der Masse regiert. Bei der Unterstützung des Immunsystems gibt es eine Reihe zusammenhängender Schritte, die befolgt werden müssen, um die natürliche Kommunikation innerhalb des Körpers und letztlich mit dem ganzen Sonnensystem, dem Meta-Organismus, wiederherzustellen.

Entgiftung

Zunächst ist es wichtig, den Organismus zu entgiften. Entgiftung bedeutet mehr als nur eine andere Ernährung: sie verlangt eine Veränderung unserer Lebensgewohnheiten und unserer Lebensqualität. Dazu muß zuerst der Dickdarm gereinigt werden. Nicht nur der Volksmund, sondern auch eine Reihe hervorragender Ärzte sagen seit langem: »Der Tod sitzt im Darm«, aufgrund unserer Aufnahme von Lebensmittelzusatzstoffen, unseres Konsums an raffinierten Zuckern und Mehlen, an Alkohol und Drogen, Molkereiprodukten, Fleisch und eines Übermaßes an Streß. In den Darmwänden lagern sich verwesende Speisereste ab – ähnlich wie das Cholesterin in den Arterien, daß zu Blockaden führen kann. Da der Dickdarm nach der Haut das zweitgrößte Ausscheidungsorgan des Körpers ist, geht er, derartig zugestopft und blockiert, unserem Organismus als das zweitwichtigste Mittel zur Ausscheidung von Giften verloren. Was daraus folgt, nennt man alimentäre Toxämie, das heißt eine schleichende Blutvergiftung, die auf die Ernährung zurückzuführen ist. Der Dickdarm gibt giftige Abfallprodukte in den Körper ab und verursacht eine Myriade von Problemen wie

Geschwüre, Verstopfung, Erweiterung und Aufblähung des Magens und Darmes, Entzündungen und Krebs der Leber. Die Darmwände atrophieren, so daß die Passage behindert wird; der daraus folgende Verlust peristaltischer Bewegung erzeugt weitere Probleme. Katarrhe, faulige Gase, Dickdarmentzündung, Darmkatarrh, Blinddarmentzündung, Auftreibung des Leibes, Magenschleimhautentzündung, Gallensteine, Infektion des Gaumens, Zahnverfall, Geschwüre, Kopfschmerzen und eine Vielzahl weiterer Leiden, die in unserer modernen Gesellschaft alltäglich geworden sind, werden von der »Vergiftung über den Darm« direkt verursacht.

Die Symptome, die dabei auftreten, schreibt man gewöhnlich anderen Ursachen zu – wenn man überhaupt irgendwelche Ursachen erkennt –, und die allgemeine Malaise wird noch verschlimmert durch die Zurückhaltung der Ärzteschaft, die Wichtigkeit einer Darmreinigung anzuerkennen.

Und doch gehört es als allgemein akzeptierter Teil zu naturheilkundlichen Krebsbehandlungen, den Dickdarm mit warmem Wasser zu spülen. Danach kann der Körper mit der richtigen Aufnahme gesünderer Nahrung beginnen, die ein weiterer Bestandteil der Therapie ist. Die Gefahr von Diätveränderungen ohne Darmreinigung ist im folgenden zusammengefaßt:

> Der Dickdarm ist die Kläranlage des Körpers, aber durch Vernachlässigung und Mißbrauch wird er zu einer Senkgrube. Solange er sauber und normal ist, sind wir gesund und glücklich; lassen wir ihn stagnieren, verteilt er die Stoffwechselgifte in den Körper, Gärung und Verwesung ins Blut, Vergiftung ins Gehirn und Nervensystem, so daß wir niedergeschlagen und reizbar werden; er vergiftet das Herz, so daß wir schwach und antriebslos werden; er vergiftet die Lungen, so daß unser Atem schlecht wird; er vergiftet die Verdauungsorgane, so daß wir Schmerzen und Blähung bekommen; er

vergiftet das Blut, so daß die Haut blaß und unansehnlich wird. Kurzum, jedes Organ des Körpers wird vergiftet, wir altern vorzeitig, sehen alt aus und fühlen uns alt, die Gelenke werden steif und schmerzhaft, Nervenentzündung, dunkle Augen und ein träges Gehirn folgen, und unsere Freude am Leben ist dahin.[1]

Ersatz der Darmflora

Wenn der Dickdarm gereinigt ist, kann man die Kraft des Immunsystems wiederaufbauen. Der zweite Punkt unseres Programms ist der Wiederaufbau der Darmflora.

Man weiß schon seit langem, daß das Immunsystem besser arbeitet, wenn der Verdauungstrakt aktiviert wird. Die Absorption im Darm, aber auch die Verdauung und Entgiftung des Darmes werden gefördert durch die Anwesenheit und Tätigkeit von Mikroorganismen, in erster Linie des Lactobazillus *Acidophilus*. Dieser Organismus behindert das Wachstum anderer, schädlicher, gifterzeugender Mikroorganismen und entgiftet toxische und gefährliche Stoffe, die in unseren Speisen zu finden sind. Er produziert Enzyme, die die Verdauung fördern und für den Abbau von Laktose (Milchzucker) gebraucht werden. Darüber hinaus erzeugt er B-Vitamine, die ebenfalls verdauungsfördernd sind und in Streßsituationen benötigt werden, um mit nervösen Störungen fertigzuwerden. Man hält Acidophilus außerdem für nützlich für die Steigerung der natürlichen Abwehrkraft des Körpers bei der Bekämpfung von Infektionen durch Viren, Bakterien und Pilze.

Viele Kleinkinder und Kinder weisen bereits eine Störung der Darmflora auf, häufig weil sie überhaupt nicht oder nicht lange genug gestillt wurden. Bis zum Alter von sieben Jahren sind Bifido-Bakterien die wichtigste Gruppe »freundlicher« Bakterien, die sich von Natur aus im Magen-Darm-Trakt gesunder, gestillter Kinder aufhalten. Wenn Kinder von der Brustnahrung entwöhnt werden, werden die Bifido-Bakterien allmählich durch Acidophilus ersetzt. Da viele Kinder überhaupt nicht gestillt wurden, müssen sie als Erwachsene gewissermaßen »von vorne anfangen«.

Schlechte Ernährung, Krankheit, durch Chlor und Pestizid beeinträchtigtes Leitungswasser, sowie der Konsum von Alkohol und Drogen haben schon immer fatale Auswirkungen auf Acidophilus gehabt. Darüber hinaus bewirkten in jüngeren Jahren der Einsatz von Antibiotika und Medikamenten, die Aufnahme unbekannter Mengen von Antibiotika in Molkereiprodukten, Fleisch, Geflügel usw., sowie die Auswirkungen der industriellen und chemischen Verseuchung unserer Nahrungsmittel und Atmosphäre weitere tödliche Folgen. Der große Streß des heutigen Lebens, Zigarettenrauchen, Alkohol und eine Ernährung, die tagtäglich reich an Zukkern, Fetten und versteckten chemischen Zusatzstoffen ist, tragen zu der Ausrottung des Acidophilus in unserem Darm bei. Wenn Acidophilus fehlt, wird der Darm jedoch zu einem fruchtbaren Boden für das Wachstum schädlicher Fäulnisbakterien. Diese wiederum lassen den Darm ohne Schutz und damit offen für zahlreiche Ansteckungen und Verdauungsbeschwerden.

Unser Darm enthält gut drei Pfund lebender Mikroorganismen. Um eine so starke Besiedelung nachhaltig zu beeinflussen, brauchen wir Milliarden entsprechender Acidophilus-Zellen. Klinische und wissenschaftliche Forschungen haben ergeben, daß große Mengen oral aufgenommener lebender Organismen außerordentlich wichtig sind für einen gesunden Darm und zur Vorbeugung von Krankheiten, die ihren Ursprung im Darmtrakt haben. Acidophilus ist ein lebender Organismus, der (bei oraler Einnahme) die Passage durch den Magen überleben muß, bei der normalerweise alle lebenden Organismen im Säurebad vernichtet werden. Lactobazillus acidophilus ist als Pulver erhältlich, das Milliarden von Acidophilus-Mikroorganismen pro Gramm enthält und sich ausgezeichnet eignet, die korrekte Darmflora wiederherzustellen.[2] Eine große Anzahl von Organismen pro Dosis gewährleistet, daß eine genügend große Menge auch bis in den Dünndarm gelangt.

Die meisten Menschen in der modernen westlichen Welt sind im Laufe ihres Lebens schon viele Male mit Antibiotika behandelt worden. Es ist nicht allgemein bekannt, daß die Wirkung der Antibiotika unspezifisch ist, das heißt, wenn man ein Antibiotikum nimmt, um eine kleine Infektion am Finger zum Verschwinden zu bringen, versucht das Medikament, alle Bakterien überall im Körper zu töten. Dies beeinträchtigt in erster Linie die Darmflora, die durch Einnahme von Acidophilus wiederaufgebaut werden muß.

Vitamin-Resonanz

Es gilt als allgemein anerkannt, daß die zusätzliche Einnahme von Vitaminen notwendig ist, weil wir unseren tatsächlichen Bedarf kaum aus den Speisen beziehen können; es ist jedoch nicht allgemein bekannt, daß Vitamine ebenso verderben können wie andere Naturprodukte. Dies gilt insbesondere für die wichtigen B-Vitamine, die in verdorbenem Zustand nicht mehr so wirken, wie sie sollten, sondern darüber hinaus andere wichtige Stoffe aus dem Organismus auslaugen. Durch gründliche Untersuchungen mit dem Pendel kann man feststellen, daß viele verfügbare Vitamine und Ergänzungsstoffe verdorben und damit wirkungslos sind.

Der zweite Punkt, den es bei den Vorteilen von Vitaminen zu beachten gilt, ist ihr Absorptionsgrad (Tabelle 7). Es gibt eine Kette chemischer Strukturen, in denen Vitamine und Minerale enthalten sind, ein Spektrum von unverdaulichen (unten) bis zu Aminosäure-Chelaten, die für den Körper äußerst leicht aufzunehmen und umzusetzen sind (am oberen Ende der Liste).

Tabelle 7 Die Skala der Vitamin-Absorption

Aminosäure-Chelate	am leichtesten zu absorbieren
Askorbate	
Orotate	
Glukonate	
Karbonate	
Oxide	
Chloride	
Sulphate	am schwersten zu absorbieren

Reine Vitamin- und Mineral-Substanzen lassen sich nach den gleichen Gesichtspunkten beurteilen und einordnen. Je weiter oben eine Substanz in dieser Liste steht, desto aufwendiger ist auch ihre Herstellung, desto empfindlicher ist sie gegenüber Lagerzeit und anderen Einflüssen. Interessanterweise läßt sich aus astrologischer Sicht eine Resonanz der Aminosäure-Chelate mit dem genetischen Code in jeder Körperzelle feststellen – also auch eine Resonanz mit dem astrologischen Muster des Kosmos. Die Aufnahme von Vitaminen höchster Qualität kann auf jeder Ebene die Verbindung mit der Hierarchie der Informationsstrukturen in unserem Sonnensystem steigern. Die nächste Stufe unseres Heilungs-Projekts ist die Herstellung einer *Vitamin-Resonanz,* so daß wir alle zurückfinden zur Verbindung mit unseren höheren Informationszentren.

Die Erdung der Psychologie

Die psychologische Weltanschauung verzerrte sich, ohne daß man sich dessen stärker bewußt wurde. Der Kern des Problems liegt darin, daß jene, die sich auf den therapeutischen Prozeß einlassen, dazu neigen, sich im Prozeß niederzulassen, statt ihn als ein Mittel für ihr Ziel zu betrachten. Die Therapie selbst wird zum Ziel und führt zu einem letztlich sehr frustrierenden Leben im Kreise. Die Notwendigkeit transpersonaler Bestrebungen spiegelt das Bedürfnis wider, weiter zu gelangen und die herkömmlichen psychotherapeutischen Ideale hinter sich zu lassen.

Auf ähnliche Weise gehen die psychologischen Schulen in der Astrologie vergnügt voran und betrachten das Individuum, als ob scin Körper bedeutungslos wäre; dabei ist der Körper das Gefährt, durch das die Psyche wirkt und handelt. In östlichen Kulturen weiß man, daß der Leib *der Tempel der Seele* ist und als solcher ebenso verehrt werden muß wie die Gottheit.

Die notwendige Verbindung biologischen und psychologischen Gedankengutes ist die nächste Stufe bei der Einführung eines gesunden Lebens auf unserem Planeten. Beide sind untrennbar und müssen im Leben umgesetzt werden, wie die Idee und Praxis der Lebens*Zeit-Astrologie aufzeigen. Die Psychologie hat ihren Kopf über den Wolken, sie muß mit den Füßen auf die Erde kommen.

Eine großer Vorzug der Astrologie ist ihre Möglichkeit, einen körperlichen Fehler oder Unfall, eine Krankheit oder Verletzung oder eine Schwierigkeit in zwischenmenschlichen Beziehungen herzunehmen, die entsprechende astrologische Konfiguration festzustellen und darüber hinaus die psychologische Ausdrucksform der zugrundeliegenden Eigenschaften, ihre Dauer und ihre Bedeutung. Solche Entsprechungen und Zusammenhänge verleihen der traditionellen psychologischen Astrologie eine größere Tiefe und sogar mehr Gewicht für das medizinische Verständnis. Der direkte Zusammenhang zwischen Krankheiten, psychologischem Zustand und astrologischem Muster kann profunde Vorteile bringen.

Die Zukunft der astrologischen Heilkunst

Die nächste Stufe bei der astrologischen Heilung ist die Informations-Zusammenführung in einer zugänglichen Form, damit Therapeuten und Astrologen aus den vorliegenden Erkenntnissen Nutzen ziehen können, sowie eine Möglichkeit zu schaffen, praktische Erfahrungen und andere Rückmeldungen zu verarbeiten und aufzunehmen. Die Einführung eines beiderseitigen Austauschs von Informationen über die medizinische und psychologische Astrologie ist überaus wichtig.

Momentan ist der größte Teil der Astrologie und der Computer-Astrologie eine Einbahn-Angelegenheit, und kaum jemand macht sich die Mühe, die vom Klienten erhaltenen Rückmeldungen und Informationen weiterzugeben oder auszuwerten. Es gibt noch kein System, was diesen notwendigen Vorgang ermöglicht. Wir brauchen in naher Zukunft zwei verschiedene Wege, um das Informations-Feedback zu erleichtern.

Eine umfangreiche und möglichst vollständige Sammlung astrologischer Deutungsdaten ist nötig, vermutlich in Gestalt einer interaktiven Computer-Datenbank. Es gilt, die Deutungs-Information in den zahlreichen brauchbaren astrologischen Veröffentlichungen, aus den unzähligen Richtungen der Psychotherapie, der medizinischen Astrologie, der traditionellen Astrologie, der Ernährungs-Analyse und anderen Gebieten miteinander in Beziehung zu setzen. Eine Praktikern und Forschern gleichermaßen zugängliche Quelle würde es ermöglichen, nicht nur auf Knopfdruck das korrekte Spektrum von Informationen zur Verfügung zu haben, sondern die Daten auch gründlicher zu prüfen, als es derzeit durchführbar ist.

Weiter muß eine Datenbank entstehen, die die vollständige medizinische, psychologische und therapeutische Geschichte vieler Menschen dergestalt sammelt, daß deren astrologischer Lebenslauf zur parallelen Betrachtung ebenfalls zugänglich ist. Erst wenn ein solches Informationsfeld geschaffen ist und zusammen mit der nächsten Stufe, der Datenverarbeitung, in Angriff genommen wird, kann die wahre, höchste Heilkunst der Astrologie zur Geltung kommen. Es ist zu hoffen, daß solche Entwicklungen in naher Zukunft verwirklicht werden.

Das menschliche Leben heilen

Der Heilungsprozeß, den zahllose Menschen auf der Erde zur Zeit angetreten haben, spiegelt sich in der Heilung im Größeren, dem Heilungsprozeß des Planeten Erde wider, der ebenfalls notwendig ist. Um den Traum vom planetaren Bewußtsein zu verwirklichen, der in jüngster Zeit mit dem Namen *Gaia* bezeichnet wird, ist es notwendig, die giftigen Aspekte unserer Lebensweise auszuschalten. Die emotionellen und intellektuellen Pestizide müssen ebenso verboten werden wie die Vernichtungsmittel im Äußeren. Unser Planet braucht eine Reinigung seiner höheren Daseinsebenen als Ergänzung seines materiellen Wiederaufbaus.

Die Bewohner der Erde können nicht weiter ihre Nächsten außer acht lassen, denn alle sind aufgerufen zu der gewaltigen Aufgabe, den Planeten und sein spirituelles Wesen wiederaufzubauen. Das Ganze zu verstehen und in uns selbst zu manifestieren, ist der notwendige erste Schritt, um einen Weg zu finden, unsere Welt zu verwandeln.

Der Mensch folgt der Erde.
Die Erde folgt dem Himmel.
Der Himmel folgt dem Tao.
Das Tao folgt dem,
was in Einklang mit der Natur ist.

aus: Lao Tse, *Tao Te King,*
Neubearbeitung von Gia-Fu Feng & Jane English
Hugendubel Verlag, München

Nachwort

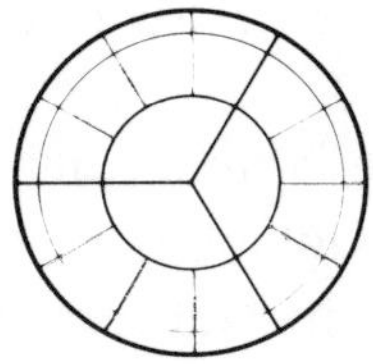

The Well Centre

Die Idee für das Well Centre – ich entwickelte sie gemeinsam mit meinen Kollegen Lola de Gelabert und Dr. Robert Jacobs – ist ein einzigartiges und neuartiges Heilungskonzept, das auf die Bedürfnisse des modernen Menschen auf jeder Ebene seines Daseins ansprechen soll. Jede Person, die zum Zentrum kommt, soll von einem erfahrenen Team von Ernährungsberatern, Körperarbeitern, Akupunkteuren, Homöopathen, Beratern, Familientherapeuten, Psychotherapeuten, Energiemedizin-Praktikern und Astrologen ein Programm erhalten, das Befund und Behandlung umfaßt und eine neue *menschliche Ökologie* zu definieren und aufzubauen hilft.

Die meisten modernen alternativen oder ergänzenden Kliniken und Behandlungsstätten basieren auf der Tradition, jedem Therapeuten eine Praxis zu überlassen, der die Miete dafür bezahlen kann. Was wir jedoch brauchen, ist ein therapeutischer Überblick, der alle Therapien zusammenführt und ein Modell für diese Aufgabe erarbeitet. Das Well Centre ist ein Experiment in Richtung auf dieses Ziel. Es geht davon aus, daß die Erstellung eines wirklich ganzheitlichen Befundes und Behandlungsplanes von der Zusammenarbeit vieler Praktiker abhängig ist, die im Einklang und auf verschiedenen Ebenen mit einem Klienten arbeiten. Die Auswahl der Behandlungen und die Bewertung des Befundes würde aus astrologischer Sicht erfolgen.

Dieses neue therapeutische Modell bedeutet eine Erweiterung bestehender therapeutischer Modelle dergestalt, daß alle Therapien ihre Gegenüber als Beitrag zu einem ganzheitlichen Heilprozeß anerkennen.

Das Modell Well Centre ist mehr als nur eine Idee für eine bestimmte Praxis, es ist darüber hinaus ein Modell für therapeutisches Handeln in planetarem Maßstab. Dies gilt insbesondere, da die Hauptlast in der holistischen Praxis aufgrund der Prinzipien wirklicher Integration von Behandlungsweisen allein auf den Schultern der Therapeuten liegt. Jede einzelne Therapie wird gezwungen, sich so zu ändern, daß sie die anderen Techniken, Methoden und Heilweisen respektiert und mit ihnen zusammenarbeitet, mit denen sie im Einklang steht. Die Therapeuten wiederum müssen ihren Horizont erweitern, um die physischen, emotionalen, mentalen und spirituellen Handlungsebenen in jedem therapeutischen Austausch zu berücksichtigen. Diese neue Art des Heilens betont das Bedürfnis nach dem Aufbau einer gesunden Art zu leben, mit uns selbst, unseren Familien und Lieben, und mit unserer Welt.

Anhang 1

Planeten in Zeichen und Planeten-Aspekte

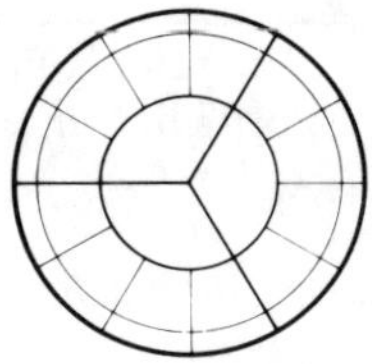

☉ Sonne

Prinzipien	Geist, Denken, Energie, Ganzsein, Ganzheitlichkeit, Herrschen, Individualität, Leben, Vitalität, Organisation, Bewußtsein, Libido, Kundalini, Objektivität, bewußtes Leben, Sympathie

Zeichen	**Deutung**
Widder (Erhöhung)	Bestätigung, Energie, Kühnheit, führend, kriegerisch, ungeduldig, sportlich, unternehmungslustig, Egozentrik, Stolz
	Blut-Stauung, Ohnmacht, Kopfschmerzen, Akne, Geisteskrankheit, Hysterie
Stier	Beharrlichkeit, materialistisch, praktisch, sicher, körperlich, eigensinnig, besitzergreifend, eifersüchtig
	Diphtherie, Nasen-Polypen, Augenkrankheiten (29°), Halsschmerzen, Krupp-Husten, Geschlechtskrankheiten, Melancholie, Skrofulose, vergrößerte Schilddrüse
Zwillinge	gewandt, beredt, aufgeschlossen, zwiespältig, Identitätskrisen, nervös, schlagfertig, oberflächlich, launisch, wechselhaft, munter
	Rippenfellentzündung, Tuberkulose, Bronchitis, Lungenanämie, Stauungslunge, Handverletzungen, Lungenfehler
Krebs	Häuslichkeit, schlau, konservativ, elterlich, bequem, religiös, psychologisch, empfindsam, tiefgründig
	Anämie, Wassersucht, gastrisches Fieber, Magenreizung, Verdauungsstörungen, organische Magenleiden, geblähter Magen
Löwe (Domizil)	Zuversichtlich, dominierend, vertrauensvoll, Aufsteiger, Verleger, Schutz, spekulativ, lehrend, herrisch, arrogant
	Rückenschmerzen, Herzklopfen, Irrsinn, Brustwirbelsäule, organische Herzbeschwerden, Augenkrankheit (6°)

☉ Sonne

Personifizierungen	Verwalter, Führer, Gouverneur, Politiker, Leiter, Kapitän, Spekulant, Personen des öffentlichen Lebens, Vater, Großeltern, Arzt, Funktionär, berühmte Menschen

Haus	**Deutung**
	Kindheit
1. Haus	Aufmerksamkeit, elterliche Zustimmung, starker Wille, Vitalität, Gewahrsein, Erholung, Temperament, Egoismus, körperliche Gesundheit, zwanghaft
2. Haus	Ausdauer, Humor, Genuß, sanft, beständig, sinnlich, sicher, zurückhaltend, stur, fest, besitzergreifend, nachsichtig, Eltern schützen
3. Haus	rasche Auffassungsgabe, verbal, Neugier, gewandt, anpassungsfähig, lernend, Veränderung, Geschwister, Ausdruck, wißbegierig, bezaubernd
4. Haus	sichere Familie, emotionale Grundlage, Stolz, Eltern, schön, besitzergreifend, häuslich, natürlich, liebt Behaglichkeit, wohlwollend
	Reife
5. Haus	Selbstausdruck, selbstbewußt, angeberisch, dominierend, führend, künstlerisch, praktisch, anspruchsvoll, jungfräulich, wählerisch

Jungfrau	tüchtig, achtet auf Einzelheiten, ordentlich, aufmerksam, kritisch, findet Fehler, Dienst, anspruchsvoll, Heiler *unkorrekte Aufspaltung von Nährstoffen, blockierter Dickdarm, Darmkrankheiten, Typhus, Ruhr*
Waage (Fall)	ausgleichend, entspannt, konsequent, gesellig, politisch, bezaubernd, zugänglich, unitarisch, unzuverlässig, faul, wird beherrscht, treuer Gefährte *Hautausschlag, Nierenentzündung, schwache Nieren*
Skorpion	leidenschaftlich, unselbständig, launisch, rachsüchtig, eifersüchtig, eindringlich, selbstzerstörerisch, dynamisch, temperamentvoll, anziehend, unbeirrbar *Erkrankungen der Urogenitalorgane, Menstruationsstörungen, Krankheiten der Gebärmutter und Eierstöcke*
Schütze	ehrgeizig, frei, salopp, phantasievoll, Erfolg im Ausland, undiszipliniert, offen, erforschend, Hedonist, gespalten *Ischias, Gliederlähmung, Augenkrankheit (8°), Lungenkrankheit, Unterschenkelgeschwür, Arthritis (Hüfte, Oberschenkel)*
Steinbock	zielbewußt, egozentrisch, gehemmt, pflichtbewußt, Schwerarbeiter, egoistisch, fleißig, treu, starr, edel, sachlich *Rheuma, Knochenkrankheiten, Hauterkrankungen, Verdauungsbeschwerden, lahme Knie, Verstauchungen*
Wassermann (Exil)	abstrakt, menschenfreundlich, kenntnisreich, menschlich, verständnisvoll, gesellig, überlegt, Hilfe von anderen, egoistisch *verstauchte Knöchel, Krampfadern, Wassersucht, Herzklopfen, schlechte Durchblutung, Blutkrankheiten*
Fische	mitleidsvoll, universell, liebevoll, suchterzeugend, einfühlsam, poetisch, hinterlistig, aufnahmefähig, gleichgültig, beschränkend *Typhus, Darmbeschwerden, Erkältungen, deformierte Füße, Lethargie, Erkrankungen des Lymphsystems, Badeunfälle*

6. Haus	methodisch, analytisch, naiv, einfältig, kritisch, umständlich, fleißig, verbal, praktisch, anspruchsvoll, jungfräulich, wählerisch
7. Haus	veredelnd, Partnerschaft, anpassend, eitel, weltlich, Konstanz, Beziehungen wichtig, beliebt, abhängig, diplomatisch, freundlich
8. Haus	trennend, inselhaft, heftig, metaphysisch, geheimnisvoll, geheimnistuerisch, eigensinnig, argwöhnisch, esoterisch, fanatisch, furchtlos
	Schwangerschaft (Transzendenz)
9. Haus	mobil, enthusiastisch, veränderlich, dualistisch, spirituell-religiös, inspiriert, ausländisch, moralisch, positiv, offen, imaginativ, unzuverlässig
10. Haus	pragmatisch, väterlich, praktisch, berechnend, zurückhaltend, gespannt, niedergeschlagen, auf sich selbst konzentriert, Rückzüge, hartnäckig, klammernd, Härte
11. Haus	idealistisch, Gruppe, beobachtend, distanziert, Freundschaft, intuitiv, planend, scharfsinnig, unabhängig, reformerisch, unstet
12. Haus	einfühlsam, beeinflußbar, geheimnistuerisch, unauffällig, Einzelgänger, entfremdet, institutionell, unter Drogen, opferbereit, passiv, zurückhaltend, seltsam

☾ Mond

Prinzipien	Das Feminine, Mutter, empfinden, Fühlen, Heim, Familie, Reflexion, Rhythmus, Instinkt, Veränderung, Schutz-Instinkt, katalytisches Wirken, Kinder heranziehen, Integration

Zeichen	**Deutung**
Widder	unbeständig, rastlos, eilig, Unbesonnenheit, Machtgier, ursprünglich, lebhaft, rebellisch, spontanes Gefühl, ungeduldig *Schlaflosigkeit, Kopfschmerzen, Lethargie, schwache Augen, Zuckungen, rascher Puls*
Stier (Erhöhung)	Beständigkeit, Sinn für Kunst, Genuß, Festigkeit, Vorsicht, Schutz, stur, Gärtner, wohlhabend, faul *Kehlkopfkrebs, Nackenschwellungen, Halsweh, Menstruationsstörungen, Bronchitis, Augenstörungen (29°), Probleme der Urogenitalorgane, Kehlkopfentzündung, Fehlgeburt, Gefräßigkeit*
Zwillinge	unberechenbar, Unschlüssigkeit, gesprächig, vielfache Beziehungen, sentimental, nachahmend, unbeständig, instinkthaft *Lungenkatarrh, Asthma, Lungenentzündung, Rheuma der Arm- und Handgelenke, Lungenkrebs, schwache Arme, Geschwüre an den Händen, nervöse Erkrankungen, geschwollene Hände, Allergien*
Krebs (Domizil)	verwandt, sicher, verrannt, cliquenbewußt, Verdauungstörungen geschwürig, überempfindlich, zurückhaltend, gehemmt, zügellos *Magenkrebs, Wassersucht, Korpulenz, gebläht, Epilepsie, Verdauungsstörungen, Zuckungen, Brustkrebs, Kolik, übergroße Brüste*
Löwe	Spieler, fruchtbar, kindlich, amüsant, verschwenderisch, eindrucksvoll, offen, gesellig, großzügig, sportlich, unterhaltsam *Rückenschmerzen, schlechte Durchblutung, Zuckungen, Augenbeschwerden (6°), Skrofulose, Sodbrennen, Herzvergrößerung, Herzklopfen*

☾

Mond

Personifizierungen	Mutter, allgemein: Frauen, Hebamme, Großmutter, Tante, Ehefrau, emotionelle Menschen, Gynäkologen, Geburtshelfer, Koch, Sammler, Hausangestellte, Gärtner

Haus	**Deutung**
	Kindheit
1. Haus	Selbstgewahrsein, beeinflußt, beeindruckbar, impulsiv, starke Persönlichkeit, empfindlich, mütterliche Stärke, Korpulenz, reizbar
2. Haus	gefestigtes Zuhause, Behaglichkeit, körperlich orientiert, Nahrung, tiefe emotionelle Bindungen, Schönheit, Festigkeit, stabil, besitzergreifend, eifersüchtig, Gewohnheiten, Wachstum
3. Haus	vielseitiger emotioneller Selbstausdruck, beweglich, Veränderungen in der Mutter, Phantasie, träumen, neugierig, liebt die Geschwister, rastlos, widersprüchlich, oberflächlich
4. Haus	familiär, Zuneigung, beeinflußbar, Tiefe der Gefühle, häuslich, unbewußt, medial, anhänglich, sensitiv, zurückgezogen
	Reife
5. Haus	spekulatives Fühlen, intuitiv, zuversichtlich, leidenschaftlich, eitel, eindrucksvoll, romantisch, phantasievoll, hedonistisch, warm, beliebt

Jungfrau

anspruchsvoll, methodisch, Schwerarbeiter, ordentlich, sauber, dezent, emotionell kritisch, dienend, Perfektionist

Darmstörungen, Verstopfung, Bauch-Tumore, Ruhr, Bauchfellentzündung, Dickdarmkrebs, unregelmäßiger Stuhlgang

Waage

reaktiv, enge Partnerschaft, Charme, Eleganz, braucht Anerkennung, Public Relations, abhängig von anderen, gesellig

Nierenentzündung, Nierenkrankheit, erhöhter Harnsäurespiegel im Blut, Schlaflosigkeit, gestörte Nierenfunktion

Skorpion
(Fall)

Todeswunsch, Ausschweifung, beherrscht, Vorurteil, Ernsthaftigkeit, extreme Eifersucht, Rache, Beherrschung, Subtilität

gestörte Menstruation, Blaseninfektionen, Halsbeschwerden, Lebensmittelvergiftung, Syphilis, Fehlgeburten

Schütze

phantasievoll, fremde Empfindungen, freundlich, hedonistisch, jovial, hochtrabend, konservativ, Reise, Beweglichkeit, Pharisäer

Blutinfektionen, kranke Hüfte, Beinbrüche, Asthma, Reizmagen, Lahmheit, Gicht, deformierte Oberschenkel

Steinbock
(Exil)

Strenge, nicht entgegenkommend, reserviert, materialistisch, ehrgeizig, egoistisch, persönliche Vorurteile, selbstsüchtig, berechnend

Gelenkrheuma, Hautausschläge, Ekzem, Psoriasis, schwache Knie

Wassermann

nicht gern allein, gebildet, menschlich, kalt, geistlos, zerstreut, distanziert, politisch, frigide, unzuverlässig

Krampfadern, Unterschenkelgeschwüre, Wassersucht, gebrochene Sprunggelenke, schlechtes Blut, Blutvergiftung, Lahmheit

Fische

nachgiebig, rastlos, verführerisch, poetisch, verschlossen, okkult, mitfühlend, verletzlich, einsam, geheimnisvoll, zu offen

Alkoholismus, Drogenabhängigkeit, Lethargie, Abszesse

6. Haus	Kopf bestimmt das Herz, psychosomatisch, praktisch, sorgfältig, korrekt, naiv, pedantisch, Kühle, Zurückhaltung, bescheiden, beherrscht, unauffällig
7. Haus	emotionelle Abhängigkeit, Kompromisse, Ausflüchte, verantwortungslos, schicksalhafte Partner, lebhafter Ausdruck, sensitiv, Muttergestalt, launisch
8. Haus	Trennung, destruktive Beziehungen, heftig, Tod der Mutter, besitzergreifend, reserviert, tief, mediale Sensitivität, Groll, abhängig
	Schwangerschaft (Transzendenz)
9. Haus	farbiges Innenleben, Stimmungsschwankungen, Trachten, idealistisch, Veränderungen, Fülle, offen, frei, rastlos, wach, emotionelle Anhänglichkeit, leichtfertig, lässig
10. Haus	Anerkennung, Väterlichkeit, unterdrückt, geduldig, pflichtbewußt, Nüchternheit, unbefriedigt, niedergeschlagen, vorsichtig, zurückhaltend, treu, besitzergreifend
11. Haus	freundlich, wenig Sinn, Gruppenaktivität, Freundinnen, Idealismus, beeinflußt, dogmatisch, viele Pläne, mitfühlend, hoffend, Wünsche
12. Haus	launisch, fühlt sich isoliert, Isolation, Opfer, medial, drogensüchtig, veranlaßt, leicht verletzt, hypnotisch, zögernd, empfänglich, verträumt

☿ Merkur

Prinzipien	Mentales, Intelligenz, Kommunikation, Verständnis, Vermittlung, Neutralität, Nervosität, Ausgleichen, Geschäftssinn, Kritiksucht, wissenschaftliche Arbeit, Logik, Selbstausdruck, anpassungsfähig

Zeichen	**Deutung**
Widder	rasches Denken, Schlagfertigkeit, kreativ, hastig, mental überarbeitet, entschlossen, streitlustig, impulsiv, temperamentvoll, gereizt *Gehirnkrankheit, Schwindel, Krämpfe, nervöse Kopfschmerzen, Gesichtsneuralgien*
Stier	logisch, sachlich, entschlossen, gesunder Menschenverstand, ordentlich, geschäftsmäßig, blind, sicher, strukturiert, eigensinnig, verschlossen. *Stottern, Sprachfehler, Heiserkeit, Taubheit, nervös bedingte Erkrankungen der Urogenitalorgane, Nackenschwellungen*
Zwillinge (Domizil)	geschäftsmäßig, vertraglich, Schriftsteller, Vielfalt, veränderlich, unbeständig, talentiert, wach, kann sich klar ausdrücken, oberflächlich *Gicht in Armen und Schultern, Bronchitis, Asthma, Erstikken, Rippenfellentzündung, Erkrankungen der Arme, Lähmung der Arme, Neuralgie*
Krebs	psychisch, intuitiv, kapriziös, sentimental, Eltern-Vorstellungen, langsames Denken, konservativ, profund *nervöse Verdauungsstörungen, Dyspepsie, Phlegma, Katarrh, Flatulenz, Alkoholismus, Gefräßigkeit*
Löwe	willensstark, fixe Ideen, Klugheit, Überlegung, Voraussicht, würdevoll, expansiv, tolerant, intellektuell, egozentrisch *Rückenschmerzen, Ohnmacht, Herzklopfen, Herz-Neuralgie*

☿ Merkur

Personifizierungen	Geschwister, Freund, Intellektueller, Denker, Vermittler, Lehrer, Schriftsteller, Kunsthandwerker, Architekt

Haus	**Deutung**
	Kindheit
1. Haus	mentale Aktivität, Beobachtung, Aufgewecktheit, nervös, frühreif, geräuschvoll, anmaßend, Begeisterung, wach, überaktiv, Selbstdarsteller
2. Haus	Geduld, Logik, besitzergreifend, besonnen, einseitig, gesprächig, nachdenklich, begriffsstutzig, sensibel, langsam, gewinnsüchtig, formell, Ausdauer
3. Haus	vielseitig, bewandert, aktiv, anpassungsfähig, nachahmend, Geschwister, ungezogen, leicht, clever, freundlich, geschwätzig, flüssig, oberflächlich
4. Haus	wahrnehmend, familiär, denkende Gefühle, Erinnerung, verstrickbar, individuell, gemütlich, Gespräch, diskutieren, irrational, bewahrend, beschränkt
	Reife
5. Haus	enthusiastisch, kreativ, extravertiert, gesprächig, herrisch, kritisch, mentaler Wettbewerb, Spiele, Lehrer, Dünkel, geordnet, dogmatisch, grob

Jungfrau (Domizil) (Erhöhung)	un-holistisch, nervös, zusammenarbeitend, schlau, geduldig, systematisch, sitzend, präzise, wissenschaftlich, psychosomatisch *Flatulenz, Kolik, Kurzatmigkeit, nervöse Störungen, Blähung, nervöse Verdauungsstörungen, neuralgische Darmschmerzen*
Waage	gesellig, lernt von anderen, seicht, eklektisch, unoriginell, vernünftig, langweilig, vergleichend *Nierenkolik, Nierenstörungen, nervöse Störungen der Nieren*
Skorpion	kritisch, fanatisch, praktisch, skeptisch, listig, geschickt, profund, spitz, forschend, durchdringend, beißend *Blasenschmerzen, Schmerzen der Genitalien, nervöse Menstruationsbeschwerden, prämenstruelle Symptome*
Schütze (Exil)	offen, gewandt, Weitblick, unstet, tiefschürfend, vielfältige Interessen, philosophisch, gerecht, widerstreitende Ansichten *Neuralgie in den Beinen, Husten, schwache Beine*
Steinbock	systematisch, praktisches Denken, fähig, materialistische Vorstellungen, Ziele bewußt, realistisch, humorlos, handwerklich, schlau *Rheuma der Knie, steife Gelenke, Hautkrankheiten, Melancholie, Neuralgie in Beinen oder Knien, Knieschmerzen*
Wassermann	informiert, gemeinschaftlich, abstrakt, kühl, unbeständig, zerstreut, rasche Auffassung, wissenschaftlich, archetypische Vorstellungen, okkult. *stechende Schmerzen in den Beinen, Krampfadern, Lahmheit*
Fische (Exil,Fall)	empfänglich für andere, phantasievoll, plant ohne Energie, irrational, unbewußt, karmisch, fühlend, medial *Gicht, Fußkrämpfe, entstellte Füße, Hühneraugen, Neurosen*

6. Haus	spezialisiert, Talente, systematisch, geduldig, aufgeweckt, überlegener Intellekt, analytisch, kritisch, sarkastisch, naiv, ordentlich, gesund
7. Haus	veredelnd, Teamwork, gerecht, ausgeglichenes Denken, Gedanken anderer, kooperativ, öffentlich, intellektuell, Vermittler, dogmatisch, entzückt
8. Haus	Tiefgang, okkult, verborgen, spiritualistisch, tödlich, spannend, Groll, Interesse an den Toten, durchdringend, senil, mißtrauisch
	Schwangerschaft (Transzendenz)
9. Haus	tiefer Denker, höheres Denken, Wiedergeburt, Ethik, Moral, Neugierde, kenntnisreich, religiös, Grus, prophetisch, zerstreut, ausweichend, frei, lernen
10. Haus	Ehrgeiz, egoistische Gedanken, Prestige, Macht, Planen, Karrieredenken, Konzentration, Geduld, Reserve, rational, ernst, exakt
11. Haus	interessiert, distanziert, progressiv, Gruppen, Reform, Erfindung, verwickelt, Utopist, planen, wißbegierig, exzentrisch, entgegengesetzt, arbeitet allein
12. Haus	beeinflußt, aufopferungsvoll, reproduktiv, verträumt, Phantasie, bewahrend, medial, dichterisch, beeindruckbar, kultiviert, von anderen beeinflußt

♀

Venus

Prinzipien	Beziehung, Harmonie, Liebe, Ästhetik, körperliche Zuneigung, Schönheit, Kunst, Einheit, Integration, Verirrung, schlechter Geschmack, Sentimentalität, Genießen, Zuneigung, Affektiertheit, Illusion

Zeichen	**Deutung**
Widder (Exil)	aggressive Liebe, extravertiert, Leidenschaft, feurig, schöpferische Kräfte, anziehende Persönlichkeit, erotisch, ichbezogen *Katarrh, Schleim, Nierenstauung, Lethargie, Kopf-Störungen, Gesichtsschwellungen, Kopftumore*
Stier (Domizil)	Liebe zum Luxus, Geschmack, Beständigkeit, konservativ, künstlerisch, musikalisch, liebevoll, träge, treu, ergreifend, angeborener Wert *Hinterkopfschmerzen, Kropf, Mandelentzündung, Entzündung der Genitalien, geschwollene Halsdrüsen, eitrige Halsentzündung, vergrößerte Nackengefäße*
Zwillinge	Viele Lieben, gesellig, flirtend, attraktiv, bezaubernd, anpassungsfähig, diskussionsfreudig, oberflächliche Beziehungen, romantisch *Wassersucht, Warzen, schwache Lungen, Ausschläge auf den Händen*
Krebs	häuslich, heikel, feminin, sentimental, unverdaulich, üppig, zart, verwöhnt, ausgebeutet, anhänglich, selbstlos
Löwe	verfrühte Beziehungen, feurig, fixierte Anhänglichkeit, feurige Beziehungen, protziger Geschmack, verschwenderisch, verwöhnt, Stolz *Wirbelsäulenleiden, Rückenschmerzen, Herzvergrößerung, gebrochenes Herz, Herzerweiterung, Herzklopfen wegen exzessiven Genießens*

♀

Venus

Personifizierungen	Liebende, Mädchen, Frauen, die Schöne, Künstler, Musiker, Unterhalter, Tuchhändler

Haus	**Deutung**
	Kindheit
1. Haus	Schönheit, persönliche Anmut, proportioniert, glücklich, Liebe, demonstrativ, beliebt, Liebe auf den ersten Blick, Gesellschaftsleben, Kleidung, Steigerung
2. Haus	körperliche Schönheit, Gegenstände, braucht Liebe, guter Geschmack, klammernd, tiefe Gefühle, persönliche Anziehungskraft, besitzergreifend, zuverlässig, arbeitsam
3. Haus	liebt Worte, zeichnend, sozial, Geschwister, enge Beziehungen, Vielfalt, Neugier, zu jedem freundlich, flatterhaft, launisch
4. Haus	tiefe Liebe, familiär, schätzt das Zuhause, Liebe, verträumt, phantasievoll, besitzergreifend, loyal, zärtlich, geschmeichelt, scheu, sehr empfindsam, stabil
	Reife
5. Haus	Liebesbeziehungen, Spiele, Vergnügen, amüsiert sich, hedonistisch, lebhaft, kreativ, stolz, eifersüchtig, romantisch, beliebt, Wärme, sozial

Jungfrau (Fall)	unterdrückte Gefühle, wählerisch, höflich, Perfektionist, unentschlossen, Arbeitsteilung, überkritisch, kühles Äußeres, Schönheit *behinderte Peristaltik, Würmer, Bandwürmer, Ruhr, Darmtumore, Verstopfung*
Waage (Domizil)	lebhaft, handwerklich, umgänglich, Verabredungen, künstlerische Begabung, wichtige Zuneigungen, Bindung, Schönheit, Geld, Konformist, gesellig *Urämie, Polyurie, Kopfschmerzen, Gonorrhö, Flatulenz*
Skorpion (Exil)	Zügellosigkeit, Vermächtnisse, Liebe vorenthalten, tiefes Fühlen, unmoralisch, verschlossen, ernste Beziehungen, Haß, Gleichgültigkeit, okkulte Kunst *Geschlechtskrankheiten, Frauenleiden, Gebärmuttervorfall oder –tumore, schmerzhafte Menstruation*
Schütze	spirituelle Liebe, offen, launenhaft, viele Lieben, demonstrativ, objektive Beziehungen, ethisch, fremdartige Ästhetik *Hüft-Tumore, Gicht, Ausschläge an den Beinen*
Steinbock	materialistisch, mißtrauisch, eifersüchtig, Reife, anhänglich, erfahren, über-beherrscht, getrennt, stolz, reserviert *Gicht in den Knien, Hauterkrankungen an den Beinen*
Wassermann	kontaktfreudig, freie Liebe, gebildet, zugänglich, unkritisch, unkonventionell, lebenslustig, Gönnerschaft, übersprudelnd *Krampfadern, geschwollene Knöchel, schlechtes Blut*
Fische (Erhöhung)	Sehnsucht nach Liebe, ausgenützt, zart, Vornehmheit, sentimental, musikalisch, romantisch, religiös, kosmisches Fühlen, Leiden *zarte Füße, Frostbeulen, Gicht*

6. Haus — Arbeitsliebe, kritische Zuneigung, Naivität, freundschaftliche Zusammenarbeit, Moral, praktische Überlegungen, puritanisch, kultiviert, bescheiden

7. Haus — große Liebe, Affären, Untreue, attraktiv, amourös, freundlich, künstlerisch, glückliche Ehe, öffentlich, charmant, sanft, liebenswert, leichtfertig

8. Haus — starke Anziehungskraft, Liebe zur Trennung, Lust, fanatische Liebe, Leidenschaft, Eifersucht, Wanken, freizügig, sexuell, magnetisch, bezaubernd

Schwangerschaft (Transzendenz)

9. Haus — Liebe zu Kunst/Religion/Philosophie, Wünschen, romantisch, ansprechend, zerstreute Gefühle, idealistisch, Phantasien, unstabil, kulturell

10. Haus — sozialer Ehrgeiz, gute Verbindungen, legal, kühle Emotionen, zuverlässig, konstant, Beherrschung, formell, treu, unauffällig

11. Haus — abstrakte Liebe, Frigidität, Homosexualität, idealistisch, progressiv, sozial, lieber Freund, Gruppen-Aktivität, Frauengruppen, beschützt

12. Haus — verschlossen, Einzelgänger, selbstbefriedigend, künstlerisch, verführerisch, beeindruckbar, sensitiv, weich, psychische Liebe, sexuelle Zurückhaltung, wohltätig

♂ Mars

Prinzipien	Energie, Aggression, Willen, Aktivität, Verlangen nach Veränderung, Konflikt, Intervention, Abenteuer, Impuls, Konkurrenz, Sexualtrieb, Initiativkraft, Leidenschaft, Gewalt, Rücksichtslosigkeit

Zeichen	**Deutung**
Widder (Domizil)	Kämpfen, Geist, Ehrgeiz, Temperament, Eifer, brutal, unabhängig, jähzornig, halsstarrig, wetteifernd, Egoismus
	Fieber, heftige Kopfschmerzen, Sonnenstich, Stauung, Gehirntumore, Delirium, Kopfschmerzen, Schlaflosigkeit, Kopfverletzungen und –narben, Entzündungen
Stier (Exil)	Arbeitsfähigkeit, praktisch, Weitblick, vollziehend, gewinnsüchtig, fleißig, materiell, geschickt, aggressiv, kräftig
	Mandelentzündung, Mumps, Erstickung, Polypen, Diphtherie, Nasenbluten, Kehlkopf-Infektionen, reichliche Menstruation, Prostata: Erkrankungen und operative Entfernung, Skrofulose, Schmerzen, Wunden und Narben im Nakken, Operation, chirurgische Entbindung
Zwillinge	Beweglichkeit, kommunikativ, sarkastisch, vielseitige Begabungen, agil, lebhaft, bereitwillig, mental, Debattierer, journalistisch, grob
	Lungenblutungen, nervöse Streßleiden, Ekzem, Lungenemphysem, Lungenentzündung, Husten, Bruch oder Verstauchung von Händen oder Schlüsselbein, Jucken, Fieber, neural bedingte Hautausschläge, Unfall-Verletzungen von Händen oder Armen
Krebs (Fall)	Instinktives Handeln, Temperament, mangelnde Ausdauer, reizbar, sinnlich, zäh, Frustration, Geschwüre
Löwe	zuversichtlich, besitzergreifend, Inbrunst, offen, dominierend, kreativ, willig, führend, wetteifernd, starke Überzeugung, Stärke
	Rheuma i. Rücken, vergrößertes Herz, Streß-Krankheit, Herzschmerzen, Erstickung, Herzschaden, Arterienverkalkung

♂ Mars

Personifizierungen	Kämpfer, Soldaten, Chirurgen, Athleten, Mechaniker, Handwerker, allgemein: Männer, starke Frauen, Ingenieure, Metallarbeiter, Techniker, Bauarbeiter, Polizei

Haus	Deutung
	Kindheit
1. Haus	energisch, lebhaft, eigenwillig, Gewalt, muskulös, robust, impulsiv, starke Persönlichkeit, Tun, Ungeduld, Verletzungen
2. Haus	Ausdauer, praktische Begabung, hartnäckig, störrisch, besitzergreifend, zielgerichtet, verlangend, zäh, sinnlich, Beharrlichkeit, heftig
3. Haus	witzig, Kritik, zerstreut, aktives Denken, direkt, schreibend, impulsive Bewegung, Wut, argumentiert, nervös, gesprächig, hastig
4. Haus	heftige Gefühle, launenhaft, impulsiv, Instinkt, kein Durchhaltevermögen, dominiert zu Hause, Ökologie, gewinnsüchtig, energisch, unbeherrscht, arbeitend
	Reife
5. Haus	Bildekraft, Selbstbestätigung, Unternehmen, Spieler, Athlet, wagemutig, sexuell, Künstler, Spekulation, Egoismus, diktatorisch

Jungfrau	wissenschaftlich, ordentlich, reizbar, schlau, Kritik, geschickt, Medizin, praktisches Handeln, Perfektionist, pingelig, nervös *Typhus, Würmer, Bauchfellentzündung, Durchfall, Bauchwandbruch, Blinddarmentzündung, Magen/Darmentzündung*
Waage (Exil)	gesellschaftliche Aktivität, öffentliche Angelegenheiten, führend, Teamarbeit, gefühlsabhängig, offen, feurig, idealistisch, liebevoll *Nephritis, überreichliche Harnbildung, Nierensteine, Nierenkrankheit, Nierenbeckenentzündung*
Skorpion (Domizil)	sexuelle Anziehungskraft, starke Emotionen, heftig, ichbezogen, kritisch, rachsüchtig, okkult, Sexualmagie, Mut, Eifersucht *reichliche Menstruation, Nierensteine, Prostata-Vergrößerung, Entzündung von Eierstöcken, Gebärmutter, Scheide, Harnröhre oder Blase*
Schütze	erforschend, enthusiastisch, starke Überzeugungen, religiös, hedonistisch, grob, unkonventionell, abenteuerlustig, spirituell *Brüche der Oberschenkel oder Beine; Unfälle oder Verletzungen von Hüfte und Oberschenkel, Ischias, Beinschmerzen, Verrenkungen*
Steinbock (Erhöhung)	herrisch, zielgerichtet, unabhängig, energisch, extrem materialistisch, besitzergreifend, machtgierig, tüchtig, beherrscht *Pocken, Masern, Windpocken, Pickel, entzündliche Hautkrankheiten, Knie-Brüche, gebrochene Beine, Gelenkversteifung, Gicht*

6. Haus	Feinarbeit, organisiert, ordentlich, Ausdauer, systematisch, kritisch, Geschick, Energie bei der Arbeit, Chirurgen, Präzision, erfinderisch, frustriert
7. Haus	verbindend, veredelnd, herzliches Verhalten, Arbeits-Partnerschaft, impulsiv, aggressive Affären, gemeinsame Finanzen, verwickelt, Leidenschaft
8. Haus	Überlebensinstinkt, mutig, sinnlich, ausschweifend, sadistisch, machthungrig, gewaltsamer Tod, Illegalität
9. Haus	*Schwangerschaft (Transzendenz)* Sport, überzeugt andere, Abenteurer, tapfer, Reiselust, soziale Belange, Reform, inspiriert, erfahren, extravagant, grob, salopp
10. Haus	berühmt, ehrgeizig, selbstsicher, Schwerarbeit, realistisch, nüchtern, trotzig, hartnäckig, heroisch, reizbar, kalt, gefühllos, Umkehr, Macht

Wassermann systematisch, unbeständig, oberflächlich, maskuline Gruppen, verdreht, ungeduldig, revolutionär, umwerfend, methodisch

Blutvergiftung, Krampfadern, Bein- oder Knöchelbruch, schwache Fußgelenke

Fische süchtig, stille Arbeit, unbeherrscht, über-emotional, romantisch, Illusionen, verführerisch, lebhafte Träume, wartend

deformierte Füße, entzündete Fußballen, Hühneraugen, Blasen, Unfälle mit Verletzung der Füße, Ertrinken, Darmentzündung, Durchfall, Rauschgiftsucht

11. Haus	männliche Freunde, Reform, distanziert, geschlechtslos, überlegt, Freiheit, widersprüchlich, revolutionär, oberflächlich, progressiv, pervers
12. Haus	Energiemangel, verlangt nach Drogen, Alkoholiker, verschlossen, verborgene Gefühle, sinnlich, hoffnungsvoll, unbewußt, Verlangen, Institutionen, Isolation, unzuverlässig

♃ Jupiter

Prinzipien	Expansion, Optimismus, Positivität, großzügig, enthusiastisch, philosophisch, religiös, psychologisch, Reise, klug, Gerechtigkeit, Harmonie, Bestrebungen, amoralisch, nachsichtig, salopp

Zeichen	**Deutung**
Widder	führend, Reiselust, edel, positiv, großzügig, frei, spirituell, extravagant, offen, innovativ, gewissenhaft, töricht *Stauung der Gehirngefäße, Entzündung, Schwindel, Schläfrigkeit, Ohnmacht, Mundschleimhautgeschwüre, seltsame Träume, Korpulenz, Furunkel im Gesicht*
Stier	Hedonist, gutherzig, nachsichtig, ausbeutend, finanzielle Interessen, Verwalteramt, produktiv, wohltätig *Korpulenz, Schlaganfall, Ringwurm, Mundschleimhautgeschwüre, Nasenkatarrh, Nasenbluten, Flatulenz, exzessives Essen und Trinken*
Zwillinge (Exil)	andere nötigend, viele Beziehungen, Freude, handwerklich, gesellig, frei, manierlich, leer, legal, Neugierde, fortgeschritten, freundschaftlich *Brustfellentzündung, Stauungslunge, Entzündung der Lungen, Lungeninfarkt, geschwollene Hände*
Krebs (Erhöhung)	Vergnügen, Fülle, tiefe Gefühle, wohltätig, intuitiv, empfänglich, tiefe Liebe, Familie wichtig, Sicherheit
Löwe	spekulativ, Hoheit, Offenheit, Künste, große Energie, positiv im Spiel, zugeneigt, großzügig, weitherzig, edel, eitel *Schlaganfall, Arteriosklerose, geschwollene Knöchel, Herzbeschwerden wegen überreichlicher Nahrungsaufnahme, vergrößertes Herz*

♃ Jupiter

Personifizierungen	Priester, Philosophen, Psychiater, Reiche, Rechtsanwälte, Bankier, Arzt, Beamter, Verleger, Guru, Weiser, Glücksjäger

Haus	**Deutung**
	Kindheit
1. Haus	autark, optimistisch, extravertiert, fett, strebsam, unausgeglichen, gesellig, gern gesehen, Schutz, Nachsicht, Versprechen, Kraft
2. Haus	Ausdehnung, Wachstum, zuverlässig, verschwenderisch, großzügig, Genuß, unsicher, Treuhänderschaft, liberal, offen, verwertbar, reich
3. Haus	positiv eingestellt, Optimismus, religiöser Einfluß, intelligent, flexibel, vielseitig, wechselhaft, beliebt, Reise, eingebildet, leichtsinnig, süß
4. Haus	empfänglich, Anhänglichkeit, zufrieden, religiös, Psychologie, Familiensinn, beeindruckbar, kongenial, starkes Zuhause, Moral, vom Glück begünstigt
Reife	
5. Haus	Kreativität, künstlerisch, Selbstvertrauen, Führung, Beliebtheit, Eitelkeit, Ehre, Leistungen, würdig, intolerant, Prestige, Dominanz

Jungfrau (Exil)	Tugendhaftigkeit, vernünftig, ehrgeizig, ehrlich, kritisch, intellektuell, gewissenhaft, Perfektionist, überschätzt, dienend, Arbeit *vergrößerte oder geschwürig-eitrige Leber, Gelbsucht, schwacher Rücken, Schwindsucht, Abszesse des Darmtrakts, Durchfall, Darmtumore*
Waage	das Gesetz, Milde, offene Partnerschaften, Vorteil durch Heirat, gutmütig, unerfüllte Bindungen, Psychologie *schwache Nebennieren, Nieren-Abszesse, Diabetes, Hautausschläge, Nierentumoren, amyloid-degenerierte Nieren*
Skorpion	metaphysisch, leidenschaftlich, gerissen, Besitzstreben, begierig nach Vergnügen, kollektive Angelegenheiten, mystisch *vergrößerte Prostata, Gebärmutter-Tumore oder -Abszesse, Wassersucht, schmerzhafter Harndrang, Harnröhren-Abszesse*
Schütze (Exil)	Philosophie, religiös, humanitär, esoterisch, Adel, fremd, leutselig, liberal, psychologisch, Aberglaube *Rheuma in Hüften und Oberschenkel, Gicht, Schmerzen und Schwellungen der Beine*
Steinbock (Fall)	gewinnsüchtig, wohlhabend, geachtet, zuverlässig, verantwortungsvoll, Integrität, konservativ, nüchtern, gespannt, Materialist *Hautkrankheit, Melancholie, Leber-Degeneration, schwache oder geschwollene Knie, Rachenmandelwucherungen*
Wassermann	unparteiisch, einfühlsam, Kameradschaftlichkeit, Menschlichkeit, okkulte Weisheit, soziale Reform, intolerant, Astrologie, offen *geschwollene Knöchel, Bluthochdruck, Blutvergiftung, schlechte Durchblutung*
Fische	tiefe Gefühle, verborgenes Leben, Drogen, bescheidene Lebensumstände, freundlich, unzuverlässig, visionär, träge, Illusionen, Alkohol *geschwollene Füße, Alkoholismus, Sucht, vergrößerte Füße*

6. Haus	Ehrgeiz, lernen, lehren, Teamwork, unbekümmert, Dienst, Heilen, Arbeitsethik, Moral, gewissenhaft, Organisation, professionell
7. Haus	glückliche Ehe/Position, Gerechtigkeit, Beliebtheit, Mäßigkeit, karitativ, soziale Kontakte, selbstlose Beziehungen, Beurteilung, spirituell
8. Haus	religiös, getrennt, Vermächtnisse, Beerdigungen, sexueller Wert, überschätzt, stolz, zügellos, friedlicher Tod, materialistisch, okkult
	Schwangerschaft (Transzendenz)
9. Haus	religiös, moralisches Bestreben, Weitsicht, Pläne, expansive Gefühle, spekulativ, fremde Angelegenheiten, innere Entwicklung, Gerechtigkeit, Ausgeglichenheit
10. Haus	verantwortlich, produktiv, materiell, praktisch, Berühmtheit, Anerkennung, zuverlässig, Würde, Ansehen, häusliche Angelegenheiten, Egoist, fähig
11. Haus	humanitär, prominente Freunde, Gruppen, Hilfe von anderen, liberal, zwingend, gemeinschaftliche Ziele, Erfindung, höhere Motive, gesellig
12. Haus	Altruismus, Zufriedenheit, Einsamkeit, großzügig, phantasiebegabt, Innenleben, einfühlsam, spirituelles Streben, Meditation, Phantasie, Krise

♄ Saturn

Prinzipien	Kontraktion, Pessimismus, Negativität, stechend, Konzentration, Brennpunkt, Ernsthaftigkeit, Ökonomie, Einschränkung, Reserve, nicht anpassungsfähig, formative Energie, Disziplin, Begrenzung, Leiden
Zeichen	**Deutung**
Widder (Fall)	Egoismus, Fleiß, reserviert, humorlos, einsam, mechanisch, Autokrat, eigenwillig, starker Charakter *Kopfschmerzen, Erkältungen, Katarrh, Taubheit, Schüttelfrost, Blutarmut des Gehirns, Zahnweh, Zahnzerfall, Zahnstein, Ohnmacht, Schädelbrüche, Auszehrung*
Stier	Durchhaltevermögen, methodisch, konstruktiv, Geldsorgen, Ehrgeiz, Schwerarbeit, Vater, Eltern, Geldknappheit *Diphtherie, Mumps, Krupp-Husten, Zahnzerfall, Würgen, Halsverengung, steifer Nacken, verrenkter o. gebrochener Hals*
Zwillinge	intellektuell, wissenschaftlich, geschäftsmäßig, ernst, schwierig, abstrakt, gehemmt, berechnend, distanziert, systematisch *Rheumatismus, Bronchitis, Asthma, Brustfellentzündung, Schwindsucht, Ischias, Erstickung, Armbrüche*
Krebs (Exil)	sensitiv, ichbezogen, ältlich, paranoid, einsam, eifersüchtig, argwöhnisch, entfremdet, respektvoll, unstabil
Löwe (Exil)	begrenzt, autoritär, Führer, einfach, Treue, Schwerarbeit, Verlust durch Kinder, unbefriedigt, Groll, braucht Anerkennung *Wirbelsäulenkrümmung, schwacher Rücken, Arteriosklerose, Wirbelsäulensklerose, chronisches Herzleiden, Herzatrophie, schwaches Herz, Endokarditis, Depression*
Jungfrau	Perfektionist, Schwerarbeiter, ernst, materialistisch, aufmerksam, Alleingänger, pedantisch, auf Einzelheiten bedacht, diskret *schwache Darmperistaltik, Leukämie, Hindernis in Krumm-, Blind- oder querem Dickdarm, Bauchschmerzen, Blinddarmentzündung, Melancholie*

♄ Saturn

Personifizierungen	Ärzte, Bankiers, Arbeiter, Farmer, Metallarbeiter, Wissenschaftler, Großeltern, Onkel und Tanten, Geschäftsleute, Archäologen, Geologe, Minenarbeiter, Computerprogrammierer

Haus	**Deutung**
	Kindheit
1. Haus	ehrgeizig, beherrscht, hartnäckig, verantwortungsvoll, kalt, unfreundlich, Begrenzung, Härte, einsam, ältere Menschen, Trotz, egoistisch, ernst
2. Haus	materiell, geordnet, besitzergreifend, Stabilität, Ausdauer, gehemmt, Bewegung eingeschränkt, klammernd, konservativ, Trägheit, Schwierigkeit
3. Haus	schwierige Geschwister, strebsam, gründlich, nicht anpassungsfähig, schüchtern, diszipliniert, praktisch, wissenschaftlich, kritisch, mechanistisch, ungeschickt, logisch, ernst
4. Haus	reserviert, ehrgeizig, schwierige Familie, Liebe, unabhängig, defensiv, unterdrückt, Ökonomie, verantwortungsvoll, isoliert, sicher, zurückgezogen
	Reife
5. Haus	verantwortungsvoll, zuverlässig, loyal, zwanglos, schüchtern, konservativ, unterdrückt, unsportlich, streng, ernste Schule, gehemmte Sexualität
6. Haus	kritisch, korrekt, verantwortungsvoll, methodisch, pedantisch, wissenschaftlich, ernstes Studium, Einzelheiten, sitzend, gehemmt, geschlechtslos, mißverstanden

Waage (Erhöhung)	fleißig, gewissenhaft, unparteiisch, nüchtern, zuverlässig, Geschäftsführung, kollektiv, meditativ, geschäftsmäßig, legal, Feinde
	Steine, Bewegungsstörung, Harngrieß, Bright-Krankheit, Fehlernährung, Harnunterdrückung, gestörte Nierenfunktion, Nieren-Zirrhose, Hautausschläge, Nierensenkung
Skorpion	einfallsreich, beherrscht, Melancholie, metaphysischer Ernst, vorsichtig, kollektiv, Gesetzeskonflikt, Perfektionist
	Sterilität, unterdrückte Menses, Verstopfung, Hämorrhoiden, Fistel, unterentwickelte Genitalien
Schütze	moralisierend, hochgesinnt, religiös, ernsthafter Reisender, Klugheit, Gesetz, Trennung vom Zuhause, Zweifel
	Quetschung von Hüfte und Oberschenkel, Ischias, verrenkte Hüfte, Gicht, blaue Flecken, Schmerzen, Stürze, Lahmheit, Beinbrüche, mangelhafte Durchblutung, Arthritis
Steinbock (Domizil)	väterlich, fortgeschritten, argwöhnisch, langsam, Geduld, Methode, Pessimismus, Diplomatie, materialistisch, parteiisch, stark, Egoist
	chronische Kniebeschwerden, Rheumatismus, Gicht, Schleimbeutelentzündung, Schüttelfrost, gebrochene Beine, Knochenbrüche, Arthritis der Beingelenke
Wassermann	ernste Gruppen, kollektiv, ehrgeizig, organisiert, verantwortlich, mentale Arbeit, distanziert, egoistisch, dominierend, Spiele
	schwache Knöchelgelenke, Krämpfe um Knöchel und Gelenke, schlechte Zähne, Ekzem, Arthritis, behinderter Kreislauf
Fische	Kampf, Melancholie, beherrscht, ältere Freunde, Zurückziehen, tiefe Meditation, spirituell, zurückgezogen, mißtrauisch
	Rheumatismus, kalte Füße, entzündete Fußballen, Tuberkulose, Schwindsucht, Fußleiden; Klump-, Platt- oder deformierter Fuß

7. Haus pflichtgetreu, älterer Partner, ernste Beziehungen, Entfremdung, unpraktisch, loyal, gehemmt, unzufrieden, ausdauernd, Schwerarbeiter, verantwortungsvoll

8. Haus Finanzen des Partners, Emotionen, Geldmangel, hartnäkkig, Transformationen, stark, reserviert, egoistisch, okkult, konzentriert, Wiedergeburt

Schwangerschaft (Transzendenz)

9. Haus Trachten, ernste Philosophen, Trennung, Hingabe, aufrichtig, verletzt, religiös, stabil, unsozial, Leistung, Status, Moral

10. Haus Geduld, Willenskraft, Beherrschung, ehrgeizig, starker Willen, Konzentration, Ökonomie, parteiisch, egozentrisch, vorsichtig, karmische Angelegenheiten, Schulden

11. Haus verantwortungsvoll, planend, zuverlässiger Partner, extravagante Erwartungen, Trachten, falsche Freunde, zuverlässig, distanziert, gehemmter Gefährte

12. Haus reserviert, einsam, beherrscht, zurückgezogen, Nerven, furchtsam, isoliert, Versagensangst, minderwertig, niedergeschlagen, zurückgezogen, aufopferungsvoll, besorgt

♅ Uranus

Prinzipien	Originalität, Exzentrik, Unabhängigkeit, Rhythmus, Inspiration, Individualität, Erfindung, Auflehnung, Tanzen, Wahrnehmung, reizbar, Eigensinn, Operationen, Unfälle, Veränderungen

Zeichen	**Deutung**
Widder (1928-1934)	utopisch, Enthusiasmus, ungewöhnlich, eigentümlich, merkwürdige Persönlichkeit, frei, unkonventionell, Intuition, Mut, Wagemut, temperamentvoll *Verrücktheits-Symptome, Verletzung durch Blitzschlag, Elektrizität oder Explosivstoffe, akute und sporadische Schmerzen im Kopf, Augenkrankheiten, Gehirn-Abszesse*
Stier (Fall) (1934-1942)	unstet, plötzliche Veränderungen, instabile Finanzen, unabhängig, erfinderisch, Risiko, spekulativ, voreilig, Reform, originell *krampfartige Beschwerden im Hals, Schilddrüsen-Störung, schiefer Hals, krampfartige Beschwerden im Nacken, Wundstarrkrampf, Hysterie*
Zwillinge (1942-1949)	mentale Energie, spontan, neugierig, wissenschaftlich, systematisch, originelle Methoden, Freidenker, bizarr, Verständnis *krampfartiges Asthma, Heiserkeit, trockener Husten, Erkältungen, Lähmung von Armen und Händen, Nervenzusammenbruch*
Krebs (1949-1956)	unstete Gefühle, fremdartige Mutter, impulsiv, Wohnsitzveränderungen, Rebell, Freiheit, Erregtheit, medial, sensitiv
Löwe (Exil) (1956-1962)	ichsüchtig, eigentümliche Liebe, Kinder, individuell ausschweifend, entschlossen, ordnend, unbeherrscht, sexuell freizügig *Herzklopfen, krampfartige Herzbeschwerden, Rückenmarkshautentzündung, schwache Herzklappen, Kinderlähmung, Undurchlässigkeit der Blutgefäße, Ohnmacht, nervöse Herzbeschwerden, Herzrhythmusstörungen*

♅ Uranus

Personifizierungen Exzentriker, Erfinder, ungewöhnliche Menschen, Techniker, Revolutionäre, Tänzer und Musiker, Astrologen, Rundfunk/Fernsehen, Elektriker, Heiler, Feministinnen, Rebellen, Chirurgen

Haus	**Deutung**
	Kindheit
1. Haus	energisch, ungewöhnlich, originell, rastlos, verschroben, wissenschaftlicher Einfluß, hartnäckig, irrational elektrisch, eigenwillig, abrupt, unstet, stur
2. Haus	ungewöhnliche Gegenstände, Gewinne und Verluste, halsstarrig, entschlossen, eifersüchtig, spekulativ, vorzeitig, ruhelos, frühreif, unpraktisch, lebhaft
3. Haus	erfinderisch, originell, frühreif, kreativ, unzusammenhängend, rasches Begriffsvermögen, rastlos, intuitiv, zerstreut, scharfsinnig, gewitzt
4. Haus	eigentümliche Familie, seltsame Emotionen, Intuition, Wandern, ungewöhnliche Verbindungen, Obdachlosigkeit, Entfremdung, ungeduldig, rebellisch, Veränderungen
	Reife
5. Haus	Unternehmungsgeist, Kühnheit, kreativ, Originalität, eigentümliche Spiele, dramatisch, plötzliche Erkrankungen, Glücksspiel, Abenteurer, lernt schnell, kunstbeflissen

Jungfrau (1962-1969)	Gesundheitspflege-Berufe, mechanisch, frei, subtil, origineller Beruf, intellektuell, revolutionär, erfinderisch, Computer *Flatulenz, Bauchkrämpfe, Darmkrämpfe, krampfartige Darmschmerzen, nervöse Verdauungsstörungen*
Waage (1969-1975)	neue Beziehungen, Scheidung, reizbar, Affären, freie Liebe, magnetische Anziehungskraft, rasche Verknüpfungen, phantasiebegabt, rastlos *Hautausschläge von Geschlechtskrankheiten, Halluzinationen, krampfartige Nierentätigkeit, Wanderniere*
Skorpion (Erhöhung) (1975-1981)	Regeneration, rasche Veränderung, vorherbestimmte Kämpfe, Gewalt, Gefahr, rücksichtslos, okkulte Explosion, rebellisch, Astrologie *Fehlgeburten, Abtreibungen, Geschlechtskrankheit, schwierige Geburt, mißgestaltete Genitalien, nervöse Menstruationsbeschwerden, Seuchen*
Schütze (1981-1988)	Abenteuer, Astrologie, progressive Erziehung, reformiert, unorthodox, Utopist, erregbar, spirituell, neurotisch *Lähmung der unteren Extremitäten, Behinderung der Bein-Durchblutung, Oberschenkelkrämpfe, Taubheit der Beine, Verrenkungen, Unfall-Verletzungen der Beine*
Steinbock (1988-1996)	Macht, hohe Zielsetzung, Fanatismus, Scharfsinn, gewinnsüchtig, Entschlossenheit, halsstarrig, ungewöhnliche Karriere, radikal *Unfall-Verletzungen von Bein oder Knie, Kniekrämpfe, deformierte Knie, Lähmung unterhalb der Knie*

6. Haus eigentümliche Arbeit, lernt individuell, schnell, wissenschaftliche Bemühung, Genie, okkult, originell, reformerisch, Einzelheiten, töricht, kritisch

7. Haus exzentrische Beziehungen, Erfahrungen mit Drogen, rebellisch, inspiriert, eigentümliche Ansichten über die Ehe, viele Ehen, ästhetisch, talentiert, starr

8. Haus durchdringend, erforscht Okkultes, Energie erkannt, Gefahr, furchtlos, Stärke, zäh, große Veränderung, Wiedergeburt, Gewalt, Übernatürliches

Schwangerschaft (Transzendenz)

9. Haus spirituell, Erleuchtung, Prophetie, rebelliert, religiöse Reform, fortschrittliche Gedanken, progressiver Fanatismus, rastlos, unkonventionell, Gefahr

10. Haus ehrgeizig, scharfsinnig, konzentrierte Energie, entschlossen, technische Fähigkeit, professionell, radikale Vorstellungen, plötzlicher Sturz, Kummer

Wassermann (1996-2003)

Distanziertheit, Schwierigkeiten, Vergrößerung, Scharfsinn, spirituelle Energie, religiöse Veränderung, Erfindergeist, unberechenbar

ungewöhnliche Krankheiten, Krämpfe um die Sprunggelenke, unregelmäßige Durchblutung

Fische (2003-2011)

intuitiv, eigenartige Methoden, isoliert, erforschend, okkult, mystisch, eigensinnig, merkwürdige Bestrebungen, Idealismus

deformierte Füße, Krämpfe in Füßen und Zehen, Lähmung der Füße, Verrenkungen

11. Haus	wissenschaftlich, profund, strebsam, organisierend, Vergrößerung, progressiv, intuitiver Freund, Verderbtheit, rebellisch, eigentümliche Ideen
12. Haus	mystisch, schwelgend, Intuition, Entfremdung, fremdartige Krankheit, visionär, verschlossen, mißverstanden, Yoga, trachtet nach Befreiung, irreal

♆ Neptun

Prinzipien	Sensitivität, medial, beeindruckbar, Phantasie, Vorstellungskraft, Träume, Illusion, Drogen, Medienschaft, Intuition, Idealismus, utopische Projekte, außersinnliche Wahrnehmung, Transzendenz-Erlebnisse

Zeichen	**Deutung**
Widder (1861-1874)	Inspiration, Idealismus, selbstlos, stark sensitiv, sehr distanziert, Wohlfahrt, verwirrt, verrückt, wahnsinnig, süchtig *Wahnsinn, Trance, Schlafwandeln, Blindheit, Hysterie, Koma, Ohnmacht, Halluzinationen, Sucht, Alpträume, unbekannte Krankheiten, Pocken, Schlafkrankheit*
Stier (1874-1888)	guter Geschmack, formell, ungewöhnliche Ziele, idealistische Finanzen, visionär, heilend, natürliche Schönheit, Alkoholismus, Sucht *Gewebserkrankungen am Hals, Kropf, Schilddrüsenstörungen, unbekannte Krankheiten von Hals und Nacken, mißgebildete Geschlechtsorgane, vereiterter Hals, geschwollener Hals*
Zwillinge (1888-1901)	naturliebend, mystisch, magisch, inspiriert, Verwirrung, vage, zerstreut, poetisch, rasches Auffassungsvermögen, Vielfalt, Sorgen *Krankheiten von Drüsen und Händen, deformierte Hände, nervöse Leiden, Charakterschwäche, Drüsenleiden, geistesgestört*
Krebs (1901-1914)	Intuition, mediale Kraft, empfänglich für Zuhause/Mutter, festhaltend, gehemmt, offen, unstabil, leidend
Löwe (Erhöhung) (1914-1928)	leidenschaftlich, leicht zu stimulieren, schauspielernd, führend, schmeichelnd, gewiß, genußliebend, fehlgeleitete Zuneigung, Verschwendung *Herzvergrößerung, Dämpfung der Herztätigkeit durch Drogen oder Betäubungsmittel, Herzbeschwerden durch Rauchen verursacht*

Ψ Neptun

Personifizierungen	Medien, sensitive Menschen, Träumer, Utopisten, Schwindler, Mystiker, Gurus, Ernährungsberater, Drogenhändler, Anästhesisten, Chemiker, Erfinder

Haus	Deutung
	Kindheit
1. Haus	sensitive Persönlichkeit, Intuition, verträumt, beeinflußbar, empfindliche Verdauung, Drogen, seltsames Aussehen, eigentümliche Beziehungen
2. Haus	empfänglich für Formen, künstlerisch, sinnlich, Schönheit, weich, phantasiebegabt, süchtig, launisch, seltsame Gestalt, durcheinander, unpraktisch, faul, abhängig
3. Haus	Dualität, Sensitivität, Phantasie, Verwirrung, unrealistisch, Inspiration, falsche Vorstellungen, schwaches Gedächtnis, mißverstehend, Spitznamen, Geschwister
4. Haus	große Sensitivität, spirituelle Wahrnehmung, tiefe Gefühle, innere Einheit, unzufrieden, Ängstlichkeit, Wohnungswechsel, süchtig, aufopferungsvoll
	Reife
5. Haus	Schönheit, eigentümliche Vergnügen, Sexualität, Schauspielern, Übertreiben, romantisch, psychische Probleme, zerbrochene Familie, Intuition, Vergeudung

Jungfrau (Exil) (1928-1942)	nörglerisch, überkritisch, Schwierigkeiten bei der Arbeit, psychische Kommunikation, Chaos, chemisch, unter Drogen, gedankenverloren *Hypochonder, Wassersucht, Kräfteverfall des Darmes, Darmstörungen aufgrund von Drogen oder Opiaten*
Waage (1942-1956)	Unsichere Beziehungen, Scheidung, sensitive Partner, Drogenmißbrauch, Psychedelika, seltsame Gefühle, enttäuscht, empfängliche Sexualität
Skorpion (1956-1970)	verborgene Emotionen, Geheimnis, Sexualtrieb, Verwirrung, Hellsichtigkeit, Okkultismus, Sensationsgier, Depression, Übelkeit *Beschwerden der Nerven des Urogenitaltrakts, durch Drogenmißbrauch geschwächte Gesundheit, seuchenartige Krankheiten*
Schütze (1970-1984)	höheres Denken, religiöse Erneuerung, Reise, fremde Ideen, Meditationen, Erleuchtung, ziellos, Inspiration *Rheumatismus*
Steinbock (1984-1998)	übernatürlich, Meditation, seltsame Zielsetzungen, Täuschung, Depression, elterliches Opfer, mystische Realität *Arthritis der Beingelenke, mangelhafte Kontrolle über die Knie*
Wassermann (Fall) (1998-2012)	Seelenverbindungen, edle Bestrebungen, leichte Versuchung, Gesellschaftstheorie, Gruppen-Anreize, Unabhängigkeit, intuitiv *Blutkrankheiten*
Fische (2012-2026)	Mystik, inneres Leben, mediumistisch, neurotisch, metaphysisch, Weltflucht, Drogen, süchtig, verführerisch *Überreizung der Epiphyse führt zu Trinken, Drogen, Delirium; Überdosierungen, vergrößerte Füße, Beschwerden der Füße, psychosomatische Krankheiten*

6. Haus	psychosomatisch, dienend, Heilungskraft, sanft, hinterlistig, hypersensitiv, süchtig, leichthin, verzweifelt, magnetische Energie, Inspiration
7. Haus	empfänglich, idealistische Beziehungen, platonisch, verführerisch, künstlerisch, impulsiv, harmonische Beziehungen, mediale Verbindungen, Sonderbarkeit
8. Haus	psychisch, spirituell, unbewußte Vorgänge, medial, niedergeschlagen, verschlossen, unter Drogen, auszehrende Krankheiten, Krankenhäuser, Enttäuschung
	Schwangerschaft (Transzendenz)
9. Haus	Vorahnung, Hellsehen, Idealismus, überaktives Denken, Träume, unrealistisch, Wünsche und Pläne, Selbsttäuschung
10. Haus	Streben ohne Tun, tiefe Gedanken, Ungewißheit, mangelnder Realitätsbezug, Familienprobleme, psychische Erlebnisse, Skandal, geheimnisvoll
11. Haus	künstlerisch, idealistisch, seltsame Anziehungskraft, Hoffnungen, Wünsche, mentale Veränderung, Unaufrichtigkeit, mediale Erfahrung, schlechter Ruf, Theoretisieren
12. Haus	Reserve, mediale Kommunikation, Träumerei, Kunst, äußere Einflüsse, Drogen, Krankenhäuser, krank, Veranlassung, Sehnen, Alkohol, Pessimismus

♇ Pluto

Prinzipien	Die Massen, Transformation, Revolution, Zerstörung, höhere Gewalt, Macht, Magie, Willenskraft, Propaganda, Zwang, Medien, größere Veränderungen, Regeneration, Übergang
Zeichen	**Deutung**
Widder (1823-1852)	Selbstbestätigung in der Welt, Machtgier, neue Ideen, revolutionäre Person, Potential, mutig, unerschrocken, frei
Stier (Exil) (1852-1884)	Besitzgier, Materialist, Ausdauer, utilitaristisch, im Materiellen genial, Kunst, vom Geld abhängig, produktiv
Zwillinge (1884-1914)	erfinderisch, Mobilität, Einsicht, intellektuelle Durchsetzung, Wissenschaft, Abenteuer, rücksichtsloses Verhalten
Krebs (1914-1939)	intensive persönliche Gefühle, familiärer Zwang, zwanghaft, väterlich, transformierte Familie, befreite Frau
Löwe (1939-1957)	Revolution im Selbstausdruck, Änderung der Einstellung, Externalisierung, Bewußtseins-Ausbruch, Kreativität, Talent
Jungfrau (1957-1972)	Gesundheits-Revolution, Geisteskrankheit, psychosomatisch, holistische Medizin, Arbeiter, Reaktionäre, Punks, Geburtenkontrolle
Waage (1972-1984)	Befreiung, Homosexualität, Wechsel in der Partnerschaft, soziale Gerechtigkeit, regenerierte Zivilisation, Schlichtung, empfindliches Gleichgewicht
Skorpion (Domizil) (1984-2000)	Tod und Wiedergeburt, Regeneration, Kraft, Fanatismus, atomare Kriegführung, Weltkrieg, dämonische Mächte, Transformation, Toben

♇ Pluto

Personifizierungen	Revolutionäre, Massenmedien-Wirkende, Politiker, Diktatoren, Propagandisten, Schauspieler, Volksredner, Atomwissenschaftler, Verbrecher, Prostituierte

Haus	**Deutung**
	Kindheit
1. Haus	Machthunger, außergewöhnliche Energie, Durchsetzung, Wut, machtvoller Wille, Härten, robust, starke Veränderungen bei den Eltern, fortgeschritten, rasches Wachstum
2. Haus	großer Ehrgeiz, gewinnsüchtig, große Schmerzen oder Verluste, Abhängigkeit vom Geld, unersättlich, Veränderungen der materiellen Situation, Verwalteramt
3. Haus	erfinderisch, spezialisiertes Lernen, schnelles Reden, durchdringendes Denken, einfallsreich, geheimnistuerisch, starke Überzeugungen, Klatsch, seltsame Geschwister
4. Haus	starke Erbmasse, ungewöhnliche Aufgabe, Einzelgänger, tiefe Gefühle, magnetisch, magisch, dominiert zu Hause, Liebe zur Natur, Ökologie, okkult, Geheimnisse
	Reife
5. Haus	dynamische Emotionen, Autorität, Selbstgewahrsein, machtvoller Wille, Gewalt, dramatischer Selbstausdruck, große Leistungen, schöpferische Kraft, Talent
6. Haus	Heilen, psychosomatische Krankheiten, arbeitet mit anderen, wißbegierig, sammelnd, wissenschaftlich, energisch, große Kritiksucht, Fanatismus, Eifer
7. Haus	schicksalsträchtige Partnerschaften, Ruhm, starke Einheiten, Scheidungen, zahlreiche Partner, persönliche Anziehungskraft, dramatische Veränderungen, dominierend, intuitiv
8. Haus	Fanatismus, tragische Ereignisse, Rekordleistungen, Suche nach dem Sinn, transformierend, öffentlicher Tod, einflußreich, zäh, okkult, Geheimnisse

Schütze (2000-)	Prophetie, Scharfsinn, Erforschung, Reise, Trachten nach Weisheit, philosophische Veränderung, Psychoanalyse, utopische Ziele, religiös
Steinbock (1762-1777)	neue Ideen, praktische Revolutionen, großer Ehrgeiz, gemeinschaftlich, führende Position, erfinderisch, besessen, materialistisch
Wassermann (1777-1799)	Demokratie, mentale Veränderung, wissenschaftlich, Vorankommen durch Freunde, psychologisch, Synthese-orientierte Ideen, intellektuell
Fische (1799-1823)	Tiefgründigkeit, apokalyptisch, universell, mitfühlend, christlicher Fanatismus, wiedergeboren, mystisch, astrologisch

Schwangerschaft (Transzendenz)

9. Haus	höheres Wissen, spirituelle Regeneration, Pionier, das Unerreichbare, Reise, Reform, soziale Veränderung, religiöser Fanatismus, Atheismus
10. Haus	Diktatur, Kampf um Anerkennung, praktische Probleme, Unabhängigkeit, Gefahr, Isolation, Pläne, dramatische Veränderung, Willenskraft
11. Haus	Gemeinschaftliches, utopische Gemeinschaften, Reformen, Freundschaft wichtig, plötzlicher Tod, Wechsel der Denkhaltung, übertriebene Hoffnungen, Beliebtheit
12. Haus	Isolation, universell, enthüllend, destruktiv, metaphysisch, verschlossen, versucht, unterdrückte Emotionen, seltsame Krankheit, Abgeschiedenheit, okkult

☊ Mondknoten

Prinzipien	Verbindungen, Allianzen, Geselligkeit, Gemeinsinn, Sublimierung, nährend, kollektive Einflüsse
Zeichen	**Deutung**
Widder	pflegt Freundschaften, Ehrungen, Wohlstand, Drang zum Gemeinschaftlichen, extravertiert, sozial, feurig, enthusiastisch
Stier	Gewinn durch Besitz, geteilte Mittel, Schuld, Gewinn durch Lernen und Besitz
Zwillinge (Erhöhung)	gutes Denkvermögen, sprachenbegabt, Gewinne von Geschwistern, Veröffentlichen, Schreiben, Wörter erzeugen Angst
Krebs	nahestehende Eltern, Seelenverbindungen, Gewinn durch Besitz, zu Hause gefällig
Löwe	spekulativ mit anderen, große Freundeskreise, treibt Sport, Clubs, gesellschaftliche Angelegenheiten, verschwenderisch, pompös, Liebesaffären
Jungfrau	wissenschaftliche Verbindungen, Lehren, institutionell, Forschung, nörgelnd, kritisch gegenüber anderen, empfindliche Gesundheit
Waage	kann nicht allein sein, Herdentier, von anderen abhängig, Zank, Gemeinsinn, gesellschaftliche Zusammenkünfte, geschäftlicher Erfolg
Skorpion	trügerisch, geheime Verbindungen, esoterische Organisationen, sexuelle Beziehungen, zerstörerische Affären

☊ Mondknoten

Personifizierungen	Gesellschaften, Gruppen, Clubs, politische Parteien, Gewerkschaften, Organisationen

Haus	**Deutung**
	Kindheit
1. Haus	Selbstausdruck, Verlangen zu herrschen, Anerkennung, gesellschaftliches Leben, persönliche Verbindungen
2. Haus	permanente Bindungen, Allianzen, Geld von anderen, hingebungsvolle Menschen, zuverlässig, Loyalität, Erbschaft
3. Haus	viele Verbindungen, Ideen von anderen, wichtige Kontakte, oberflächliche Verbindung, Kindergarten, kurze Beziehungen
4. Haus	Familienbande, prominenter elterlicher Kontakt, unübersichtliche Ahnentafel, Seelenverbindungen, abhängig, anhänglich
	Reife
5. Haus	Beliebtheit, Spielen, große Schulen, viele Liebschaften, herzliches familiäres Verhältnis, organisiert, Mannschaftssportarten.
6. Haus	unterrichtende Verbindungen, Wissenschaft, Gesundheitsbelange, Tierliebe, anderen dienen, Arbeitsbeziehungen, ehrliche Angestellte
7. Haus	Liebesaffären, Teams, öffentliche Angelegenheiten, Profit durch andere, Gewinn durch Frauen und Partnerschaft, schließt leicht Freundschaft, gesellig
8. Haus	Geheimgesellschaften, Vereinigungen, kooperative Bemühungen, Sozialismus, Altenheim, geheime Beziehungen, Geschenke, Erbschaften, gewaltsame Politik

Schütze (Fall)	legale Gemeinschaftarbeit, Verwaltung, ordentlich, Gemeinwohl, mentale Qualität, prophetische Träume, Psychoanalyse
Steinbock	verantwortungsbewußt gegenüber anderen, Ausbeutung, praktische Gruppen, Gewerkschaften, Berufsgruppen, Autorität, gesellschaftlicher Aufstieg
Wassermann	regt Freunde an, viele Freunde, gesellschaftliches Leben, untrennbar, klammernd, hilft anderen gemeinschaftlich
Fische	Überzeugungen, religiöse Gemeinschaften, Kollektive, Institutionen, isoliert innerhalb der Gruppen, gewinnt Besitz

Schwangerschaft (Transzendenz)

9. Haus	utopische Vorstellungen, idealistische Gruppen, juristische Angelegenheiten, Bildungs-Interessen, Träume, Schiffsreisen, politischer Idealismus
10. Haus	Ehre, Glaubwürdigkeit, große Leistungen, geschäftliche Organisationen, Firmenangelegenheiten, Täuschung, materielle Ziele
11. Haus	viele Freundschaften, Unterstützung durch Familie, ideale Pläne, komplexe Beziehungen, Herdenzwang, gesellschaftliches Leben sehr wichtig, hilfreich
12. Haus	geheime Verbindungen, Altenheime, Krankenhäuser, Pflegepersonal, Ärzteteam, Zurückhaltung von anderen, philosophische Interessen

AS — Aszendent (AC)

Prinzipien	Umwelt, Persönlichkeit, Umstände der Geburt, bei der Geburt Anwesende, Reaktion auf die Welt, Maske, wie man sich gibt, persönliche Haltung, Umgebung

Zeichen	**Umstände und Umgebung bei der Geburt**
Widder	Rastlosigkeit, Energie, Durchsetzungsvermögen, aggressiv, ungeduldig, chirurgische Operation, Zangengeburt, eilig, Rücksichtslosigkeit
Stier	stabile Zustände, Sicherheit, ruhig, schöne Umgebung, Frauen zugegen, Hebamme, zu Hause, Häuslichkeit, praktisch
Zwillinge	Veränderungen, rasche Geburt, reden, viele Menschen zugegen, Geschwister zugegen, Nerven, Beobachter, umherbewegen, Anpassung
Krebs	launisch, Zuhause, Familienkontakt, feucht, fürsorglich, feminin, beschützt, Einfachheit, Sensitivität, Narkose, Frauen
Löwe	autoritär, zuversichtlich, extravertiert, aktiv, freudig, offen, Promimentenarzt, zielgerichtet, kühn, luxuriöse Umgebung
Jungfrau	kritisch, Krankenhaus, Ärzte, Krankenschwestern, Naivität, Erstgeburt, jungfräulich, nervös, stabil, sorgfältig, hygienisch, beobachtend
Waage	harmonischer Ort, ausgeglichen, Teamarbeit, körperlich leicht, gefällig, gesellig, beredt, verlangt Anerkennung, Frauen, Krankenschwestern

AS Aszendent (AC)

Persönlichkeit

rastlos, eilig, energisch, durchsetzend, aggressiv, ungeduldig, hitziges Temperament, einleitend, heftig, gewaltsam, Familienbande, der Chirurg

Liebe zum Schönen, harmonische Persönlichkeit, Sicherheit, Besitz, praktisch, künstlerisch, besitzergreifend, hartnäckig, liebevoll, aufmerksam, attraktiv, häuslich

rasche Reaktionen, gesprächig, lebhaft, anpassungsfähig, beweglich, unbeständig, kommunikationsfreudig, künstlerisch, reizbar, lebendig, oberflächlich, angeberisch

Sensitivität, vielseitiges häusliches Leben, Scheu, abhängig, beeinflußbar, einfühlsam, mediumistisch, sanft, süchtig, kann nicht auf eigenen Füßen stehen, hingebungsvoll

Selbstverherrlichung, mutig, hedonistisch, beherrschend, großzügig, spaßliebend, eindrucksvoll, freudig, Würde, spielend, hochmütig, arrogant, egozentrisch

diskret, vorsichtig, reserviert, kritisch, schüchtern, genau, sauber, pedantisch, besorgt, nervös, psychosomatische Krankheiten, unverdaulich, stabil

ausgeglichen, harmonische Persönlichkeit, Gemeinschaftsarbeit, attraktiver Körper, bezaubernd, schmeichelhaft, eitel, süßlich, entspannt, überschwenglich, aufdringlich

Skorpion	disharmonisch, feucht, hitzköpfig, brutal, operativ, Zange, Gewalt, Kraft, tragisch, Kaiserschnitt, Beschneidung, vorsichtig, wütend
Schütze	enthusiastisch, athletisch, freudig, gute Laune, natürlich, leicht, aktiv, durcheinander, lebhaft, expansiv, fremd, anerkannt
Steinbock	Konzentration, Hemmung, Restriktion, lange Wehen, ernst, Zwang, älterer Arzt, reserviert, besorgt, systematisch
Wassermann	kommunal, distanziert, ernst, idealistisch, verhalten, kalt, progressiv, freundlich, abstrakt, mechanisch, unorthodox, rhythmisch
Fische	selbst-opfernd, unter Drogen, von äußeren Umständen bestimmt, mißtrauisch, Narkose, eingeleitet, isoliert, psychisch, verträumt, vage

aggressiv, leidenschaftlich, getrennt, metaphysisch, reserviert, paranoid, vorsichtig, abhängig, entschlossen, geheimnistuerisch, heißblütig, sexuell, magnetisch

bestimmt, jovial, glücklich, philosophisch, sportlich, enthusiastisch, expansiv, unabhängig, sozial, lebhaft, salopp, naturliebend, hedonistisch, leicht

zäh, unterdrückt, ernst, gehemmt, materialistisch, zielbewußt, Schwerarbeiter, besorgt, pragmatisch, professionell, ehrgeizig

reformerisch, gemeinschaftlich, distanziert, Gruppenorientiert, freundschaftlich, progressiv, eigene Ansichten, anpassungsfähig, gehemmt, kühl, launisch, wechselnde Ausrichtungen

aufopferungsvoll, verträumt, medial, sensitiv, vage, niedergeschlagen, bequem, faul, ruhig, isoliert, einfühlsam, einsam, einfach, empfänglich, eingeleitet

MC Himmelsmitte (MC)

Prinzipien	Ichbewußtsein, Zielsetzungen, Ausrichtung, spirituelles Gewahrsein, Individualität, Ziele, Beruf, Ehre, Vertrauen, Augenblick der Anerkennung, Zweck

Zeichen	**MC-Auswirkungs-Umstände**
Widder	intuitiv, erfolgreiche Entfaltung der Individualität, bewußte Ziele, aktive Durchsetzung, ehrgeizig, dominierend
Stier	sensitiv, produktiv, stabil, körperliche Manifestation, wesentlich, greifbar, sicher, gewillt, künstlerisch, stur
Zwillinge	denkend, dualistisch, verwirrt, vielfältige Ziele, Wechsel der Ausrichtung, mehrere Berufe, unstabil, unentschlossen
Krebs	fühlend, sensitiv, beschützend, mütterlich, hingebungsvoll, empfänglich, über-emotionell, habgierig, unterlegen, Takt, Einfachheit, Sparsamkeit
Löwe	intuitiv, extravertiert, selbstbewußt, beherrscht, führend, egozentrisch, kreativ, hoch gesteckte Ziele, Organisation
Jungfrau	sensitiv, auf Gesundheit bedacht, morgendliche Übelkeit, ordentlich, sorgfältig, kritisch, praktisch, pedantisch, Hypochonder
Waage	denkend, harmonisch, ausgeglichen, entspannt, gerecht, Kooperation, miteinander teilen, sehnt sich nach Anerkennung, zuversichtlich, diplomatisch, ausnutzend
Skorpion	fühlend, getrennt, zieht Abtreibung in Erwägung, vorsätzlich, leidenschaftlich, intensiv, fanatisch, unterdrückend, zerstörerisch, argwöhnisch

MC

Himmelsmitte (MC)

Personifizierungen Das Individuum, das Ego

Ego

ehrgeizig, erfolgreich, individuell, sich durchsetzend, zuversichtlich, feste Zielsetzung, schöpferische Kraft, Initiative

dauerhafte Ziele, Streben nach materieller Sicherheit, schwer zu befriedigen, zäh, Egoismus, materialistisch, Mentalität, Ästhetik wichtig, mißtrauisch

Liebe zur Veränderung, vielseitig, gelegentlich kreativ, leicht, unstabil, kommunikationsfreudig, freundschaftlich, oberflächlich, widerstreitende Zielsetzungen, bezaubernd

verantwortungsvoll, taktvoll, sensitiv, hingebungsvoll, betroffen, konservativ, emotionell, langsam, stabil, Frauenorientiert, feminin

Selbstdarstellung, zuversichtlich, offen, expansiv, sozialer Aufsteiger, optimistisch, organisatorisch, Vorwand, Großzügigkeit, führend, egoistisch, starr

vollkommen, Streben nach Sicherheit, lebhaft, kleinbürgerlich, konservativ, Hypersensitivität, Schwerarbeiter, Dienst, Verwalteramt, einfache Mittel, kritisch

Vorankommen durch andere, glückliche Verbindungen, Gleichgewicht, Kooperation, Veredelung, Anpassung, Ausnutzung, äußerlich manierlich

Durchhaltevermögen, mystisch, unabhängig, ambitioniert, energisch, rücksichtslos, zwanghaft, beherrschend, zielgerichtet, destruktiv, Gewinnstreben

Schütze	intuitiv, optimistisch, materiell, trachtet nach Sicherheit, erkannt, frei, mobil, athletisch, religiös, moralisch, extrem
Steinbock	sensitiv, rational, pragmatisch, wirklich, egoistisch, egozentrisch, diszipliniert, hart, ernst, unbeugsam, zurückhaltend, vorsichtig
Wassermann	denkend, idealistisch, humanitär, distanziert, gesellig, rebellisch, frigide, zerstreut, freundlich, vage, planend
Fische	fühlend, Alleingang, isoliert, einsam, einfühlsam, wartend, hoffend, Klarheit, zielbewußt, beeindruckbar

strebsam, idealistisch, hohe Maßstäbe, weitreichendes Denken, höheres Denken, philosophisch-religiös, ambitioniert, wandelbar, Utopist, unzuverlässig

Selbstvertrauen, einsam, zäh, überarbeitet, starker Vater, nüchtern, phantasielos, prosaisch, egozentrisch, gewissenhaft, ambitioniert

innovativ, Utopist, Menschenfreund, abstrakt, zukunftsorientiert, modern, strebsam, undiszipliniert, neue Gedanken, progressives Handeln, Neuigkeit

Passivität, Hoffnung auf Ergebnisse, Glück, für Äußerlichkeiten empfänglich, fühlt sich einsam, insulär, einfach, bescheidene Bestrebungen, gelegentliches Vergnügen

Sonne-Aspekte

So/So der Wille zu leben, Macht, physischer Körper, Gesundheit und Energie, körperliche und spirituelle Harmonie. Mangelnder Ansporn, Krankheit, Schwäche, Richtungsänderungen, keine Ausrichtung. Der Körper, Vater und Sohn, Großvater zu Sohn, Kollegen, Mann zu Mann

So/Mo bewußt und unbewußt, Beziehung, inneres Gleichgewicht, öffentliches Leben, Erfolg. Innere Unzufriedenheit, Konflikt, unzusammenhängend, innere Spannung, Kampf. Mann und Frau, Vater und Mutter, Ehepartner, Freunde

Gleichgewicht und Ökonomie der Körpersäfte, »Blut und Wasser«, Serum, die Augen, Narben oder Male im Gesicht

So/Me gesunder Menschenverstand, Verständnis, Gedanken, praktisches Denken, geschäftsmäßig, organisierend. Unklar, Verwirrung, Ziellosigkeit, Nervosität. Jugendliche, Intellektuelle, Geschäftsleute

Bindegewebe, Granulation, Pubertät des Knaben

So/Ve körperliche Liebe, Schönheit, Beliebtheit, gesellschaftliches Leben, Ästhetik, romantisch. Frigidität, Häßlichkeit, unbeliebt, ungesellig, geschmacklos, kalt, Genußsucht. Künstler, geliebte/r Mann/Frau

Drüsengewebe, Graafsche Follikel

So/Ma Vitalität, Lebenskraft, Aufstieg, beruflicher Erfolg, Ausdauer, Impulsivität. Meinungsverschiedenheit, Gewalt, halsstarrig, streitsüchtig, unverschämt. Kämpfer, Soldat, Arzt, Ehemann, Zänker

Muskelgewebe, Zellaktivität, Spermien, Zell-Entzündung

So/Ju Gesundheit, Anerkennung, religiös, expansiv, glücklich, erfolgreich, schöpferisch. Materialistisch, genußsüchtig, arrogant, illegal, faul. Wohlhabend, gesund, prominent, »obere Zehntausend«

Gewebe-Elemente der Organe und Drüsen, regenerative Funktionen des Blutes, Wiederherstellung der Gesundheit

So/Sa getrennt, konzentriert, vertieft, ernst, Schwerarbeiter, ehrgeizig, hingebungsvoll. Egoistisch, gehemmt, unterdrückend, pessimistisch, untergeordnet, besorgt, schwach, negativ. Ernste Menschen, ältlich, krank, grober Vater, schwacher Vater, Vater vermißt

Knochengewebe, Zellalterung, Blutsenkung, Zelltod, Rheumatismus, Arteriosklerose, Krankheiten aufgrund von Mineral-Ablagerungen, erbliche Leiden, Narben oder Male im Gesicht

So/Ur progressiv, exzentrisch, technisch, originell, frei, veränderlich, dynamisch, individuell. Eigensinnig, selbstzerstörerisch, rebellisch, gespannt, reizbar. Neuerer, Reformer, Rebell, Techniker, Unruhestifter

rhythmische Funktionen von Zellen und Körper, Puls, Atmung, Herz-Neurose, Herzembolie

So/Ne sensitiv, heikel, phantasiebegabt, ungewiß, kultiviert, inspiriert, visionär, medial. Unsicher, schwach, krank, täuschend, verführbar, geschmacklos. Medium, romantisch, Träumer, psychisch, sensitiv, drogensüchtig, Verführer, schwacher Vater

träge, schwache oder gelähmte Zellen, Gewebswasser, Wassersucht, Ödeme, Anämie, Erfahrungen mit Drogen, LSD, Psora

So/Pl Macht, Kenntnis, bewußte Ziele, führend, wachsend, autokratisch, rücksichtslos: Arrogant, gezwungen, brutal, fanatisch, destruktiv. Anführer, Kämpfer, Revolutionär, Verwandler, Märtyrer, starker Vater

Zellregeneration, Immunsystem. Schwellungen, Hoden, Polypen

So/Kn physische Verbindungen, öffentlich, anpassungsfähig, gesellig, beliebt, bildend. Ungesellig, disharmonisch, nicht anpassungsfähig, ohne Beziehung, isoliert. Teilhaber, Gefährte, Kollegen, Zeuge, Verwandter, Würdenträger, Polizei

Funktion des autonomen Nervensystems, Narben oder Male im Gesicht

So/AC persönliche Beziehungen, physische Beziehungen, Vertrauen, Aufstieg, Achtung, erkennbar. Drängend, disharmonisch, unbeliebt, egoistisch, scheu, streitsüchtig, abhängig. Männer in der Umgebung, Kontakt, Ehemann

Funktion der Sinnesorgane bei der passiven Wahrnehmung, Male im Gesicht

So/MC individuell, objektiv, Selbstwissen, Erfolg, Missionar, Autorität, berühmt. Egozentrisch, unklar, arrogant, eingebildet, uninteressant, irregeführt. Körper und Seele, »Ich«, das eigene Ego

Beziehung zwischen physischem Körper und Ichbewußtsein, transformiert passive Wahrnehmung zu persönlicher Reaktion, Konstitution

Mond-Aspekte

Mo/Mo Gefühlsleben, weibliche Beziehungen, veränderliche Dinge, angenehme Stimmungen, Mütterlichkeit. Emotionelle Unterdrückung, Launenhaftigkeit, Trennung von der Mutter, teilnahmslos, Spannung. Die Gefühle, die Seele, Mutter und Tochter

Mo/Me emotionelle Gedanken, Wahrnehmung, Beurteilung, Einschätzung, weibliche Vorstellungen, Diskretion. Veränderlich, verlogen, Klatsch, Kritiksucht, Verleumdung, naiv, reizbar. Intellektuelle Frauen, Mädchen, Autorin, Psychologe, Reisende

Wasser-Gleichgewicht des Nervensystems, Gehirnflüssigkeit, Pubertät des Mädchens

Mo/Ve Liebe, Hingabe, Kunst, Empfängnis, romantisch, kultiviert, Ehe, anmutig. Launisch, scheu, geschmacklos, steril, reizbar, lieblos. Liebhaber, werdende Mutter, Mutter, Künstler, Frau, Schauspieler

Drüsensekrete, Hormone, weibliche Empfängnisfähigkeit, erste Empfängnis oder Entbindung

Mo/Ma Erregung, intensive Emotion, Offenheit, freimütig, aufrichtig, einfühlsamer Wille, fleißig. Impulsivität, hastig, kämpfen, intolerant, rebellisch, reizbar. Ehefrau, Kollegin, Schwerarbeiter, Hausfrau, Geschäftsfrau

unbewußte Muskelbewegungen, emotionelle Reaktionen, Erröten, Schilddrüsenfunktion, Gesichtsmale, Basedow-Krankheit

Mo/Ju Glücklich, religiös, soziales Gewissen, Reise, zuverlässig, Anerkennung, positives Empfinden. Gleichgültig, nachlässig, rebellisch, unbeliebt, illegal, Eheprobleme, salopp. Erfolgreich, großzügig, glückliche Frau, Frauen, Braut, werdende Mutter, Beamtinnen

Säfte aus Leber und Bauchspeicheldrüse, Gallenblase, Verdauungsfermente

Mo/Sa Selbstbeherrschung, Pflicht, Sorgfalt, aufmerksam, umsichtig, einsam, asketisch, kritisch, ehrgeizig. Depressiv, getrennt, verwitwet, untergeben, Melancholie, besorgt, entfremdet. Gehemmte Menschen, traurig, Witwe(r), Alleinerziehende(r), Großmutter

chronische Störungen des Wasserhaushalts, Schleimhautdefekte, wässerige Sekrete aus Verletzungen, Blaseninfektionen, psychische Krankheiten, Erbkrankheiten, Hämorrhoiden

Mo/Ur unterbewußte Kräfte, Instinkt, plötzliche Ereignisse, okkult, intellektuelle Spezialisierung. Schizophrenie, emotionelle Spannung, Überlastung, abrupt, Übertreibung, Besorgnis. Rastlose Frau, ehrgeizig, Reformisten, schizophren

Rhythmus des Wasserhaushalts, Blutdruck-Anomalie, Koliken der Ausscheidungsorgane, Prostata-Erkrankung, Mechanismus der Menstruation, Schizophrenie (ererbt)

Mo/Ne Kultiviert, innere Schau, Phantasie, Inspiration, Entspannung, romantisch, idealistisch. Zerbrechlich, Selbsttäuschung, Unwirklichkeit, Schwäche, süchtig, verführerisch, übernatürlich. Sensitiv, Medium, beeindruckbar, Kartenleser, medial, träge, die Schwachen

gelähmter Blutkreislauf, Wasseransammlung im Gewebe, Störung der Zell-Osmose durch biochemische (Schüßler–) Salze zu heilen, Bewußtseinstrübung oder Blackout, Augenkrankheiten, sexuelle Ängstlichkeit gelöst

Mo/Pl extreme Emotion, einseitig, Fanatismus, übereifrig, gierig, dynamisch, unersättlich. Fanatisch, sadistisch, besessen, schockierend, eifersüchtig, fordernd, verrückte Ansprüche, Umbrüche. Emotionelle Menschen, Werbe-Leute, Publizisten, schizophren, Revolutionär

Stoffwechsel der Körpersäfte, Blutkrankheit, Aids, Hepatitis, erbliche Schizophrenie

Mo/Kn spirituelle Vereinigung, innere Beziehungen, Bündnisse (zwischen Frauen), Familienbande, anhänglich. Entfremdung, mehrfache Beziehungen, nicht anpassungsfähig, frustriert, unfamiliär, inselhaft. Frauen-Bündnisse, Blutsfreundschaft, Gefährten

Lymphdrüsen, Milz, Mandeln, Immunsystem. Hodgkin-Krankheit, Aids

Mo/AC emotionelle Beziehungen, zuvorkommend, feminin, anpassungsfähig, persönliche Bindungen, subjektive Bindungen. Überempfindlichkeit, Unstimmigkeiten, launisch, wankelmütig, über-reagierend, ärgerlich. Weibliche Umgebung, Mutter, Alkoholiker, Drogensüchtige, Liebhaber, Persönlichkeiten

Flüssigkeitsaufnahme in den Körper, Alkaloide, Alkohol, Rausch, Drogensucht, Entbindung unter Narkose

Mo/MC emotionelle Ziele, Empfindung, Zuhause, Familie, Seelen-Bindungen, intuitives Verstehen. Schwierige Frauen, unprofessionell, Unschlüssigkeit, unzuverlässig, sentimental, schwankend. Frauen, empfindsame und emotionelle Menschen, Erzieherinnen, Mutter, Seelen-Menschen

Verteilung von Blut und Säften im Körper, Kollaps, Bluttransfusion, Blutspender

Merkur-Aspekte

Me/Me Bewegung, Denken, Verstand, Neuigkeiten, Meinungen, Wahrnehmung, begreift gut, Verständnis, leicht. Statische Zustände, Subjektivität, Dumpfheit, mangelnde Objektivität, verlogen, keine Kommunikation. Aktive Menschen, Freunde, Vertraute, Vermittler, Intellekt, Lehrer, Geschwister, die Jungen

Me/Ve Liebe-Gedanken, Sinn für Schönheit, Design, empfindsamer Intellekt, Ausgelassenheit, Kunst-Erfolg, Schriftstellerei. Eitelkeit, Einbildung, überempfindlich, unentschlossen, verschwenderisch, Luxus. Liebhaber, Autor, Schriftsteller, Kosmetik-Verkäufer, Kunsthändler, Ästhet, Künstler, Freundinnen

Drüsenausscheidungen

Me/Ma Gedankenkraft, verwirklichte Pläne, Entschluß, Schlagfertigkeit, Unternehmen, Debatte, Angelegenheit regeln. Kritiksucht, nörgelnd, Böswilligkeit, hastiges Handeln, Sprachschwierigkeit, unnachgiebig, zynisch. Kritiker, Zänker, Streiter, Schriftsteller

motorisches Nervensystem, spastische Lähmung, Nervenreizungen, gesteigerte Sensibilisierung, Reflexhandlungen

Me/Ju konstruktives Denken, Belesenheit, Literatur, Geschäftssinn, gesunder Menschenverstand, Wissenschaft, geläufig. Vernachlässigung, Betrug, unzuverlässig, übertreibend, Konflikt, indiskret. Redner, Autorität, Unterhändler, Geschäftsperson, Verleger, Reisender, Philanthrop

Reflexbahnen, Haut- und Sehnenreflexe, psychomotorische Verbindungen

Me/Sa mentale Arbeiter, Konzentration, sehr bedacht, logisch, Organisation, Erfahrung, Arbeitseifer. Dumpfheit, Zurückhaltung, Scheu, Entfremdung, Schwierigkeit, schwierige Kindheit, Mißtrauen. Philosoph, Intellektueller, Wissenschaftler, Ganove, Logiker

Blockaden des Nervensystems, schmerzleitende Nerven, funktionelle Beziehung zwischen Nervensystem und Sprechen bzw. Hören

Me/Ur Intuition, Scharfsinn, Flexibilität, Unabhängigkeit, Einfluß, Mathematik, originelles Denken. Zerstreut, Verrücktheit, Nerven, unstet, exzentrisch, widersprüchlich. Mathematiker, Wissenschaftler, Techniker, Musiker, Astrologe, lebhafte Menschen

Tiefenwahrnehmung, Rückenmark, Gleichgewichtsstörungen, Gesichtsschmerzen, Migräne

Me/Ne Vorstellungsvermögen, Phantasie, Tiefenwahrnehmung, Vision, Vorahnungen, poetisch, idealistisch, klar. Fehleinschätzung, Lähmung, Täuschung, Betrug, ausschweifend, töricht. Schauspieler, Phantast, Träumer, Heiliger, Lügner, Glaubensheiler, Medium

Wahrnehmungsverlust, schwache Nerven, Nervenlähmung, Mutationen, Chloroform, Schlafmittel

Me/Pl Überredungsgabe, Verständnis, gerissen, Diplomatie, Einfluß, Witz, Schlauheit. Zusammenbruch, hastiger Ausdruck, übertriebene Opposition, übereifrig, Ungeduld, Grobheit. Redner, Politiker, Faschist, Kritiker, Tyrann, Propagandist

Stoffwechsel des Nervensystems, Bildung neuer Nervensubstanz, nervöse Reizung

Me/Kn Gemeinsame Pläne, Ideenaustausch, gesellschaftlich-geschäftliches Treffen, Korrespondenz, Beziehung. Ungesellig, Unbeliebtheit, verschlossen, blockiert, unloyal. Tischler, Groupy, Schriftsteller, Organisator, Unterhändler, Teamarbeiter

Beziehung zwischen autonomen und willkürlichen Nerven

Me/AC Persönliche Vorstellungen, Definition, verbale Kommunikation, Zusammenkünfte, Intelligenz, gesprächig. Klatsch, Fehleinschätzung, Ängstlichkeit, oberflächlich, flatterhaft. Denker, Klatsch, Organisator, Freund, Verwalter, Diplomat

Reizaufnahme durch Sinnesorgane

Me/MC intellektuelle Ziele, Beobachtung, Selbstwissen, Meditation, eigene Ziele, Klarheit. Ziellosigkeit, nicht selbstbewußt, veränderlich, Unschlüssigkeit, unehrlich. Ausdrucksvolle Menschen, Schwätzer, Medien-Leute, Conferenciers, Berufsberater

Motorische Nerven des Gehirns

Venus-Aspekte

Ve/Ve Frieden, guter Wille, Liebe, Verlangen, empfindet Liebe, Humor, Sinn für Schönheit, Kunst. Ohne Beziehung, teilnahmslos, geschmacklos, Verirrung, Sorglosigkeit. Liebhaber, Schönheit, Modell, Mädchen, Schauspieler, Künstler, Musiker, Tuchhändler, Krankenschwester.

Ve/Ma sexuelle Liebe, Künstlertum, Leidenschaft, Kreativität, lebhafter Ausdruck, intime Beziehungen, fruchtbar. Asexualität, Verführung, unbefriedigt, Untreue, reizbar, Geschlechtskrankheit. Liebhaber, Sexist, Verführer, Polygamie, aktiver Liebhaber

sympathisches und parasympathisches Nervensystem, autonome Funktionsstörungen (Darm und Nieren), Menstruationsstörungen, Masturbation, Krampfadern, Hämorrhoiden

Ve/Ju freudige Liebe, glücklich, Beliebtheit, Sinn für Form, Ehe, Seligkeit, Behaglichkeit, fröhlich, Hedonismus. Faulheit, mangelndes Gespür, Trägheit, Arroganz, Gesetzeskonflikt, Genußsucht. Künstler, Filmstar, Modell, Prominenter, aufgeschlossener Liebhaber

Hormonkreislauf im Körper, Hormonstoffwechsel, Nebennieren, durch Einatmen von industriellen Pulvern/Stäuben/Schwermetallen verursachte Krankheiten, Drüsenausscheidung in Verbindung mit bestimmten Organen

Ve/Sa gehorsame Emotion, Nüchternheit, Loyalität, Hemmung, Opfer, Treue, Ökonomie, Reserve. Eifersucht, Qual, Entbehrung, einsam, niedergeschlagen, Trennung von der Mutter. Einsame Menschen, Witwe(r), uneheliche Kinder, älterer Liebhaber

Fehlfunktion innerer Drüsensekrete, Atrophie von Drüsen, vergrößerte Drüsen, Lungenemphysem, Kropf

Ve/Ur Wachrütteln, Exzentrik, Impuls, Talent, Musik, Sentimentalität, Kultiviertheit. Unterdrückte Sexualität, unstet, Entfremdung, unkonventionell, locker. Musiker, Künstler, exzentrischer Liebhaber.

Rhythmus von Libido und Sexualleben, Empfängnis, Geburt

Ve/Ne Verzückung, Erotik, Mystik, Idealismus, platonische Affären, Reise, kultiviert. Verführbar, geschmacklos, Verliebtheit, Träumen, Illusion, Realitätsflucht. Künstler, Musiker, Träumer, Visionär, romantisch, Drogenhändler, Süchtiger, schwacher Liebhaber

geschwächte Drüsenfunktionen, pathologische Drüsenvergrößerung, Schwäche der Sexualorgane

Ve/Pl fanatische Liebe, Sinnlichkeit, begabt, attraktiv, zwingend, hingebungsvoll, talentiert, anziehend. Voller Leben, belastete Liebe, Sadomasochismus, vulgär, exzessives Verlangen. Liebhaber, Pornograph, menstruierende Frau, Künstler

erste Menstruation, Eierstöcke, Gelbkörper, exzessives oder abnormales Sexualleben

Ve/Kn Liebes-Vereinigung, Anpassung, universelle Liebe, Bindungen, entgegenkommend, Künstler-Gemeinschaften. Isolation. Trennung, unglückliche Affäre, flatterhaft. Liebhaber, Verheiratete, Singles, Kunst-Groupies, Galerie-Besitzer

autonome Versorgung von Drüsenorganen

Ve/AC harmonische Liebe, Schönheit, attraktive Persönlichkeit, Ausschmükkung, Kunst, Geschmack, vornehm. Schlechter Geschmack, Verlassen, ungesellig, verschwenderisch, nachsichtig. Frau, Mutter, Ehefrau, Liebhaber, Künstler

harmonische Proportionen, körperliche Schönheit, Teint

Ve/MC objektive Liebe, Zuneigung, Wohlwollen, künstlerisch, anhänglich, attraktives Individuum. Eitelkeit, Einbildung, Eifersucht, ausschweifend. Liebhaber, Künstler, Bewunderer

Drüsenzentrum, Mittelhirn, dritter Ventrikel, Hypophyse

Mars-Aspekte

Ma/Ma Energie, Aktivität, Arbeit, Aggression, Impuls, Lösung, Willen, Entscheidung, Leistung. Energie verschwendend, Gewalt, Verletzung, Destruktion. Kämpfer, Soldat, Athlet, Handwerker, Chirurg, Polizei

Ma/Ju erfolgreiche Kreativität, Freude, Aktivität, Organisation, Kühnheit, Rebellion, praktisches Wesen. Konflikt, Entfremdung, voreilig, hastig, Rastlosigkeit, Disput. Manager, Organisator, Jurist, Richter, Beamter, Athlet

Organtätigkeit, leichte muskuläre Aktivität, das Herz, gelungene Entbindung und erster Schrei

Ma/Sa Hemmung, Ausdauer, Gefahr, Fanatismus, spartanisches Leben, asketisch, hart. Destruktion, Gefahr, Tod, Impotenz, Starrsinn, Trennung, Tests, Disput, Krankheit. Arbeiter, Bergarbeiter, Kämpfer, Killer

knochenbildende Prozesse, Gelenke, Muskeln und Knochen als aktive und passive Elemente, Sehnen und Bänder, Entzündung von Knochen oder Knochenmark, Knochenmarkskrebs, Organtod oder -atrophie, Lähmung der Atemmuskulatur, Erstickung, die Todesachse

Ma/Ur praktische Anstrengung, Intervention, Mut, Unabhängigkeit, Operation, Revolutionär, Geburt. Streit, Hartnäckigkeit, emotionelle Spannung, Streß, Nerven, Operation, Verletzung, Unfall. Chirurg, Gewalt, Revolutionär, Reaktionär, Fahrer, Feuerwehrmann

rhythmische Aktivität des Körpers, die Arbeit des Herzens, Verletzung mit Blutverlust, Operationen, Schnittwunden, Blutverlust, Narbe

Ma/Ne Inspiration, Verlangen, Sensitivität, Realitätsflucht, Romantik, Phantasie, Ablehnung. Zerstörung, Infektion, Irreführung, Drogen, Unterlegenheit, Rauchen, Lähmung, Enge. Kranke Menschen, Süchtiger, Seemann, Pathologe, Dealer

Muskellähmung oder -schwund, Anfälligkeit für seuchenartige Infektionskrankheiten, Folgen oder Resultate einer Infektion, normaler Krankheitsverlauf, Eiterung, Autotoxine

Ma/Pl übermenschliche Kraft, Gewalt, Stärke, großer Ehrgeiz, Erfolg, Zwangsvorstellung, Forschung. Grausamkeit, Anschlag, Aggression, Verletzung, Sadismus, Totschlag, Rücksichtslosigkeit. Diktator, behindert, Atomwissenschaftler, Politiker, General

Organtransplantation, künstliche Glieder oder Organe, Zahnprothese, Schädelknochen-Prothese

Ma/Kn physische Kollaboration, Teamgeist, Vereinigung, gemeinsamer Erfolg, Nachkommen, Verlobung. Zank, mangelnde Kameradschaft, gestörte Zusammenkünfte, Auflösung, Trennung. Kollektive, Kommunisten, Sozialisten, Eunuchen

Störungen der Lebensrhythmen, Frühreife, Klimakteriums-Störungen, Menopause, Aktivität des Astralkörpers, Eunuchismus

Ma/AC kämpferischer Geist, erzwungener Wille, Teamarbeit, Leistung, Resolution, kreative Arbeit, Chirurgie. Kaiserschnitt, Zangengeburt, Operation, kämpfen, Aggression, Konflikt, Disput, Zank. Chirurg, Soldat, Kollegen, Boxer

Neigung zu Unfällen, Operation, Entbindung, Gesichtsmale

Ma/MC Ichbewußtes Handeln, Ordnung, Entscheidung, Erfolg, Resolution, Berufswechsel, Klugheit. Reizbar, Streß, vorzeitig, zwecklos, Fieber, Betrug, Agitation, Mord. Organisator, Anführer, Politiker, Führungspersönlichkeit

Tätigkeit der willkürlichen Muskeln, Regulation der Körpertemperatur, Fieber, Hitzewallungen

Jupiter-Aspekte

Ju/Ju Zufriedenheit, Optimismus, Glück, finanzieller Gewinn, Religion, Philosophie, Gesellschaftsleben. Pech, Verluste, Pessimismus, illegal, extravagant, materialistisch, habgierig, Korpulenz. Rechtsanwalt, Richter, Bankier, Versicherer, Arzt, Onkel, Großeltern, Verleger

Ju/Sa Geduld, Ausdauer, Fleiß, Diplomatie, Zurückgezogenheit, Pflicht, Philosophie, ruhig, Immobilien. Unschlüssigkeit, unzufrieden, aufgeregt, Versagen, Krankheit. Professor, Lehrer, Rechtsanwalt, Beamter, Politiker, Verwandte, Mieter *organischer Fehler, chronische Krankheit, Funktion von Leber und Gallenblase*

Ju/Ur Optimismus, geglückte Ideen, Wahrnehmung, plötzliche Anerkennung, Seligkeit, Erfindung, Veränderung. Unabhängigkeit, Opposition, vergrößert Dinge, Auseinandersetzungen, Spannung, Streß. Organisatoren, Erfinder, Abenteurer, Optimist, religiöse Eiferer

organischer Lebensrhythmus, Darmperistaltik, spastische oder Krampf-Anfälle, Koliken, vorübergehende Schmerzen

Ju/Ne Spekulation, Vorstellungskraft, Metaphysik, Idealismus, Glück, Ethik, Großzügigkeit, Profit. Empfänglich, träumend, Unwirklichkeit, Feindschaft, Beleidigung, Verluste, Schwindler. Spekulant, Träumer, Mystiker, Visionär

Tonusmangel in Körperorganen, Atrophie eines Organs, zuviel Wasser im Blut (Hämolyse), Fehldiagnose

Ju/Pl Plutokratie, spirituell-mentale Kraft, Führung, Regeneration, Organisation, Transfusion. Fanatismus, Verluste, Schuld, Scheitern, haftbar, bankrott, Ausbeutung. Organisator, Professor, Lehrer, Spekulant, Diktator, Propagandist

Regeneration von Organen, Bluttransfusion, Infektionen, Seuchen

Ju/Kn guter Kontakt, Anpassungsfähigkeit, Takt, gemeinsame Interessen, glückhafte Vereinigung, Lebenskraft. Mangelnde Kameradschaft, antisozial, ichbezogen, Konflikt, leblos. Philosophische Gemeinschaften, Gefährten, Partner, Verbündete

Lebenskraft, Reichenbach (Od-)Kraft, Kundalini, Libido, Orgon-Energie

Ju/AC liebenswürdig, günstiger Einfluß, Großzügigkeit, Vermögen, Heilung, Erfolg, leichte Entbindung, Teamarbeit. Verschwendung, Reibung, Rebellion, Heuchelei, Eitelkeit, Prahlerei. Großzügige Menschen, wohlhabende Menschen, Onkel, Großeltern, Tanten

korrekte Diagnose, Heilung, Übergewicht

Ju/MC philosophische Ziele, bewußte Zielsetzung, Zufriedenheit, Seligkeit, Erfolg, Zielstrebigkeit. Risiken, unklare Ziele, Veränderungen des Lebensstils, Geltungssucht. Erfolge, Philosoph, Psychologe, Priester

Gesundheitserhaltung, Hygiene, Alkoholismus

Saturn-Aspekte

Sa/Sa Einschränkung, Geduld, Konzentration, Fleiß, Verfestigung, Ernsthaftigkeit. Hindernis, Krankheit, Entwicklungskrise, Niedergeschlagenheit, Untüchtigkeit, Kummer, Lähmung. Gehemmte Menschen, Wissenschaftler, Vater, ältlich, Landwirt, Bergarbeiter, Geschäftsleute, Arzt

Sa/Ur Spannung, Entschlossenheit, gesammeltes Denken, Ruhe, technische Angelegenheiten, Reise, Ausdauer. Emotionelle Spannung, Provokation, Gewalt, heftige Reaktion aus der Vergangenheit, begrenzte Freiheit. Heftige Menschen, der Sterbende, amputiert, chronisch krank

Rhythmus-Behinderung, Herzembolie, Cheyne-Stokes-Atmung, arhythmische Prozesse, Verlust oder operative Entfernung von Gliedern oder Organen, chronische Krankheit, Amputation

Sa/Ne Aufgabe, Leiden, Opfer, Vorsicht, Methode, Dualität, Askese, Geduld. Unsicherheit. Krankheit, Pest, Gewohnheit, Neurosen, emotionelle Hemmungen, unsicher. Asketen, chronisch krank, ältlich, Apotheker

chronische Krankheit, erbliche Krankheit, organischer Zerfall, Infektionskrankheit, Epidemie, Gewichtszunahme behindert, Fettmangel, Leber- oder Lungenkrankheit, Vitalitätsmangel; = 0° Widder: Hysterie

Sa/Pl Grausamkeit, Schwerarbeit, Zähigkeit, Selbstdisziplin, Adepten, Martyrium, Mühen, Schweigen. Egoismus, Gewalt, Scheidung, langsame Trennung, Mord, Selbstzerstörung, Geldverlust. Wissenschaftler, Mörder, Reaktionäre, Märtyrer

organische Unterentwicklung, Hodenhochstand, verkümmerte Organe, Verhärtung, Steine, Verkalkung, empfindlich gegen Schmutz, Epidemien

Sa/Kn Isolation, behinderte Einheit, Reife, Gönnerschaft, Geheimnis. Nicht anpassungsfähig, schwierige Zusammenarbeit, Tod von Verwandten, Depression, Hemmung. Ältere Personen, Trauernde

Schock-Ereignisse, Schock, Elektroschock (therapeutisch), Heilung durch Impfung, Trennung vom Astralkörper

Sa/AC gehemmte Persönlichkeit, schwierige Geburt, frühe Reife, einsam, isoliert, Hausgenossen. Depression, falsche Aussichten, arme Familie, Nachteile durch andere, Absonderung. Heimbewohner, Patienten, einsame Menschen, Ärzte, Krankenhauspersonal, Großeltern

Rückzug von der Außenwelt, Hautprobleme, Gewebs- oder Organschäden, Amputation, chronische funktionelle Störungen der Sinnesorgane, erbliche Kurzsichtigkeit, Ohrenentzündung, Gesichtsmal

Sa/MC ernste Zielsetzungen, langsame Entwicklung, Trennung, Voreingenommenheit mit sich selbst, Erfahrung. Emotionelle Hemmung, Trübsinn, Wahnsinn, Bewußtlosigkeit, verzagt. Gehemmte Menschen, Patienten, Bürde

Übelkeitsgefühl, Übelkeit, Neurose, bewußter, örtlich begrenzter Schmerz, Ich-Krankheit, mentale oder psychische Störungen, Psychosen, Krebs, Irresein, Persönlichkeitsauflösung, die dunkle Nacht der Seele, Verlust des Ichbewußtseins

Uranus-Aspekte

Ur/Ur Plötzlichkeit, ehrgeiziges Streben, Unternehmen, Kreativität, Krise/Veränderung, Reform, viele Pläne. Schwierige Umstände, Veränderung, Katastrophe, Nervenkrise, Selbstmordgedanken, Gefahr. Reformer, Erfinder, Techniker, Revolutionäre, Astrologe, Heiler, Physiker

Ur/Ne Bewußtlosigkeit, innere Schau, Inspiration, Mystik, Kunst, Forschung, Reisen, Geist. Instabilität, Verwirrung, Tod, Revolution, Krise, Unfähigkeit, psychische Verwirrung. Mystiker, Medien, Sensitive, Revolutionäre

Lähmung der rhythmischen Prozesse, Nervenzusammenbruch, Herzversagen, Gehirnschlag, Totgeburt, Fehlgeburt, Abgang, Epilepsie, Lahmheit

Ur/Pl Transformation, Revolution, Innovation, Mobilität, Reform, Mutation, Explosion, Veränderungen. Ungeduld, Manie, Zerstörung, Aufregungen, subversive Aktivitäten, Durchsetzung, Explosion. Pioniere, Reformer, Genies, Forschungsreisende, Revolverhelden *rhythmische Veränderungen in biologischen Prozessen, Beziehung zwischen Puls und Atmung, chinesische Pulsdiagnose, Fieberflecken*

Ur/Kn gemeinsames Erleben, plötzliche Anziehung, unstabile Beziehungen, Vielfalt, Innovation, Aktivität. Störung, Zank, Trennung, Rastlosigkeit, flatterhaft, reizbar, Zwischenfälle, träumerisch. Politiker. Gewerkschaften, aufgeregte Familie, nervöse Menschen

beunruhigende Träume, Bewußtseinsstörung, Neurosen, Rhythmus des Astralkörpers, innere Vision oder Erinnerung, Traumleben, regelmäßig eintretende Krankheiten, Wetterempfindlichkeit

Ur/AC Reaktion auf Umgebung, Erfindung, neue Kontakte, originell, Nervosität, Neuordnung. Erregbar, Unbeständigkeit, beunruhigen, Unfälle, schnelle Veränderungen, Zwang, Grobheit, erregbare Menschen, Originale, Exzentriker, Techniker, Neurotiker

schnell reagierendes Nervensystem. empfindliche Haut, empfindliche Nerven, Kopfschmerzen, Trigeminus-Neuralgie, Migräne

Ur/MC originelle Ziele, Bestätigung, glückhafte Veränderungen, organisierend, erfolgreich, Streß. Spannung, Vorzeitigkeit, Unzuverlässigkeit, Temperament, Aufregungen, plötzliche Wendungen des Geschicks. Yogis, Gurus, Erfinder, Physiker, Musiker

kontrollierte Atmungstätigkeit, Eurhythmie, Pranayama, Yoga-Atmung, Hyperventilation

Neptun-Aspekte

Ne/Ne spirituelle Entwicklung, intellektuelle Wahrnehmung, Reise, Einfühlungsvermögen, Mystik, Drogen. Hypersensitivität, Nervosität, Verwirrung, Gesundheitskrise, Täuschung, Sucht, Betrug. Medien, Betrüger, Sensitive, empfängliche Menschen, spirituelle Menschen, Süchtige, Träumer

Ne/Pl übernatürlich, Intensivierung, aktive Imagination, Medien, Parapsychologie, Evolution. Verwirrung, Seelenqual, Zwangsvorstellung, Verlangen nach Drogen oder Alkohol, Verlust, Besessenheit, Falschheit. Mystiker, Astrologen, Medien, Okkultisten, Süchtige, Spieler

schmerzlose Phase einer Krankheit, exzessiver Alkohol-, Nikotin- oder Drogenkonsum, mangelnde Willenskraft zur Aufrechterhaltung der Ge-

sundheit, Nervenschwäche, Neurose, Aufgeben, langsame Entwicklung oder Genesung, einschleichende Therapie, Abstoßung eines Transplantats, negative Transfusion

Ne/Kn *idealistische Verbindungen, sensitive Gruppen, Mystik, utopische Verbindungen, spirituell, antisozial, täuschend, andere betrügend, Schlaflosigkeit, gestörte Träume, Groupies, psychische Gruppen, mystische Organisationen, magische Zirkel*

Mangelnder Organtonus oder Muskel-Elastizität, Steifheit, Schlafstörungen, Schlaflosigkeit, psychische Attacken, psychedelische Drogen

Ne/AC Beeindruckbarkeit, Sensitivität, Sympathie, Fremdheit, Kultiviertheit, Idealismus, Wassergeburt. Verrat, Schwäche, Verwirrung, Enttäuschung, Realitätsflucht, Betrug, Illusion, Drogen. Anästhesisten, Sensitive, Medien, Süchtige, Mystiker, schwache Menschen

Illusionen oder Sinnestäuschungen, Kribbeln der Haut, Geburt unter Narkose, Alkoholiker, Drogensucht

Ne/MC ungewisse Ziele, vage, eigentümliche Vorstellungen, utopisch, übernatürlich, künstlerisch. Ausreden, Falschheit, Schauspielerei, Taubheit, seltsame Vorstellungen, Depression, Täuschung. Utopisten, Parapsychologen, Schwächlinge, Schauspieler, die geistig Gestörten, Psychotiker

depressive Psychosen, mentale Störung, Taubheit der Glieder, Phantomschmerzen, psychische Belästigung, Schizophrenie, psychedelische Drogen oder Pflanzen

Pluto-Aspekte

Pl/Pl innere Wandlung, Metamorphose, Transformation, Propaganda, Masseneinfluß, Machthunger. Rücksichtslosigkeit, Fanatismus, Agitation, Schwäche, Nötigung, Indoktrinierung. Diktatoren, Hypnotiseure, Politiker, Magier, Publikumsredner, Schauspieler

Pl/Kn kollektives Schicksal, Persönlichkeiten des öffentlichen Lebens, andere beeinflussend, Gruppen, Bewegungen. Tragisches Geschick, Karma, von anderen eingeengt, antisozial, leidend, Erstickung. Menschenmengen, Massenveranstaltungen, Armeen, politische Parteien, Gewerkschaften, multinationale Unternehmen *embryonales Wachstum, Störungen der Schwangerschaft, Fehlgeburt, morgendliche Übelkeit, akute Schwangerschaftstoxikose, Entbindung oder Wochenbett führen zu Konvulsionen oder Bewußtlosigkeit.*

Pl/AC Faszinierende Persönlichkeit, Ehrgeiz, Zauber, ungewöhnlicher Einfluß, Kontrolle, Transformation. Wechselnde Umgebung, Diktatur, beherrscht andere, Abscheu, Wiedereinpassung, Verletzung. Große Spezialisten, faszinierende Persönlichkeiten, Stars, Politiker, Personen des öffentlichen Lebens

körperliche Veränderung oder Transformation, Anfangsstadium einer Krankheit, Konvaleszenz

Pl/MC transformierte Ziele, Individualität, Stärke, Wachstum, Autorität, Expertenwissen. Mißbrauchte Macht, Widerstand, Rachsucht, antisoziales Verhalten, Erholung, Schicksal. Transformer, Autoritäten, Spezialisten, Magier, Chirurgen

Erholung, Gesundheit wiedergewinnen, Entscheidung, sich einer Operation zu unterziehen, Wechsel der Therapie

Mondknoten-Aspekte

Kn/Kn Vereinigungen, Verbindungen, kritische Augenblicke, Kommunikation, Zugang, Gruppen, Clubs, Kameradschaft. Begrenzungen, antisozial, Unverträglichkeit, unsozial, nicht anpassungsfähig. Kontakte, Vermittler, Verwandte, Familie, Vereinigungen, Kollegen

Kn/AC Kameradschaft, persönliche Beziehungen, Familienkontakte, soziales Gewissen, Charme, Liebschaften. Kurze Beziehungen, Entfremdung, gestörte häusliche Beziehungen, antisozial, schwierig. Familie, Mitarbeiter, Berufskollegen, Kameraden, Freunde

Gedächtnis, aktive unbewußte Vorgänge, innere Atmung, Sauerstoff-Haushalt

Kn/MC Gruppen-Ziele, individuelle Beziehungen, astrale Beziehungen, gegenseitiges Verständnis. Unbeständigkeit, unterschiedlich, Individuum vor Kollektiv, schwierige Kollektive, Marxisten. Verbindungen, politische Parteien, Gewerkschaften, Freunde

Astralkörper und Ichbewußtsein, psychische Belastung

Aszendenten-Aspekte

AC/AC Bekanntschaft, Örtlichkeit, Umgebung, der Ort, Körper, gesellschaftliche Beziehungen, persönliche Beziehungen, Fehlanpassung, fühlt sich verloren, fehl am Platze, schwierige Geburt. Menschen in der Umgebung, Ärzte, Hebammen

AC/MC Individuelle Synthese, höheres Selbst und niederes Selbst, Persönlichkeit und Ich, Integration. Unmögliche Synthese, unvereinbare Ziele, Mangel an Ausrichtung. Synthese-Schaffende, starke Persönlichkeiten mit deutlicher Ausrichtung.

Kontrast zwischen persönlichen und ererbten Eigenschaften

Himmelsmitte-Aspekt

MC/MC das Ich, spirituelle, intellektuelle und soziale Eindrücke, Ziele, Absichten. Ichlos, materialistisch, ziellos, geisteskrank. Egoisten, Menschen, die dem Augenblick leben, zielorientierte Menschen.

Anhang 2

Astro-medizinisches Stichwortverzeichnis

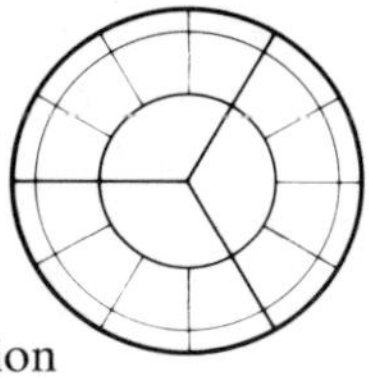

absteigender Dickdarm: Skorpion
Abszeß: Jupiter/Mars=Mond; Waage
Abtreibung: Mond/Venus=Saturn, =Pluto; Uranus/Skorpion
Achillessehne: Wassermann
AIDS: Skorpion; Mars/Saturn=Venus, =Neptun; Mars/Neptun=Pluto
Akne: Widder; Sonne/Widder
aktive Geburt: Löwe/, Widder/AC; Mars/, Uranus/AC
Alkaloide: Mond/AC
Alkoholismus: Fische; Skorpion; Krebs; Mond/Neptun; Mond/Neptun=Pluto; Neptun/Pluto=Mond; Sonne/, Mond/, Mars/, Jupiter/, Neptun/Fische
Allergie: Steinbock
Alpträume: Neptun/Widder
Alter: Saturn
Altern: Saturn; Sonne/Saturn
Amnesie: Mars/Löwe von Mond, Neptun
Amputation: Saturn/Uranus; Saturn/AC
anale Infektion: Sonne/Pluto
Anämie: Mars/Löwe, =Mond, =Neptun, Mond/Mars; Sonne/Neptun
Anämie, perniziöse: Mond/Mars=Krebs
Aneurysma: Widder, Löwe; Mars/Jupiter
Anfälle: Sonne/Venus=Uranus; Mars/Uranus=Neptun
Anfälle, spastisch: Jupiter/Uranus
Angina: Löwe
Angst: Mond/Mars=Krebs, =Jungfrau; Mond/Saturn=Neptun; Pluto/AC=Saturn; Uranus/Neptun
Anima: Mond
Animus: Sonne
Anorexia nervosa: Saturn/AC=Mond, Neptun/H1, /H2
Anziehungskraft, sexuell: Venus/Mars=Mondknoten
Apoplexie: Stier
Appendizitis: Sonne/Jupiter=Mars; Mars/Jupiter=Uranus; Venus/Mars=Neptun; Saturn/Jungfrau

Arme: Zwillinge
arterielles Gefäßsystem: Schütze
Arterien blockiert: Sonne/Mars=Jupiter
Arterien verhärten: Sonne/Jupiter=Saturn
Arteriosklerose: Jupiter/, Saturn/Löwe; Saturn/Jupiter; Sonne/Saturn; Saturn/Venus=Jupiter
Arthritis: Saturn/H6; Mars/Saturn, =Jupiter; Sonne/Saturn, /Uranus; Mars/Neptun; Sonne/Mars; Sonne/Saturn; Sonne/, Saturn/Schütze
Arzt: Sonne; Saturn; Jupiter; Pluto; Merkur/Jupiter=Sonne
Arzt, aggressiv: Widder/AC
Arzt, Entbindung durch: Jungfrau/AC
Asthma: Zwillinge; Merkur/Uranus; Merkur/Mars=Uranus; Zwillinge beeinträchtigt
Abspaltung des Astralkörpers: Saturn/Mondknoten
Astralkörper: Mondknoten; Mondknoten/MC
Astralkörper, Abspaltung: Saturn/Mondknoten
Astralkörper-Rhythmus: Uranus/Mondknoten
ASW: Merkur/Uranus=Neptun
Ataxie: Saturn/Waage
Atem-Beschwerden: Sonne/Jupiter=Zwillinge, =Schütze
Atmung: Sonne/Uranus; Uranus/Pluto
Atmung, Cheyne-Stokes-: Saturn/Uranus
Atmung, innere: Mondknoten/AC
Atmung, Sauerstoff-: Mondknoten/AC
Atrophie der Drüsen: Venus/Saturn; Jupiter/Neptun
Auflösung, rasch: Mars/Saturn=Jupiter
Augen: Sonne/Mond
Augen schwach: Mond/Widder
Augenkrankheit: Merkur Widder; 29° Stier; 6° Löwe; 8° Schütze
Aura: Neptun
Ausdauer, Mangel: Neptun/Pluto=Mars
Ausscheidung: Skorpion
Ausschläge: Widder
auszehrende Krankheiten: Mars/Neptun
außersinnliche Wahrnehmung: Merkur/Uranus=Neptun
autonome Drüsen: Venus/Mondknoten
Autotoxine: Mars/Neptun
Autounfall: Mars/Uranus=Neptun
Azidose: Jupiter/Saturn=Venus; Mars/Jupiter

Bandwurm: Neptun; Jungfrau; Neptun/Krebs
Basedow-Krankheit: Mond/Mars
Bauchfellentzündung: Merkur/Mars; Jungfrau
Bauchhöhlenschwangerschaft: Venus/Uranus

Bauchorgane: Jungfrau
Bauchspeicheldrüse, Sekretion: Mond; Mond/Jupiter
Becken: Schütze
Beginn einer Krankheit: Pluto/AC
Beine, Neuralgie: Merkur/Steinbock
Beine, Rheumatismus: Jupiter/Schütze
Beschneidung: Skorpion/, Mars/, Uranus/, Pluto/, Widder/AC
Betäubungsmittel: Mond/Neptun, /Saturn, /Sonne; Mond/Fische
Betäubungsmittel: Neptun; Mond
Betrunkenheit: Skorpion
Bewegungs-Koordinationsstörung, s. Ataxie
Bewußtlosigkeit: Uranus/Neptun=Sonne
Bewußtsein, gestört: Mond/Neptun
Bewußtsein, Verlust: Pluto/Mondknoten; Jupiter/Saturn=Uranus
Bindegewebe, mangelhaft: Saturn/AC
Bindegewebsgeschwulst: Mond/Jupiter
Bindehautentzündung: Sonne beeinträchtigt Feuer; Sonne/AC
Blase: Skorpion
Blasenentzündung: Skorpion
Blaseninfektion: Waage; Skorpion; Mond/Saturn
Blasenkrebs: Sonne/Neptun=Saturn
Blasenstein: Waage
Blinddarmentzündung: Sonne/Jupiter=Mars; Mars/Jupiter=Uranus; Venus/Mars=Neptun; Saturn/Jungfrau
Blindheit: Eklipse in Widder, Sonne/Mond=Mars
Blut: Jupiter
Blut, schlechtes: Sonne/Neptun=Saturn
Blutdruck, hoch: Sonne/Mars; Mond/Uranus
Blutgerinnsel: Sonne/Venus=Stier
Bluthochdruck: Sonne/Mars; Mond/Uranus
Blutinfektionen: Mond/MC=Neptun oder =Pluto; Mond/Schütze
Blutkrankheit: Mond/Pluto; Neptun/Wassermann
Blutkreislauf: Mond/AC
Blutreichtum: Sonne/Zwillinge
Blutserum: Mond
Blutspender: Mond/MC
Blutvergiftung: Jupiter/Mars=Neptun
Blutverlust: Mars/Uranus
Bright-Krankheit: Sonne/, Mond/, Saturn/Waage
Bronchialinfektion: Sonne/Merkur=Zwillinge
Bronchien: Zwillinge
Bruch (Hernie): Venus/Mars; Jungfrau
brutale Geburt: Skorpion/AC; Mars/AC; Pluto/AC; Uranus/AC

Brutalität: Mars/Saturn=Pluto
Brüste: Krebs; Mond

Cheyne-Stokes-Atmung: Saturn/Uranus
Chirurg: Sonne; Mars; Uranus; Pluto
Cholera: Jungfrau
chronische Krankheit: Jupiter/Saturn; Saturn/Uranus; Saturn/Neptun
chronische Sinnesorgan-Beschwerden: Saturn/AC
chronisches Frauenleiden: Saturn/Neptun=Mond
Contergan: Neptun/H9; Neptun/MC; Neptun/Zeugungspunkt (9. Häuserspitze)
Corpus luteum: Venus/Pluto

Dammschnitt: Mars/AC; Uranus/AC, Pluto/AC; Skorpion/AC, Widder/AC
Darm: Venus/Mars; Jungfrau
Darmbein-Arterien: Schütze
Darmperistaltik: Jupiter/Uranus
Delirium: Widder; Merkur/Mars=Uranus
Depression: Saturn/MC=Mond; Saturn/Neptun=Mars
Depression, organisch: Mond/Saturn=Pluto
depressive Psychose: Neptun/MC
Diabetes: Neptun; Jupiter/Saturn; Widder/Waage; Krebs/Steinbock; Sonne/Merkur; Jupiter/Uranus=Sonne
Diagnose, falsch: Jupiter/Neptun
Diagnose, korrekt: Jupiter/AC
Diarrhö: Mond/Venus; Jungfrau
Diät: Jungfrau
Dickdarm, absteigender: Skorpion
Dickdarm, Entzündung: Mars/Merkur=Neptun; Skorpion
Dickdarm, Krebs: Sonne/Neptun=Saturn
Dickdarm, träge: Saturn/Skorpion
Dickdarm, Verschluß: Saturn/Jungfrau; Sonne/Uranus
Diphtherie: Sonne/Stier
Drehschwindel: Widder beeinträchtigt von Uranus
Drosselvenen: Stier
Drüsen, atrophiert: Venus/Saturn
Drüsen, geschwächt: Venus/Neptun; Sonne/Venus=Neptun
Drüsen, vergrößert: Venus/Saturn; Venus/Neptun
Drüsenaktivität behindert: Saturn/Neptun=Venus
Drüsengewebe: Sonne/Venus
Drüsensekret, Anomalie: Venus/Saturn
Drüsensekret: Venus/Jupiter
Drüsensystem: Fische
Duodenum: Jungfrau

Durchfall: Mond/Venus; Jungfrau
dünnes Blut: Jupiter/Neptun
Dysmenorrhö: Venus/Mars

Ehebruch: Venus/Mars=Saturn
Eierstöcke: Sonne/Venus; Venus/Pluto
eigentümliche Krankheiten: Neptun/Pluto=Sonne
Eileiterinfektionen: Sonne/Merkur=Zwillingc
eingeleitete Geburt: Neptun/AC; Neptun
Einweisung in eine Anstalt: Neptun/Mondknoten=Mars
Eisen: Mars; Mond/Mars
Eiter: Mars/Neptun
Ekzem: Waage; Venus/Steinbock; Venus/Uranus
embryonales Wachstum: Pluto/Mondknoten
emotionale Erkrankung: Saturn/Neptun=Sonne
emotionale Reaktionen: Mond/Mars
emotionale Übelkeit: Pluto/AC=Saturn
emotionaler Schock: Saturn/MC=Uranus
emotionales Leiden: Neptun/Pluto=Saturn
Empfängnis: Mond/Venus; Spitze9; Venus/Mars=Sonne; Venus/Uranus und = Mond; Sonne/Venus=MC; Mond/Jupiter=AC
Empfängnis, schwierig: Mond/Mars
Emphysem, Lungen-: Venus/Saturn; Merkur/Uranus
endokrine Funktionsstörung: Sonne/Saturn
Entbindung, s. Geburt
Entfernung, operativ: Saturn/Uranus
Entsagung: Mond/Mars=Uranus
Epidemien: Mars/Neptun; Saturn/Neptun; Mars/Saturn=Neptun; Skorpion; Uranus/, Neptun/Skorpion
Epilepsie: Widder; Sonne/Neptun=Mars und =Uranus; Mars/Neptun=Jupiter; Neptun Krebs 6.; Sonne/Uranus; Uranus/Neptun=Sonne
Epiphyse: Widder; Neptun
Episiotomie: Mars/AC; Uranus/AC, Pluto/AC; Skorpion/AC, Widder/AC
Erbkrankheit: Saturn/Neptun=Mondknoten; Mond/Saturn; AC/MC
erbliche Kurzsichtigkeit: Saturn/AC
Erhaltung der Gesundheit: Jupiter/MC
Erholung: Pluto/MC
erhöhte Spannung (Hypertension): Venus/Mars; Jupiter/Saturn=Mars
Erkältungen: Sonne/Neptun
erkranken: Neptun/MC
Erkrankung: Jupiter/Saturn=Uranus; Saturn/Mondknoten=Neptun; Saturn/Neptun; Mars/Saturn=AC, =Merkur, =Venus; Mars/Neptun=Uranus; Saturn/Pluto=Jupiter; Sonne/Neptun=Saturn, =Jupiter; Sonne/Mond=Saturn; Sonne/Jupiter=Saturn

Erkrankung, chronisch: Saturn/Uranus
Erkrankung, ernst: Saturn/Neptun=Pluto
Erkrankung, Frauen-: Mars/Saturn=Mond
Erkrankung, Männer-; Mars/Saturn=Sonne
Erkrankung, plötzlich: Mars/Saturn=Uranus; Mond/Uranus=Saturn; Saturn/Neptun=Uranus
Erkrankung, von anderen: Neptun/AC=Saturn
Erkrankung, Widerstandskraft gegen: Mars/Saturn=MC
Erkrankung, wiederkehrend: Uranus/Mondknoten
Erkrankungsprozeß: Saturn/AC=Sonne
Ernährung: Jupiter
Ernährung, schlecht: Jungfrau
Erröten: Mond/Mars
Ersticken: Mars/Stier; Pluto/AC=Merkur
Ersticken: Merkur/Zwillinge
Ersticken, Tod durch: Mars/Saturn
Ertrinken: Saturn/Pluto=Neptun; Mars/Pluto=Neptun
Erwürgen: Mars/Saturn
Eunuchismus: Mars/Mondknoten
Eurhythmie: Uranus/MC
exzessive Blutung: Mond/Mars

Familie, krank: Mars/Saturn=Mondknoten
Fehlgeburt: Mond/Venus=Saturn; =Pluto; Uranus/Skorpion
Femur: Schütze
Fett-Verlust: Saturn/Neptun=Jupiter
Fettleibigkeit: Jupiter/H6, /Jungfrau; Mond/Jupiter=Uranus; Jupiter/Widder
Fettmangel: Saturn/Neptun=Jupiter
Fibroid: Mond/Jupiter
Fieber: Mars; Feuer; Mars/AC; Mars/MC; Mars/Widder
Fieber, hoch: Feuer
Fieberflecken: Uranus/Pluto
Finger: Zwillinge
Fistel: Saturn/Skorpion
Flatulenz: Jupiter/Stier
Flugzeugabsturz: Mars/Uranus=Neptun
Fortpflanzung: Mars/Jupiter=Venus; Uranus/MC=Venus; Mond/Merkur=Mars; Venus/Jupiter=Mars; Venus/Mars=Sonne, =Pluto
Fötus gestört: Pluto/Mondknoten
Frauenkrankheiten: Sonne/Pluto=Mond; Mond/Venus=Saturn
Frauenleiden: Sonne/Mond
Frigidität: Saturn/Pluto=Mond
Fruchtbarkeit: Mond

Fußpilz: Neptun; Fische
Fußwurzelknochen: Fische
Füße: Fische
Füße schwach: Mond/Fische

Gallenblase: Mond/Jupiter; Krankheit. Mond/Jupiter=Saturn; Jupiter; Jupiter/Saturn
Gallensteine: Sonne/Merkur=Mars; Mars/Jupiter=Saturn; Löwe AC
Gastritis: Krebs-Steinbock; Sonne/Mars=Mond
Gebärmutter: Skorpion
Gebärmutter, Infektionen: Skorpion
Gebärmutterhals: Skorpion
Gebrechlichkeit: Sonne/Neptun
Geburt: AC; Jupiter/Uranus=Sonne; Mars/Jupiter=Mond; Venus/Uranus; Uranus/MC=Venus; Sonne/Mond=Jupiter; Mond/Venus; Mond/Jupiter=MC; Venus/Jupiter=Mars
Geburt, aktiv: Löwe/, Widder/AC; Mars/, Uranus/AC
Geburt, Arzt: Jungfrau/, Steinbock/AC; Mars/, Saturn/, Jupiter/AC
Geburt, Ärztin: Krebs/AC; Waage/AC; Mond/AC
Geburt, brutal: Skorpion/AC; Mars/, Pluto/, Uranus/AC
Geburt, eingeleitet: Mars/Jupiter=Neptun; Fische/AC; Neptun/AC; Mond/AC
Geburt, emotionslos: Steinbock/AC; Saturn/AC; Wassermann/AC
Geburt, Frauen zugegen: Krebs/AC
Geburt, gefährlich: Skorpion/AC; Mars/, Pluto/, Uranus/AC
Geburt, gehemmt: Steinbock/AC; Saturn/AC; Wassermann/AC
Geburt, gewaltsam: Pluto/AC; Skorpion/AC; Mars/AC; Uranus/AC
Geburt, Großeltern zugegen: Jupiter/AC; Saturn/AC; Schütze/AC
Geburt, großes Krankenhaus: Pluto/AC; Mondknoten/AC
Geburt, heftig: Skorpion/AC; Mars/, Pluto/, Uranus/AC
Geburt, im Ausland: Schütze/AC; Jupiter/AC
Geburt, instinktiv: Krebs/AC
Geburt, Kaiserschnitt: Widder/AC; Mars/, Uranus/, Pluto/AC
Geburt, kirchl. Krankenhaus: Schütze/AC; Jupiter/AC
Geburt, Krankenhaus: Widder/AC
Geburt, Krankenschwester/-pfleger: Jungfrau/AC; Krebs/AC; Zwillinge/AC; Waage/AC; Mond/AC
Geburt, Maschinen: Uranus/AC; Pluto/AC; Mondknoten/AC
Geburt, mechanisch: Steinbock/AC; Saturn/AC; Wassermann/AC; Uranus/AC
Geburt, Mehrlings-: Zwillinge/AC; Waage/AC; Wassermann/AC
Geburt, mit Medikamenten: Krebs/, Fische/AC; Neptun/, Mond/AC
Geburt, nervös: Zwillinge/AC
Geburt, Nonnen: Schütze/AC; Jupiter/AC; Mond/AC

Geburt operativ: Widder/, Skorpion/, Mars/, Pluto/, Uranus/AC; Venus/Uranus-Mars
Geburt, schwierig: Mars/Jupiter=Saturn, =Neptun; Venus/Uranus=Saturn
Geburt, schwierig: Venus/Uranus=Saturn
Geburt, Team: Jungfrau/AC; Waage/AC
Geburt, technisch: Uranus/AC; Wassermann/AC
Geburt, tragisch: Pluto/AC; Uranus/AC; Skorpion/AC
Geburt, unorthodox: Wassermann/AC
Geburt, unter Narkose: Mond/, Neptun/, Krebs/, Fische/AC
Geburt, Vater zugegen: Steinbock/AC; Sonne/, Saturn/AC
Geburt, Zange: Widder/AC; Mars/, Saturn/AC
Geburt, zu Hause: Krebs/AC; Stier/AC; Mond/AC
Gedächtnis: Mondknoten; Uranus/Mondknoten
Gedächtnisverlust: Mars/Löwe von Mond, Neptun
Gefäßerweiterung, s. Aneurysma
Gefäßnerven: Waage
Gefühlsverwirrung: Venus/Neptun=Pluto
Gehirn: MC
Gehirnabszeß: Uranus/Widder
Gehirnarterien: Widder
Gehirnhautentzündung: Sonne/Widder
Gehirnhäute: Uranus
Gehirnkrankheit: Widder; Merkur/Widder
Gehirnsynapsen: Merkur
Gehirntumor: Venus/Widder; Sonne/MC=Saturn; Sonne/Saturn=MC; Saturn/MC=Sonne
Gehirnzentren: Merkur/MC
geistige (mentale) Störung: Neptun/MC
geistige (mentale) Stumpfheit: Mond/Mars
geistiger (mentaler) Mangel: Sonne/Neptun=Merkur
Gelbkörper: Venus/Pluto
Gelbsucht: Merkur/Schütze
Gelenke: Mars/Saturn
Gelenkversteifung (Ankylose): Merkur/Saturn
Genesung: Pluto/AC
Geschlechtskrankheit: Skorpion; Mars/Neptun; Venus/Mars=Saturn; Mond/Venus=Mars; Uranus/Skorpion
Geschlechtsorgane: Mars/Neptun=Venus; Skorpion
Geschlechtsorgane, äußere: Waage
Geschlechtsorgane, mißgebildet: Uranus/Skorpion
Geschlechtsorgane, schwach: Venus/Neptun; Sonne/Neptun=Mond
geschwächte Drüsen: Venus/Neptun
Geschwür: Saturn, Uranus, Mars in Krebs beeinträchtigt Sonne oder Mond

Geschwür, Magen: Krebs: Mars/Krebs; Uranus/Krebs
Geschwür Zwölffingerdarm: Merkur/Mars
Geschwüre: Mond/Jupiter=Mars; Mond/Mars=Krebs, =Jungfrau, =Fische
Gesicht: Mars/AC
Gesichtsfarbe: Venus/AC
Gesichtsfarbe, schlecht: Saturn/AC
Gesichtsknochen: Widder
Gesichtsschmerzen: Merkur/Uranus
Gesundheit, empfindlich: Sonne/Neptun=Jupiter
Gesundheit, Erhaltung: Jupiter/MC
Getrunkenes: Mond/AC
Gewalt: Mond/Uranus=Mars; Sonne/Pluto=MC; Mars/Uranus; Saturn/Uranus-=Mars, =Pluto
Gewichtsverlust: Saturn/Neptun=Jupiter
Gewichtszunahme behindert: Saturn/Neptun=Jupiter
Gicht: Merkur/Mars; Mond/, Venus/, Jupiter/, Saturn/Schütze; Mond/, Mars/, Saturn/Steinbock
Gift: Mars/Saturn=Neptun; Saturn/Pluto=Neptun
Giftgas: Mars/Saturn=Neptun; Saturn/Pluto=Neptun
Gleichgewichtsstörungen: Merkur/Uranus
Gliedmaßen, künstlich: Mars/Pluto
Gliedmaßen, Verlust: Saturn/Uranus
Gonorrhö: Venus/Waage; Venus/Mars=Saturn
Graaf-Follikel: Sonne/Venus
graduelle Therapie: Neptun/Pluto
grauer Star: Sonne/MC=Mond=Saturn
Grippe: Sonne/Neptun
Großhirn: Widder
Grundumsatz, hoch: Feuer; Luft; Sonne, Mars, Jupiter
Grundumsatz, niedrig: Wasser; Erde, Stier; Steinbock; Mond; Venus; Saturn

Halsschlagader: Stier
harmonische Proportionen: Venus/AC
Harnröhre, Infektion: Sonne/Merkur=Zwillinge; Sonne/Pluto
Harnwege: Waage; Widder, Skorpion
Harnwege, Infektionen: Skorpion
Hausgeburt: Krebs/AC; Stier/AC; Mond/AC
Haut: Steinbock; Waage
Haut, Beschwerden: Sonne/Merkur
Haut, kribbelnd: Neptun/AC
Haut, schuppig: Mond/Saturn
Haut, sensibilisiert: Uranus/AC

Hautleiden: Saturn/AC; Mars/Neptun=Saturn
Hautreaktionen: Merkur/Jupiter
Hämolyse: Jupiter/Neptun
Hämorrhoiden: Skorpion; Mond/, Saturn/Skorpion; Mond/Saturn=Mars; Sonne/Jupiter=Mond
Hände: Zwillinge
Hebamme, aggressiv: Widder/AC
Hebamme: Stier/AC; Krebs/AC; Waage/AC; Venus/AC; Mond/AC; Neptun/AC
heftiger Wutausbruch: Mond/Mars=Uranus
Heilung: Jupiter/AC; Jupiter/MC
Hepatitis: Mars/Jupiter=Mond
Hernie (Bruch): Venus/Mars; Jungfrau
Hernie, Hiatus-: Mond/Uranus
Herz schwach: Mond/Neptun=Löwe
Herz: Sonne
Herzblock: Saturn/Uranus
Herzinsuffizienz: Uranus/Neptun
Herzklopfen: Löwe
Herzklopfen: Sonne/Löwe, /Wassermann
Herzkrankheit: Sonne/Mars; Sonne/, Mond/, Mars/, Saturn/, Pluto/Löwe
Herzkrebs: Neptun/, Mars/Löwe
Herzmuskel: Mars/Jupiter
Herzrhythmus: Mars/Uranus
Herzschrittmacher: Sonne/Uranus; Uranus; Wassermann
Herzstillstand: Sonne/Venus=Saturn
Herztätigkeit: Mars/Uranus
Heuschnupfen: Sonne/Zwillinge; Mond/Uranus; Mond/Stier; Saturn/Widder; Merkur/Saturn
Hexenschuß: Waage; Sonne/Saturn=Uranus
Hiatushernie: Mond/Uranus
Hinterhaupt: Stier
Hirnanhangsdrüse, s. Hypophyse
Hodensack: Skorpion
Hodgkin-Krankheit: Mond/Mondknoten
hoher Blutdruck: Sonne/Mars
hohes Fieber: Feuer
Hohlvene: Löwe
Hormone: Mond/Venus
Hormonkreislauf: Venus/Jupiter
Hormonstoffwechsel: Venus/Jupiter
Hören: Merkur
Hörnerven: Merkur/Saturn
Husten: Stier

Hüften: Schütze
Hüftgelenke: Schütze
Hygiene: Jupiter/MC
Hyperaktivität: Mars/Jupiter; Mars/Neptun
Hyperazidität: Jupiter/Saturn=Venus; Mars/Jupiter
Hyperämie: Sonne/Zwillinge
Hyperästhesie: Sonne/Wassermann
Hypertension: Venus/Mars; Jupiter/Saturn=Mars
Hyperthyreose: Sonne/Pluto=Mars, =Uranus, =Stier, =Skorpion
Hypnose: Pluto/AC=Merkur
Hypochondrie: Neptun/Jungfrau; AC/Jungfrau
Hypoglykämie: Mond/Jupiter=Saturn, =Waage, =Jungfrau, =Fische; Mond/Merkur; Mond/Venus
Hypophyse: Uranus; Venus/MC
Hypophyse, Hinterlappen=Jupiter
Hypophyse, Vorderlappen=Saturn
Hypophyse, Funktionsstörung: Mond/Venus=Saturn, =Krebs, =Steinbock
Hypothyreose: Sonne/Pluto=Stier, =Skorpion
Hypotonie: Jupiter/Saturn=Mars
Hysterie: Sonne/Widder; Uranus/Stier; Venus/Uranus=Mond; Saturn/Neptun =Sonne in Widder

Ich-Schwäche: Saturn/MC
Ichbewußtsein: MC; Mondknoten/MC
Ichbewußtsein, Verlust: Saturn/MC
Ichbewußtsein, Verlust: Saturn/MC
Illusionen: Neptun/AC
Immunsystem: Pluto; Mond/Pluto; Mond/Mondknoten
Impotenz: Mars/Saturn Skorpion
Infektion: Jupiter/Neptun=Pluto; Jupiter/Pluto=Neptun; Mars/Neptun =Sonne, =Mond, =Venus; Sonne/Neptun
Infektion, Harnröhre: Sonne/Pluto
Infektion, sexuell: Mond/Neptun=Mars
Infektion, vaginal: Sonne/Pluto
Infektionsabwehr: Mond/Mondknoten
Infektionskrankheit: Saturn/Neptun
innere Atmung: Mondknoten/AC
innere Spannung: Merkur/Saturn=Uranus
inzestuöser Angriff: Mars/Pluto=Sonne
Irresein: Merkur/Mars=Uranus; Uranus/Pluto; Neptun/Widder; Sonne/Widder
Ischias: Saturn/Zwillinge; Sonne/Merkur=Uranus, =Feuer; Sonne/Schütze
Ischiasnerv: Schütze

Ischiasschmerzen: Mars/Jupiter
Isolation: Saturn/AC

Kahlheit: Widder; Schütze
Kaiserschnitt: Mars/AC; Widder/AC; Skorpion/AC; Uranus/AC; Pluto/AC
Karotis, s. Halsschlagader
Katarrh: Mond/Saturn=Jupiter; Saturn/Widder; Sonne/Pluto; Venus/Widder
Katastrophen: Merkur/Mars=Uranus
Kehle: Stier
Kehlkopf: Stier
Kehlkopf, Entzündung: Stier; Mond/Mars (=Stier)
Kehlkopf, Krebs: Sonne/Neptun=Saturn
Kiefer: Stier
Kinderlähmung: Sonne/Neptun=Pluto; Sonne/Pluto=Neptun; Sonne/Uranus
Kinn: Stier
Kleinhirn: Mond; Stier
Klimakterium: Jupiter
Klinik-Geburt: Widder/AC
Knochen schwach: Mars/Neptun=Saturn
Knochenbildung: Mars/Saturn
Knochenbrüche: Mars/Steinbock
Knochenentzündung: Mars/Saturn
Knochenkrankheiten: Sonne/Saturn
Knochenmark: Mars/Saturn
Knochenstruktur: Saturn; Sonne/Saturn
Knöchel: Wassermann
Knöchel, geschwollen: Jupiter/Wassermann
Knöchel, verstaucht: Sonne/Wassermann
Kolik: Jungfrau; Jupiter/Uranus
Kolitis: Mars/Merkur=Neptun; Skorpion
Kollaps: Mond/AC
kollektives Unbewußtes: Pluto
Koma: Widder
Konjunktivitis: Sonne beeinträchtigt Feuer; Sonne/AC
Konvaleszenz: Pluto/AC
Konvulsionen: Mond/Widder
Konvulsionen: Pluto/Mondknoten; Venus/Uranus=Mond; Sonne/Venus=Uranus; Sonne/Neptun=Uranus
Kopf, Schmerzen: Uranus/Widder
Kopf-Arterien: Widder
Kopfschmerzen: Widder; Sonne/Mars=Uranus; Sonne/, Mond/, Saturn/Widder; Uranus/AC
Koronarembolie: Sonne/Uranus

Koronarthrombose: Sonne/Saturn=Pluto
Korpulenz: Jupiter
Körper/Ich: Sonne/MC
Körper: Sonne
Körperbau, empfindlich: Neptun/Pluto=Sonne
körperliche Anziehungskraft: Mondknoten/MC=Mars
körperliche Attraktivität: Mondknoten/MC=Mars
körperliche Gewalt: Uranus/AC=Mars
körperliche Liebe: Uranus/MC=Venus
körperliche Schädigung: Neptun/AC=Sonne
körperliche Schönheit: Venus/AC
körperliche Veränderung: Pluto/AC
körperlicher Zusammenbruch: Sonne/Pluto=Mars
Körperwärme: Mars
Krampf: Mars/Uranus
Krampfadern: Venus/Mars; Sonne/, Mond/, Merkur/, Venus/, Mars/, Saturn/, Wassermann; Venus/Jupiter
kranke Familie: Mars/Saturn=Mondknoten
kranke Verbindungen: Mars/Saturn=Mondknoten
Krankenhaus, groß: Pluto/AC; Mondknoten/AC
Krankenhaus-Personal: Saturn/Neptun=Mondknoten
Krankenhaus: Sonne/Neptun=Mondknoten oder =AC; Mars/Neptun=Mondknoten
krankhafte Drüsenvergrößerung: Venus/Neptun
Krankheit: Saturn/Neptun=Sonne; Mond/Neptun
Krankheit, ansteckend: Saturn/Neptun
Krankheit, Beginn: Pluto/AC
Krankheit, chronisch: Jupiter/Saturn
Krankheit, erblich: Saturn/Neptun=Mondknoten
Krankheit, nervös: Uranus/Pluto=Neptun
Krankheit, schmerzlose Phase: Neptun/Pluto
Krankheitsprozeß: Saturn/AC=Sonne
Krankheitswahn: Neptun/Jungfrau; AC/Jungfrau
Krebs: Jupiter/Saturn=Sonne; Mond/Venus; Mond/, Venus/Uranus, =/Wassermann; Stier; Waage; Fische; Sonne/Pluto; Saturn/MC
Krebs, Blase: Sonne/Neptun=Saturn
Krebs, Dickdarm: Sonne/Neptun=Saturn
Krebs, Kehlkopf: Sonne/Neptun=Saturn; Mond/Stier
Krebs, Prostata: Sonne/Neptun=Saturn
Kreislauf: Wassermann
Kreislauf, gelähmt: Mond/Neptun
Kreislauf, Hormon-: Venus/Jupiter
Kreislauf, schwach: Sonne/Wassermann

Kreuzbein: Schütze
Kropf: Stier; Venus/Saturn; Sonne/Venus=Neptun; Venus 6.
Krupp-Husten: Stier
Kundalini: Jupiter/Mondknoten
Kurzsichtigkeit, erblich: Saturn/AC

Lahmheit: Mond/Schütze; Uranus/Neptun=Mars
Laryngitis: Stier; Mond/Mars (=Stier)
Launenhaftigkeit: Jupiter/Saturn=Sonne; Mond/MC=Uranus
Lähmung: Neptun; Mond/Neptun=Saturn; Uranus/Neptun; Uranus/Neptun =Mars
Lähmung, Atem-: Mars/Saturn
Lähmung, Glieder-: Sonne/Schütze
Lähmung, Muskel: Mars/Neptun
Lähmung, Nerven: Merkur/Neptun
Lähmung, spastisch: Merkur/Mars
Lebenskraft: Mars/Uranus=Pluto; Uranus/Pluto=AC, Jupiter/Mondknoten
Lebensmittelvergiftung: Mond/Neptun
Leber: Jupiter/Saturn; Jupiter
Leber vergrößert: Jupiter/Jungfrau
Leber, Ausscheidung: Mond/Jupiter
Leber, geschwürig: Jupiter/Jungfrau
Leberkrankheit: Mond/Jupiter=Saturn; Jupiter/Saturn=Sonne; Saturn/Neptun =Jupiter
Leiden: Sonne/Neptun=Pluto; Mars/Saturn
Leiden, emotional: Neptun/Pluto=Saturn
Leistenhoden: Saturn/Pluto
Lethargie: Venus/Widder
Leukämie: Mond/Neptun=Saturn; Saturn/Jungfrau
Libido: Venus/Uranus
Liebe, nervös: Venus/Neptun=Merkur
Luftröhre: Zwillinge
Lungen: Zwillinge
Lungenemphysem: Venus/Saturn
Lungenemphysem: Venus/Saturn; Merkur/Uranus
Lungenentzündung: Mond/Zwillinge; Mond/Uranus=Mars; Mond/Neptun=Saturn
Lungenkrankheit: Mars/, Saturn/, Uranus/, Neptun/Zwillinge; Saturn/Neptun =Jupiter
Lungenkrankheit: Mars/Neptun=Jupiter; Sonne/Schütze
Lymphdrüsen: Mond/Mondknoten
Lymphdrüsen, Schwellung: Sonne/Neptun
Lymphe: Mond

Lymphkrebs: Mond/Mondknoten=Pluto
Lymphogranulomatose: Mond/Mondknoten
Lymphsystem: Fische; Mond

Magenausgang: Jungfrau
Magengeschwür: Saturn Krebs (/Jupiter)
Magenschleimhaut: Mond/Venus
Magenschleimhautentzündung: Krebs-Steinbock; Sonne/Mars=Mond
Magersucht: Saturn/AC=Mond, Neptun/H1, /H2
Malaria: Saturn/Mondknoten
Male, Gesicht: Sonne/AC; Mond/Mars
Mandeln: Stier; Mond/Mondknoten
Mandeln, Entfernung: Mond/Mondknoten=Mars oder =Uranus
Mandeln, Entzündung: Venus/Stier
Mangelernährung: Jungfrau
Masern: Widder; Venus/Mars=Saturn
Mastdarm: Skorpion
Mastoiditis: Saturn/Stier; Mond/Saturn; Mars/Saturn
Masturbation: Venus/Mars
männliche Hormone: Sonne/Mars
männliches Kind: Mars/AC; Saturn/AC; Sonne/AC
Medikamente: Neptun; Jupiter/Neptun=Mars
Medikamenten-Empfindlichkeit: Mond/Neptun
Medikamenten-Vergiftung: Neptun/AC
Medizin-Studenten: Jungfrau/AC; Mars/AC, Merkur/AC
Mehrlingsgeburt: Zwillinge/AC; Waage/AC; Wassermann/AC
Menarche: Venus/Pluto
Meningen: Uranus
Meningitis spinalis: Uranus/Löwe
Meningitis: Sonne/Widder
Menopause: Mond/Venus=Saturn
Menses, reichlich; Venus/, Mars/Skorpion
Menses, schwierig: Stier
Menses, unterdrückt: Saturn/Skorpion
Menstruation, anomal: Venus/Mars
Menstruation, erste: Venus/Pluto
Menstruation: Mond/Venus; Mond/Mars; Mond/Saturn (Skorpion)
Menstruationsbeschwerden: Mond/Mars=Pluto
Menstruationsstörungen: Skorpion
Menstruationszyklus: Mond/Uranus
Mesenzephalon: Venus/MC
Migräne: Merkur/Uranus; Merkur/Neptun; Mond/Mars; Saturn/Uranus; Widder, Jungfrau/AC

Milz: Löwe; Jungfrau; Mond/Mondknoten
Mittelhirn: Venus/MC
Mittelohrentzündung: Saturn/AC
Mord: Mars/Saturn=Pluto; Mars/Saturn=Merkur
motorisches Nervensystem: Merkur; Merkur/Mars; Merkur/MC
Multiple Sklerose: Löwe/Wassermann; Uranus/Neptun=Saturn; Merkur/Neptun, =Uranus; Saturn/Uranus
Mumps: Mond/Venus=Mars; Venus/Stier
Mund: Merkur
Mundgeruch: Mond/Venus
Muskelbewegung, unbewußt: Mond/Mars
Muskeldystrophie: Mond/Mars
Muskelgewebe: Mars/Jupiter
Muskellähmung: Mars/Neptun
Muskeln: Mars; Sonne/Mars
Muskeln, willkürliche: Mars/MC
Muskelriß: Mars/Uranus
Muttermal: Sonne/Mond
Muttermal, Gesicht: Sonne/Mondknoten
Mutterschaft: Venus/Pluto=Mond; Sonne/Venus=Uranus

Nacken: Stier
Nahrung: Jungfrau
Narbe im Gesicht: Sonne/Mondknoten; Sonne/Mond; Mars/Uranus
Narkosemittel, s. Betäubungsmittel
Nasenbluten: Jupiter/Stier; Mars Stier
Nasenpolypen: Sonne/Stier
Nägel: Jungfrau
Nebenhöhlenentzündung: Mond/Mars; Jupiter/Saturn=Mars; Sonne/Pluto
Nebennieren: Sonne/Mars=Widder, =Krebs; Mond/Mars; Mars; Venus/Jupiter; Mars; Waage
Nephritis: Waage; Mars/Waage
Nerven, Schmerz leitend: Merkur/Saturn
Nerven, überanstrengt: Merkur/Uranus=Pluto
Nerven, überempfindlich: Neptun/Pluto=Uranus; Sonne/Neptun=MC; Mond/Neptun=Mars
Nerven, zerrüttet: Saturn/Pluto=Neptun
Nerven-Krisen: Sonne/Pluto=Merkur
Nerven: Merkur; Sonne/Uranus; Merkur/Uranus; Zwillinge; Mond/Uranus =Neptun, Uranus/AC
Nervenentzündung: Merkur/Mars, /Uranus, /Neptun; Sonne/Merkur=Feuer
Nervengleichgewicht: Mond/Merkur

Nervenkrankheit: Saturn/Neptun=Merkur; Uranus/Pluto=Neptun; Neptun/Zwillinge
Nervenkrankheiten: Merkur/Saturn=Uranus; Merkur/Uranus=Neptun
Nervenlähmung: Merkur/Neptun
Nervenreizung: Merkur/Mars
Nervenschwäche: Neptun/Pluto=Merkur
Nervenschwäche: Sonne/Neptun=Merkur; Merkur/Neptun
Nervenstoffwechsel: Merkur/Neptun; Merkur/Pluto
Nervensubstanz, neu: Merkur/Pluto
Nervensystem: Uranus; Zwillinge
Nervensystem, Blockaden: Merkur/Saturn
Nervensystem, motorisch: Merkur/Mars
Nervensystem, parasympathisch: Venus
Nervensystem, sympathisch: Venus
Nervenzusammenbruch: Merkur/Neptun=Uranus; Uranus/Pluto=Sonne
Nervenzusammenbruch: Merkur/Neptun=Uranus; Uranus/Zwillinge
Nervosität: Mond/Merkur/Uranus
Nervosität, übermäßig: Mars/Pluto=Merkur
nervöse Liebe: Venus/Neptun=Merkur
nervöse Reizung: Merkur/Neptun; Merkur/Neptun=Saturn; Merkur/Pluto
nervöse Spannung: Mond/Saturn=Uranus
nervöse Unruhe: Uranus/MC=Merkur
nervöse Übererregung: Uranus/Pluto=Sonne
neue Nervensubstanz: Merkur/Neptun
Neuralgie: Widder
Neuralgie, Knie: Merkur/Steinbock
Neuritis: Merkur/Mars, /Uranus, /Neptun; Sonne/Merkur=Feuer
Neurose: Uranus/Pluto=Neptun
Nieren: Waage; Venus; Venus/Mars
Nierenentzündung: Waage; Mars/Waage
Nierenkrankheit: Mars/Neptun=Venus
Nierenkrankheit: Venus/Saturn=Mond; Waage; Mond/Saturn; Sonne/Neptun =Venus
Nierenstauung: Venus/Widder
Nierenstein: Waage; Sonne/Saturn; =Waage; AC/Steinbock; Saturn/Waage
Nierensteine: Mars/Skorpion

Oberschenkel: Schütze
Oberschenkelknochen: Schütze
Obstipation: Merkur/Saturn; Mars/Saturn
Obstipation: Mond/Merkur; Saturn/Neptun; Sonne/MC; Stier
Odkraft: Jupiter/Mondknoten
Ohnmacht: Mars/Löwe; Sonne/Widder

Ohren: Widder; Stier; Merkur
Ohren, entzündet: Saturn/AC
Ohrenschmerzen: Sonne/Neptun=Widder, =Zwillinge, =Saturn
Operation erfolgreich: =Mond/Venus
Operation meiden: Mond/Uranus; Sonne/Mond
Operation, weiblich; Mars/Uranus=Venus
Operation: Mars/AC; Mars/Uranus=Saturn, =MC; Mars/Pluto=MC; Uranus/MC=Mars
Operation: Widder/AC
operative Entbindung: Widder/AC; Venus/Uranus=Mars
Organ, Aktivität: Mars/Jupiter
Organ, Atrophie: Mars/Saturn
Organ, Beschwerden: Venus/Saturn=Sonne
Organ, Fehler: Jupiter/Saturn
Organ, künstlich: Mars/Pluto
Organ, Rhythmus: Jupiter/Uranus
Organ, unterentwickelt: Saturn/Pluto
Organ, Verkalkung: Sonne/Saturn
Organ, Verlust: Saturn
Organ, Zerfall: Saturn/Neptun
Organe: Jupiter
Organprothesen: Mars/Pluto
Organtod: Mars/Saturn
Orgasmus: Venus/Uranus; Jupiter/Uranus
Osmose gestört: Mond/Neptun
Ödem: Mond/Venus=Mars

Pankreas, Sekretion: Mond; Mond/Jupiter
Paralyse, s. Lähmung
Parasiten: Neptun; (Krebs)
parasympathisches Nervensystem: Venus
Parkinson-Krankheit: Saturn/Uranus; Merkur/Mars; Uranus/Saturn
Penis: Skorpion
Periodenbeschwerden: Mond/Mars=Uranus
Peristaltik: Jungfrau
Peristaltik, Darm-: Jupiter/Uranus
Peritonitis: Merkur/Mars; Jungfrau
perniziöse Anämie: Mond/Mars=Krebs
Pförtner: Jungfrau
Phlebitis: Venus/Mars
Pickel: Mars/Steinbock
Pleuritis: Zwillinge; Mond/Merkur=Mars; Sonne/Zwillinge
plötzliches Verlangen: Uranus/MC=Venus

Pneumonie: Mond/Zwillinge; Mond/Uranus=Mars; Mond/Neptun=Saturn
Pocken: Widder
Polio: Sonne/Neptun=Pluto; Sonne/Pluto=Neptun; Sonne/Uranus
Polypen, Nasen-: Jupiter/Steinbock; Mars/Stier; Mars/Venus
Priapismus: Skorpion
Promiskuität: Uranus/MC=Venus
Proportionen harmonisch: Venus/AC
Prostata: Mond/Uranus
Prostata: Skorpion; Sonne/Pluto
Prostata, Entzündung: Sonne Skorpion; Sonne/Saturn=Mars
Prostata, Erkrankung: Skorpion
Prostata, Krebs: Sonne/Neptun=Saturn
Prostata, Vergrößerung: Jupiter/Skorpion
Prothesen: Mars/Pluto
Psoriasis: Merkur/Mars=Saturn
psychomotorische Kanäle: Merkur/Jupiter
Psychose: Saturn/MC=Mond
Psychose, depressiv: Neptun/MC
Pubertät, männlich: Sonne/Merkur
Pubertät, weiblich: Mond/Merkur
Puls: Sonne/Uranus; Uranus/Pluto
Pylorus: Jungfrau

Raserei: Mars/Uranus=Neptun; Merkur/Mars=Uranus
Rauchen: Merkur/Neptun; Mars
Rauschgifte, s. Betäubungsmittel
Rebirthing: Neptun/AC
Reflexhandlungen: Merkur/Mars; Merkur/Jupiter
Regeneration: Pluto
regenerierte Organe: Jupiter/Pluto
regenerierte Zellen: Sonne/Pluto
Reichenbach-Kraft: Jupiter/Mondknoten
Rektum: Skorpion
rezidivierende Krankheit: Uranus/Mondknoten
rheumatisches Fieber: Mond/Löwe; Löwe/Wassermann; Sonne/Saturn=Uranus
Rheumatismus: Jupiter/Schütze; Sonne/, Mond/, Merkur/, Saturn/Steinbock; Sonne/Saturn
rhythmische Behinderungen: Saturn/Uranus
rhythmische Lähmung: Uranus/Neptun
rhythmische Veränderungen: Uranus/Pluto
Rhythmus: Uranus
Rhythmus, gestört: Mars/Mondknoten
Ringwurm: Widder

Rippenfellentzündung: Zwillinge; Mond/Merkur=Mars; Sonne/Zwillinge
rote Blutzellen: Mars; Mond/Mars
Ruhr: Jungfrau
Rückenmark: Löwe; Merkur/Uranus
Rückenmark: Uranus
Rückenmarkhautentzündung: Uranus/Löwe
Rückenschmerzen: Löwe; Sonne/Löwe

Sauerstoff-Atmung: Mondknoten/AC
Schädel: Widder
Schädelbrüche: Saturn/Widder
Scheide: Skorpion
Scheide, Entzündung: Venus/Mars
Scheide, Infektionen: Sonne/Pluto
Schienbein: Wassermann
Schilddrüse: Stier; Mond/Mars
Schilddrüse, Störung: Sonne/Venus
Schilddrüse, Unterfunktion: Sonne/Pluto=Stier, =Skorpion
Schilddrüse, Überfunktion: Sonne/Pluto=Mars, =Uranus, =Stier, =Skorpion
Schizophrenie: Neptun/MC=Uranus
Schizophrenie, erblich: Mond/Pluto; Mond/Uranus
Schlaf, gestört: Neptun/Mondknoten
Schlaflosigkeit: Mars/Neptun=AC; Mars/Widder; Mond/Widder; Sonne/Neptun
Schlafstörungen: Neptun/Mondknoten
Schlafwandeln: Mond/Neptun; Neptun/Widder
Schlag, elektrisch: Saturn/Mondknoten
Schlaganfall: Stier
schlechtes Blut: Sonne/Neptun=Saturn
Schleim: Fische; Venus/Widder
Schleimhautverletzungen: Mond/Saturn
Schließmuskel: Skorpion
Schlüsselbein: Zwillinge
Schmerz, Gesicht: Merkur/Uranus
Schmerz, lokal begrenzt: Saturn/MC
Schmerz-leitende Nerven: Merkur/Saturn
schmerzlose Phase einer Krankheit: Neptun/Pluto
Schock: Jupiter/Saturn=Uranus
Schock, emotional: Saturn/MC=Uranus
Schock-Ereignisse: Saturn/Mondknoten
schönes Kind: Venus/AC; Stier/AC; Waage/AC
Schönheit, körperliche: Venus/AC
Schrittmacher: Sonne/Uranus; Uranus; Wassermann
Schulterblatt: Zwillinge

Schultern: Zwillinge
Schuppenflechte: Merkur/Mars=Saturn
schuppige Haut: Mond/Saturn
Schüttelfrost: Saturn/Widder
schwache Fortpflanzung: Venus/Saturn=Uranus
schwache Nerven: Merkur/Neptun
schwache Vitalität: Mars/Saturn=Neptun
Schwangerschaft, gestört: Pluto/Mondknoten
Schwangerschaft, gestört: Pluto/Mondknoten
Schwangerschaft, Problem-: Sonne/Mond
Schwangerschaft, reizbar: Uranus/MC=Mond
Schwangerschaftserbrechen: Pluto/Mondknoten
Schwangerschaftstoxikose: Pluto/Mondknoten
Schwäche: Mars/Neptun=Sonne, =Saturn, =AC
Schwäche: Mars/Saturn=Neptun; Mond/Neptun=AC; Mond/Uranus=Neptun; Sonne/Neptun=Jupiter
Schwäche, nervöse: Neptun/Pluto=Merkur
Schwächeanfälle: Uranus/Neptun=Mond
Schwellung: Sonne/Pluto
Schwindsucht: Saturn/Zwillinge
Seelenschmerz: Mond/Saturn=Neptun
seelische Belastung: Mondknoten/MC
Sehnen: Mars/Saturn
Sehnenreflexe: Merkur/Jupiter
Sehnerv: Widder
Sehvermögen: Wassermann
Selbstmord: Mars/Saturn=Pluto; Mars/Pluto; Saturn/Pluto=Mars
Sensitivität: Sonne/Neptun=MC
Seuchen: Mars/Neptun; Saturn/Neptun; Mars/Saturn=Neptun; Skorpion; Uranus/, Neptun/Skorpion
Sex, stark: Venus/Mars=Pluto
Sex, Vereinigung: Venus/MC=Mars
Sexualität: Mars; Sonne/Venus=Pluto; Venus/Mars=MC
Sexualität, Anomalie: Venus/Mars=Saturn oder =Neptun
Sexualität, krankhafte Ausdrucksform: Venus/Mars=Saturn oder Neptun
Sexualität, magnetische Anziehungskraft: Venus/Mars=Mondknoten
Sexualität, ungezügelt: Merkur/Neptun=Venus
Sexualleben, gesund: Venus/Mars=Jupiter
Sexualleben, gesund: Venus/Mars=Jupiter
Sexualleben, intensiv: Venus/Mars=Pluto
Sexualleben, ungesund: Venus/Saturn=Sonne
Sexualorgane, s. Geschlechtsorgane
Sexualtrieb geschwächt: Sonne/Venus=Neptun

Sexualtrieb, periodisch: Sonne/Venus=Uranus
sexuelle Hemmung: Saturn/Mondknoten=Mond
sexuelle Schwäche: Sonne/Neptun=Mars; Mond/Neptun=Mars
sexuelle Vereinigung: Sonne/Mond=Mars
sexuelle Verirrung: Sonne/Neptun=Venus; Venus/Neptun=Mars; Venus/Pluto
sexuelle Ziele: Venus/Mars=MC
sexueller Rhythmus: Venus/Uranus
sexuelles Verlangen: Sonne/Venus=Uranus
Sinnesorgane: Sonne/AC
Sinneswahrnehmung, Verlust: Merkur/Neptun
Sinnlichkeit, betont: Venus/Mars=MC
Sinusitis: Mond/Mars; Jupiter/Saturn=Mars; Sonne/Pluto
Sodbrennen: Mond/, Jupiter/Löwe
Solarplexus: Neptun
Sonnengeflecht: Neptun
Soor: Waage; Skorpion
Spannung, innere: Merkur/Saturn=Uranus
Spannung, nervös: Merkur/Saturn=Uranus; Mond/Saturn=Uranus
Spasmen: Sonne/Uranus; Sonne/Neptun=Uranus
spastische Anfälle: Jupiter/Uranus
spastische Lähmung: Merkur/Mars
Sperma: Sonne/Mars
Sphinkter: Skorpion
Sprache: Merkur
Sprachfehler: Sonne/Neptun=Merkur
Sprachstörung (Aphasie): Sonne/Widder
Sprechhemmung: Sonne/Saturn=Merkur
Sprechnerven: Merkur/Saturn
Sprechorgane: Merkur
Star, grauer: Sonne/MC=Mond=Saturn
Stauung: Saturn/Zwillinge
Steine, Nieren-: Sonne/Saturn; =Waage; Mond/Saturn; Mars/Skorpion
Steine: Saturn
Steißbein: Skorpion
Sterilität: Jungfrau; Sonne/Mond; Mond/Jupiter=Saturn; Sonne/Merkur=Saturn; Venus/Saturn=Mond
Sterilität: Saturn/Skorpion
Stillen: Krebs/AC; Stier/AC; Mond/AC; Neptun/AC
Stimmband: Stier
Stoffwechsel, Hormon-: Venus/Jupiter
Stoffwechsel, Nerven-: Merkur/Neptun
Stottern: Merkur/Stier
störende Träume: Uranus/Mondknoten

Streß: Sonne/Neptun=MC; Sonne/Uranus
stumm: Sonne/Neptun=Merkur
Sucht: Neptun/Widder; Sonne, Mond, Jupiter, Neptun/Fische; Mond/, Mars/Neptun
Suizid: Mars/Saturn=Pluto; Mars/Pluto; Saturn/Pluto=Mars
sympathisches Nervensystem: Venus
Synovialflüssigkeit: Fische
Syphilis: Waage; Skorpion

Tachykardie: Sonne/Mars
Taubheit: Merkur/, Saturn/Stier; Mond/Merkur-Saturn; Sonne/Venus=Saturn
Taubheit der Glieder: Neptun/MC
Täuschungen: Neptun/AC
Tbc: Zwillinge; Jupiter/Saturn; Sonne/Saturn=Merkur; Sonne/Saturn; Sonne/Merkur=Saturn
Tetanus: Mars/Stier; Uranus/Stier
therapeutischer Prozeß: Pluto/MC
Therapie, sich einer Th. unterziehen: Pluto/Mondknoten
Therapie, Wechsel der: Pluto/MC
Thymus: Zwillinge; Sonne
Tic: Merkur/Uranus
Tod: Mars/Saturn=Merkur; Mars/Neptun=Pluto; Jupiter/Saturn=Uranus; Pluto/MC=Saturn
Tod durch Aids: Mars/Neptun=Pluto
Tod durch Ertrinken: Sonne/Uranus=Neptun
Tod einer Frau: Mars/Saturn=Mond oder =Venus
Tod eines Mannes: Mars/Saturn=Sonne
Tod, geheimnisvoll: Mars/Saturn=Neptun
Tod, leicht: Mars/Saturn=Jupiter
Tod, mehrfach: Mars/Saturn=Pluto
Tod, Unfall-: Mars/Saturn=Uranus
Todesachse: Mars/Saturn
Tonsillitis: Venus/Stier
Tonusmangel: Jupiter/Neptun; Neptun/Mondknoten
Totgeburt: Uranus/Neptun
Toxine: Mars/Neptun=Saturn
Trance: Widder
Transformation: Pluto/AC
Transfusion, erfolglos: Sonne/Neptun=Pluto; Neptun/Pluto=Sonne
Transfusion, erfolgreich: Jupiter/Pluto
Transplantation: Mars/Pluto
Traumleben: Uranus/Mondknoten

Traurigkeit: Mond/Saturn=MC
Träume, störend: Uranus/Mondknoten
Trigeminus-Neuralgie: Uranus/AC
Tripper: Venus/Waage; Venus/Mars=Saturn
Tuberkulose: Zwillinge; Jupiter/Saturn; Sonne/Saturn=Merkur; Sonne/Saturn; Sonne/Merkur=Saturn
Tumor: Sonne/Saturn=Jupiter; Mars/Jupiter
Tumor, Gehirn: Saturn/MC=Sonne
Typhus: Jungfrau

Ulcus duodeni: Merkur/Mars
Ulcus ventriculi: Saturn/ Krebs (/Jupiter)
Ultraschall, vorgeburtlich: Wassermann/AC; Uranus/AC
Umwelteinflüsse: AC
unentwickelte Organe: Saturn/Pluto
Unfall: Mars/Pluto=AC; Mars/AC; Pluto/AC=Mars; Uranus/MC=Mars; Mars/Saturn=Pluto; Mars/Uranus=Sonne, =AC, =MC; Mars/Neptun=Uranus; Saturn/Uranus=Mars; Mars/Neptun; Mars/Pluto; Mars/Mondknoten; Mars/AC; Uranus/Pluto=Mars; =AC
Unfall, Auto-: Mars/Uranus=Neptun
Unfall, tödlich: Mars/Saturn=Pluto; Mars/Pluto=AC, =MC
Unfalltod: Mars/Saturn=Uranus
Unfälle, Neigung zu: Sonne/Mars
Unfruchtbarkeit: Jungfrau; Sonne/Mond; Mond/Jupiter=Saturn; Sonne/Merkur-=Saturn; Venus/Saturn=Mond
ungesundes Sexualleben: Venus/Saturn=Sonne
ungezügelte Sexualität: Merkur/Neptun=Venus
unrhythmische Prozesse: Saturn/Uranus; Uranus/Neptun=Sonne
Unruhe, nervös: Uranus/MC=Merkur
Unterbewußtes: Mondknoten
Unterkiefer: Stier
unwillkürliche Reflexe: Merkur/Mars
Urämie: Mond/Waage
Urogenitaltrakt: Skorpion
Uterus: Skorpion
Uterus, Infektionen: Skorpion
Übelkeit: Mond/Saturn=MC; Saturn/MC=Sonne
Übelkeit: Saturn/MC
Übelkeit, Gefühl der: Saturn/MC
überanstrengte Nerven: Merkur/Uranus=Pluto
überempfindliche Nerven: Neptun/Pluto=Uranus; Sonne/Neptun=MC; Mond/Neptun=Mars
Überempfindlichkeit f. Berührungsreize: Sonne/Wassermann

Überessen: Jupiter/Stier
Überfall: Mars/Pluto=Venus; Merkur/Mars=Pluto
Übergewicht: Mond/Venus
Übermaß (Alkohol, Nikotin, Drogen): Neptun/Pluto=Sonne, =Mond
Übersäuerung: Jupiter/Saturn=Venus; Mars/Jupiter

Vagina: Skorpion
Vagina, Entzündung: Venus/Mars
Vagina, Infektion: Sonne/Pluto
Vasomotoren: Waage
vegetatives Nervensystem: Sonne/Mondknoten
vegetatives/animales Nervensystem: Merkur/Mondknoten
vegetatives Nervensystem, Zusammenbruch: Venus/Mars
Venen: Venus; Venus/Uranus=Mond; Venus/Mars=Sonne
Venenentzündung: Venus/Mars
venöses Gefäßsystem: Sonne/Venus
Ventrikel, dritter: Venus/MC
Verbindungen, krank: Mars/Saturn=Mondknoten
Verbrennungen: Mars; Steinbock
Verdauungsstörung: Mond/Saturn; Uranus/Jungfrau
Verdauungsstörung: Mond/Venus, /Jupiter; Jungfrau/AC; Mond/Mars=Krebs
Verdauungstörung: Jupiter/Krebs; Jungfrau
verführbar: Venus/Pluto=Neptun
Vergewaltigung: Mars/Pluto=Venus; Merkur/Mars-Venus; Sonne/Venus=Uranus, =Pluto; Venus/Pluto=Mars
Verhärtungsprozeß: Saturn
Verkalkung: Saturn/Pluto
Verkalkung von Organen: Sonne/Saturn
Verkehrsunfall, s. Autounfall
Verlangen, plötzlich: Uranus/MC=Venus
Verletzung: Mars/Uranus und =Sonne; Mond/Pluto=Mars; Mond/Uranus =Mars; Pluto/AC=Mars; Saturn/Uranus=Mars, =Pluto; Uranus/MC=Mars; Uranus/Pluto
Verletzung durch Geburtszange: Widder/AC; Mars/AC
Verletzung mit Blutverlust: Mars/Uranus
Verletzung, leicht: Mars/Uranus=Jupiter
Verletzung, schwer: Mars/Uranus=Saturn
Verletzungen: Uranus/AC=Mars
Verlust der Sinneswahrnehmung: Merkur/Neptun
Verschluß (Synechie): Saturn/AC
Verstand, Verlust: Merkur/Neptun
Verstopfung: Merkur/Saturn; Mars/Saturn
Verstopfung: Mond/Merkur; Saturn/Neptun; Sonne/MC; Stier

Vertigo: Widder beeinträchtigt von Uranus
Vitalität schwach: Mars/Saturn=Neptun; Saturn/Neptun=Sonne; Uranus/Neptun
Vitalität: Sonne; Sonne/Mond
Vitalkraft: Löwe
Vorsteherdrüse, s. Prostata

Wachstum schwierig: Saturn/Neptun=Pluto
Wadenbein: Wassermann
Wahnsinn: Mars/Uranus=Neptun
Wahnsinn, gewalttätig: Merkur/Mars=Uranus
Wahrnehmung sinnlicher Reize: Merkur/AC
Wahrnehmung, passiv: Sonne/AC
Wanderniere: Neptun/Waage
Wasser: Mond
Wasser, Gefahr: Saturn/Pluto=Neptun
Wasser, Gleichgewicht: Mond/Merkur
Wasser, Retention: Mond/Neptun
Wasserhaushalt: Mond/Pluto
Wasserhaushalt, unausgeglichen: Sonne/Mond
Wasserretention: Mond/AC
Wassersucht: Jupiter/Skorpion; Sonne/Neptun; Mond/Venus=Jupiter; Mond Löwe/Sonne; Venus/Zwillinge
Wasserverteilung: Mond/AC
Wärmeregulation: Mars/MC
Wechseljahre: Jupiter
weibliche Hormone: Mond/Venus
weibliches Kind: Venus/AC; Jupiter/AC; Neptun/AC; Mond/AC
werdende Mutter: Mars/Jupiter=Mond
Wetterfühligkeit: Uranus/Mondknoten
Widerstandskraft, mangelhaft: Mars/Saturn=Neptun
wiederkehrende Krankheit: Uranus/Mondknoten
Wille, schwach; Sonne/MC=Neptun; Neptun/Pluto
willkürliche Muskeln: Mars/MC
Windpocken: Mars/Saturn
Wirbelsäulen-Krümmung: Saturn/Löwe
Wunde, nässend: Mond/Saturn
Wunden: Uranus/AC=Mars
Wundstarrkrampf: Mars/Stier; Uranus/Stier

Yoga: Uranus/MC

Zahnschmerzen: Widder; Saturn/Widder
Zangengeburt: Widder/AC
Zangenverletzung: Widder/, Mars/, Saturn/AC
Zähne: Widder; Saturn in Widder; Sonne/Saturn
Zehen: Fische
Zähne, schlecht: Sonne/Wassermann
Zellähmung: Sonne/Neptun
Zelle: Sonne
Zervix: Skorpion
Zirbeldrüse: Widder; Neptun
Zirrhose: Jupiter beeinträchtigt; Jupiter/Schütze, /Fische; Jupiter/Neptun; Saturn/Waage
Zuckerkrankheit: Neptun; Jupiter/Saturn; Widder/Waage; Krebs/Steinbock; Sonne/Merkur; Jupiter/Uranus=Sonne
Zuckungen: Mond/Widder
Zuckungen: Pluto/Mondknoten; Venus/Uranus=Mond; Sonne/Venus=Uranus; Sonne/Neptun=Uranus
Zunge: Stier
Zustand der Krankheit: Saturn/Neptun=MC
Zwölffingerdarm: Jungfrau
Zwölffingerdarm, Geschwür: Merkur/Mars
Zystitis: Skorpion

Anhang 3

Anatomische Entsprechungen der Tierkreisgrade (von Reinhold Ebertin)

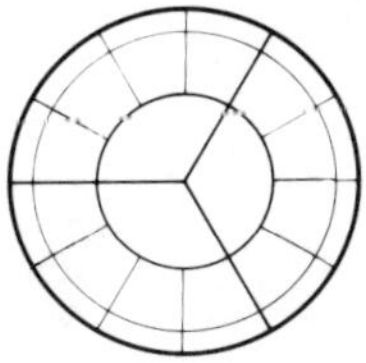

Widder (0°-30°)

1 Großhirn
2 Mittelhirn
3 Kleinhirn (Abszesse)
4 Zirbeldrüse (Kropf)
5 rechtes und linkes Auge (Haare)
6 Augenhöhlen
7 Ohren
8 Jochbein
9 Augenlinsen
10 Augapfel
11 Sehnerv
12 Zunge (Haare)
13 Gehirnkammern
14 Stirnlappen
15 Seitenlappen (Selbstmord, Schlaganfälle)
16 Varolsbrücke
17 Rückenmarkskanal
18 Nervenverbindungen
19 Gehirnbalken
20 Zungenbein
21 Augenmuskeln (Abszesse)
22 Wangenmuskeln
23 Kaumuskeln
24 Jochbeinmuskeln
25 Kopfnicker
26 Schädelknochen
27 vorderes Gewölbe (Schwindsucht)
28 mittleres und hinteres Gewölbe (Haare)
29 Gehörgang (Bronchitis)
30 Ohrspeicheldrüse

Stier (31°-60°)

1 Kehle
2 Gaumen
3 Rachenmündung
5 Zäpfchen
5 Rachen/Kehlkopf-Raum
6 Kehlkopf
7 Stimmbänder
8 Halsnerven
9 Drosselvenen
10 Halsvenen (Alkoholismus)
11 Halsnerven (Neurasthenie)
12 in Verbindung
13 mit dem Rückenmark
14 wahre Stimmbänder
15 Kehldeckel
16 Halsschlagader (Abszesse)
17 Schilddrüse und Mandeln
18 Lymphgefäße (Blinddarm, Haare)
19 Kieferarterie
20 Hinterhauptbein (Kropf)
21 Nasenhöhlenarterie
22 Zungenmuskel
23 Zähne (Rheumatismus)
24 Oberkiefer
25 Unterkiefer (Alkoholismus, Mandeln, Drüsen, Selbstmord)
26 Nasenbein
27 1. Halswirbel
28 dreieckiger Muskel
29 Haupthalsmuskel (Gesichtssinn)
30 Kapuzenmuskel

Zwillinge (61°-90°)

1 Luftröhre
2 Speiseröhre
3 oberer rechter Lungenlappen (Blinddarm)
4 unterer rechter Lungenlappen
5 oberer linker Lungenlappen
6 unterer linker Lungenlappen (Angstzustände, Lungenentzündung)
7 Lungenspitzen (Herz)

8 Bronchien (Gesichtssinn)
9 Lungenarterie (rheumatisches Fieber)
10 Lungenbasis (typhöses Fieber)
11 Thymusdrüse
12 Membran der Luftröhre
13 Lungenvenen
14 Schlüsselbeine
15 Schulterblätter
16 Rippenfell
17 1. Rippe (Brightsche Krankheit, Nieren)
18 2. Rippe (Asthma)
19 Kehlkopfmuskel)
20 3. Rippe
21 Armmuskeln (typhöses Fieber)
22 Oberarme (Blinddarmentzündung)
23 Rollen der Oberarme (Rückgrat)
24 Ellbogenröhren
25 Armspeichen (Neurasthenie, Gicht)
26 Handwurzelknochen (Selbstmord)
27 Fingerglieder
28 Mittelhandknochen (Schwindsucht)
29 4. Rippe
30 5. Rippe

Krebs (91°-120°)

1 6. Rippe
2 7. Rippe
3 8. Rippe (Gesichtssinn)
4 9. Rippe
5 10.-12. Rippe
6 Zwerchfell
7 Brustkorbkanal
8 Speiseröhreneingang (Paralyse)
9 Magenpförtner
10 Magengrund
11 Magenvenen (Alkoholismus)
12 große Magenkrümmung
13 kleine Magenkrümmung
14 Magenwände
15 Magennerven (Selbstmord)
16 Bauchspeicheldrüse

17 Eingang der Bauchspeicheldrüse
18 in den Zwölffingerdarm
19 Bauchspeicheldrüsenkopf
20 oberer Arterienbogen
21 unterer Arterienbogen
22 Magenschleimhaut
23 Magenblutgefäße
24 Blutgefäße
25 der Verdauungsorgane
26 Brustdrüsen
27 Brustwarzen
28 Rippenknorpel
29 Milz
30 12. Brustwirbel

Löwe (121°-150°)

1 linke Kranzarterie
2 Aorta
3 rechte Arterie
4 linke Karotis-Arterie
5 rechte Karotis-Arterie
6 Eingang der Lungenarterie (Gesichtssinn)
7 linke Kranzvene
8 untere Hohlvene (Blutarmut, Gehörsinn)
9 obere Hohlvene (Alkoholismus)
10 Drosselvene
11 Schlüsselbeinvene
12 Wirbelsäule
13 rechte Herzkammer
14 linke Herzkammer
15 rechter Vorhof
16 linker Vorhof
17 rechtes Herzohr
18 rechte Herzhöhle
19 Herzscheidewand (Rückgrat)
20 zweizipfelige Klappe
21 linker Vorhof
22 linkes Herzohr (Blinddarm)
23 linkes Herzohr (Rheumatismus)
24 Papillarmuskel
25 Herzbeutel (Alkoholismus, Abszesse)
26 Herzmuskel

27 Sehnen zu den Herzklappen (Kropf)
28 Sehnen zu den Herzklappen
29 Fleischbalken (Neuritis)
30 Rücken

Jungfrau (151°-180°)

1 Zwölffingerdarm
2 Dünndarm
3 Blinddarm (Wurmfortsatz)
4 aufsteigender Dickdarm (Asthma)
5 querer Dickdarm
6 absteigender Dickdarm
7 Mastdarm
8 Bauchhöhle
9 rechter Leberlappen (rheumatisches Fieber)
10 linker Leberlappen (Galle, typhöses Fieber)
11 Leberkranzband und Galle
12 Bauchaorta
13 Leberarterien
14 Gallenblasenarterie
15 Warzenhügel
16 Leberfurche
17 Bauchmuskeln
18 sägef. Muskel
19 linke Leberfurche
20 Gallengang
21 Gallenblasengang (typhöses Fieber)
22 Gallenblase
23 Knorpel und (Rückgrat)
24 Sehnen der Leber
25 Leber (Krebs, Gicht)
26 Bauchvenen (Selbstmord)
27 Hüftvenen (akute Nierenentzündung)
28 Lebernerven (Schwindsucht)
29 hintere Leberlappen
30 Lebergang

Waage (181°-210°)

1 Nierenbecken
2 Nierenrinde

3 Nebennieren (Abszeß)
4 Nierenoberfläche (Kropf)
5 Nierenpyramiden
6 Schambein
7 Nervensystem (Gelbsucht)
8 der Nieren
9 und des
10 Nieren-
11 beckens
12 linkes Nierensystem
13 rechtes Nierensystem
14 linke Leistendrüse
15 rechte Leistendrüse (Selbstmord, Schlaganfälle)
16 Nierenarterien
17 Nebennierenarterien (Nierenkrankheit)
18 Fettkapsel der Nieren
19 großer Nierenkelch
20 kleiner Nierenkelch
21 Nierenpforte
22 Nierennerven
23 Nebennierenvenen
24 Blutgefäße in
25 der Rindensubstanz
26 Gefäßsystem
27 der Haut (Schwindsucht)
28 Harnblase (Haare)
29 rechter Harnleiter (Bronchitis)
30 linker Harnleiter

Skorpion (211°-240°)

1 Harnröhre
2 Harnröhrenmündung
3 Prostata / Uterus
4 Hoden / Gebärmutter rechts
5 Hoden / Gebärmutter links
6 rechter Nebenhoden / Gebärmutterhöhle
7 linker Nebenhoden / Eileiter rechts
8 Hodensack / Eileiter links
9 Samenleiter / Scheide (Alkoholismus)
10 Schwellkörper (Neurasthenie)
11 Penis / große Schamlippen

12 Samenbläschen
13 Eichel / Vulva, kleine Schablippen
14 Vorhaut
15 Cowper-Drüsen
16 Schneckenkopf / rechter Eierstock (Abszeß)
17 Hodenlappen / linker Eierstock
18 Hodengang / Hymen (Blinddarmentzündung)
19 Haller-Netz / Mutterbänder
20 Penis-Gewebe / Bartholin-Drüsen (Kropf)
21 Keilbeinhöhle, Sehnen
22 Siebbein und Bänder
23 Nasenbein, Fimbrien des Eileiters (Rheumatismus)
24 Nasenscheidewand
25 Steißbein, Eileiter (Alkoholismus, Mandelentzündung)
26 Damm
27 After
28 Schleimhäute
29 Pflugscharbein
30 Nasenmuskeln

Schütze (241°-270°)

1 Beckenknochen
2 Hüftbein
3 Sitzbein
4 Oberschenkel
5 rechte große Oberschenkelarterie
6 linke große Oberschenkelarterie (Angstzustände)
7 rechte äußere Oberschenkelarterie (Herz)
8 linke äußere Oberschenkelarterie (Gesichtssinn)
9 rechte Lymphgefäße (rheumatisches Fieber, Augenkrankheiten)
10 linke Lymphgefäße (typhöses Fieber)
11 Anzieher des Schenkels
12 große Schenkelvene
13 große Rosenvene (rheumatisches Fieber)
14 Hautvenen des Oberschenkels
15 rechte Hüftvenen
16 linke Hüftvenen
17 Ischiasnerv
18 rechter Oberschenkelkreiser
19 linker Oberschenkelkreiser
20 rechter Oberschenkelknopf

21 linker Oberschenkelknopf (typhöses Fieber)
22 rechter Rollhügel (Wahnsinn, Blinddarmentzündung)
23 linker Rollhügel (Wirbelsäulenleiden)
24 Kniekehlengrube
25 rechter Knorren (Neurasthenie, Gicht)
26 linker Knorren (Selbstmord)
27 Gesäßmuskeln
28 rechter Schenkelmuskel (Schwindsucht)
29 linker Schenkelmuskel
30 birnenförmiger Muskel

Steinbock (271°-300°)

1 rechte Kniescheibe
2 linke Kniescheibe
3 Hautnerven der Oberschenkel (Gesichtssinn)
4 Hautnerven der Unterschenkel
5 Hautnerven der Knie
6 rechter Schenkelanzieher
7 linker Schenkelanzieher
8 Lymphgefäße der Knie (Paralyse)
9 Knienerven
10 rechtes Kniekreuzband
11 linkes Kniekreuzband
12 rechtes Kniegelenk
13 linkes Kniegelenk
14 rechter Knieknorpel
15 linker Knieknorpel (Selbstmord)
16 rechter Knorren
17 linker Knorren
18 rechte Kniebänder
19 linke Kniebänder
20 rechte Kniesehnen
21 linke Kniesehnen
22 Muskelenden
23 vom Ober- zum
24 Unterschenkel
25 Verbindungen zwischen
26 Ober- und Unterschenkel
27 tiefliegende Nerven
28 rechte Kniearterie (Haare)
29 linke Kniearterie (Bronchitis)
30 Schenkelanzieher-Muskeln

Wassermann (331°-330°)

1 rechter Schienbeinnerv (Fettsucht)
2 linker Schienbeinnerv
3 rechtes Wadenbein
4 linkes Wadenbein
5 rechter Wadenbeinnerv
6 linker Wadenbeinnerv (Gesichtssinn)
7 rechte Unterschenkelvene
8 linke Unterschenkelvene (Blutarmut)
9 rechte Unterschenkelhaut (Alkoholismus)
10 linke Unterschenkelhaut
11 rechtes Kreuzband
12 linkes Kreuzband
13 rechte Unterschenkelarterie (rheumatisches Fieber)
14 linke Unterschenkelarterie
15 rechte Lymphgefäße
16 linke Lymphgefäße
17 Nerven- (Brightsche Krankheit)
18 system
19 des (Rückgrat)
20 Rücken-
21 marks
22 rechter Wadenbeinmuskel (Blinddarm)
23 linker Wadenbeinmuskel (Rheumatismus)
24 rechter Schienbeinmuskel
25 linker Schienbeinmuskel (Alkoholismus, Abszesse)
26 rechtes Wadenbein (Kropf)
27 linkes Wadenbein
28 rechtes Schienbein
29 linkes Schienbein (Neuritis)
30 Verbindungen

Fische (331°-360°)

1 rechtes Fersenbein
2 linkes Fersenbein
3 rechte Fußnerven (Blinddarm)
4 linke Fußnerven (Asthma)
5 rechtes Würfelbein
6 linkes Würfelbein
7 rechtes Sprungbein

8 linkes Sprungbein
9 rechter Mittelfußknochen (rheumatisches Fieber)
10 linker Mittelfußknochen (typhöses Fieber)
11 Lymphgefäße
12 rechte Fußarterie
13 linke Fußarterie
14 rechte Hautvenen
15 linke Hautvenen
16 rechtes Kreuzband
17 linkes Kreuzband
18 rechter Zehenstrecker
19 linker Zehenstrecker
20 rechter Wadenbeinmuskel
21 linker Wadenbeinmuskel (typhöses Fieber)
22 rechte Achillesferse (Wahnsinn, Blinddarmentzündung)
23 linke Achillesferse (Rückgrat)
24 rechtes Kapselgelenk
25 linkes Kapselgelenk (Krebs, Gicht)
26 untere Fußnerven (Selbstmord)
27 rechte Fußendglieder (akute Nierenentzündung)
28 linke Fußendglieder (Schwindsucht)
29 rechte Fußnägel
30 linke Fußnägel

Anhang 4

Festlegung von Häusern, Zeichen, Planeten und sensitiven Punkten

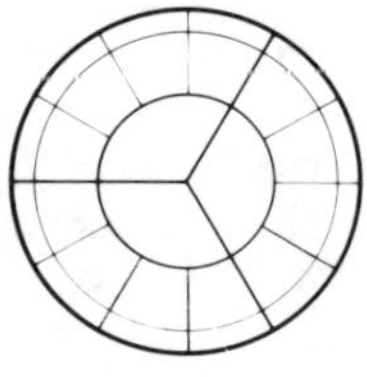

Der Aszendent ist der Bezugspunkt in einem Horoskop, von dem aus jedes Lebensalter bestimmt wird. Ereignisse während der neun vorgeburtlichen Schwangerschaftsmonate werden in Wochen bzw. Monaten vor der Geburt gemessen, Ereignisse in Kindheit und Reifezeit dagegen nach Jahren und Monaten des Lebensalters. Es gibt grundsätzlich zwei Methoden zur Datierung von Häuserspitzen, Zeichenspitzen und Planetenpositionen.

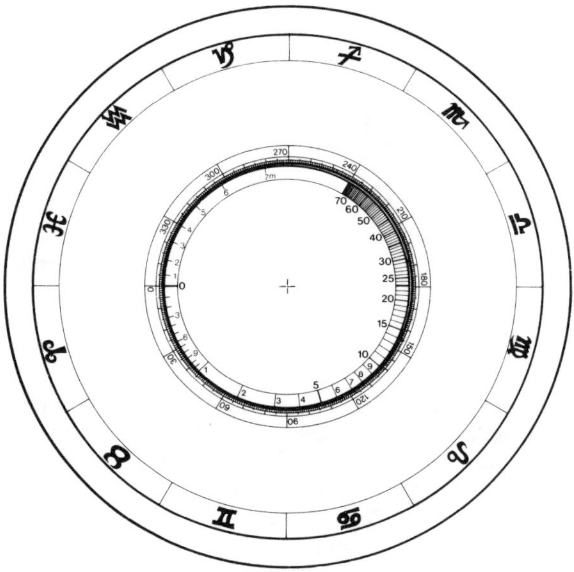

Abb.65

Am einfachsten bedient man sich einer Datierungsscheibe, die man durch Fotokopieren der Abb.65 auf Transparentfolie erhält. Solche Folien (etwa für den Gebrauch auf Overhead-Projektoren) sind in den meisten Kopierläden erhältlich. Die Datierungsscheibe zeigt die Zeit von der Zeugung bis ins hohe Alter. Eine solche Scheibe zu verwenden, hat den Vorteil, daß man – wenn die Geburtsmarkierung auf der Scheibe mit dem Aszendenten eines Horoskops in Übereinstimmung gebracht wird – die Daten von Planeten, Häuser- und Zeichenspitzen sofort ablesen kann. Auch Ereignisse in der vorgeburtlichen Phase und in der Kindheit werden recht genau angezeigt. Allerdings ist die Alters-Datierung jenseits eines Alters von etwa sieben Jahren nur innerhalb eines Grades akkurat. Für die meisten Zwecke ist diese Genauigkeit jedoch ausreichend.

Eine präzisere Methode ist die Verwendung der Zeitskala-Tabellen in Tabelle 8. Die Vorgehensweise ist recht einfach und sehr rasch zu erlernen.

Bei dem leeren Musterhoroskop von Abb.65 ist der innere Ring, beginnend bei 0° am Anfang des Zeichens Widder, im Verlauf des Tierkreises in 30°-Abständen markiert. Diese Angaben bezeichnet man als ›absolute Länge‹. Die absolute Länge ist also die Distanz zwischen einer beliebigen Position im Horoskop vom Punkt 0° Widder, der Frühlings-Tagundnachtgleiche. Also:

Absolute Länge	*Tierkreiszeichen*
00°- 30°	Widder
30°- 60°	Stier
60°- 90°	Zwillinge
90°-120°	Krebs
120°-150°	Löwe
150°-180°	Jungfrau
180°-210°	Waage
210°-240°	Skorpion
240°-270°	Schütze
270°-300°	Steinbock
300°-330°	Wassermann
330°-360° (0°)	Fische

Steht ein Planet bei 15° Schütze, ist seine absolute Länge 240° (für 0° Schütze) plus 15° = 255°. Ein Planet auf 6°20' Krebs hätte die absolute Länge 96°20'. Ein Planet auf 26°20' Wassermann hätte 300° (für 0° Wassermann) plus 26°20', also 326°20'.

Ist einmal die absolute Länge eines Planeten bestimmt, müssen Sie den Abstand vom Aszendenten in Grad errechnen. Im Beispielhoroskop ist der Aszendent auf 24° Jungfrau, das heißt auf 174° absoluter Länge (150°+24°=174°). Die 5. Häuserspitze ist 28° Steinbock, das heißt auf 298° absoluter Länge. Um das Lebensalter beim Eintritt ins 5. Haus zu bestimmen, subtrahieren Sie: 298°-174° und erhalten

124° als Abstand vom Aszendenten. In der Zeitskala-Tabelle finden Sie nun das entsprechende Lebensalter: bei 124° steht das Lebensalter 7 Jahre, 6 Monate. Franklin Roosevelt erreichte also im Alter von siebeneinhalb Jahren die 5. Häuserspitze.

Wenn ein zu datierender Planet in den frühen Zeichen ist, kann die Subtraktion nicht durchgeführt werden. Um beispielsweise die Auswirkung von Saturn zu datieren, der auf 6°Stier (absolute Länge 36°) hervortritt, können Sie nicht 174° von 36° subtrahieren. In diesem Falls müssen Sie 360° addieren. Damit ist die Position von Saturn 396°-174°=222°, das entspricht dem Alter von dreiundfünfzig Jahren und sechs Monaten.

Um das Datum von Planeten oder Spitzen in der Schwangerschaft zu bestimmen, wird der gleiche Prozeß gebraucht. Will man datieren, wann Roosevelt vor seiner Geburt die Häuserspitze von Löwe passierte, erhält man die Position der Häuserspitze von Löwe: (120°+360°=) 480°-174°=306°, das entspricht dem Alter von dreizehn Wochen nach der Zeugung. Da die Lehrbuch-Schwangerschaft vierzig Wochen dauert, ist die Zeit vor der Geburt 40-13=27 Wochen vor der Geburt.

Der Zeugungspunkt kann nicht genau bestimmt werden, aufgrund der Unsicherheit der Zeit, die zwischen der tatsächlichen Befruchtung und dem Beginn der Entwicklung des zellularen Körpers an der 9. Häuserspitze verstrich. Prinzipiell jedoch gilt: je kürzer die Dauer des 9. bis 12. Hauses (wie angezeigt durch die Entfernung der 9. Häuserspitze zum Aszendenten), desto kürzer die Länge der Schwangerschaft.

Die Datierung von sensitiven Punkten

Über die Datierung der Häuser- und Zeichenspitzen und der Planeten hinaus ist es oft hilfreich, die sensitiven Aspektpunkte der Planeten, des Aszendenten und des MC zu datieren. Mit Hilfe eines Lineals und der Tabelle gibt es einen leichten Weg, dies zu tun. Die sensitiven Aspektpunkte eines Planeten auf beispielsweise 16° eines Zeichens werden sich alle bei 16° in den anderen Zeichen zeigen. Entsprechend, wenn die Grad-Zahl eines Planeten in der Zeit-Tabelle vom Aszendenten bestimmt wird, ergeben sich beim Plazieren eines Lineals längs derselben Linie alle sensitiven Daten. Wenn ein Planet beispielweise bei einunddreißig Jahren sechs Monaten datiert wird – bei 195° – , können Sie, wenn Sie ein Lineal unter diese Linie legen, sehen, daß er sich früher schon bei neun Jahren fünf Monaten (das sensitive Sextil), zwei Jahren fünf Monaten (das sensitive Trigon), null Jahren drei Monaten (sensitive Opposition) und fünf Wochen nach der Zeugung (das sensitive Sextil) bemerkbar gemacht hatte. Um die anderen sensitiven Aspekt-Punkte zu ermitteln, richten Sie Ihr Lineal nach der entsprechenden Linie der unteren Tabelle (165° oder 225°) aus, und Sie finden, daß die sensitiven Semisextile bei sechsundfünfzig Jahren acht Monaten und bei siebzehn Jahren vier Monaten sind etc. Zur Bestimmung der 45°- und 135°-Aspekte sind natürlich mehr Addition und Subtraktion erforderlich.

Table 8 Life★Time Astrology Time Scale

Degrees from ASC	*Week*	*Degrees from ASC*	*Week*	*Degrees from ASC*	*Year*	*Month*	*Degrees from ASC*	*Year*	*Month*
240°	**4**	**300°**	**12**	**00°**	**00**	**00**	**60°**	**1**	**8**
241		301		01			61		
242		302		02			62		
243		303		03			63		
244		304		04			64		
245	4	305	13	05	0	1	65	1	11
246		306		06			66		
247		307		07			67		
248		308		08			68		
249		309		09			69		
250	4	310	15	10	0	2	70	2	2
251		311		11			71		
252		312		12			72		
253		313		13			73		
254		314		14			74		
255 **9th**	5	315 **11th**	16	15 **1st**	0	3	75 **3rd**	2	5
256		316		16			76		
257		317		17			77		
258		318		18			78		
259		319		19			79		
260	5	320	18	20	0	4	80	2	9
261		321		21			81		
262		322		22			82		
263		323		23			83		
264		324		24			84		
265	6	325	20	25	0	6	85	3	2
266		326		26			86		
267		327		27			87		
268		328		28			88		
269		329		29			89		
270	**7**	**330**	**22**	**30**	**0**	**7**	**90**	**3**	**6**
271		331		31			91		
272		332		32			92		
273		333		33			93		
274		334		34			94		
275	7	335	24	35	0	9	95	4	0
276		336		36			96		
277		337		37			97		
278		338		38			98		
279		339		39			99		
280	8	340	26	40	0	11	100	4	5
281		341		41			101		
282		342		42			102		
283		343		43			103		
284		344		44			104		
285 **10th**	9	345 **12th**	29	45 **2nd**	1	0	105 **4th**	5	0
286		346		46			106		
287		347		47			107		
288		348		48			108		
289		349		49			109		
290	10	350	32	50	1	3	110	5	6
291		351		51			111		
292		352		52			112		
293		353		53			113		
294		354		54			114		
295	11	355	35	55	1	5	115	6	2
296		356		56			116		
297		357		57			117		
298		358		58			118		
299		359		59			119		
300	**12**	**360**	**40**	**60**	**1**	**8**	**120**	**6**	**10**

Degrees from ASC	*Year*	*Month*	*Degrees from ASC*	*Year*	*Month*	*Degrees from ASC*	*Year*	*Month*
120°	**6**	**10**	**180°**	**23**	**5**	**240°**	**75**	**11**
121	7	1	181	23	11	241	77	5
122	7	2	182	24	4	242	78	11
123	7	4	183	24	10	243	80	6
124	7	6	184	25	4	244	82	0
125	7	8	185	25	10	245	83	6
126	7	10	186	26	4	246	85	4
127	8	0	187	26	11	247	86	11
128	8	2	188	27	5	248	88	8
129	8	4	189	28	0	249	90	5
130	8	6	190	28	6	250	92	2
131	8	8	191	29	1	251	94	0
132	8	10	192	29	8	252	95	10
133	9	0	193	30	3	253	97	8
134	9	3	194	30	11	254	99	7
135 **5th**	9	5	195 **7th**	31	6	255	101	7
136	9	7	196	32	2			
137	9	10	197	32	9			
138	10	0	198	33	5			
139	10	3	199	34	1			
140	10	5	200	34	9			
141	10	8	201	35	5			
142	10	10	202	36	2			
143	11	1	203	36	10			
144	11	4	204	37	7			
145	11	7	205	38	4			
146	11	10	206	39	1			
147	12	1	207	39	11			
148	12	4	208	40	8			
149	12	7	209	41	6			
150	**12**	**10**	**210**	**42**	**3**			
151	13	1	211	43	2			
152	13	4	212	44	0			
153	13	8	213	44	10			
154	13	11	214	45	9			
155	14	2	215	46	8			
156	14	6	216	47	7			
157	14	9	217	48	6			
158	15	1	218	49	5			
159	15	4	219	50	5			
160	15	8	220	51	5			
161	16	0	221	52	5			
162	16	4	222	53	6			
163	16	8	223	54	6			
164	17	0	224	55	7			
165 **6th**	17	4	225 **8th**	56	8			
166	17	8	226	57	10			
167	18	1	227	58	11			
168	18	5	228	60	1			
169	18	10	229	61	3			
170	19	2	230	62	6			
171	19	7	231	63	9			
172	20	0	232	65	0			
173	20	4	233	66	3			
174	20	9	234	67	7			
175	21	2	235	68	11			
176	21	7	236	70	3			
177	22	1	237	71	7			
178	22	6	238	73	0			
179	22	11	239	74	5			
180	**23**	**5**	**240**	**75**	**11**			

Anhang 5

Geburtszeitkorrektur

Die Entdeckung des kritischen Rotationsmusters brachte viele wertvolle Verbesserungen der astrologischen Genauigkeit sowie einen Verbindungsweg zur Radionik. Zu Beginn kann man die Sensitivität des Pendels benutzen, um das Horoskop zu korrigieren, genauer gesagt: um die Geburtszeit zu korrigieren.

In den Vereinigten Staaten, vielen europäischen Ländern und in Schottland wird die Geburtszeit aufgrund entsprechender Gesetze auf der Geburtsurkunde eingetragen, oft bis auf die Minute genau. Dies stellt sicher, daß die Astrologie mit möglichst hoher Präzision arbeiten kann – wenn man sie beherrscht. In England jedoch wird der genaue Zeitpunkt der Geburt nicht aufgezeichnet. Oft erhält man von Klienten auf die Frage nach ihrer Geburtszeit Auskünfte wie: »Es war genau zur Tee-Zeit«, oder »gerade, als mein Vater morgens zur Arbeit ging«. Ohne an der regelmäßigen Lebensführung englischer Familien zweifeln zu wollen, sind massive Zweifel an der Genauigkeit solcher Zeitangaben doch nicht auszuräumen.

Im Zusammenhang der Lebens*Zeit-Astrologie bewirkt eine Ungenauigkeit von einem Grad am Aszendenten bei der Datierung von Ereignissen im Leben bereits im Alter von dreißig Jahren eine Verschiebung um acht Monate. Da der Aszendent innerhalb von vier Minuten seine Position um ein Grad ändert, kann eine Ungenauigkeit von nur einer Viertelstunde bei der Geburt den Aszendenten um rund vier Grad verschieben – und das bedeutet mehr als zwei Jahre bei der Datierung von Ereignissen im Leben. So wurde es notwendig, daß ich eine Methode der Geburtszeitkorrektur entwickelte, die ungenaue oder fragliche Geburtszeiten richtigstellte.

Es ist grundsätzlich möglich, wenn eine Geburtszeit nur geringfügig ungenau ist, die Ereignisse im Leben als eine Reihe von Daten aufzulisten, um sie ihren entsprechenden astrologischen Konstellationen gegenüberzustellen. Im folgenden Beispiel war die Stunde zwischen 12 und 13 Uhr mittags angegeben worden, und es galt, die genaue Zeit zu ermitteln. Zum Zwecke der Korrektur ist es zuerst notwendig, eine Reihe von Ereignisse aus dem Leben zu kennen, die sich am besten eignen, wenn es sich um offenkundig physische Ereignisse handelt, die eindeutig datiert werden können, zum Beispiel Unfälle, Verletzungen, Knochenbrüche,

Operationen oder andere medizinische Notfälle. Solche Erlebnisse sind jenen vorzuziehen, die zwar in anderer Hinsicht von Bedeutung sind – zum Beispiel Eheschließung, Wechsel von Wohnort oder Beruf –, aber eher zur äußeren Biographie gehören. Eine Liste tatsächlicher Ereignisse aus dem Leben der Klientin sah folgendermaßen aus:

Ereignis	**Alter**
Herzgeräusch	12-13 Jahre
Herzoperation (fast tödlich)	18 Jahre
Geburt der Tochter	23 Jahre 1 Monat
Geburt der Tochter	25 Jahre 2 Monate
Geburt des Sohnes	28 Jahre 11 Monate
Scheidung	38 Jahre
erneute Heirat	39 Jahre
Blinddarmentfernung (fast tödlich)	41 Jahre 9 Monate

Man erstellt Horoskope für den frühest- und den spätestmöglichen Zeitpunkt, der angegeben wurde – also für 12.00 Uhr und für 13.00 Uhr, aber am besten nimmt man eine Zeit in der Mitte – also 12.30 Uhr –, als Ausgangspunkt für die weitere Arbeit. Nun wird eine Liste von Planetenpositionen und sensitiven Punkten zusammengestellt und mit den bekannten Ereignissen im Leben des Horoskopeigners verglichen. So ist augenblicklich zu erkennen, daß die tatsächlichen Zeiten sich gut mit dem 12.30 Uhr-Modell vereinbaren lassen. Die tatsächlich genannten Zeiten werden mit den Planetenpositionen oder sensitiven Punkten und ihren Daten verglichen (Abb.66).

Das Herzgeräusch wurde nur ungenau datiert auf die Zeit um zwölf oder dreizehn Jahre. Wir stellen fest, daß der Geburts-Pluto sich im September 1953 bemerkbar macht; damals war die Klientin gerade elf Jahre zehn Monate alt. Das vorhergesagte Datum liegt also vor dem tatsächlichen Termin.

Die Operation, bei der es fast zu einem Herzstillstand kam, war Ende 1959; im Februar 1959 war ein empfindliches Saturn-Quadrat, im Januar 1960 ein empfindliches Anderthalbquadrat (135°). In der KGE bezeichnet Ebertin den Mars/Saturn-Kontakt als »die Todesachse«, besonders durch »Tod oder Atrophie eines Organs«.[1]

Dann folgt die Geburt von drei Kindern zwischen 1964 und 1967. Die astrologischen Anzeichen für Entbindungen sind sehr unterschiedlich, so daß die Auswirkung auf die Mutter sehr verschieden sein kann. Eine Entbidung kann so leicht vonstatten gehen, daß sie sich astrologisch nicht bemerkbar macht und den Fluß des Lebens nicht stört; sie kann aber auch mit langer Wehentätigkeit verbunden sein und traumatisch werden, wenn Saturn oder Neptun mit im Spiele sind, oder

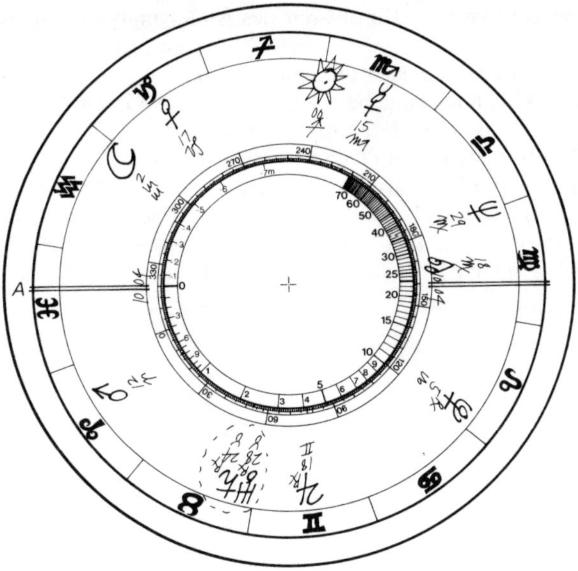

Abb.66

Gefahr und Operation bedeuten, wenn Mars, Uranus oder Pluto einwirken, besonders bei den harten Aspekten. Es ist auch wichtig zu erkennen, daß die Entbindung sich im Horoskop der Mutter *entsprechend ihrer eigenen Art, sie wahrzunehmen,* zeigt. In manchen Fällen kann ein Kaiserschnitt notwendig werden ohne die mächtigen, destruktiven Aspekte, die man mit der Operation assoziieren würde – einfach weil die Mutter es gewohnt ist, Kinder auf diese Weise zur Welt zu bringen. Der springende Punkt ist, daß der Gesundheitszustand individuell subjektiv empfunden wird. Wenn Trauma ein fester Bestandteil des Lebens ist, dann werden kleinere Traumata kaum bemerkt.

In unserem Fall war keine der Entbindungen traumatisch zu nennen, deshalb scheinen sie für die Geburtszeitkorrektur ohne weitere Bedeutung zu sein.

Die Klientin wurde im November 1979 geschieden und heiratete erneut im November 1980. Diese neue Beziehung begann schon längere Zeit vor der Scheidung. Die Mond/Pluto-Kombination ist sehr typisch für emotionale Veränderungen tiefgreifender Art mit den zusätzlichen Eigenschaften eines »extrem emotionellen Lebens« [2]; sie wird oft mit Phasen verbunden, in denen man Psychologie und Psychotherapie entweder studiert oder praktiziert.

Die Horoskopeignerin hatte eine Appendektomie (Blinddarmoperation) im

Juli 1983, ganz kurz vor der Einflußzeit des Anderthalbquadrats im November 1983.

Im April 1984 kugelte sie sich die Schulter aus, kurz vor dem AC-Quinkunx (150°) im März 1984, aber eingebettet zwischen dem Saturn-Anderthalbquadrat im November 1983 und der Mars-Opposition im Januar 1986. Der ausgekugelte Arm steht in Verbindung mit der früheren Herzoperation.

Da die Mehrzahl der Ereignisse im Vergleich zu dem 12.30 Uhr-Horoskop etwa ein Jahr früher als tatsächlich ermittelt werden, geht der Aszendent um etwa zwei Grad weiter, was die neue Geburtszeit 12.38 Uhr ergibt. Von diesem Punkt aus kann man das korrigierte Horoskop den übrigen Ereignissen im Leben gegenüberstellen.

Anmerkungen

Kapitel 1 – Die moderne Krise der Gesundheit

1 Grossinger, Richard: *Wege des Heilens,* München: Kösel 1982, Goldmann 1985
2 a.a.O.
3 Janet F. Quinn, »Heilkunst im modernen Gesundheitswesen« in: Kunz, Dora: *Die verborgenen Quellen der Heilung,* Grafing: Aquamarin 1987
4 Witte, Alfred: *Rules for Planetary Pictures: The Astrology for Tomorrow,* Hamburg 1928
5 Döbereiner, Wolfgang: *Münchner Rhythmenlehre,* München: Hugendubel, ab 1978
6 Ebertin, Reinhold: *Kombination der Gestirneinflüsse,* Freiburg: Ebertin [13]1986

Kapitel 2 – Astrologie als Heilkunst

1 Collin, Rodney: *The Theory of Celestial Influence,* London 1954
2 Mann, A.T.: *Lebens*Zeit Astrologie.* Basel (Sphinx) 1987

Kapitel 3 – Das neue Paradigma der Heilkunst

1 nach: Wilhelm, Richard: *I Ging. Das Buch der Wandlungen.* München: Diederichs 1973
2 Seymour, Percy: *Astrology: The Evidence of Science,* Luton (GB) 1988
3 Cotterell, Maurice: *Astrogenetics: The New Theory,* London 1988
4 Schwaller de Lubicz, R.A.: *Symbol and Symbolic: Egypt, Science and the Evolution of Consciousness,* übersetzt von Robert und Deborah Lawlor, Brookline (Autumn Press) 1978

5 a.a.O.
6 Santillana, Giorgio und Dechend, Hertha von: *Hamlet's Mill An Essay on Myth and the Frame of Time,* Boston (Godine) 1977
7 Hall, Manly Palmer: *Secret Teachings of All Ages* (San Francisco 1928) zeigt eine Darstellung aus dem Werk *Oedipus Aegyptiacus* des Athanasius Kircher.
8 Grof, Stanislav: *Geburt, Tod und Transzendenz.* München (Kösel) 1985

Kapitel 4 – Lebens*Zeit-Astrologie

1 de Nouy, Pierre Lecomte: *Biological Time.* London 1936
2 Siehe Rupert Sheldrakes Bücher über die morphogenetischen Felder und die Übertragung von Charakteristika außerhalb der Vererbung.
3 Sheldrake, Rupert: *Das schöpferische Universum – Die Theorie des morphogenetischen Feldes.* München (Goldmann) 1985
4 SSW = Schwangerschaftswoche
5 Huber, Bruno & Louise: *Die astrologischen Häuser. Der Mensch und seine Welt.* CH-Adliswil (API) [5]1989
6 Rudhyar, Dane: *Astrologie der Persönlichkeit.* München (Hugendubel) [4]1988
7 Nauman, Eileen: *The American Book of Nutrition and Medical Astrology.* San Diego/Kalifornien (ACS) 1982
8 a.a.O.

Kapitel 5 – Das Rad der Therapien

1 Rudhyar, Dane: *Astrology and the Modern Psyche.* Reno 1976
2 Jung, Carl Gustav: *Praxis der Psychotherapie: Gesammelte Werke, Bd. XVI.* Olten/Freiburg (Walter) [4]1984
3 Jung, Carl Gustav: *Psychologie und Alchemie: Gesammelte Werke, Bd. XII.* Olten/Freiburg (Walter) [5]1987
4 Grossinger, Richard: *Wege des Heilens. Vom Schamanismus der Steinzeit zur heutigen alternativen Medizin.* München (Goldmann) 1985
5 Grof, Stanislav: *Geburt, Tod und Transzendenz.* München (Kösel) 1985
6 Assagioli, Roberto: *Die Schulung des Willens.* Paderborn: Junfermann [6]1991
7 Grossinger, Richard: *Wege des Heilens. Vom Schamanismus der Steinzeit zur heutigen alternativen Medizin.* München (Goldmann) 1985
8 Weaver, Herbert: *Divining the Primary Sense.* London (Routledge & Kegan Paul) 1978
9 Siehe David Tansleys Werke *Chakras, Rays and Radionics* (1984) und *Raypaths and Chakra Gateways* (1985) und das Kapitel über »Astro*Radionik« in diesem Buch
10 Bailey, Alice A.: *Esoterisches Heilen.* Genf (Lucis) [3]1983

[11] Townley, John: *Astrological Cycles and Life Crisis Periods.* Maine/USA 1977
[12] Ebertin, Reinhold: *Kombination der Gestirneinflüsse.* Freiburg (Ebertin) [13]1986
[13] a.a.O.
[14] a.a.O.

Kapitel 6 – Die astrologische Diagnose

[1] Mann, A.T.: *Lebens*Zeit Astrologie.* Basel (Sphinx) 1987
[2] The Sunday Times, 31. Januar 1988, S.1
[3] Nauman, Eileen: *The American Book of Nutrition and Medical Astrology.* San Diego/Kalifornien (ACS) 1982
[4] Ebertin, Reinhold: *Kombination der Gestirneinflüsse.* Freiburg (Ebertin) [13] 1986
[5] Grof, Stanislav: *Geburt, Tod und Transzendenz.* München (Kösel) 1985
[6] Dossey, Larry: *Die Medizin von Raum und Zeit.* Reinbek (Rowohlt) 1987
[7] Die Mitte ist der Halbdistanzpunkt, von dem zwei Planeten gleich weit entfernt sind.

Kapitel 7 – Astro*Radionik

[1] ASW = außersinnliche Wahrnehmung
[2] Tansley, David V.: "Healing Through Patterns in Radionics and Radiesthesia" in: *Journal of the British Society of Dowsers, vol.XXVIII, no.193.* Ashford, Sept. 1981
[3] Tansley, David V.: *Radionics: Science or Magic?* Saffron Walden (C.W.Daniel) 1982
[4] Tansley, David V.: frühe Werke, darunter: *Radionics – Interface with Ether Fields, Radionics and the Subtle Anatomy of Man* und *Chakras, Rays and Radionics*
[5] Ebertin, Reinhold: *Anatomische Entsprechungen der Tierkreisgrade.* Freiburg (Ebertin) [3]1984
[6] Boericke, William: *Homöopathische Mittel und ihre Wirkungen. Materia medica und Repertorium.* Leer (Grundlagen und Praxis) [4]1991
[7] a.a.O.
[8] Whitmont, Edward: *Psyche and Substance.* Boston 1980
[9] Ebertin, Reinhold: *Kombination der Gestirneinflüsse.* Freiburg (Ebertin) [13]1986
[10] a.a.O.

Kapitel 8 – Die Zukunft heilen

1 Wellspring Publication, London 1986
2 Acidophilus in Pulverform ist rezeptfrei in jeder Apotheke erhältlich.

Anhang 5 – Geburtszeitkorrektur

1 Ebertin, Reinhold: *ombination der Gestirneinflüsse,* Freiburg: Ebertin [13]1986
2 a.a.O.

Bibliographie

Beard, Ruth M.: *An Outline of Piaget's Developmental Psychology.* London (Routledge & Kegan Paul) 1969

Cade, C. Maxwell / Coxhead, Nona: *The Awakened Mind.* Shaftesbury/GB (Element) 1989

Collin, Rodney: *The Theory of Celestial Influence.* London (Robinson & Watkins) 1954

Collin, Rodney: *The Theory of Eternal Life.* London (Robinson & Watkins) 1950

Conway, David: *The Magic of Herbs.* London (Jonathan Cape) 1973

Cornell, H.L.: *Encyclopedia of Medical Astrology.* New York (Weiser) 1972

Cotterell, Maurice: *Astrogenetics.* Saltash/GB (Brooks, Hill Robinson) 1988

Cramer, Diane: »A Review of Current Medical Astrology Books« in: *NCGR Journal,* Winter 1985/86, Stamford CE (USA)

Culpeper, Nicholas: *The Astrological Judgement of Diseases (1655).* Reprint: Temple/Arizona (AFA) 1959

de Nouy, Pierre Lecomte: *Biological Time.* London (Methuen) 1936

de Vries, Marco: *The Redemption of the Intangible.* London (Institute of Psychosynthesis) 1981

Gauquelin, Michel: *Spheres of Destiny.* London (Dent) 1980

Guirdham, Arthur: *A Theory of Disease.* London (Allen & Unwin) 1957

Gurudas: *Flower Essences.* Albuquerque/New Mexico (Brotherhood of Life) 1983

Hamaker-Zondag, Karen: *Astro-Psychology.* New York (Weiser) 1980

Harmon, J. Merill: *Complete Astro-Medical Index.* Van Nuys/Kalifornien (Astro-Analytics Publications) 1975

Harvey, Ronald: *Mind and Body in Astrology.* Chadwell Heath/GB (Fowler) 1983

Hastings, Arthur (ed.): *Health for the Whole Person.* New York (Bantam) 1981

Jansky, Robert Carl: *Astrology, Nutrition and Health.* Rockport, Mass./USA (Para Research) 1977

LeShan, Lawrence: *Holistic Health.* London (Turnstone) 1984

Mann, A.T. (ed.): *The Future of Astrology.* London (Unwin Hyman) 1988

Mann, A.T.: *The Round Art: The Astrology of Time and Space.* London (Dragon's World) 1979

Meyer, Michael: *A Handbook for the Humanistic Astrologer.* Garden City (Anchor/Doubleday) 1974

Nauman, Eileen: *The American Book of Nutrition and Medical Astrology.* San Diego/Kalifornien (ACS) 1982
Prigogine, Ilya / Stengers, Isabelle: *Order out of Chaos.* Boulder/Colorado (New Science Library) 1984
Rosenblum, Bernard: *The Astrologer's Guide to Counseling.* Reno/Nevada (CRCS) 1983
Seymour, P.A.H.: *A Causal Mechanism for Gauquelin's Planetary Effect.* Plymouth/GB (Selbstverlag) 1986
Stein, Zane: *Interpreting Chiron.* Lansdale/Pennsylvania (Association for Studying Chiron) 1983
Szanto, Gregory: *Astrotherapy.* London (Arkana) 1987
Vogh, James: *Astrology and Your Health.* London (Granada) 1980
Weaver, Herbert: *Divining the Primary Sense.* London (Routledge & Kegan Paul) 1978
Westlake, Aubrey / Rae, Malcolm: *The Radiesthetic Faculty.* Godshill (Selbstverlag) 1973
Whitmont, Edward: *Psyche and Substance: Essays on Homoeopathy in the Light of Jungian Psychology.* Richmond/Kalifornien (North Atlantic Books) 1980
Wilber, Ken / Engler, Jack / Brown, Daniel P.: *Transformations of Consciousness.* Boston (New Science Library) 1986

Folgende in der Bibliographie des Verfassers genannte Werke sind auch in deutscher Übersetzung erhältlich:

Achterberg, Jeanne: *Heilung durch Gedankenkraft.* München/Bern (Scherz) 1989
Arroyo, Stephen: *Astrologie, Psychologie und die vier Elemente.* München (Hugendubel) 5 1988
Bailey, Alice A.: *Esoterisches Heilen.* Genf (Lucis) 3 1983
Capra, Fritjof: *Das Tao der Physik.* München/Bern (Scherz) 1984
Davies, Paul: *Prinzip Chaos.* München (Bertelsmann) 1988
Dethlefsen, Thorwald: *Schicksal als Chance.* München (Goldmann) 23 1988
Dossey, Larry: *Die Medizin von Raum und Zeit.* Reinbek (Rowohlt) 1987
Dossey, Larry: *Wahre Gesundheit finden.* Bern/München (Scherz) 1986
Ebertin, Reinhold: *Anatomische Entsprechungen der Tierkreisgrade.* Freiburg (Ebertin) 3 1984
Ebertin, Reinhold: *Kombination der Gestirneinflüsse.* Freiburg (Ebertin) 13 1986
Flanagan, Geraldine Lux: *Die ersten neun Monate des Lebens.* Reinbek (Rowohlt) 24 1991
Gauquelin, Françoise: *Psychologie der Planeten.* Freiburg (Aurum) 1986
Greene, Liz: *Kosmos und Seele. Wege zur Partnerschaft.* Frankfurt (Krüger) 2 1983
Grof, Stanislav: *Geburt, Tod und Transzendenz.* München (Kösel) 1985

Grossinger, Richard: *Wege des Heilens. Vom Schamanismus der Steinzeit zur heutigen alternativen Medizin.* München (Goldmann) 1985
Hahnemann, Samuel: *Organon der Heilkunst (letzte u. 6. Aufl.).* Berg/Starnberg (Barthel & Barthel) 1985
Heindel, Max / Foss, Augusta: *Astro-Diagnose.* Darmstadt (Rosenkreuzer-Gemeinschaft) 1969
Heindel, Max / Foss, Augusta: *Die Botschaft der Sterne.* Darmstadt (Rosenkreuzer-Gemeinschaft) 1986
Inglis, Brian / West, Ruth: *Der alternative Gesundheitsführer.* München (Kösel) 1984
Jung, Carl Gustav: *Psychologische Typen.* Olten/Freiburg (Walter) [14]1981
Kunz, Dora (Hrsg.): *Die verborgenen Quellen der Heilung.* Grafing (Aquamarin) 1987
Mann, A.T.: *Lebens*Zeit Astrologie.* Basel (Sphinx) 1987
Rudhyar, Dane: *Astrologie der Persönlichkeit.* München (Hugendubel) [4]1988
Sheldrake, Rupert: *Das schöpferische Universum – Die Theorie des morphogenetischen Feldes.* München (Goldmann) 1985
Steiner, Rudolf: *Geisteswissenschaft und Medizin.* Dornach (Steiner) [6]1985
Tansley, David V.: *Der Energiekörper.* München (Kösel) 1985
Tansley, David V.: *Radionik. Energetische Diagnose und Behandlung.* Essen (Synthesis) 1989
Vithoulkas, Georgos: *Die wissenschaftliche Homöopathie.* Göttingen (Burgdorf) 1986
Watson, James: *Die Doppel-Helix.* Reinbek (Rowohlt) [14]1990
Westlake, Aubrey: *Medizinische Neuorientierung. Vis medicatrix naturae.* Zürich (Origo) 1963
Wilber, Ken: *Das Atman-Projekt.* Paderborn (Junfermann) 1990
Wilber, Ken: *Spektrum des Bewußtseins.* Bern/München (Scherz) 1987
Zukav, Gary: *Die tanzenden Wu Li-Meister.* Reinbek (Rowohlt) [5]1991